欧拉数的前百万位数字

编辑：

戴维·E·麦克亚当斯

大衛・E・麥克亞當斯 的其他书籍

鹦鹉的颜色 - 使用鹦鹉插图介绍颜色概念。适合学龄前儿童。

花的顏色 - 使用花的插图介绍颜色概念。适合学龄前儿童。

宇宙的顏色 - 使用 NASA 照片介绍颜色概念。适合学龄前儿童。

形狀 - 形状介绍。适合学龄前儿童。Numbers（用英语讲）- 数字概念介绍。适合 K-2 年级。

What is Bigger Than Anything (Infinity)（用英语讲）- 无穷大概念介绍。适合 1-3 年级。

Swing Sets (Set Theory)（用英语讲）- 集合论简介。适合 2-4 年级。

One Penny, Two（用英语讲）- 如果杰瑞的分钱每天翻倍，他多久才能买一辆深绿色跑车？适合 3-6 年级。

Learning With Play Money Activity Kit（用英语讲）- 使用超过 1,000,000 美元的游戏币教授大数字和计数。

我最喜歡的分形（第 1、2 卷） - 以高分辨率图像呈现奇妙分形的图画书。适合所有年龄段。

Monster Creatures of the Deep Sea（用英语讲）- 探索海洋最深处，详细了解生态系统和 44 种生活在深海的生物。

All Math Words Dictionary（用英语讲）- 适合初等代数、代数、几何和初等微积分学生的数学词典。

π 的前百万位数字 - 圆周率的前百万位。适合所有年龄段。

欧拉数的前百万位数字 - 欧拉常数 e 的前百万位。适合所有年龄段。

二的平方根的前百万位数字 - 2 的平方根的前百万位。适合所有年龄段。

前十万个素数 - 前十万个质数。适合所有年龄段。

多面體的展開視圖 - 活動手冊 - 80 个几何网格，可复制、剪切并用胶带粘贴成三维多面体。适合 9 岁及以上儿童。

Geometric Nets Mega Project Book（用英语讲）- 253 个几何网格，可复制、剪切并用胶带粘贴成三维多面体。适合 9 岁及以上儿童。

有关最新列表，请参阅 https://www.DEMcAdams.com。

$$e = \lim_{n \to \infty} \left(1 + \frac{1}{n}\right)^n$$

e ≈
2.71828182845904523536028747135266249775724709369995957496696762772
407663035354759457138217852516642742746639193200305992181741359662
904357290033429526059563073813232862794349076323382988075319525101
901157383418793070215408914993488416750924476146066808226480016847
741185374234544243710753907774499206955170276183860626133138458300
075204493382656029760673711320070932870912744374704723069697720931
014169283681902551510865746377211125238978442505695369677078544996
996794686445490598793163688923009879312773617821542499922957635148
220826989519366803318252886939849646510582093923982948879332036250
944311730123819706841614039701983767932068328237646480429531180232
878250981945581530175671736133206981125099618188159304169035159888
851934580727386673858942287922849989208680582574927961048419844436
346324496848756023362482704197862320900216099023530436994184914631
409343173814364054625315209618369088870701676839642437814059271456
354906130310720851038375051011574770417189861068739696552126715468
895703503540212340784981933432106817012100562788023519303322474501
585390473041995777709350366041699732972508868769664035557071622684
471625607988265178713419512466520103059212366771943252786753985589
448969709640975459185695638023637016211204774272283648961342251644
507818244235294863637214174023889344124796357437026375529444833799
801612549227850925778256209262264832627793338656648162772516401910
590049164499828931505660472580277863186415519565324425869829469593
080191529872117255634754639644791014590409058629849679128740687050
489585867174798546677575732056812884592054133405392200011378630094
556068816674001698420558040336379537645203040243225661352783695117
788386387443966253224985065499588623428189970773327617178392803494
650143455889707194258639877275471096295374152111513683506275260232
648472870392076431005958411661205452970302364725492966693811513732
275364509888903136020572481765851180630364428123149655070475102544
650117272115551948668508003685322818315219600373562527944951582841
882947876108526398139559900673764829224437528718462457803619298197
139914756448826260390338144182326251509748279877799643730899703888
677822713836057729788241256119071766394650706330452795466185509666
618566470971134447401607046262156807174818778443714369882185596709
591025968620023537185887485696522000503117343920732113908032936344
797273559552773490717837934216370120500545132638354400018632399149
070547977805669785335804896690629511943247309958765523681285904138
324116072260299833053537087613893963917795745401613722361878936526
053815584158718692553860616477983402543512843961294603529133259427
949043372990857315802909586313826832914771163963370924003168945863
606064584592512699465572483918656420975268508230754425459937691704
197778008536273094171016343490769642372229435236612557250881477922
315197477806056967253801718077636034624592787784658506560507808442
115296975218908740196609066518035165017925046195013665854366327125
496399085491442000145747608193022120660243300964127048943903971771
951806990869986066365832322787093765022601492910115171776359446020
232493002804018677239102880978666056511832600436885088171572386698
422422010249505518816948032210025154264946398128736776589276881635
983124778865201411741109136011649950766290779436460058519419985601
626479076153210387275571269925182756879893027617611461625493564959
037980458381823233686120162437365698467037858533052758333379399075
216606923805336988795651372855938834998947074161815501253970646481

171946708348197214488898790676503795903669672494992545279033729636
162658976039498576741397359441023744329709355477982629614591442936
451428617158587339746791897571211956187385783644758448423555581050
025611492391518893099463428413936080383091662818811503715284967059
741625628236092168075150177725387402564253470879089137291722828611
515915683725241630772254406337875931059826760944203261924285317018
781772960235413060672136046000389661093647095141417185777014180606
443636815464440053316087783143174440811949422975599314011888683314
832802706553833004693290115744147563139997221703804617092894579096
271662260740718749975359212756084414737823303270330168237193648002
173285734935947564334129943024850235732214597843282641421684878721
673367010615094243456984401873312810107945127223737886126058165668
053714396127888732527373890392890506865324138062796025930387727697
783792868409325365880733988457218746021005311483351323850047827169
376218004904795597959290591655470505777514308175112698985188408718
564026035305583737832422924185625644255022672155980274012617971928
047139600689163828665277009752767069777036439260224372841840883251
848770472638440379530166905465937461619323840363893131364327137688
841026811219891275223056256756254701725086349765367288605966752740
868627407912856576996313789753034660616669804218267724560530660773
899624218340859882071864682623215080288286359746839654358856685503
773131296587975810501214916207656769950659715344763470320853215603
674828608378656803073062657633469774295634643716709397193060876963
495328846833613038829431040800296873869117066666146800015121143442
256023874474325250769387077775193299942137277211258843608715834835
626961661980572526612206797540621062080649882918454395301529982092
503005498257043390553570168653120526495614857249257386206917403695
213533732531666345466588597286659451136441370331393672118569553952
108458407244323835586063106806964924851232632699514603596037297253
198368423363904632136710116192821711150282801604488058802382031981
493096369596735832742024988245684941273860566491352526706046234450
549227581151709314921879592718001940968866986837037302200475314338
181092708030017205935530520700706072233999463990571311587099635777
359027196285061146514837526209565346713290025994397663114545902685
898979115837093419370441155121920117164880566945938131183843765620
627846310490346293950029458341164824114969758326011800731699437393
506966295712410273239138741754923071862454543222039552735295240245
903805744502892246886285336542213815722131163288112052146489805180
092024719391710555390113943316681515828843687606961102505171007392
762385553386272553538830960671644662370922646809671254061869502143
176211668140097595281493907222601112681153108387317617323235263605
838173151034595736538223534992935822836851007810884634349983518404
451704270189381994243410090575376257767571118090088164183319201962
623416288166521374717325477727783488774366518828752156685719506371
936565390389449366421764003121527870222366463635755503565576948886
549500270853923617105502131147413744106134445544192101336172996285
694899193369184729478580729156088510396781959429833186480756083679
551496636448965592948187851784038773326247051945050419847742014183
947731202815886845707290544057510601285258056594703046836344592652
552137008068752009593453607316226118728173928074623094685367823106
097921599360019946237993434210687813497346959246469752506246958616
909178573976595199392993995567542714654910456860702099012606818704
984178079173924071945996323060254707901774527513186809982284730860
766536866855516467702911336827563107223346726113705490795365834538
637196235856312618387156774118738527722922594743373785695538456246
801013905727871016512966636764451872465653730402443684140814488732
957847348490003019477888020460324660842875351848364959195082888323

2065221281041904480472479492913422849519700226013104300624107179715027934332634079959605314460532304885289729176598760166678119379323724538572096075822771784833616135826128962261181294559274627671377944875867536575448614076119311259585126557597345730153336426307679854433857617153334623252705720053039882894990342595662329757824887350292591668258944568946559926584547626945287805165017206747854178879822768065366506419109734345288783386217261562695826544782056729877564263253215942944180399432170000905426507630955884658951717091476074371368933194690909819045012903070995662266203031826493657336984195557769637876249188528656866076005660256054457113372868402055744160308370523122425872234388541231794813885500756893811249353863186352870837998456926199817945233640874295911807474534195514203517261842008455091708456823682008977394558426792142734775608796442792027083121501564063413416171664480698154837644915739001212170415478725919989438253649505147713793991472052195290793961376211072384942906163576045962312535060685376514231153496656837151166042207963944666211632551577290709784731562782775987881364919512574833287937715714590910648416426783099497236744201758622694021594079244805412553604313179926967391575424192966073123937635421392306178767539587114361040894099660894714183406983629936753626215452472984642137528910798843813060955526227208375186298370667872244301957937937860721072542772890717328548743743557819665117166183308811291202452040486822000723440350254482028342541878846536025915064452716577000445210977355858976226554849416217149895323834216001140629507184904277892585527430352213968356790180764060421383073087744601708426882722611771808426643336517800021719034492342642662922614560043373838683355553434530042648184739892156270860956506293404052649432442614456659212912256488935696550091543064261342526684725949143142393988454324863274618428466559853323122104662598901417121034460842716166190012571958707932175696985440133976220967494541854071184464339469901626983516078489245140589409463952678073545797003070511636825194877011897640028276484141605872061841852971891540196882532893091496653457535714273184820163846448324990378860690080727093276731275819665639411489617168329804551397295066876047409154204284299935410258291135022416907694316685742425225090269390348148564513030699251995904363840284292674125734224477655841778861717372654620854982944989467873509295816526320722589923687684570178230380965678831122893058091405726108658848458731016581511675333276748870148291674197015125597825727074064318086014281490241467804723275976842696339357735429301867394397163886117642090040686633988568416810038723892144831760701166845038872123643670433140911557332801829779887365909166596124020217785588548761761619893707943800566633648843650891448055710397652146960276625835990519870423001794655367885674302859746001437854832370687011900784994049309189191816493272597740300748796814848823429320230121280323274603922196875283405169069741942576146739781107154641862733690915849731850111839604825335187484389231772926135430249325628963713619772854566229244616444972845978677115741256703078718851093363444801496752406185365695320741705334867827548278154155619669110551014727990403868972204655508331707823948087859905019475631089841241446728218654599715966390156419417518209359326163168883801327587526014605076760983926257264111201352885913178482994756824725648855333572797722055435681263025357482165854140008053148206971372621497555760518904816223767904149267426000710459226953148351881374638871042735447676235779339939706323966049691453032738878745579059349377723201429548033450006952569809352828877837106705855677494813738586303857628230406940056653405848875270053088324591821834943180498341996399814587734358631159405704436835152853836094429559643606760900

2217418968835481316439974377641583652422346426195973904554506806952328507518687194490647677918867203064186307510535121498510512073138466487175475183829799901893177515506399810164664145921024068382946032085355540581471592732206775676692136640815059008069525406106285364082932766219319399338616238360691117677854482361293268581999652392754884274354144028845364555951247355461394031549520973970518962401579768326394506332304521926450496517354667756992957189896904709027302885449454166997919929480382549802859460290527631455803165140662291712234293758061439934849143621079935767373179489642524888137204355792875113858569733819760835244232404667780209483996399466848337747067254836188482730006483191638260221105552212467333231844630055044818499169966220877461402161570210296033185887273332987793525701823938612440268683395558706077581699543984695685406711744449324795195721594196458637361269155264575747869859642421765928968623835063704339398116713975447362286255068036826641355414480489977213731741191999700172939073033508690209225191244473932783761563218108428982077069741387070532661176836986477417871802027294129823108887968318880854367327806879771659111654224453806625861711729498038248879986504061563975629936962809358189761491017145343556659542757064194408833816841111166200759787244137082333917886114708228657531078536674695018462140736493917366254937783014074302668422150335117736471853872324040421037907750266020114814935482228916663640782450166815341213505278578539332606110249802273093636740213515386431693015267460536064351732154701091440650878823636764236831187390937464232609021646365627553976834019482932795750624399645272578624400375983422050808935129023122475970644105678361870877172333555465482598906861201410107222465904008553798235253885171623518256518482203125214950700378300411216212126052726059944320443056274522916128891766814160639131235975350390320077529587392412476451850809163911459296071156344204347133544720981178461451077872399140606290228276664309264900592249810291068759434533858330391178747575977065953570979640012224092199031158229259667913153991561438070129260780197022589662923368154312499412259460023399472228171056603931877226800493833148980338548909468685130789292064242819174795866199944411196208730498064385006852620258432842085582338566936649849720817046135376163584015342840674118587581546514598270228676671855309311923340191286170613364873183197560812569460089402953094429119590295968563923037689976327462283900735457144596414108229285922239332836210192822937243590283003884445701383771632056518351970100115722010956997890484964453434612129224964732356126321951155701565824427661599326463155806672053127596948538057364208384918887095176052287817339462747644656858900936266123311152910816041524100214195937349786431661556732702792109593543055579732660554677963552005378304619540636971842916168582734122217145885870814274090248185446421774876925093328785670674677381226752831653559245204578070541352576903253522738963847495646255940378924925007624386893776475310102323746733771474581625530698032499033676455430305274561512961214585944432150749051491453950981001388737926379964873728396416897555132275962011838248650746985492038097691932606437608743209385602815642849756549307909733854185583515789409814007691892389063090542534883896831762904120212949167195811935791203162514344096503132835216728021372415947344095498316138322505486708172221475138425166790445416617303200820330902895488808516797258495813407132180533988828139346049850532340472595097214331492586604248511405819579711564191458842833000525684776874305916390494306871343118796189637475503362820939949343690321031976898112055595369465424704173323895394046035325396758354395350516720261647961347790912327995264929045151148307923369382166010702872651938143844844532

639517394110131152502750465749343063766541866128915264446926222884
366299462732467958736383501937142786471398054038215513463223702071
533134887083174146591492406359493020921122052610312390682941345696
785958518393491382340884274312419099152870804332809132993078936867
127413922890033069995875921815297612482409116951587789964090352577
345938248232053055567238095022266790439614231852991989181065554412
477204508510210071522352342792531266930108270633942321762570076323
139159349709946933241013908779161651226804414809765618979735043151
396066913258379033748620836695475083280318786707751177525663963479
259219733577949555498655214193398170268639987388347010255262052312
317215254062571636771270010760912281528326508984359568975961038372
157726831170734552250194121701541318793651818502020877326906133592
182000762327269503283827391243828198170871168108951187896746707073
377869592565542713340052326706040004348843432902760360498027862160
749469654989210474443927871934536701798673920803845633723311983855
862638008516345597194441994344624761123844617615736242015935078520
825600604101556889899501732554337298073561699861101908472096600708
320280569917042590103876928658336557728758684250492690370934262028
022399861803400211320742198642917383679176232826444645756330336556
777374808644109969141827774253417010988435853189339175934511574023
847292909015468559163792696196841000676598399744972047287881831200
233383298030567865480871476464512824264478216644266616732096012564
794514827125671326697067367144617795643752391742928503987022583734
069852309190464967260243411270345611114149835783901793499713790913
696706497637127248466613279908254305449295528594932793818341607827
091326680865655921102733746700132583428715240835661522165574998431
236278287106649401564670141943713823863454729606978693335973109537
126499416282656463708490580151538205338326511289504938566468752921
135932220265681856418260827538790002407915892646028490894922299966
167437731347776134150965262448332709343898412056926145108857812249
139616912534202918139898683901335795857624435194008943955180554746
554000051766240202825944828833811886381749594284892013520090951007
864941868256009273977667585642598378587497776669563350170748579027
248701370264203283965756348010818356182372177082236423186591595883
669487322411726504487268392328453010991677518376831599821263237123
854357312681202445175401852132663740538802901249728180895021553100
673598184430429105288459323064725590442355960551978839325930339572
934663055160430923785677229293537208416693134575284011873746854691
620648991164726909428982971065606801805807843600461866223562874591
385185904416250663222249561448724413813849763797102676020845531824
111963927941069619465426480006761727618115630063644321116224837379
105623611358836334550102286170517890440570419577859833348463317921
904494652923021469259756566389965893747728751393377105569802455757
436190501772466214587592374418657530064998056688376964229825501195
065837843125232135309371235243969149662310110328243570065781487677
299160941153954063362752423712935549926713485031578238899567545287
915578420483105749330060197958207739558522807307048950936235550769
837881926357141779338750216344391014187576711938914416277109602859
415809719913429313295145924373636456473035037374538503489286113141
638094752301745088784885645741275003353303416138096560043105860548
355773946625033230034341587814634602169235079216111013148948281895
391028916816328709309713184139815427678818067628650978085718262117
003140003377301581536334149093237034703637513354537634521050370995
452942055232078817449370937677056009306353645510913481627378204985
657055608784211964039972344556458607689515569686899384896439195225
232309703301037277227710870564912966121061494072782442033414057441
446459968236966118878411656290355117839944070961772567164919790168

195234523807446299877664824873753313018142763910519234685081979001
796519907050490865237442841652776611425351538665162781316090964802
801234493372427866930894827913465443931965254154829494577875758599
482099181824522449312077768250830768282335001597040419199560509705
364696473142448453825888112602753909548852639708652339052941829691
802357120545328231809270356491743371932080628731303589640570873779
967845174740515317401384878082881006046388936711640477755985481263
907504747295012609419990373721246201677030517790352952793168766305
099837441859803498821239340919805055103821539827677291373138006715
339240126954586376422065097810852907639079727841301764553247527073
788764069366420012194745702358295481365781809867944020220280822637
957006755393575808086318932075864444206644691649334467698180811716
568665213389686173592450920801465312529777966137198695916451869432
324246404401672381978020728394418264502183131483366019384891972317
817154372192103946638473715630226701801343515930442853848941825678
870721238520597263859224934763623122188113706307506918260109689069
251417142514218153491532129077723748506635489170892850760234351768
218355008829647410655814882049239533702270536705630750317499788187
009989251020178015601042277836283644323729779929935160925884515772
055232896978333126427671291093993103773425910592303277652667641874
842441076564447767097790392324958416348527735171981064673837142742
974468992320406932506062834468937543016787815320616009057693404906
146176607094380110915443261929000745209895959201159412324102274845
482605404361871836330268992858623582145643879695210235266673372434
423091577183277565800211928270391042391966426911155333594569685782
817020325495552528875464466074620294766116004435551604735044292127
916358748473501590215522120388281168021413865865168464569964810015
633741255098479730138656275460161279246359783661480163871602794405
482710196290774543628092612567507181773641749763254436773503632580
004042919906963117397787875081560227368824967077635559869284901628
768699628053790181848148810833946900016380791075960745504688912686
792812391148880036720729730801354431325347713094186717178607522981
373539126772812593958220524289991371690685650421575056729991274177
149279608831502358697816190894908487717722503860872618384947939757
440664912760518878124233683125467278331513186758915668300679210215
947336858591201395360301678110413444411030903388761520488296909104
689167671555373346622545575975202624771242796225983278405833585897
671474205724047439720232895903726148688388003174146490203843590358
527993123871042845981608996101945691646983837718267264685264869172
948414153004604004299585035164101899027529366867431834955447458124
140190754681607770977920579383895378192128847409929537040546962226
547278807248685508046571043123854873351653070570784584243335550958
221912862797205455466267099131902370311779690892786623112661337671
178512943059323281605826535623848164192144732543731002062738466812
351691016359252588256806438946389880872735284406462208149513862275
239938938734905082625472417781702582044129853760499827899020083498
387362992498125742354568439023012261733665820546785671147973065077
035475620567428300187473019197310881157516777005071432012726354601
912460800451608108641835539669946936947322271670748972850464195392
966434725254724357659192969949061670189061433616907056148280980363
243454128229968275980226694045642181328624517549652147221620839824
594576613342710564957193564431561774500828376935700995419541839029
151033187933907614207467028867968594985439789457300768939890070073
924697461812855764662265412913204052279071212820653775058280040897
163467163709024906774736309136904002615646432159560910851092445162
454420141442641660181385990017417408244245378610158433361777292580
611159192008414091888191208858207627011483671760749046980914443057

2622111045833007893316981916039171506227929862827094462759150096 83
2263450737254513668581724834984700808401638682097263713452054398 02

211043194821421299793188104636399541496539441501383868748384870224
681829391860319598667962363489309283087840712400431022706137591368
056518861313458307990705003607588327248867879324093380071864152853
317943535073401891193638546730000660453783784472469288830546979000
131248952100446949032058838294923613919284305249167833012980192255
157050378521810552961623637523647962685751660066539364142273063001
648652613891842243501797455993616794063303522111829071597538821839
777552812981538570168702202620274678647916644030729018445497956399
844836807851997088201407769199261674991148329821854382718946282165
387064858588646221611410343570342878862979083418871606214430014533
275029715104673156021000043869510583773779766003460887624861640938
645252177935289947578496255243925598620521409052346250847830487046
492688313289470553891357290706967599556298586669559721686506052072
801342104355762779184021797626656484580261591407173477009039475168
017709900129391137881248534255949312866653465033728846390649968460
644741907524313323903404908195233044389559060547854954620263256676
813262435925020249516275607080900436460421497025691488555265022810
327762115842282433269528629137662675481993546118143913367579700141
255870143319434764035725376914388899683088262844616425575034001428
982557620386364384137906519612917777354183694676232982904981261717
676191554292570438432239918482261744350470199171258214687683172646
078959690569981353264435973965173473319484798758064137926885413552
523275720457329477215706850016950046959758389373527538622664943456
437071610511521617176237598050900553232154896062817794302268640579
555845730600598376482703339859420098582351400179507104569019191359
062304102336798080907240196312675268916362136351032648077232914950
859151265812143823371072949148088472355286394195993455684156344577
951727033374238129903260198160571971183950662758220321837136059718
025940870615534713104482272716848395524105913605919812444978458110
854511231668173534838253724825347636777581712867205865148285317273
569069839935110763432091319780314031658897379628301178409806410175
016511072932907832177487566289310650383806093372841399226733384778
203302020700517188941706465146238366720632742644336612174011766914
919235570905644803016342294301837655263108450172510307540942604409
687066288066265900569082451407632599158164499361455172452057020443
093722305550217222299706209749268609762787409626448772056043078634
808885709143464793241536214303199965695610753570417207285334250171
325558818113295504095217830139465216436594262960768570585698507157
151317262928960072587601564840556088613165411835958628710665496282
599535127193244635791046554389165150954187306071015034430609582302
257455974944275067630926322529966338219395202927917973247094559691
016402983683080426309910481567503623509654924302589575273521412445
149542462972258510120707802110188106722347972579330653187713438466
713807546383471635428854957610942841898601794658721444495198801550
804042506452191484989920400007310672369944655246020908767882300064
337725657385010969899058191290957079866699453765080407917852438222
041070599278889267745752084287526377986730360561230710723922581504
781379172731261234878334034473833573601973235946604273704635201327
182592410906040097638585857716958419563109577748529579836844756803
121874818202833941887076311731615289811756429711334181497218078040
465077657204457082859417475114926179367379999220181789399433337731
146911970737861041963986422166045588965683206701337505745038872111
332436739840284188639147633491695114032583475841514170325690161784
931455706904169858050217798497637014758914810543205854914100662201
721719726878930012101267481270235940855162601689425111458499658315
589660460091525797881670384625905383256920520425791378948827579603
278877535466861441826827797651258953563761485994485049706638406266

121957141911063246061774180577212381659872472432252969098533628440
799030007594546281549235506086481557928961969617060715201589825299
772803520002610888814176506636216905928021516429198484077446143617
891415191517976537848282687018750030264867608433204658525470555882
410254654806040437372771834769014720664234434374255514129178503032
471263418076525187802925534774001104853996960549926508093910691337
614841834884596365621526610332239417467064368340504749943339802285
610313083038484571294767389856293937641914407036507544622061186499
127249643799875806537850203753189972618014404667793050140301580709
266213229273649718653952866567538572115133606114457222800851183757
899219543063413692302293139751143702404830227357629039911794499248
480915071002444078482866598579406525539141041497342780203520135419
925977628178182825372022920108186449448349255421793982723279357095
828748597126780783134286180750497175747373730296280477376908932558
914598141724852658299510882230055223242218586191394795184220131553
319634363922684259164168669438122537135960710031743651959027712571
604588486044820674410935215327906816032054215967959066411120187618
531256710150212239401285668608469435937408158536481912528004920724
042172170913983123118054043277015835629513656274610248827706488865
037765175678806872498861657094846665770674577000207144332525555736
557083150320019082992096545498737419756608619533492312940263904930
982014700371161829485939931199955070455381196711289367735249958182
011774799788636393286405807810818657337668157893827656450642917396
685579555053188715314552353070355994740186225988149854660737787698
781542360397080977412361518245964026869979609564523828584235953564
615185448165799966460648261396618720304839119560250381111550938420
209894591555760083897989949964566262540514195610780090298667014635
238532066032574466820259430618801773091109212741138269148784355679
352572808875543164693077235363768226036080174040660997151176880434
927489197133087822951123746632635635328517394189466510943745768270
782209928468034684157443127739811044186762032954475468077511126663
685479944460934809992951875666499902261686019672053749149951226823
637895865245462813439289338365156536992413109638102559114643923805
213907862893561660998836479175633176725856523591069520326895990054
884753424160586689820067483163174286329119633399132709086065074595
260357157323069712106423424081597068328707624437165532750228797802
598690981111226558888151520837482450034463046505984569690276166958
278982913613535306291331427881888249342136442417833519319786543940
201465328083410341785272489879050919932369270996567133507711905899
945951923990615156165480300145359212550696405345263823452155999210
578191371030188979206408883974767667144727314254467923500524618849
237455307575734902707342496298879996942094595961008702501329453325
358045689285707241207965919809225550560061971283541270202072583994
1711175520920820151096509526685113897577150810849443508285458749912
943857563115668324566827992991861539009255871716840495663991959154
034218364537212023678608655364745175654879318925644085274489190918
193411667583563439758886046349413111875241038425467937999203546910
411935443113219136068129657568583611774564654674861061988591414805
799318725367531243470335482637527081353105570818049642498584646147
973467599315946514787025065271083508782350656532331797738656666181
652390017664988485456054961300215776115255813396184027067814900350
252876823607822107397102339146870159735868589015297010347780503292
154014359595298683404657471756232196640515401477953167461726208727
304820634652469109953327375561090578378455945469160223687689641425
960164689647106348074109928546482353083540132332924864037318003195
202317476206537726163717445360549726690601711176761047774971666890
152163838974311714180622222345718567941507299526201086205084783127

474791909996889937275229053674785020500038630036526218800670926674
104806027341997756660029427941090400064654281074454007616429525362
460261476180471744322889953285828397762184600967669267581270302806
519535452053173536808954589902180783145775891280203970053633193821
100095443241244197949192916205234421346395653840781209416214835001
155883618421164283992454027590719621537570187067083731012246141362
048926555668109467076386536083015847614512581588569610030337081197
058344452874666198891534664244887911940711423940115986970795745946
337170243268484864632018986352827092313047089215684758207753034387
689978702323438584381125011714013265769320554911860153519551654627
941175593967947958810333935413289702528893533748106257875620364294
270257512121137330213811951395756419122685155962476203282038726342
066227347868223036522019655729325905068134849292299647248229359787
842720945578267329975853818536442370617353517653060396801087899490
506654491544577952166038552398013798104340564182403396162494910454
712104839439200945914647542424785991096900046541371091630096785951
563947332190934511838669964622788855817353221326876634958059123761
251203010983867841195725887799206041260049865895027247133146763722
204388398558347770112599424691208308595666787531942465131444389971
195968105937957532155524204659410081418351120174196853432672343271
868099625045432475688702055341969199545300952644398446384346598830
418262932239295612610045884644244285011551557765935780379565026806
130721758672048541797157896401554276881090475899564605488362989140
226580026134158039480357971019004151547655018391755772677897148793
477372747525743898158705040701968215101218826088040084551332795162
841280679678965570163917067779841529149397403158167896865448841319
046368332179115059107813898261026271979696826411179918656038993895
418928488851750122504754778999508544083983800725431468842988412616
042682248823097788556495765424017114510393927980290997604904428832
198976751320535115230545666467143795931915272680278210241540629795
828828466355623580986725638200565215519951793551069127710538552661
926903526081367717666435071213453983711357500975854405939558661737
828297120544693182260401670308530911657973113259516101749193468250
063285777004686987177255226525708428745733039859744230639751837209
975339055095883623642814493247460522424051972825153787541962759327
436278819283740253185668545040893929401040561666867664402868211607
294830305236465560955351079987185041352121321534713770667681396211
443891632403235741573773787908838267618458756361026435182951815392
455211729022985278518025598478407179607904114472041476091765804302
984501746867981277584971731733287305281134969591668387877072315968
334322509070204019030503595891994666652037530271923764252552910347
950343816357721698115464329245608951158732012675424975710520894362
639501382962152214033621065422821876739580121286442788547491928976
959315766891987305176388698461503354594898541849550251690616888419
122873385522699976822609645007504500096116866129171093180282355042
553653997166054753907348915189650027442328981181709248273610863801
576007240601649547082331349361582435128299050405405333992577071321
011503713898695076713447940748097845416328110406350804863393555238
405735580863718763530261867971725608155328716436111474875107033512
913923595452951407437943144900950809932872153235195999616750297532
475931909938012968640379783553559071355708369947311923538531051736
669154087312467233440702525006918026747725078958903448856673081487
299464807786497709361969389290891718228134002845552513917355978456
150353144603409441211512001738697261466786933733154341007587514908
295822756919350542184106448264951943804240543255345965248373785310
657979037977505031436474651422484768831323479762673689855474944277
949916560108528257618964374464656819789319422077536824661110427671

936481836360534108748971066866318805026555929568123959680449295166
615409802610781691689418764353363449482900125929366840591370059526
914934421861891742142561071896846626335874414976973921566392767687
720145153302241853125308442727245771161505550519076276250016522166
274796257424425420546785767478190959486500575711016264847833741198
041625940813327229905891486422127968042984725356237202887830051788
539737909455265135144073130049869453403245984236934627060242579432
563660640597549471239092372458126154582526667304702319359866523378
856244229188278436440434628094888288712101968642736370461639297485
616780079779959696843367730352483047478240669928277140069031660709
951473154191919911453182543906294573298686613524886500574780251977
607442660798300291573030523199052185718628543687577860915726925232
573171665625274275808460620177046433101212443409281314659760221360
416223031167750085960128475289259463348312408766740128170543067985
261868949895004918275008304998926472034986965363326210919830621495
095877228260815566702155693484634079776879525038204442326697479264
829899016938511552124688935873289878336267819361764023681714606495
185508780596635354698788205094762016350757090024201498400967867845
405354130050482404996646978558002628931826518708714613909521454987
992300431779500489569529280112698632533646737179519363094399609176
354568799002814515169743717518330632232942199132137614506411391269
837128970829395360832883050256072727563548374205497856659895469089
938558918441085605111510354367477810778500572718180809661542709143
010161515013086522842238721618109043183163796046431523184434669799
904865336375319295967726080853457652274714047941973192220960296582
500937408249714373040087376988068797038047223488825819819025644086
847749767508999164153502160223967816357097637814023962825054332801
828798160046910336602415904504637333597488119998663995617171089911
809851197616486499233594328274275983382931099806461605360243604040
848379619072542165869409486682092396143083817303621520642297839982
533698027039931804024928814430649614747600087654305571672697259114
631990688823893005380061568007730984416061355843701277573463708822
073792921409548717956947854414951731561828176343929570234710460088
230637509877521391223419548471196982303169544468045517922669260631
327498272520906329003279972932906827204647650366969765227673645419
031639887433042226322021325368176044169612053532174352764937901877
252263626883107879345194133825996368795020985033021472307603375442
346871647223795507794130304865403488955400210765171630884759704098
331306109510294140865574071074640401937347718815339902047036749084
359309086354777210564861918603858715882024476138160390378532660185
842568914109194464566162667753712365992832481865739251429498555141
512136758288423285957759412684479036912662015308418041737698963759
002546999454131659341985624780714434977201991702665380714107259910
648709897259362243300706760476097690456341576573395549588448948093
604077155688747288451838106069038026528318275560395905381507241627
615047252487759578650784894547389096573312763852962664517004459626
327934637721151028545472312880039058405918498833810711366073657536
918428084655898982349219315205257478363855266205400703561310260405
145079325925798227406012199249391735122145336707913500607486561657
301854049217477162051678486507913573336334257685988361252720250944
019430674728667983441293018131344299088234006652915385763779110955
708000600143579956351811596764725075668367726052352939773016348235
753572874236648294604770429166438403558846422370760111774821079625
901180265548868995181239470625954254584491340203400196442965370643
088660925268811549596291166168612036195319253262662271108142149856
132646467211954801142455133946382385908540917878668826947602781853
283155445565265933912487885639504644196022475186011405239187543742

526581685003052301877096152411653980646785444273124462179491306502
631062903402737260479940181929954454297256377507172705659271779285
537195547433852182309492703218343678206382655341157162788603990157
495208065443409462446634653253581574814022471260618973060860559065
082163068709634119751925774318683671722139063093061019303182326666
420628155129647685313861018672921889347039342072245556791239578260
248978371473556820782675452142687314252252601795889759116238720807
580527221031327444754083319215135934526961397220564699247718289310
588394769170851420631557192703636345039529604362885088555160008371
973526383838996789184600327073682083234847108471706160879195227388
252347506380811606090840124222431476103563328940609282430125462013
806032608121942876847907192546246309055749298781661271916548229644
317263587524548607563020667656942355342774617635549231817456159185
668061686428714964129290560130053913469569829490891003991259088290
348791943368696942620662946948514931472688923571615032405542263391
673583102728579723061998175868700492227418629077079508809336215346
303842967525604369606110193842723883107587771653594778681499030978
765900869583480043137176832954871752604714113064847270887246697164
585218774442100900090916189819413456305028950484575822161887397443
918833085509908566008543102796375247476265353031558684515120283396
640547496946343986288291957510384781539068343717740714095628337554
413567955424664601335663617305811711646062717854078898495334329100
315985673932305693426085376230981047171826940937686754301837015557
540822371538037838383342702379535934403549452173960327095407712107
332936507766465603712364707109272580867897181182493799540477008369
348889220963814281561595610931815183701135104790176383595168144627
670903450457460997444500166918675661035889313483800512736411157304
599205955471122443903196476642761038164285918037488354360663299436
899730090925177601162043761411616688128178292382311221745850238080
733727204908880095181889576314103157447684338100457385008523652069
340710078955916549813037292944462306371284357984809871964143085146
878525033128989319500645722582281175483887671061073178169281242483
613796475692482076321356427357261609825142445262515952514875273805
633150964052552659776922077806644338105562443538136258941809788015
677378951310313157361136026047890761945591820289365770116416881703
644242694283057457471567494391573593353763114830246668754727566653
059819746822346578699972291792416156043557665183382167059157867799
311835820189855730344883681934418305987021880502259192818047775223
884407167894780414701414651073580452021499197980812095692195622632
313741870979731320870864552236740416185590793816745658234353037283
309503729022429802768451559528656923189798000383061378732434546500
582722712325031420712488100290697226311129067629080951145758060270
806092801504406139446350643069742785469477459876821004441453438033
759717384777232052065301037861326418823586036569054773343070911759
152582503029410738914441818378779490613137536794654893375260322906
277631983337976816641721083140551864133302224787118511817036598365
960493964571491686005656771360533192423185262166760222073368844844
409234470948568027905894191829969467724456269443308241243846160408
284006424867072583661011433404214473683453638496544701067827313169
538435919120440283949541956874453676459875488726170687163109591315
801609722382049772577307454562979127906177531663252857205858766376
754282917933549923678212008601904369428956102301731743150352204665
675088491593025926618816581008701658499456495586855628208747248318
351516339189292646558880593601275151838235485893426165223086697314
511412035659916934103076974774451947043836739600076578628245472064
617380804602903639144493859012422380173377038154675297645596518492
676039300171943042511794045679862114630138402371099347243455794730

048929825402680821621522346560274258486595687074510352794291633405
915025075992398611224340312056999780516223878772230396359709132856
830486160362127579561601328561866388146004722200580017580282279272
167842720649966956840905752590774886105493806116954293569077377792
821084159737469613143291808510446953973485067590503662391722108732
333169909603363771705474725026941732982890400239372879549386540463
828596742216318201530139629734398479588628632934746650690284066719
018081265539973675916799759010867483920062877888531102781695087545
740384607594616919584610655963327283485609570305572502494416337066
573150237126843581984154103154401008430380631442183776750349813408
169325201240813452285974626715177152223063741359255747513535160669
108359443999692315898156732033027129284241219651936303734407981204
656795322986357374589031654007016472204989445629050395873788912680
565516464274460174738175296313458739390484560414203426465560422112
239134631023161290836446988901247285192778589195228773637440432659
264672239982186452797664826673070168802722052338600372842903155828
454593854349099449420750911108532138744823216151007808922516285123
275724355101999038195993350032641446053470357293073912578481757987
468353429629749652545426864234949270336399427519354240001973125098
882419600095766257217621860474573769577649582201796258392376391717
855799468922496750179251915218219624653575570564228220399546682648
329822996167217080156801080799777126517156274295763666959661983507
435667132218383358509536665806605597148376773866922551603463644386
269977295750658468929599809168949981898588529537874489519527097766
262684177088590284321676352132630838812766335363319004134332844347
630067982023716933653652880580156390360562722752187272454764258840
995216482554453662083811789117725225682611478014242896970967121967
502094421226279437073328703410646312100557376727450271638975234111
426287828736758358819056742163061523416789476056879277154789714326
222041069587947186435439940738639948986836168919377836648327137363
654676901173760246643082285362494712605173293777247276797635865806
019396287718060679122426813922872134061694882029506831654589707623
668302556167559477498715183426989208952182644710514911419441192277
010977616645850068963849426165593473112961064282379048216056210094
265076173838082479030510998790719611852832556787472942907151041468
948104916751035295897242381802288151276582257190705537652455285511
598636421244284176256230139538669970308943645907600684938040875210
854159851278070333207779865635907968462191534944587677170063778573
171211036517486371634098385626541555573292664616402279791195975248
525300376741774056125700303625811704838385391207273191845064713669
122576415213769896260940351804147432053600369234179035440735703058
314741623452840188940808983125191307741823338981880316339159565954
543405777784331681162551898060409183018907512170192983622897099598
983405484962284289398469847938668614293324543983592637036699355184
231661615244505980576745765335552338715678211466689996845227042954
589710922163652573965950289645637766038988037941517917867910675199
009966139206238732318786758420544279396366759104126821843375015743
069045967947046685602358283919759975285865384338189120042853787549
302768972168199113340697282255535300044743958830079799736518459131
437946494086272149669719100359399974735262764126125995350902609540
048669398955899487421379590802893196914845826873123710180229775301
190684280440780938156598081694611679374425663244656799606363751546
304833112722231812338371779800439731087402647536582575657351059978
314264831879619843765495877803685261751835391844920488198629786329
743136948511780579298636452193232481339393090754566368038513630619
718033957979522539508697432546502659123585049283028832934489284591
373621624852528877442891851104093746333590660233239711922814450735

588373324057814862662207486215513375036775585494138678352928273109
003823116855374520901095101174796663003330352534143230024288248051
396631446632656081582045216883922312025671065388459503224002320453
633895521539919011035217362720909565500846486605368975498478995875
596103167696587161281951919668893326641203784750417081752273735270
989343717167642329956935697166213782736138899530515711822960896394
055380431939398453970864418654291655853168697537052760701061488025
700785387150835779480952313152747735711713643356413242974208137266
896149109564214803567792270566625834289773407718710649866150447478
726164249976671481383053947984958938064202886667951943482750168192
023591633247099185942520392818083953020434979919361853380201407072
481627304313418985942503858404365993281651941497377286729589582881
907490040331593436076189609669494800067194371424058105327517721952
474344983414191979918179909864631583246021516575531754156198940698
289315745851842783390581029411600498699307751428513021286202539508
732388779357409781288187000829944831476678183644656510024467827445
695591845768068704978044824105799710771577579093525803824227377612
436908709875189149049904225568041463131309240101049368241449253427
992201346380538342369643767428862595140146178201810734100565466708
236854312816339049676558789901487477972479202502227218169405159042
170892104287552188658308608452708423928652597536146290037780167001
654671681605343292907573031466562485809639550080023347676187068086
526878722783177420214068980703410506200235273632267291964034093571
225623659496432076928058165514428643204955256838543079254299909353
199329432966018220787933122323225928276556048763399988478426451731
890365879756498207607478270258861409976050788036706732268192473513
646356758611212953074644777149423343867876705824452296605797007134
458987594126654609414211447540007211790607458330686866231309155780
005966522736183536340439991445294960728379007338249976020630448806
064574892740547730693971337007962746135534442514745423654662752252
624869916077111131569725392943756732215758704952417232428206555322
808868670153681482911738542735797154157943689491063759749151524510
096986573825654899585216747260540468342338610760823605782941948009
334370046866568258579827323875158302566720152604684361412652956519
894291184887986819088277339147282063794512260294515707367105637720
023427811802621502691790400488001808901847311751199425460594416773
315777951735444490965752131026306836047140331442314298077895617051
256930051804287472368435536402764392777908638966566390166776625678
575354239947427919442544664643315554138265543388487778859972063679
660692327601733858843763144148113561693030468420017434061395220072
403658812798249143261731617813894970955038369479594617979829257740
992171922783223006387384996138434398468502234780438733784470928703
890536420557474836284616809363650973790900204118525835525201575239
280826462555785658190226958376345342663420946214426672453987171047
721482128157607275305173330963455909323664528978019175132987747952
929099598069790148515839540444283988381797511245355548426126784217
797728268989735007954505834273726937288386902125284843370917479603
207479554080911491866208687184899550445210616155437083299502854903
659617362726552868081324793106686855857401668022408227992433394360
936223390321499357262507480617409173636062365464458476384647869520
547719533384203403990244761056010612777546471464177412625548519830
144627405538601855708359981544891286863480720710061787059669365218
674805943569985859699554089329219507269337550235821561424994538234
781138316591662683103065194730233419384164076823699357668723462219
641322516076261161976034708844046473083172682611277723613381938490
606534404043904909864126903479263503943531836741051762565704797064
478004684323069430241749029731181951132935746854550484711078742905

4998706003739831137615448081890676207534245269934437557194466665453
5240882872675377591970745262863228402196295557247932987132852479994
6389389249432869177701901289142201887477604849398554711685248105559
9915744415515074312144061203337628695337924395471553942131210219548
4305567483704259075530049506649948026147945247390128028426466892299
4556649586213081189135002796549103448061501704072680100679489268555
3609449903739283835206279928201815764270549629974019008374934449500
6007543655257589055465524021034128621248090031629419758761959419566
5925567328742378561126697417713671044248219166714996117289039443933
6653402942265145756829074904021534010269239649772759047295733200277
9828160621305231306587315130769138323171936266644655022907350173477
6562930333185209492984752274625345642567022546957864848199775133266
3932215794782124933070511073674749180163456678888107821011518263144
8787551380271013798687512993751333038438856314151759089289869561977
5611230253108750571889625357632258342757633484210166681098845141411
4693117193142720280072234499419990039649482454575207049220916206144
2229127953226882390464982390815929611110037569995292512506736882333
8526482138969863840524370494021521875478251633470824303035210369277
8497625173178258608622156145191655734789400195587047847416588473644
8038659951196514095426150266151476512208202458160108012182759825777
4776523938591591650674498461491611651538212667269274612905337531633
0556544407934278765502673012145783248859487368990735121661183978777
3427158728709123113834724851460356613821880148405607160746524411188
8418007340678985871592739824521473283172146219073304920608174409144
1253889180879685389606278601181930994892408117023504135541268238633
7443412092677817297906947147590182648247611124145564239377322245388
6659928615514753427733706833441730731508054401388940840872531975955
5388976139864001656399069346006707805010585671966367961671400970311
5351323869728990017498629488833623898586321271765713301420713301799
9923263819820940429933777903452616658925779313954051453697304294622
0794880331410992499071132416945042413912653972740789849530737303644
1348936880603400096406315407018202892446673150597363213119262311799
1427949448972814772640383210217207180175616010251111790221637034766
2975722334357888635370305350083576791801206530166683167802698738600
7554237482985482463609816089576704219031456849429672866463623051011
7731322685792328321648189217329415531513869887818372322713640117555
8813325242941353486993846581371758576143309521476175517083424324344
1747795792263386634549594387368078395699119870593880855008375079844
0511266589730181493210619507690075875198368615261640872525948201266
9919239167222737184303852631072660000473678724749158286016944399200
0415711027060815072701476196799714901416392742828895784243980014977
9856581303057406200285540973826878198911589554875864866457092317211
8258703429605082034159388060065618457350818040323477500842141005744
5773428029854040495555292159864049332464810407730766116916055868044
8573026064677642585033018361743064133238877079996986413722755263177
6496628824679010945311171202438903234102599375115846519176751380777
5754483079530649250860028356296970450161379356962667597759234361666
3693750353686994545503928744499403283281289055605300914164466086911
2472560214553812482853076135561496184443649230142909382893732153122
8187975411392194156066316227848361521406689726610271237157795030622
1329160019888063691276474165670674854907953427623382539439900224988
9728836602639205187047906015840843029147873022466513711443954182533
4412690033311819142680707351592841804151005551991465649348727969699
3519929631171958212626272364580097080991667528203658186991119483655
8661027583758633229932255414774792104213241668482649531118265273511
0080316599588888148099457372937856814114380215238767064550632330677
2339395519642603974438298748223226620363528613025437966009431045000

158604854027036789711934695579989189112302233381602302236277726084
846296189550730850698061500281436425336666311433321645213882557346
329366870956708432252564333895997812402164189946978348320376011613
913855499933990786652305860332060641949298931012423081105800169745
975038516887112037747631577311831360002742502722451570906304496369
230938382329175076469684003556425503797106891999812319602533733677
437970687713814747552190142928586781724044248049323750330957002929
126630316970587409214456472022710796484778657310660832173093768033
821742156446602190335203981531618935787083561603302255162155107179
460621892674335641960083663483835896703409115513087820138723494714
321400450513941428998350576038799343355677628023346565854351219361
896876831439866735726040869511136649881229957801618882834124004126
142251475184552502502640896823664946401177803776799157180146386554
733265278569418005501363433953502870836220605121839418516239153709
790768084909674194289061134979961034672077354959593868862427986411
437928435620575955500144308051267664432183688321434583708549082240
014585748228606859593502657405750939203135881722442164955416889785
558265198046245527898343289578416968890756237467281044803018524217
706136533236073856228166664597654076844715963930782091017090763377
917711485205493367936868430832404126789220929930411890501756484917
499452393770674524578019171841679541825554377930299249277892416277
257788147974770446005423669346157135208417428211847353652367573702
352791459837645712257646122605628127852169580892808988394594406165
340521932514843306105322700231133680378433377389724881307874325614
952744243584753011150345103737688223837573804282007358586938044331
529253129961025096113761670187568525921208929131354473196308440066
835155160913925692912175784379179004808848023029304392630921342768
601226558630456913133560978156776098711809238440656353136182676923
761613389237802972720736243967239854144480757286813436768000573823
963610796223140429490728058551444771338682314499547929338131259971
996894072233847404542592316639781608209399269744676323921370773991
899853301483814622364299493902073285072098040905300059160091641710
175605409814301906444379905831277826625762288108104414704097708248
077905168225857235732665234414956169007985520848841886027352780861
218049418060017941147110410688703738674378147161236141950474056521
041002268987858525470689031657094677131822113205505046579701869337
769278257145248837213394613987859786320048011792814546859096532616
616068403160077901584946840224344163938313618742275417712170336151
163782359059685168880561304838542087505126933144171705880517278127
917564053282929427357971823360842784676292324980318169828654166132
873909074116734612367109059236155113860447246378721244612580406931
724769152219217409096880209008801535633471775664392125733993165330
324425899852598966724744126503608416484160724482125980550754851232
313331300621490042708542735985913041306918279258584509440150719217
604794274047740253314305451367710311947544521321732225875550489799
267468541529538871443696399406391099267018219539890685186755868574
434469213792094590683677929528246795437302263472495359466300235998
990248299853826140395410812427393530207575128774273992824866921285
637240069184859771126480352376025469714309316636539718514623865421
671429236191647402172547787238964043145364190541101514371773797752
463632741619269990461595895793940622986041489302535678633503526382
069821487003578061101552210224486633247184367035502326672749787730
470216165019711937442505629639916559369593557640005236360445141148
916155147776301876302136068825296274460238077523189646894043033182
148655637014692476427395401909403584437251915352134557610698046469
739424511797999048754951422010043090235713636892619493763602673645
872492900162675597083797995647487354531686531900176427222751039446

0996414393226725321086660479125989383519266944975535680969319626420
0140427883657026103904561051516117920186989006730270823841032802130
4874567200628397448287132982239575791054208192863081766319870482870
3886390699224618483239929026853924998123670914216134887815012340930
3879997760974336157509109925854684759230857253686136053567621469290
4242643239066267086028461633760515735990508698003142397353689284350
2949580994344654143161898064514808492926957494129033633734104809430
5794073212660124507966137894422084858405364460216165178855689693020
6851889508324767933004048516889344111258343965904222111527362762780
6723666658457575595854094862482616944802017917482230858350078622550
2163593251257683829249780904311020487089757150333309636515768045010
9660252155270803521038481761670044437405721312942528209895454562760
3443535757416736389801083105799316979179167182711458374352220263870
7718052502907916454147911736162531558407684955832881902935642012190
6336848540808659280951315050126029195625760329325128472504698819080
1464753243423638638602479439210151932351013901177899974835271864690
3460245542470283753000337254039100859976509876428328029084456620210
6783622672722927377802136524040288172170124909748994544308268617720
2393852508837607497421959426552173017333558513894074573481441615110
3808453580397402777950720518934871707229554276836558267067663139110
9722118115284665022233834909066765541683369079594094045764729409010
3543564092779693798420657388914819902253990223159133881458514872250
1265609275767958737592070139150292165137208511371975227343654584110
6220662816602563336320744499185114691744550622971460865787363135850
3890236625572854245160180804871678236888855753250662542623677026040
2158351601748519818854608600365976067432333464104719910275623586450
3417486317265563913206064077547794396713836538773776108283000199370
3597603704672457378809679398944937958296029107469016094512884565500
0714580918878795426418201453696599628426868823634958792770070252980
9609967989759419557352539142377824433027467082820087226020534152920
7358475829375224873779378991367646421537278435539862440158564886920
1016447816616029621135700566383479903340496238759410928867789202700
0775049515114057825652950150244849682047443797108729431085416845400
5130163109022671129519591405208275468664181373058379332361505991420
0452558802135584747515162678153094655412405240916638575512988948340
7974233228545041405273542350703359849645936995349596985542449782490
5869291791824150680530025533704127787034764462443292059068329018860
6924002223919187146031753996668774779601217906886233110029086683050
4317870093550669443891319133335863680374475306645024184371360308520
2885821217202312741670097403514315321318039780336802281542234901830
7374941179732544785941579621043787870721548140917251636154151633810
3889125885179242377272296034973055338409428899189191611862495805600
0735705272278749403212506454262063044694708042779459738171468103950
1928215506880791367012101099442207370246136871960314911623709679390
3546363964481390257117680577997517512989796670732926748864300973980
8148737807673637928867677811705205343677057315668958991815308257610
6065918437605050517042420932313587248166186838210266799709829664360
2247236448986489768571001736435473369556193476385981877568559123760
2325808493415705708634507334439766047803866784617115203251155282370
1614692006347135703833772298773213650288688685943405120579838693700
0027833123654274505322834626697864469207809440521385286533846279700
7480178724779884611460150776171162618007815579154723052147599430580
0066520427101171256741858602741888013779312799381537276926121140660
8101565214419035673339261166971404538120100408117601232705131637430
1544875717687615755549162366017628802206010686555241416193143126710
5355871548667478993986855108735762610069230213595808381452906422170
7929877487841615163494973097007943683050809556212645927953336906310

936594413261117944256602433064619312002953123619348034504503004315
096798588111896950537335671086336886944665564112662287921812114121
425167348136472449021275252555647623248505638391391630760976364990
288930588053406631352470996993362568102360392264043588787550723319
888417590521211390376609272658409023873553418516426444865247805763
826160023858280693148922231457758783791564902227590699346481624734
399733206013058796068136378152964615963260698744961105368384203105
364183675373594176373955988088591188920114871545460924735613515979
992999722298041707112256996310945945097765566409972722824015293663
094891067963296735505830412258608050740410916678539569261234499102
819759563955711753011823480304181029089719655278245770283085321733
741593938595853203645590564229716679900322284081259569032886928291
260139267587858284765599075828016611120063145411315144108875767081
854894287737618991537664505164279985451077400771946398046265077776
614053524831090497899859510873112620613018757108643735744708366215
377470972660188656210681516328000908086198554303597948479869789466
434027029290899143432223920333487108261968698934611177160561910681
226015874410833093070377506876977485840324132474643763087889666151
972556180371472590029550718424245405129246729039791532535999005557
334600111693557020225722442772950263840538309433999383388018839553
821540371447394465152512354603526742382254148328248990134023054550
811390236768038649723899924257800315803725555410178461863478690646
045865826036072306952576113184134225274786464852363324759102670562
466350802553058142201552282050989197818420425028259521880098846231
828512448393059455162005455907776121981297954040150653985341579053
629101777939776957892084510979265382905626736402636703151957650493
344879513766262192237185642999150828898080904189181015450813145034
385734032579549707819385285699926238835221520814478940626889936085
239827537174490903769904145555260249190126341431327373827075950390
882531223536876389814182564965563294518709637484074360669912550026
080424160562533591856230955376566866124027875883101021495284600804
805028045254063691285010599912421270508133194975917146762267305044
225075915290251742774636494555052325186322411388406191257012917881
384181566918237215400893603475101448554254698937834239606460813666
829750019379115061709452680984785152862123171377897417492087541064
556959508967969794980679770961683057941674310519254486327358885118
436597143583348756027405400165571178309126113117314169066606067613
797690123141099672013123730329707678988740099317309687380126740538
923612230370779727025191340850390101739924877352408881040807749924
412635346413181858792480760553268122881584307471326768283097203149
049868884456187976015468233715478415429742230166504759393312132256
510189175368566338139736836336126010908419590215582111816677413843
969205870515074254852744810154541079359513596653630049188769523677
579147319184225806802539818418929888943038224766186405856591859943
091324575886587044653095332668532261321209825839180538360814144791
320319699276037194760191286674308615217243049852806380129834255379
486287824758850820609389214668693729881191560115633701248675404205
911464930888219050248857645752083363921499441937170268576222251074
166230901665867067714568862793343153513505688216165112807318529333
124070912343832502302341169501745502360505475824093175657701604884
577017762183184615567978427541088499501610912720817913532406784267
161792013428902861583277304794830971705537485109380418091491750245
433432217445924133037928381694330975012918544596923388733288616144
238100112755828623259628572648121538348900698511503485369544461542
161283241700533583180520082915722904696365553178152398468725451306
350506984981006205514844020769539324155096762680887603572463913955
278222246391225926519212884469611074635861482528200173489575339 54

255019475442643148903233373926763409115527189768429887783617346613
535388507656327107814312435018965109238453660236940276060642119384
227665755210663671879603217527184404651560427289869560206997012906
367847161654793068868305846508082886614111979138822898112498261434
559408961813509226857611474609406147937240008842153535862052780125
014270055274468359151840373309373580494342483940467505708347927948
338133276237937844629209323999417593374917899786484958148818865149
169302451512835579818112344900827168644548306546633975256079615935
830821400021951611342337058359111545217293721664061708131602078213
341260356852013161345136871600980378712556766143923146458085652084
039744217352744813741215277475202259244561520365608268890193913957
991844109971588312780020898275935898106482117936157951837937026741
451400902833064466209280549839169261068975151083963132117128513257
434964510681479694782619701483204392206140109523453209269311762298
139422044308117317394338867965739135764377642819353621467837436136
161591167926578700137748127848510041447845416464568496606699139509
524527949914769441031612575776863713634644477006787131066832417871
556281779122339077841275184193161188155887229676749605752053192594
847679397486414128879475647133049543555044790277128690095643357913
405127375570391806822344718167939329121448449553897728696601037841
520390662890781218240141299368590465146519209198605347788576842696
538459445700169758422531241268031418456268722581132040056433413524
302102739213788415250475704533878002467378571470021087314693254557
923134757243640544448132093266582986850659125571745568328831440322
798049274104403921761438405750750288608423536966715191668510428001
748971774811216784160854454400190449242294333666338347684438072624
307319019363571067447363413698467328522605570126450123348367412135
721830146848071241856625742852208909104583727386227300781566668914
250733456373259567253354316171586533339843321723688126003809020585
719930855573100508771533737446465211874481748868710652311198691114
058503492239156755462142467550498676710264926176510110766876596258
810039163948397811986615585196216487695936398904500383258041054420
595482859955239065758108017936807080830518996468540836412752905182
813744878769639548306385089756146421874889271294890398025623046812
175145502330254086076115859321603465240763923593699949180470780496
764486889980902123735780457040380820770357387588525976042434608851
075199334470112741787878845674656640471901619633546770714090590826
954225196409446319547658653032104723804625249971910690110456227579
220926904132753699634145768795242244563973018311291451151322757841
320376225862458224784696669785947914981610522628786944136373683125
108310682898766123782697506343047263278453719024447970975017396831
214493357290791648779915089163278018852504558488782722376705263811
803792477835540018117452957747339714012352011459901984753358434861
297092928529424139865507522507808919352104173963493428604871342370
429572757862549365917805401652536330410692033704691093097588782938
291296447890613200063096560747882082122140978472301680600835812336
957051454650181292694364578357815608503303392466039553797630836137
289498678842851139853615593352782103740733076818433040893624460576
706096188294529171362940967592507631348636606011346115980434147450
705511490716640635688739020690279453438236930531133440901381392849
163507484449076828386687476663619303412376248380175840467851210698
290605196112357188811150723607303158506622574566366740720668999061
320627793994112805759798332878792144188725498543014546662945079670
707688135022230580562225942983096887732856788971494623888272184647
618153045844390967248232348259587963698908456664795754200195991919
240707615823002328977439748112690476546256873684352229063217889227
643289360535947903046811114130586348244566489159211382258867880972

564351646404364328416076247766114349880319792230537889671148058968
061594279189647401954989466232962162567264739015818692956765601444
248501821713300527995551312539849919933907083138030214072556753022
600033565715934283182650908979350869698950542635843046765145668997
627989606295925119763672907762567862769469947280606094290314917493
590511523235698715397127866718077578671910380368991445381484562682
604003456798248689847811138328054940490519768008320299631757043011
485087384048591850157264392187414592464617404735275250506783992273
121600117160338604710710015235631159734711153198198710616109850375
758965576728904060387168114313084172893710817412764581206119054145
955378853200366615264923610030157044627231777788649806700723598889
528747481372190175074700005571108178930354895017924552067329003818
814068686247959272205591627902292600592107710510448103392878991286
820705448979977319695574374529708195463942431669050083984398993036
790655541596099324867822475424361758944371791403787168166189093900
243862038610001362193667280872414291108080291896093127526202667881
902085595708111853836166128848729527875143202956393295910508349687
029060692838441522579419764824996318479414814660898281725690484184
326061946254276693688953540732363428302189694947766126078346328490
315128061501009539164530614554234923393806214007779256337619373052
025699319099789404390847443596972052065999017828537676265683558625
452697455260991024576619614037537859594506363227095122489241931813
728141668427013096050734578659047904243852086508154491350136491698
639048125666610843702294730266721499164849610746803261583352580352
858275799038584091667618877199539888680431991650866887781701439663
176815592262016991396613153738021294160006906947533431677802632207
226265881842757216055461439677336258462997385077307751473833315101
468395296411397329672457933540390136107395245686243008096720460995
545708974893048753897955544443791303790422346037768729236001386569
593952300768091377768847789746299699489949016141866131552200856673
695770822720338936659590666350594330040363762591189195691561626122
704788696510356062748423100605472091437069471661080277379848576543
481249822444235828329813543645124092220896643987201997945619030397
327254617823136363375927622656301565813545578319730419339269008282
952718252138855126583037630477490625995514925943105307478901043009
876580816508144862607975129633326675259272351611791836777128931053
144471668835182920514343609292493191180249366051791485330421043899
773019267686085347768149502299280938065840007311767895491286098112
311307002535600347898600653805084532572431553654422067661352337408
211307834360326940015926958459588297845649462271300855594293344520
727007718206398887404742186697709349647758173683580193168322111365
547392288184271373843690526638607662451284299368435082612881367358
536293873792369928837047900484722240370919885912556341130849457067
599032002751632513926694249485692320904596897775676762684224768120
033279577059394613185252356456291805905295974791266162882381429824
622654141067246487216174351317397697122228010100668178786776119825
961537643641828573481088089988571570279722274734750248439022607880
448075724807701621064670166965100202654371260046641935546165838945
950143502160890185703558173661823437491622669077311800121188299737
319891006060966841193266075165452741829459541189277264192546108246
351931647783837078295218389645376236304858042774417907169146356546
201215125418664885396161542055152375000426794253417764590821513675
258479774465114750438460596325820468809667795709044645884673847481
638045635188183210386594798204376334738389017759714236223057776395
541011294523488098341476645559342209402059733452337956309441446698
222457026367119493286653989491344225517746402732596722993581333110
831711807234044326813737231209669052411856734897392234152750707954

1374534603865067866933962365355564791025085292842942277105930566606251522909241480570809711597834583511731682041296459670706333035692718214962922720732501269552161726498218957909088650853824908489044217555309468320556363164318939176262699310342894851843925396709224125659330791023654852941621322002511937952724803401331352470141821956184190557610301901995216474597344012116012392356793078231907702884158146056472914817451053880601097875059255371523561122901812847101379172151246674285000618182712761250252418761774859940845214927279025670059258544310277046369110988005543124572296838369804708640417060109669622318770653952757838744542291299666230164080547697058214171286363296501304165012781563977996319574126276340111301350827217722871291640022372302348090314853436770165449593807506342852930531311279659452666519604263504064548625433837722094284825435368231861829827131824898844982602857056906990457909981446491936545632594965700446890110499239392180881556261918344043622649655064498485216124984423759284436426120042566286021578011404678796623392281908045776241090764870874061570704866583981448458558032779973279291431957891103735300198731104868956562819173620367030391797106463099062854837028361184866722194576217750345117701104580012912559254626805374277273788637267830165683510923322806499084591796203056915668061808265869239205618954216319860047939611339532263959997495267988010745764665383774004374636951336856713625531840546384751916467379487432709166200980577171034755753331027027063173956124484137457827343763301018534384974502362657331917424465677874996650009387064418867334910998779260053408624428334504869073382793484253056987374694973333642671919689928495345610457193386652224715366811456665969597350759721884166987673216493318989671829786579746122165739224048569002253241603678053299909254389601699016641890388435483756480560126288304094213213002061645408219861380994627212143272344578068199258232028513982371189265412344607235971747779071720415231815751947935274564429846308888463853810686217152745316123031657058489743162098314013263066998966328885326821452040831107380320527846692799840031378789965256351268853684355596205980572789517544986942193269721332052863745779834873193888995746342520482133375525845710566195869320315632994515025191945596912314375799911383016561171855088166587567511843381457610603651428584278721902325981078345939707382251471118783115408757775600206641245622932391166067333864803670869537492448980680002176666748274269259686864337319165487177501063436083073762816139841073924100371967548338380543698803109839221402605142975912211591485059387706790687013510298622075022877211233456244210247151639412512589543377884928342363611244738228145045968214522535500359683253374891862786783594439790415980439921248898486607950450117011690925193831556094417053979006002913150242538482827828262223304151370929502192196508374714697845805550615914539506437316401173317807741497557116733034632008408954066541694665746735785483133770133628948904397670025863002540635264006601631712883920305576358989492412827022489373848906764385339931878608019223108328847459816417701264089078551777830131616162049792779670521847212730327970738223860581986744668610994383049960437407323195784473254857416239738852016202384784256163512597161783106850156299135559874758848151014815490937380933394074455700842090155903853444962128368313687375166780513082594599771257467939781491953642874321122421579851584491669362551569370916855252644720786527971466476760328471332985501945689772758983450586004316822658631176606237201721007922216410188299330808409384014213759697185976897042759041500946595252763487628135867117352364964121058854934496645898651826545634382851159137631569519895230262881794959971545221250667461174394884433312659432286710965281109501693028

3514965240828501201908310786780670618511457409707875631176107464283
835593915985421673115153096948758378955979586132649569817205284291
0381727212131386815655244281098711688627439680218855815153675312180
3741199729194713254651991441885006720364819759441679508874879344160
7595983619600109948387447090791040997859746561124598519721575581340
6285461897286150207743745295395369296554490129530972889637677133530
8424297153941795471790955801201342101751509314916646990523663502330
0240872186547276296390657233414550059039138902536993171559171798230
0651626797447118579515065738685040882299348044455498505978232978980
6170294984183762552587574553031129919143411094130882381144430688430
0626553056016588014085610233242103002184605885869544185029774630850
8584961300372381903251622255707299757107273060660729169229780336470
0488409587112280451885119087185882995143315341285492971738497685230
1362760768684947803649482999044757157711410809580581412089560594710
6686262900361456026253348632849868160394633724366671129644602929150
7461811177891696958399470809547888635032811296268992311100998893170
8153139466818820283683633738222814149740069179421928888171391162830
9102956849182333589308133601314887483664642243817760810077391833930
7493469336447481505649336493231572353061093857968399021533814491260
9253507682110987383521975077366534754994317405805630991432182125470
3362813594883176814891943065304260297738854929745705694487830779450
8788650629708954998437601816940310569095871413868048463598536840340
1059483417884389631799564688157919371746567050474415280277125415690
4013658620977607356328329665641358170280880135463261048927687318290
9179503799444463281585951813801447168172849967930618141771319120990
2362829226125432360712262703245726379468635333917587374465520060080
8199752940175724212997235420696304278579506089111134165348934311490
1753149535300674197449790172351816715687541634849494912890017393770
4514319283824311832632650795303711778061858511535088099982004827610
8083072096496364769430661725491861437009713875679402186967101485400
3074715610913589331656001672521265425028986122593064841058988471290
6492309412151445639478899993271458759695557370908551506480023214760
4430372324661471115525785830710249368988145625687868347455188933850
1817916675790542104210363493162578704765431267906612166441422850170
4462784771327405955796006483432888278648370434560669664568997469100
3739877128915933132712662475055822586349284277183558316415936677120
2185376423762221047793389563787229025095430141822571803313001481130
3777369415084888675018931569948498389360526668180127839120058014310
5964419105466632368101482077993565230564904207113641922001771891070
9352432343227617877125682511264813329743549265686827487159866549430
0416484682205939216733594850578496228079324226498127052713984077200
9957072362270092450676656800691499665557378664118770797677548670280
7864318179415217961783106550302871572722822508120170607133803396410
8412112538562489201300107824621651369895110646111335624438381853660
2735637834369212793547092301196559149158005617072585185031672893700
4119363747806258242982507264648018215234302680814869781648243493530
4568558436963783841538380511844060436968716664165140361297299929120
6308428121491524698774293323052149999818290461194716767275037422210
3671866146540425344631416606498714990010006600415448684373522084830
0594959531828722805208286763003610917345086321330336472895841765880
7553452279384802977244857118155748935613115249267720063621983699800
6641595493886838364118914304437677154980265449590617382655911785450
9993785108614460149676455501036539712511385835050851124425177729230
8143962330437240360326031814429913657502460127875141179449013058030
4521999927011480717128477703012549948868418675729751892142956525120
4869439837290474103631218991242173395506887786431307500248233618320
7387296973765988200538959029354860549798023204004722368735574118580

1327343379789315820394128789897289732988125535145076415353605194621
1122170006763216111958410292525685365618131387840864771470997245533
0131707617121631866002914645013785878548020962447037713735877200866
7380541081400423114185258032932673963245969140448346657220428806799
2806160298840434005365340097065816946360966609111109687897518013255
2244782469579132518921226530560858665411153735849127902546543690200
8694198711255884537290632244232222871391220122487699768371476455988
5267392259049978855142500475852602979293061599134448983419735833166
0701075164523013107966203825792785331251617607899846301034934969811
4942610553678363660225612137670814210913735317806824201757374702877
1893102076069533557217043575351774615735248384321015713998137985966
6071296644383147912963592754296271294361426859221389930549806453999
1445886924727675985442715277884438367601499128973582599618697297566
5889787410821894223373445473752276931992226359735207229983873684844
3491768411910202466274795795643496150126574338457586388347358322422
5353281420478269344731299711893463545029946817471281792981674396444
5249566555323116499206771636645803182058496261322346526061754135322
4447020076618074189140401581485600010301199941095954923214344060677
6347697130895133891710505038563365035451664317744896400617388617611
1936226768905769556939187077039423049400384406226144495725166310177
0806429233451704224266796070754040285511823983615313837514324930566
3983818779955949425451967565591819686908852834348860508285296424377
5787129294393661773628301365958727230809694683989386763662264567911
1329774698126752265956210093183220817546947788787553561883350838700
2482953460785970236098656563767227557044952587398718125934419037855
2755713334098424501272585966924343176890189661454044536790471362944
2381561276568242478647361766717706470024311197110900074740659456500
3153750441779821923063237008720392120854995696810613791890299611788
9367521460223869056654813828582804495375301609214221959406387870744
7879911949208983740917885344175230647150302783979798645173366253299
5117751055590141604598733381868879778588172919766045163533535560477
6484205208888117228319900445042844868523383345301055339296373080399
7382306047141045254700948994076012152476028199638463435548529323777
1614108695919507868732760754000852200650318712392728578358070107622
5427696553559647894501660138162951779085311398110928315832169315633
8674597474495843852827016582461920922195291343234967793455856131400
2077659961425464632886773568917855768351696083928641888300948833244
7004479583169315338323823778763444263234563016795136710475104696699
0012177771280655224536893718714515673947334404472804509594330906833
6671106559533386029380009999490106427698596232604018637335728466799
5312296831563581454208905406512264191620155045004305621369918509411
0346096010305438166947959645858044251949051107333876799467344717188
6156477238117370356549176287075894560355191956039623011578663237500
2347250544610739794024751844155581780879628222319726929845166833066
9195050799933572591656755572945859621820526504733537123516236627700
4793332893221361418587859727716856827253037348368919118471971337533
0884467779432748571488278216088447657000414034999213767942096275600
8830815094380307056660227646781175333610281878007102197944287773133
1463878578172056614090230414999232482689824772221098521897581408799
7634861467636063686746119666203473046089172772400459530513769383755
3815434869811019906517069617740522182474226576521381527406126990122
7068808753864086699014617408905409818776718800761241519670641521177
6530843255442610175363482811968374933958257425412446342472335863600
7779809601997451877588454596458959567795588690984047682592534778499
9304578831285417470790597959094316277223278445789186942149294515400
1742146232403008419079752967824459691835094742021236179403090486344
9605340549312999194960879579525869771702366800338625057649380887400

9940095899481093979832311088387692364902214991111208706392028924906984353331527279913309863354543249714413780591322408149601564856798439664647802804090575808891902542366067745004134157943121125012752322501480672329796522304884937511660849761164127773953113020415668482655314113489932437478902689351739040432948516106597858322531682042028349936415959801973438898830209941521522886111751266861730519562493671800538456378551291718484178415947974355806178566807584910801858056955679901851983976606933582247791365045627057667351709615504933383904526124043955174491368851159874543409320401022189827075392124032410424244515700529683788157494684415080111386125611641024771909030500402406622789456070615121082661460986620404250105839780981920197267590107499248849661394411841597346103824011785567390805664833210390738670832986910780934958288870711065155965122254292915421292310807115972327579751085991139807684473263942641945206313821786226099916008675244626545702896906719228228304516911136365277451797584214710221909990625737338347272649867824440104899850763163066805026711594463629352512026942481085453060281062726423653825077334057547570170436703959646771595926102943831307489724550572908568849609134632316581946866058709214465371675565553196209186595262844825373135369816251735193011534158117135329203587316416883910799400067726603161752758291739839585260645411331898550574784712105350579564909593167216756562481878200276996373415588000867852567422461511406015760115910256449002264980039498403358091309140197877843650167960167465370287466062584346329708303725980494653589318912163976013193079476972058034710553111117215859219066231028099212084069283091906017370764654655683413207556315315006453462321007133584907633048328153458698497332599801187479664273140279381289961720524540674695271948079930396730194274036466594154400092799908634806622334906695224044652158992864203435098858422692019340575496840904812955522654754650713532842543496616084954788090727649930252702815067862810825243222979985391759845188868387004477101866772159439708514664612871148749531862180941719676843144666435175837688436786081446319641912566574047718699160915550910878919431253671945651261878486910876729910565595155159739659034383628124629118117760949411880105946336671039049777312004243578115790429823045072038322781246413671297959415082918378213212876890545963586369344879749784841123274921331663162812456388238288715648447883142417650147980187858215768793063001153788998014623690135803753306246148576074932567807682651045738059018831237617271889933790487113395588485234240255002352200613574914318259142479829367775490496399350755839668967578364316618369307625603528602940662803255416535431518013714821941772672244005268401996533334184004345525296592918502940131600651124395297874364222806977720437363717873457948420238745151249157913139411148608416429347958793681868609689684640858334131017858142710955416293375915178392341303110543328703526599993904966822112768158316511246866451167351378214345336650598328347443536290312393672084593164394941881138607974670134709640378534907149089842317891739783650654751982883367395714360000003439863363212091718954899055748693397700245632475954504411422582410783866837655467400137324322809113692670682805397549111166171102397437749479335174036135005397581475520834285772800986189401984375446435081498218360112577632447389452051636938585136484259964518361856989088721789764694721246807900330925083496645841656554261294195108847197209106605105540933731954888406444080280579549008076040034154662137669606444293774985897353625591959618552448187940317374508256072895120945456562159540405425814886929842786582357673195799285293120866275922366115137445767916063621675267440451221051052090834707443986137829082352772895849625656881972792768694795806100573

787084121444815034797422312103295359297822377134077549545477791813
823542607184617108389097825964406170543546968567030745411634244134
486308676327949177682923093183221341455482591367202823284396549001
805653203960795517074496039006696990334199278212696767771835209083
959545341866777944872740383733381985235884202840150981579594685874
537989503257362809837592216229258598599123843993575573285028613155
970362934249814178056461615863415338635077223269996508860870999964
899373049307170967888740149746147542880387421250689212155876692242
387434701120990859082164073576380817386959755176083877600277517253
037133445654852635661720197563001580049790223419586738061442401502
436288957503206533690825756785507020555105572381878574650371086308
158185862815883054564662297694803970618265491385181326737485227188
267917919091354407852685476254126683398240534022469989966652573155
637645862251862823092085424412805997628505488913098331761884983352
975136073772030571342739638126588567405013841074788943393996603591
853934198416322617654857376671943132840050626295140357877264680649
549355746326408186979718630218760025813995719923601345374229758918
285167511358171472625828596940798518571870075823122317068134867930
884899275181661399609753105295773584618525865211893339375771859916
335112163441037910451845019023066893064178977808158101360449495409
665363660370075881004450265734935127707426742578608784898185628869
980851665713320835842613381142623855420315774246613108873106318111
989880289722849790551075148403702290580483052731884959994156606537
314021296702220821915862905952604040620011815269664910068587592655
660567562963361434230232810747488395040380984981860056164646099819
257616235478710913832967563761506732550860683433720438748186791668
975746563456020002562889601191100980453350423842063824039434163502
977688802779835087481178298349417211674919425601608685332435385951
152061809031241698182079314615062073826097180458265687043623935757
495737332781578904386011378078508110273049446611821957450170106059
384336519458628360682108585130499820420578458577175933849015564447
305834515291412561679970569657426139901681932056241927977282026714
297258700193234337873153939403115411184101414292741703537542003698
760608765500109345299007034032401334806388514095769557147190364152
027721127070187421548123931953220997506553022646844227700020589045
922742423904937051507367764629844971682121994198274794049092601715
727439368569721862936007387077810797440975556627807371228030350048
829843919546433753355787895064018998685060281902452191177018634505
171087023903398550540704454189088472042376499749035038518949505897
971286631644699407490959473411581934618336692169573605081585080837
952036335619947691937965065016808710250735070825260046821242820434
367245824478859256555487861614478717581068572356895150707602217433
511627331709472765932413249132702425519391509083601346239612335001
086614623850633127072987745618984384288764099836164964775714638573
247333226653894523588365972955159905187411779288608760239306160016
168434070611663449248395156319152882728822831375458678269830696691
220130954815935450754923554167766876455212545681242936427474153815
692219503331560151614492247512488957534835926226263545406704767033
866410025277276800886383266629488582740369655329362236090572479794
734434077704284318507901973469071141230364111729224929307731939309
795452877412451183953480382210373644697046967493042810911797232448
615413264031578430955396671061468083815548947146733652483679138566
431084747848676243012018489329109615281108087617422779131629345494
425395422727309645057976122885347393189600810965202090151104579377
602529543130188938184010247010134929317443562883578609861545691161
669857388024973756940558138630581099823372565164920155443216861690
537054630176154809626620800633059320775897175589925862195462096455

欧拉数的前百万位数字

464624399535391743228225433267174308492508396461328929584567927365
409119947616225155964704061297047759818551878441419948614013153859
322060745185909608884280218943358691959604936409651570327527570641
500776261323783648149005245481413195989296398441371781402764122087
644989688629798910870164270169014007825748311598976330612951195680
427485317886333041169767175063822135213839779138443325644288490872
919067009802496281560626258636942322658490628628035057282983101266
919109637258378149363774960594515216932644945188292639525772348420
077356021656909077097264985642831778694777804964343991762549216500
608626285329471055602670413384500507827390640287529864161287496473
708235188892189612641279553536442286955430551308700009878557534223
100547153412810957024870812654319123261956462149376527526356402127
388765103883255007364899937167183280028398832319373301564123277185
395654932422977953016534830128490677845037490891749347389015649588
574802194996722621185874361039774946338633057887487405540005440439
344888192044102134790034598411927024921557026873700970995205391930
979319495883265922171508324621942300185974396706491149559411733728
199869021311629886680267446443489233020607003821262841723679627307
191405008084085703978151998148822390059948911946474438682533745889
962375133378280532928272016815977970066488394482446332210928320504
045983008943565954267256879714918703447338237767914829203283196838
105907715727191903042365315650957464549643425328069510396558733549
803850995143463506175361480050195045201350200180281506933241918267
855737764414097080945745624854867704904368368717590918057269794010
465019484853146726642978667687697789291431128505043098192949736165
944259471754765135205245072597538577958372797702972231435199958499
522344049394502115428867244188717409524554771867484911475031801773
304689909317974472957035192387686405544278134169807249382219749124
257510162187439772902147704638010731470653154201300583810458905006
764557332998149945854655105526374914354195867992595981412218735238
407957416123372264063860431988936249867649693592569592128495906254
446474331759999685163660305216426770428154681777589339252115538590
526823311608302751194384823861552852465010329467297198112105314125
898165100120742688143577590825227466863206188376830450921784582526
239594189673003640808624233657620979111641766331328852352062487922
978959456450333733139422384778582717195412347860434376165241568717
943562570215636666680088531006728947033079540804583324192188488870
712275670333173939262509073556164513677064199539111948881240659821
685787131385056850623094155206877987539740658484250135205615103489
821873770245063583314243624807432542464195984647411575625441010389
671576677263196442524931941806472423789334668561083789808830313571
333157729435664956078125304917594015895146954965223118559669048559
467607968190167266634650186182955669893965019614544401768162810604
465068448139561667220729261210164692339016793399632833013163850830
967942792934551268435760356901970523138364640961311774904600772840
862214747547653221505518116489887879087780918009050706040061220010
051271575991225725282523378026809030528461581739558198122397010092
017202251606352922464781615533532275453264543087093320924631855976
580561717446840450048285353396546862678852330044967795580761661801
833668792312510460809773895565488962815089519622093675058841609752
282328250433712970186608193748968699961301486924694482420723632912
367052542145464162968910442981633373266871675946715392611950649224
725627254543274193495995569590243279097174392258098103601486364409
101491734183079646345064833303404765711827040276868271418084574998
493392039317445402616663674646668754385093967129918067471909885312
710726724428584870694307099756567949198418996425748884764622030325
637751112534060087936904565779272035205921345924272965206683338510

673615276261016026647772485083344719891986802656197236420847504962
661607797092906844757798251795569758235084371746103310387911789239
441630112634077535773520558040066982523191225570519133631407211349
723226549151062961739050617857127509403623146700931176133132018631
158730886798239298009805089491510788371194099750375473674305745187
265414016446924576792185753680363289139664155342066705623272936001
177781498886100830877849571709880858667023104043242526785955562077
310543072298032125941107957349146684680220501816192150766649106862
033378713826058987655210423668198670177861672671972374156917880001
690656659046965316154923604061891820982414006103779407166342002735
828911994182647812782659666207030384795881442790246669264032799404
016800137293477301530941805070587421153284642203006550763966756168
318897005152026656649929417382840327305940740147117478464839241225
676523593418554066440983706083636457657081801664285044258224551650
808864421212113914352453935225522162483791737330329812349528984098
613273709957407786789349311975204237925022851375880436791854547836
416773151821457226504640800104202100410766027807729152555503218182
387221708112766208665317651926458452495269685376314437998340336947
124447247796973890514941120010934140073794061859447165516612674930
799374705772930521750426383798367668159183589049652163726492960837
147204067428996276720315410211504333742057182854090136325721437592
054640471894328548696883599785122262130812989581571391597464534806
099601555877223193450760315411663112963843719400333736013305526352
571490454327925190794007111504785378036370897340146753465517470747
096935814912797188187854376797751675927822300312945518595042883902
735494672667647506072643698761394806879080593531793001711000214417
701504495496412454361656210150919997862972495905809191825255486358
703529320142005857057855419217730505342687533799076038746689684283
402648733290888881745453047194740939258407362058242849349024756883
352446212456101562729065130618520732925434179252299417447855189995
098959999877410951464170076989305620163502192692653166599093238118
295411937545448509428621839424186218067457128099385258842631930670
182098008050900019819621758458932516877698594110522845465835679362
969619219080897536813210484518784516230623911878024604050824909336
069998094776253792973597037759066145994638578378211017122446355845
171941670344732162722443265914858595797823752976323442911242311368
603724514438765801271594060878788638511089680883165505046309006148
832545452819908256238805872042843941834687865142541377686054291079
721004271658157783089229889242670530096399035822360745688719200271
705056263437927609199541896027393286309659213286086611351667773267
886393638131673397225952827993034420048044304726790831478172613277
980860941688196618039180121689715972001475041154724951514105036579
001468219815314336911718396923680162737850557346578941452639684520
801770293479685390015730150919242725109875728959618125815431338482
479478427571789900690048286092469752011266333145826124938927324618
880699867340597569278516925370781044591986477115620076623383637368
881256224835704771938190298092350280009161763064653976903746120776
177531042436237332722253985877792090234884391640559585998315595721
311357220153680301225557683379774858681533088159764555964630734898
617044407196563172273511931849635585338314266727883833450392950293
775440401283958440716449774746707057377328163528489266788893275384
180943222174087709628317155373730873890116352696373676470260411655
427126774430017044077459641503515446684698988308147171167359197749
340414086668671088725062630547887396096180807356262336886699382204
414429106327747280812518385540296543359795892041895295216780033035
863591706074491789990166701050711028796996254453016381785342243382
693419858593206287896605674805132805240981414765484284880144724083

720347955154096552973618058052664140416908140565006530666352783052
031017646501963552163139656989573276328361663315833464178666235449
881207501670716914921533104700667393515002305273097302507657580386
799605381757672825720431891792528369854145369568669250324792935719
450806796104072595771723325753368857119622048874700066176790511601
056454908189107616335099142066263368723941891148961177947900813483
266650724950596485138969206995012395946741683662092311970164587624
090688376558793852000697909553840610377208739213605909688361178199
255939276122013717316698092843293358478913898096804893717881413147
888387096020934079824203629566756422511402266389696843459370583370
963638082165794650319520545416699398261097559387098847034753744876
510033193809438842735341651948052158283909706146831505613331116037
431432542781608242807964891486795412587347858029042739645368075518
442899756461622567940131769629690339018440242562501323123820130038
177945119204152861905004808681591494918188597979299873776190455310
026700166850604059761716596586892815370325006585275911011345671700
061559899090549115348840343256109336212962800372800161673490897785
170081871387843344314187457963318790580559519176516890063683276719
906534719646761957914525767000955605436116218475861290027545691958
401076676193341549546875928707714947174782675774482094158914715251
306746722141804911790415101616247490427954512307985557221384372812
506268294939047883755712251673326204179705329444189250012547755292
613133887109028821776339509325553840674777611692192119288505478580
841712229540486365055216851344031436618735034813737185534790246457
444599762410014762552340710644798611066538304983914332325585522071
277017208599353764879617700497099575134985728212881586709065289379
791658225227087603710406129982627999643357823515717966366403518262
501896701372213885069655968928810345127352758307864903033439668259
797673682600422167597624194292911542016589739530515186241886944 5
050358376910986729584484305015937455685374611045069497653043115674
264812804526999064388076661574438502396781141370055566045134560649
400773650518849004330297368291161994536994296255596326923942749745
875829509755559120819112933771422623427405869900389482718938154399
024533310924039649919055177307968218374284853313295652654225896246
589368232780433362987936455443866935914119132509156302600311751936
575298051990048325561549374120218002407445703600137515347351304324
914131404498086313366965450491395592861158578582126330992257616279
827544805225089902795438768396428292916835039001789222607573521307
316798802599548500931428859887774033818563901629726547833146970405
534010857755702271116611649980350865787815821718941132247597607756
406714975178751242499352210884370881193073426320705046954986205513
418622065400593064154242552649171544964537469484986107527222050690
265232812712332213481636344220296440548599998178217973763917067646
995007287720338797501531611558814793738388397001819468364419150936
636885986774801016438906177057787077506831077270925117345882299582
559857586674091835256478794837192496711262794192888704257391875553
991261202496143727288938468528606846866239496653368816531623741111
153296167674029807233159938654745315080285937824978727960670847566
364098678403238236050440666123794176243577499524081824942187528835
448191691533036421517009930080046523329055336091928897431508395704
157531246174452057774316877022429410324102110575225866573367305572
119740568698949732494440575529551392708557339666369309178972919161
668311588165159364832955699230720056065132751588821620793595721294
679883955101583365112940035810393705104958820071527374047199348271
438826812271516405052637196865710565736982657763252356177592071582
715451977267951001585145736216492730531970976497752863537015507435
491947389811071950980563640108425245977523961317546939669366891809

068890649702144324749256593298999338480102819954584318272187928835
686473692417480094805332720218037592094671745464433679263187289570
840036472226255644053536066129922256868195685065564854453445185906
848756905586930311192444560090227124362351084330243756408834738667
729540074435565810641346686042484694397703929617107851846778959568
116253133570127453025748670978499377430521209948564101216319577316
844903890519027471952207197212047931241106646034554513246458699479
765339232346496586818541560919077572143897332311807146071400265892
253368171017772502082527324272534142353693198204741488864086198417
091078215883056626827410432949100275073657373332334587782941890133
308610102836698859964804112399196004356679405886821442604614502595
221704512812005046194283216377756937171556872881443614985905098557
824120793683640624523194535177701810804820864582055339070249790905
213429612020960172538718836180919608305137003939117066404887198370
902036407215674455922066247448445518172891762530879522025330631090
482841234627220349041343852695731033587714684907347971597198216708
378903613581351723573206700941124556474957041407967399496845340385
141375943886777835463097345255797812610040597773953291761071602699
335162280126424896524218259910286600134751841336605016328376930778
500724073114994615209924574413235324984996932813120334851264171071
733531912109617639565566370961814064003838711464537511910923677787
403154428657944448159639001529346135597761119683752136833202941917
989095636449929130217423338632734353688285772803488522620240184995
224166770295099758268719449991392429993072891499636421170146439010
925676609887254369467768762754590815691923655002341747034157055596
198781445575284781601865713426775320792773736841122219396032342604
082885471064072584166175692131082652569516518505438075576289004625
811364702960472995554964651347285479774662044494460743108961778523
131602713836494316635688096841137841433496920785082912770997552201
393989706244961162572210203995003431558682774649843870172263784490
622621596077071837175751873426466137878519252170269420669508255493
172934477680902864228438908518765570229140835384749927059792147957
211257340972611580785214705603503404485203668039554507896341423829
361527610039502980101848577915343626649638990045812842148602204723
111531341032436454649501158514914584965065181124591622012028780589
032135003917906844742895008581143233834278232207512569175468896696
992926721873870269660050580256003880128777424150835323726928045325
332944404150931911010104560743614741525758926194101436212002786190
327931327856256099370616379462099625162592846087608745973209697131
756771490067118354845722855268275516720187427058536750410664392391
970945109014179624036117558829200243934186743733012601364433610253
882532552255123158058699774576533775526119561441663738429916155519
844374979872442430738691616238228428778890624606550583525895628943
395025595559263626667431581708579370475376779186058831438865989554
762973557400006250587131357805115866148135723998420579619256843268
796544824261509095741815241005159390965133835581281731929146608221
195960084196069627850065506822687234767297143846760984341502207978
288628101295242583872035193557864793478343777170297081314032987409
790814796595242156440423932943146611525204974292375196242443896645
210734440716822107095651479357051258614770485230309765452753400490
135910287476462069660245148373251982511558141451275137053435922850
170035263458223391427374881902048338535230983741658890284501114699
301984229559744217251031014786893889640178843574613269262909267585
360876096316659760139768530415491586380264843818668988976746262132
578184845313713938886508039599152410615811423152990242326495225964
743231955251645194546882788248918557595197395339473382040638120714
446148815646096095948644731950966085787844754365546329456002606006

014035269297039107661350499616561809908044049768563533663480660304
898412670818095372086444853780753554140777975302231643557483019084
558658076226778051680323897452891493318386545812947091726781190995
787972627651840161846218826151737032123687547328874010551193627482
992616500258094748146013567248646366927958547613741339138036855287
122495525161287119032666293093807076433413147320185361782612335935
906424846843612142358575244491755080430295398789269427115440486407
839707559858721371117078178840627922731697832355867458555663611023
036654723921637141228470736269615327810195815612687218389614632776
538136819279140718606319285333696333642908809364177238277026693271
275411422144559375296714367878566083123998329893176931815396517280
501999216685109955283361581958944177762905089853184390645580277789
909518268834112862700709399815862222798700632671251671553156774341
900307563159612211664437372272291025147839968813746832435986003933
547696790558557151928711062588362329337063885484098145012382289519
215342305297114938655515135741817479071006196211536795591774598030
299125212353167476609775815542523953903694937730096879338180216453
301231900870431328193571893979457449537444919223476442776812325496
533655391878984435986903716705359296722932223406266469148328168965
740114230898678873948102595872992664670517778023554671431399897383
475493395060660341628269416839267482555713967875348656956840070505
538932432423731770843360790770361046531048992494931600935676708123
493368030179364169421275587079009619902026929545936001562550493649
731031734174476566504056209156968404563308671943929994558746084610
116194687133331941611111633071494104378625488438522205991670714055
860745500240276142493161470189287816294592587118438542492680009862
318404583674171762957073310519201120807577399824212137251721856108
157196779678516063004381452627370102350271386770844168079938332447
780166007888114182436657965538903342939270474269204287594059112100
981782874833987803510228017180387506497624004261560260293465780881
961909546867418412217220141119700365400944884248528380599038810062
291363980806928581541545273337958237118253683388977156103781634710
580759675381248361225918334008477946844297907020076016822283240837
851964963023947600773832455944953201470621514855475425132598203797
335566325073234223566501576555916393692097810262363754542325188541
532364868372267047231091905382112277808934067587169725099729342783
254765798870139741553367456645620955183039691469564900066975281332
991050139542223108718987897178141046991222684332212425522409920075
224650118518771424712009650506578223894856614372477335421607083445
132771801143400538207903892859721928795065272189363047361362381480
404755262484218365563489198432786139157224194381624450361973090404
387697439250674223497007187735768344306602727194222384118661659033
947655077642636005178320998877907127513403682287996751004584621908
334268734417115340777779654277019411237975325101775118696060692020
564859923440055748318451025751717371542437060496202341867758604419
531541092669154461216481873575295931658675374385534442958290745303
045123913666192912256477227977709315939134439976288794316924202083
470541406929340319765404849754556245239080526384668547351323826296
261434023182410737909141865080307105660919265689858769502293784819
268671010920892262774031729439459087381803811673411729393065900836
067630252287510315282236276389479940622185035744186524905938948997
248100203719213256756333316331957193842003417004081947407607286997
585832829642063051471880543188734796639073673297466127385094114686
951572147078237096462104569638713171457202201624613311170482867057
565080393370015750085687231642981847719050327758907710566311272970
900644291733863383289589732461189199734937664254252394182150133646
102914329693097786308114086949665940485452800636490974183241129644

4042971410151142875940314235076393404106460725102878817332760658531313665788147041629484225621515846055153828983439570464131182621000396038136840451292349587209586803866138083951124331466213666005638687264562447476806545367541018417725414974029373550220754772075171290814868209628067297919550630282120181443571965340752859641953363226512310346193461938079187834486229485338549419274602427039909467934648381170393116924613525486975046435105894445865095141049662604808480923225496717593179869011976773912124072710749032347176770642351637324311147157231047261869363478196234080433583128634996045242938116550635601062500080950601753469951254504605507476294644341845081164402888896991402093852239510560103467339130152223681805086012965658436489334376750391448958252514524773297368409500158559992661255766726424681328455037282750266367573938342171480373791603507596332887883567379752246231605390261525110437023074954471039819942067507012121404157086005546865401555986886128227862329572118840878929246209510711911317096940864603529582824741405136610406406288005708293978009538846290595337832484715323595494390095313670159773019211837572254848722277932260863942672782132864593749735088811438753122335111171036213690651405477029258419489639189150419523437566573213634826527396046089653590820811120126598972206838384693083778963745217430494808697531994217409585650671662931972358222932509279670077950568365989801718391312217090139455720088601884320169574497632230598862452042691257009024685410031297091065345234315444598968320417238553577978989071158659412049678788109582475604440348639339735105209089641849178311115771170719708864466893725288652273501777455410375615093659549717526144512582267028272296452996906045916987531033864431615960689670381230614108628010859128161508762578519857610359933353121535363921301055828346813566968392231968628556923568184157001716775417889879682184078763517433210918581094328312206292379733236945559199084558427073940153366308959346674812010839942680472723084927997816550307897071742498101642884911063846612845732564413150525873924801098850842858840034951587547525551743866918914191225433581646416489898076410698687460399559885394857123111664052487431379571536506564779609114389137982118898242595411712704894027458315615945161464850749817293260379266707775532991282469904274381853305666974512886913304746874501934261707205681412514208035979346154239829487981481226768412776772525211217022660366701141686899856213661007080677725583868056043269028638536749944880446064349640810700115337325824220525156468572226287596477602063389725238541892323161159233438454715166536118441546900168472072252425631606096747950278097883818497769268597558008243994901895539913159841562388117299082584680018182532324620349861506070807092960300605405339686881344752494858301003916970130781743007199889804686609619355477719206174223160458803937515756983070254947795372710074846278892831287971486813062592457649163326128157254967527906801599628077767202451149433408030999829519793911576504574959757784237929701189608670160821140428861937958968593069289946289506936698547174913949187067310982335677814938786523074695122191595711343295085446544754976556005956069476723791449545018710436084595723132451505594916439422750859079577665519766311301020782597702915518485283197944359183914152674536956840419168975362151716382032120916694856468832814526276718549531933214079260757518617350669441261286948316150540692389200258732285158874109481224667096992097028243552323373216161429391039129392454698181247039123832479172111006568072074805106725190961164373954272137302897303404707678565743414631524258764271137666013155141832092872463809604276556713628852842494231560115281292863052912598710726978325611225904595330656789483278109410667616650010512297601797826617810634

5703321668709075532462194492017376081516506526055990312324143665594549403990585122193519093862631616559166874600562601115973732519931284082910974586982382765511124785749169538114668172372590246824164724048349029375746321767838824752376750126903009174173401173240234663891206001509549588344099874110709856708021635391380814410387703302127463999356120065937853637221264403868561273964297204946491866096748371834821879114699426750892147413478258580382867228386642725780838346065664951624962283201708902316490432686632810154398398846888644071072447428048620150909185698726857749988896651969110759088391776931216137216842485669904308486307751668242012221929845485600724210597028685630517903535931843281026864973654068233077751328237184387727473005310578473468950232042970019224756829471906170419558523429955670865611910659190539171132918941430955701307031877144631951348834388255626282900957605034146413007330312473450462050770891752910560421108615640544751009944073338042964380877129920148594055201885955680852144110951556684186420871668471050539288282983385905093436026367121221969532838580798097063296515252691556292182690387333527430093167910578467328290951748761518437454676086255109430180531907791263060510609296782221883146357758596301806656082702867846559441649936011089620233248414232958565577230564803899196421277932735510489374099711411805455476794326026066932993079694845635987531674086992364849167466701904346938031168594055391435951881633669375015730170972483287378164628822369782529873216580846626299089656293976154196439208107558830127241377925691837428780486194274930688481589207918330453574476330754832214358935415445523251204249772447511143878229989314089294804337289044190057920165567829984409205080484403300019494928859968021738124079402971031109511729856348356919027156314471810492011706469639149563477400865840248468859736872634212462309245107190345529705359826848510491758838740895848584118691707074973673703336142043201209130985883579789078290394076157205352180001131841541225607820036664735726375339446935841237340451924969292281589425816839614239385513246623433131803665174268277410010158649235015196108922886333113319038360400712929160187236663957114243201228831130717712800139873422757958638280675129588653002912800580286123711228294409814046203393076416699154928236666102000101106000803107634107253254341649431770729368919197455168355921225675731114168312703906334860342426163970109045133964404656989912925278212244320839373992082825428318033578276358371575280817826120701080297674834777416453597975946709280959408386009450478904940704158196916546347280372194335833631491304477322394863838574549548444177151124077775968886539152558848028745783646934494517887807032211846013721220829550212384128477194612649554464314845984667392320677141997742412428407531029618912401161235908479320239173740023445783437695468026884426769286191015783775987029376559481977580813168671761406236506802647090165633633075125552558326128234242613421014817100124882379404226285294766637365905992317711856806667628922752492649677802643086274944049718762208972095774048387490057001417952689238607741180486077780314603958192243500135908369950644527587205935636056173038752456163841276957790666517964476968981245720692270183532433130291922130934967161464606972204889547234559893485583785874568451744669943079807859780192966685651746649984013573374659608696671673642013650044333130776894733977365445541036574536351607694199765776075850042777223222852241871963763348567790700459375264074450263270959964976771676023979239172492679306699833179767472586204219957576221025538767409200060202448914712337800754541053946067102109854899814036883776479047868795095364725680526594663654998414073760869167888753027633957147445925330997695918737337201001007410943411210653532

520030936053793305679832904067043758480080037368478815904260396998
753270296218556629564058378427743646781351561646393098822986903666
233518373013221058634312587038146622524157574098374377310620802896
170075416172115231278914340750397031247236716832790641947321192101
573335077376989437744220379339376913469297521440487814987731314452
572248218945910954141534446654655307007048315786654018956417775712
839187888924597630747949019805310300209280891963261452060858488779
096066604396705285334303111178475834078688462067369535244321838545
478757026457949378875206521886454833159496657462982591109288819038
556423424161888586566376475117702271593506672990904810768098237018
600055261681855327782800722884236241205154138764110351404247071767
981719127063334610780897984679896522495807773699372574075413995941
365552329829309703929829232867254297170897030811395153380801058026
159537214717758007781842501159431534999506575170434823085649234599
288238275448355616335058470029793577463260751046844711841948848206
878133419536220103702243260320026614926368001096523666498850738573
507903802065606170435826025817348121507218743556419977209539886299
359855735707010175649779327148747464167271028775896641354243878822
459537142731478642241563455269448236458364129186615426561823241050
546757523845164090914547354612070285216030543258152718626045104882
204792421194847072823318867217324501648852417941725989999388441783
690147673763523118988985457831799915184627932387775971410671801112
810734015147234326497984206333577669990348473148409124439343082644
904386620248503138401718011624785674601679031247974084947607361789
398731077506642414892378087458485170945024133958881050021498745735
452703525837434614872863134795070130223220012974700942152230074245
768239579144562612811378953803105209699308994947495868963342602765
972452387695104255178630666232634342332148907379584937413448271596
509867883740778414005146897231588621616332407233061802746205646426
648210642198862661181836485727699162078818014591356869528839934365
003660354031923691300535280892516006331930133650178387702205515878
623128120958849537237487559799887304241561335629189189599137890678
354506113381792576576653306252562207364603394724650656655472555512
036272064403643545283318644696682692576047949893015043149269814168
085684393049308974097182392282350519549095629051221460241723057685
181939048688103289326843144075308276047205958991917592033792003973
198330120148033619370347622595725137263688391739953487345821448528
884269598184925280761770549039492238323707100445127355026405147652
990230316699351507157762816759908287407401948913093885017162842059
064019698713180981040450198383809941523787626297462087080935149838
945931683860062251529777143717932363929527630597864298464803148466
816289381467445724271799585556979683292094268526773902037731645713
359486601293994063265734082544618244631782917496964290867157890467
242901195958587589682236628896637793250582755253396568209990612989
483466710269643061107388133844182652838010365870847990523796953140
067463617637986610048581209963693263538158080395277109948620578000
793961404469992681698363302892554199240074738202430947792310974735
689502870942178886665374450854794320440932931255752376853643888225
388374914237834482875825645352689635205487292475758265212753985608
298209322667459236912376599740811580282779044486047611115564521236
125324308233229338048191937557731520439865068564669174122955614523
156530454636784397585539524262273136204957545367452012571642068866
016275944525827093058428039814637927582491225889431757565793911577
719821891020305602018347597819586244252599049851782090070500915610
500672990876040416260247791513408887337152659256727634102297361854
679706118268232007951195550145222957057882411989886292677792340818
291700195646845094566717352852696245747794620725028781108535692418

4026177712114461759833266651938395116742965440884746188419297117212958338407734527872146471938032813484294530514709195206421764909023612045497344056752644079992097437741132943246533325046230745327799706406080860592938732057874265248370162579440616474483647483962400501273143988176193245806632018487915371031326117703736852811309307551478098179796030785748629864941084997506874783083433414335218509855332675278170087988140482173418378164273958080600011585533259153393300236200469970956095713148270926890913448901731254885184776300914835670228972995401120963988155417396934387469066428070233189221001782066401422820213386623442986534123037107036560244021295618843845615423867889485642924094785489992877550718049141284435675880471987034294736117708466783352240440328642299801112157796220900313779500119792794988392204908790062990421410510049461529776508304307298412538723005095869489602053600468982367379682472524131979755129146990981193151723446837574853502809281196735489098197240097871772044751449637200204855388077976179078700180896373426341308496374558086671712452800775937522078282172250452422360687733697863997680440772603303285246225616008837531836487735798846823087128955012938641212525522445721014327047054618477136742454999788733399008386376543533791861356950434384633381882147513703497541441248661877959792912107525251942387815843936684367841774475292191478968223424995195326648108301082825520583643993432634799545291797752599042788495902724883518753302110885071795219953649862696813757856448599193177104392630736101341451196114197999391806726393353773542933281176391140420372655536396653707484131301374204740970738958045578056260585818031237100788048916432341846963050163035026762418409385248487293587090219494944663758401857501347335969340464674793872630552383927639223400670138031725448650236823108643468128330330277026612920649033558791681396055313500412613583378469417976647191190114484639137919588206784012842328312602168251948716975214347453619967492541023687783182146420115141761009795841112463500128112332002885195663517560892492177742725635799885667108086225640253997452467287004131180529483102157927687877726665012444263023354822624900062903474438868231684910801415594539668536750494221652356897061106705088361479491096715318334590001754663413891249392979740841549004735278119147217491723111033699151877671505108154961929489194061637558072066715472094521563264151307144625452122779977305109388665312957222951348060675973403194444912684748555654989597892250189476296149845898588430685315459136432318663622083637172945532029477381761265310024710403538075748100013459673028937174908033423335016678223623636675389687706983335557378308212789962762616271164383194084851312976164949111661779537910958989843676850674228531391311326942360706937290558688694930390133732006410466675004548810691597586865756335913323950663520273788326086312465401061710713964855370811496326223812547695663430225019669227365398429111357593024179537940235285155416132793419949348582894573084636224078176975151141688418404662837722284870140685358296635425441659253126154937894653689588701660511704278625346134902610586038073965723898257342431546322452251058083390347191860425723907562208878047551393505456703588478348280203714170318293154903957331774995474911390919842777135563099456667505739859276763543652853684405259629586696073684155935100881751478468812594161734979598690463261576039337790464840645116792284999989836436076549753812249497352238632072633191575027131662343866717934778639010719960869090877405547065985047444542876111884610223430738372786015109584149843475676856313906306078748332207653464612762685802082505681044954292983147167758633794743680570016815658482350107610991904348496001587689721995373234293461493592524828792954154041099149437885679959306588

980764394584847865223998780624614235299592631628533210531675916736
850873667946611651286031125593595338744307394164034372565201021368
537573536757921993269398412738141636358695948039378364381722478961
096374869703508682173936038468040133490417876028586785511001512808
765030264364403762955988481115209769626214839526169905144322955322
114594888895377550722479998225335382191983351473317976814197742978
543691034269626576312359760541021656084346529218735187938161978911
731515828776720642801451740296567718422185225721329966400264759967
390818764649032021582280477341336264957586506521820302625116066664
167759696204878057657652990060307932347642007414136515701737010324
247706502045926259392391267566147688270358871294033647412877283549
020331844500358234080757220845650796982683468899184927645346896474
932564048637999070553777349841218968913672885132563071898602387688
358068818737452182418171495186523861168867550201207210753280539073
855667075376679313390444490370108104132998559891431718954851379148
688463356074361034888043930612378836230455351879414300467735051080
511003173783832833066468023821316169580511583316358979865537100125
236846405218676301834754114064057501249844384001489729273596232459
624694505414675700870255345368772855840283817467089922497011104055
775472430663110900583996609545156530734361215325480192046484770410
963178299555026971248951348231056190791356156186334681406308656439
714473054344530449613126274299334237557592053146482731537902806194
184892976021996322797379302335309052600774089768822051377761664661
352376561208537772472034623728840811444235268346500602656113707909
910189911264070891897145662628281721121339207917929552988113111411
819340331011040490590148059061417573837943755227393651777320288598
233283596286212821324260795657150312751216579858328056803956572744
563540611353092750592061102876034658687884094260220350756274875421
825481827503527290835257538212583774033310525445449478798009780704
719314212018997454533052973905738721378328460757359712682213909405
632307097010678911267840304838535653660500966512943430857440592841
920182364144340515814013553008872547068032632100322831389142604444
837816541980539335185057497427815221659081172416554903534887051185
690537676232959959228004638621747842582572778850338056961890958873
527183468856340444703852249007867701734071201924018999905091165286
299351264275836639828465508951943188434131530922435711089966334095
921864122186790081219559919385909707651138870300220720141887836998
420596897999223578519892717977207552154172518038578628781880786168
236647146257133880975390904587765334072678241973797871675246666987
309536786531606545412143901361301858029256257266277094961974660877
458085244396223711754067664814349466764138622774188443568745115758
033925617416594189508872003556442837209538549878112718355406813158
023032099824732999482667557100465672422522223264478577118652224177
938975603158430327937573017902391707889764255749774398173035527318
634879051827061005586812566303311725645402996617347713480625877455
018725359096043440980656523698728037344940063664794518690377418652
786657854589874644099014415475697970273346391738192830340121817794
622663350389775924361527325035862126273420958308026132500101322068
929071146028906507845554430217553399071319813401291610230076548057
384899375676409322644687625166870884846966767533654024643796912011
624475546759691118255291612635451593338602405224182915609860309491
176729196865128628096278734825643460131344769470448537365115918975
915969417940436070359537371893493674224840120105998980782901327913
903119470961514453750866600668816722879380632081694100874581152433
484610085868590010650346196166195301496479874323563030243668741811
775460381766512662270250988335545790148458733358548552756062766179
642212076398416071671024778147394229181782725430843163239635426981

752951128967501074086706363678746632305364434054084316724530965959
650545817586081178960418406624796174200224042287308875038304829066
630394577737935325009314221602726796924943445817385685993677922606
696767973549918348304160270847691373441711503648966136190148378514
424890318297803141290007076887936523474882952488768735800750630737
569302976370743043553716330585628978340220395207755352704246260263
676480041699398490686613356075719430538744745797426834060814841578
923402452097009709613024978615059309021387945104385787653144857520
551996642430051054244843014291912103131993525788971305676932706151
235267185412447232136690196485593114769485119777750250114140115035
371330484792350898530838220617340596701992837402779769003975606702
037491338574437928550832575320544125996008361620941673763538170459
952358818739815217079043505932122322231362924873413231015348058948
988377923600762273580005799722819817359225643304130693134046248253
918219220514046861225254811135353044632439713187417291482585143002
943589994334872902796291664675219432098080867731083301092251037923
354338488817322591871429663764811291259743233435077219972441615455
119886708113377982246263804010816484487260757143794463725478245299
561567303635166649438266119368485464586544803062826407944371436940
927041312176633296007535233104727344079744318571584491825676318852
801112065698062470147767360539302546398337753942014319753666878368
552435415260542173802311199983604835961226631535524655463553950723
231488621448637065807788119112893133547353825839134182066089895784
802363239944181053523674369605691360803425952807475494771799589143
678224834174069971687402631572752481002598229410676430417178135899
631853718508371090849904041625661755705318232819757020529870857272
520525463770157477900914158264650822169099089163107945466423983024
779959068347747027675058787407925784521161165067736374198623676325
701238230830634556753124977636164451017482608432561904060519099475
043785270634803749683919045696671451582500440603310826717849451214
181454207252674357913629857563164912295356525752462550274169343925
676920275382184547411856996684144155972968265711838508986193836822
970097085090725220761304698806850660627526116445297175449090667938
180447444366261107122337648475839515610499684374560352266801254005
945568611714312254038442584415715011987639368594522934400695664376
123664294357844366070780087035870338331256534102834561454086808858
808657014451889056086317356625703290140184690592688849531004233197
162962554645306682564012480077922715419438834400976400667435145957
571784431297597260358546069869969001933936153365606052855040170626
020221174910349106321212873446619899514419572592114838643763914314
756906496373579277481520854109540129793862189519455012584765325780
822665395121172789445624791901695140743210345521140506131976025225
973799013214793537398313489777592297950410594277491828905024673186
878370188513388146626290119547622264840731299279447402699445853613
473734094958214840255363716933217104236467464713327795805723167138
770065928323319256504183710054596213336824439818402815413636617497
997988183745996571194676863489943913085936826961785785145722282425
503392325111733967072365467764706698779665595239592242735921753154
586011411956775757924976924234462148731343433217407587002728766270
432061995831321435032282992944985021675686865630894086287228677189
076280456633503843694669447816809303754070253761742962645248368579
182763186138502059841229351128621369683491415675270799860500975346
195842662488028698062200473793635174105329519271276666227369071389
053778422094120607504787603802892576910515384683350446759678450465
224906271199773165430859215146651863246487549942081253263949490602
375552640758591015806126998729758225836153369824888187584593915792
588193221219281496441993476032175433991224941773144333159651852679

985946025140129971230722944103025839919413409685858989368990331704
121886481751170358607524903254129158334546098959001789915349904187
117329202176304735062627930087495360027714940879494072333152735502
337766950572662038374422355667055928600841042079268136229001832562
153911959959216650893457693364920268138499333470576438724880961101
033004262774597056767423831000314703600376283032631615477830723020
946571284582054743085564890935647765326803412188604266277361759805
457434002700740562248166079659559588024506454377473033287445508608
956260874358359711528403141859287562160338635695149364997997728254
722465539476170464224276996667832352685567221463030272841478425149
121318114045001619188927427196574720243254475113687814921593442381
514631807250576289762112360951666161216544397231931107349208590335
098422575938671491094194582816724156674343287411443210734237207557
608023016884033279481011832791172608486801321512281316270664397033
116808557189329633125366280285300563188394648009349907173507254698
247856350575714750555687293189183609056106805786830020704883489496
733252185195676143887188522723217391507103716795218259211477848257
058255267132686255518145572261546285412109647442106031087677745831
225687485909592217282982354525625798658263356756408179547801868966
479848615384920600421681089123288666029857570524467045836413210110
805397360029433256008961086314614711109313788357001493883762247670
785603677928046043711650630858669104846485978574259913943000874116
095663147303629685099393059729849525834916424546464190243467875936
472549233669111417007825068474248206924495264895827866841662385940
749218640434007470257123706279780524909998541617306581940571488770
206341439633264787338678149036923608938267495085892494000789109410
192613457706150335566651376233397270668670098729824610278464410611
347912420085145056782333943627584438759786571873997468909739416350
074469149413765813298608181070995202084668528706868084217620602512
496367717980078299860483187790815373200411534929026080279623768480
472022675572178175391148559701914706611875594395215045916363366550
688896520166305571231142458812935150603088989063809656204143363329
636747480863112499427280654662688074756961893639209482402124149424
257290428631191912456090359453772179941527950136547328839380153846
102634074147053248673604468388368203399508460692165789772891376056
062589578551676206202846071364216919181983998631379649392270840424
684139890478407875873538588474249870715248407990311606962412397467
862332945799033942132720620340823470456744311302152420264635762683
897193761390484615772333402989367287950425303979569146502615046233
553586232091767307913618906054797101381291514905753576268005863682
841992691431281447828451935280557274039903352498423540600264371972
523073999648956614853476508441212088728290118605433222971415467431
801458349429889613344225828155197530834790453510947786755172626453
121450983805190442767649058011027127688805770547596926951202413094
492339660904784991022537853070569541571140996468086945968315672312
365841772479087127999545484176278818076624883406097109390258076701
451241137067676844901686447332709543954769317699980490880165517714
282584849554298861309774492644293863235018607462393924996721084533
421137871534522751316821303530122092378187119274871659887684008632
823861972831642144402061905864003188388510446324953601065140562679
548593301208418747987538601274593268779911769287296673489679255383
747644793598152133345635547714470192009318978488763516437767966818
533046691488435197592021032894999078091834638767261054828230196496
105144033192055942181891295143365983977056080270011902593335602239
706156950076891215854527809076974281786365912755466706968405400573
815088590355448776038423580524296884918066465514150751802674308908
353730448278152852980547108797894990661673724454929498927872059320

087543216750378953579121344315856037017266100744297606906991132447
347846023724306961045095891827054223104955013364398689635908818607
915998531010589151409661529860268776935553016373250722708777507583
200972261200677880064466475607796252978718710082269891726831498544
729861908964623072346489578355050968872509864629667356061072662198
594343419604190967137436673765368600928298963564717073473251470496
950673967995971396584134596274473540549944152882171829907950647117
075207546324433440549354352801063185363730816393718897675542044157
564444765527976284446852160111302442860124239677518621830724955437
928550365242849673468271350463715215623205964651672750559148838413
962508248704873994841833546883174761875397103237234294183989907909
429868527847784969458084507368348772254468983490988490193692506515
182450680964982454075622011736825466613186920907115134305037434444
355868245735512823360265064755453848576782635126251158397204361763
204163072954548801267823678069351351924828683666323310142651627897
363286896643970341239273871987904940181956142001897629192005848860
564680496662718108732095791791150395820103941373166355415520216697
980139086362542682252690533440777074642553473607592707680504903301
509751193747021430901030234676988386446840783892022917840195239104
166219066030312376829693022898000724647734207118907129229656013627
675031910589441048961121997013889997270961872992734734009395654578
619597069326164606513207392995058881011618685608798307440974033357
109321663452850988787992821084447170369281668852291080595050559468
902606659894314139731811388794707845423533751320893500194417422581
205809774539494065775870701851671658013788883856501102843819994724
785262912521787258807856939322591211567453447189174981115471452927
616717185687048799784734323301722764154710915168077649177168374298
809027878788632927311503155824120901795600802730786756020827948432
779300633030711661131308119989557622989200833512527779003793788693
812183291382601383346091352610251578050157969630852110923332960960
995762954680473438258625069837811964909566247955023716971008992291
877110122750358991390540556228229149912853345620288309484750174016
248081774762712224740989938576118826926035477824653633299918578505
390655713220047916842895044072429266641999511072683444082463700554
268166592398180201745349848815638610482869940372074975803151635414
799190852227654621803542214131658126166069016189254145119243184756
146412936101819177109697374376697790193030553109140375355965458314
749045455757305894088107386418267975855913901783896202412078877179
350119311206923224374743225482595336329171870502963633863671891214
557539768966952565866730691880841556413424523798890543431192827983
663912911517193578246630075079779357513980084458129879303029766190
240029519456118345976000428652031496100536253681476367615084872621
181518457417095452304116126713080114234508264448998327929708088292
225570232780533469515991293926888433760814392519906749538217952217
450998871135955002414272529194081718590053828762765472205859749628
573107031527944772779623222465472836171123609901676655821286901941
857608871280779907536057976181819637264639517902381471880617407324
273882117828864345339649006248351681786910966942202940889304260252
238658130316034414440540423970736786758155700393471393533875910510
065864650079113223399953083700051332992745834765016729901651674166
183574995032184857882227624296557533019589292572042585983479200516
610846324398124395678401785639114283903487071119144004406173772568
819968153672314092098485256666798369371222210621674931385728799266
564150358779770718557143535416166560957527286383637834290559184645
161481629857285655708802025618093533918895968293774723693082787844
403985885501163275563971870138498152945085318671102768950420787772
574357714977480726936665076843825390463862751789161126301926375964

4308251967215565708090110513365734528159880925052608022662073226498
1337664782982098450930035189768944023155724207889868722096125654
0625461517369722075637291476350603049816231800505843457808009913065
100340349584425449688519184573127415641094904502920637223165591409
9963837265471598160764385792678214016170339301189338233149579532760
35791396882985357045269745273489009220329254911231831362505002416
34241348636893789951738940698364225233985971649404337235291208451
0035811717343116244472762013777182087403651768076245191131996915279
1472988175225422234243113623642093969337546475160128915820504289052
466655237613986408175764703068614250629516802850889044905437296637
791666688424594952179684755476782011212821908170573173374143937609
6928382025927017558738313895194772462382111386648223577086374566507
21014082640574366263496678383637794856906772070161088343437611316
5978051998350220947550613420973945773071993755180541568184151692
8984759525920463835861881415631687673754441458510719765430768538378
554495283747796732795846064866537007344585945382946238208933345426
3646930795600055622087292855407615962923659976125650462687374086529
848152915984993526660989316846882413976403703373979531246439961958
3676961141904027220675307290181821568297387944411938134222972980060
427047960096243200267855836819807227202782880806497024711358176654
230152934579755531192691883128096968438969429776888672363263180924
873615124347469303815851562264091970636536971392581751454009276538
729943435873278462241320944996527873656860015399654047954048623463
000933710161637458878386468287084157241852244867609337508939019134
878649171942599528732733784664330334158940611226145520106007725673
3671637051727370026360368240342954048633034991152510223306552424
04942323494958436744041598270837713686249485999667835186883463663799
513726805233755658140056477908156029855849860540698076574535930025
502883314441498995892035350955310901265332845677754294828354243012
379678095255657359006312920622025626435336440707824487903235825913
1633771400207535219495244372550113973972994698523637166628741925
6206815592521333015782794001550035389146752231134174341933173479768
256709903471268988072344254932555985736818585385187345000852433686
651891846469000142407210590980451179679939846385285558881270029619
1234887453222866565149401729823034744319515177550476852891547641086
31053391200735351494111902052851454422360539744226475385657804137
526897425564867399625031349700509642516257371958058890471815295560
966423635971445320421590139987471577876601530254624603223701492908
012437916070715626410646303071570105082963496295512613458459124729
597817735722344198372661919501117065828590016072632943770351864485
983658689390931666808753780616545837848695499304416105004643988494
099465375399257133528952114075544260144201973817667595322546008723
006036524703392695021433869068284510278361367333868604522088928807
785530544487133352698368307249713638924690301480814887214205598668
558912047451092948687418431029532058267734698420746916151342454839
612491075071500104294846515739000178982774820937969068334380927248
895144949111283257727374306181938422473395023890291886281625412776
093166884510597926785348109916648456391488702540047707512061007747
058126957436357903843173009557538802212742220086099013052502621642
415938663369319670625892806862072868459338415600731156195158536206
503043062474129187465136987224844434034982149881882460555762661770
601044682078461309215156430447527110787723604393878671466977973774
781665073681566925015065758785454494249510530378162290315284783524
066591016216316761718016600351383621080441785134007157008528770052
499935418178158196990888922989946179850040407348126108460644713640
143742820939441607221997330210632225349955319466960763175845001353
3611527860032448075513907852823352650456205015906540384062333830

716880440412373181019751466151591837481420677246353746922697623479
239674197853733738046893004026674098250698276013207462975865637308
294355051065456533291563396009299927231878751285033736470873055467
445987172655346890728535449687446427085003820544246179759661903345
027230268959556738126078152060221527745550715260214484490193457385
059734828600061299901878229124109567378822696148623173736157263329
405907852135493121244848730919237669568601608615910346483656813422
974284551512811232955584351909784971725943199563985316064625858912
441216838387924020600408775827840322379714433888941021989045261685
884768747851403622671714078827154259794525864101325060226498165312
966934810794304477985848804165890223542697030752421182825284226150
311120654157870078737265175069953826381778286765263633388431249527
808600421193968397931015384279105392399114653300473848299792199457
380937205656333848423677143710987088431652620543856207300862755502
245699654370598998232811241723159869391195236519375188100457339178
961867724593623157375138561899284943988481266841094815805667812126
613154224721701648795480120915121076482332647143580798071139013130
834898189880966177157201306426858163228182629922269859237693918563
677695385069604432974930012418946771788666289188784785429469402068
309908648650814302632570408523360089281788273518937021970985049933
161397700997443918311781302737292611384556814979133925196023047451
283315033923046952422338325310236242338492186597389334728749720574
621728645258753905252412571039765096243023516597583820184753661114
491585991793687572789159230878112969318377843745959467421941295946
152764621893494882137429102215649451398770910605739701835929728012
768802362420934766617606444875903152060929710695026236702164582824
088420420873352854387739288542037346990509607767728311684402937129
040933021704382771370195548171580444104072763234247828869651747327
882898805481767825818416422936486702870384787179286656553502650656
896394860361465250581758128934948557503659307086529133186943268272
008651580878195584277868618023081119949784570726316059388317772968
904423128127054466976615672393701448744826483874988076328992469332
003215175811418587181788354426153557970823329367254018010846719689
965060546810654398094410573136114234286873197565869857137122104556
821356184034471644789271299632372814512580052576973470602152246666
510261264749288051279606601106751548896862034930756091993070042358
622189636244498375869823839402070668151167710055784496093394111931
981682421571837033372724663476586320735359847071255592993342785523
248042745862896268393562102640146678802099254688369096300300987606
016308350422447543775250158297239031616998552687656242660860297556
675558433379135765592925080192045737061017605373513612034574879807
293822115851293318809470965279101318350456558306481458262578849616
757823192327979617483817307498658489482071897908068015913055837736
651926659950044209782933746895278496221481753898567705016523753857
462046819348086652674781436693298650368471683672775112638524121332
330163938908878444424201131342426275507180634998084692501319473157
758583242982403037929541440240637084700554698561155511258594095292
933369952975376898508019940571798548464532474253668746217290645158
228242465867968154452701934842635755406084871836846915308048350708
626857452276025592207691226627609742455271530743119909935406845297
300297922596103369951133423014688037543218265961460714611717431891
120957055038984478629598560755854473638924814923792431832029099816
146025693852457910066153872005456007461249653707508246499276217039
310946377839417850984226965475404564651042665991589130556722480279
686308818315042917298053044887262320414268614645049185491822372466
493637382276136059033023547775416675066553520073166437566741449675
993362420790975940664276586735575607893006349445555221772308517479

587323824196492021627713886215162437238410368257631047277110510290
526645391506518382218726886887058640267328232719693057987192998147
374683050993492218012746535810033653247899880954485764814670859762
084374102819204234045725909137121559986267819463534643658183019077
851407388061107666429453630416467068621173454909581265005941219150
422288914713487621346881636638266682150354594487457320279516792323
376817299663300935428598541514004488234477076012617709771380031793
216858485284900739166552746117679680090622204934607865240250823069
108960573342604953146762979191966751323785362088021435603188193981
881578747832569651255211134415706226520791968690944156919000201532
935275117306505427318756483530719187295361112866614168509444947915
678992680379804522830294870546274109663130127767532907199021138760
811615527811402743362227959409620646943492631247538423415575743610
983334489034867337403576209816234513900061315292562590664278837403
457088787737192770690028832720914819282600502361877765550769440415
910691830889222451071138786250342578801440229777292827142834558531
043619100079915507763497141088593411217006708229292463486246561303
668514862018411539725497036950629641402586650303282230898478871386
597655069974107917611410376435811908245092325966891025957054408459
101086119523027361336404282493819314616444870882195331274373056078 8
685841091795245865608759540529345606936391040261278649983053312874
808269806153666324053898243341454574937160667815002795024652918506
825572335964601557910031051293453158323988576557964086187846657586
065232924425526492491897591109741735461141692831120490026422995343
015000559735149447917061990157332976329371080886866184611138940471
147750561545095516730908436938940890940361190823762006888662181636
624558954407963626554306990748861376870128460812455523874601170512
697494758144349194921071790589126724369884890914464222696878950964
016173506618787792316379198549309664400015142108433300046887090189
957743237948156000792000196547556155702242715192902424167992616465
214936611044635920260264709246548931645250249102949510810169301528
420732222680628135531980200967934309767304653733550198604779024870
375250023752919023892517303659000104392010004811729432021011652323
921812024428853706036422651248763970747750537716717355769056587232
129697895450534895303888186427224974559193876373803136373359537094
846493785641101777856076398038146531700311231515524573964312186923
222952186132521964368664423899249758800621234260827724092125405923
629784360967557857082568065873800210183687681250560804248372026446
075993459401374084121627255528140464797893316756513780735731668494
222939328661878869904239801298780571082320089500430049233544350060
976272732521849471131063614033188550567034224199050984104587746186
243645288859583649780123895042026943000509230970668262378683926657
036492677835592809719203325364062450009478445848154102311035271636
299535428195584171069048072637514078553847230376692674626700067394
061280908261515997600645010250078475024940622430888781800378978427
054262378475513664684166355283472637758928851869865703172053989651
460027500265087083064028221543841569293877583749944004643474304372
394154493065878954370259459449656972857858109428158207198724323766
129961756914795286023461678877903610655459609990108603213229266077
556542545585988389022317410770158064767831469258279775296905485770
048029878981651135806747684717116950609890340123569759160470256651
560205520552196663360893458446364488132470003181607470305665098380
937777143773480816331594088818729104087438991159326664618036014441
977933239104978300457781233834259244041467841597378695324151239329
386387792466447298335105002107235443533371702577199691361127746405
979959672509492714806929761725487479604146749228115587154049425346
232222703787064548043284436251061282984734966367415074937050721313 2

452448214848114634421348933015577549375308201547579638237764910598
771514327211899807229510228301225131379045473333615808327276431866
488020019564656737249083213530100874848324294529709209092429894453
356693333052984164453582464437341123271465616710735095786091500667
192268683849770415123313306067787299053207388457524708889554952872
679188613755754639305727116667570419685465462774780290187121627318
169424108224996410931914014106252657611437330116343302894118857982
047908304795091908700335253543606859261767958213941110624343444934
608963427460806564529550104718223580364831743731836886440001936907
328682693136250193984614800393880530176446094756168254965584865372
193850509044690099262296808328584353672022383696065940992191770844
651185925556888392300098368159276690592866050448198841694544753929
040219351678294306923438189934440831679703587968134371051555583161
144983034128365302304006444466517109388630107346188942748362737166
422322083142327552738564073871475569606523495287047138637405654818
833333546917872635580953186344904622750071708222446184549038075734
928750522596720741056053526029115717220162615991872602989832678171
042580039717052051109709771741948261791714864551801831021460172050
966294938971900719973357848476612326244853710924433543608771630926
809460644356714325524436162407074952044644736888420747860314553795
115586337011047849062675783600411100342703182345338440727548763800
116589022735821393379103783449229451371365306858830754364886719029
482282704202359607871301063782403060786481202245232916174288379160
286006725740691682822329534330749002502234187391599762668694368898
632680321548056336798346255546852788352983886226492915982579989036
431889822608421665885997742737420028147217858620672925773702527447
613922644315234030331090824087693103328964119618976615019619099519
516687332261158689052913289413256500083027790701437525131005956914
897612076596956975801992695412003885420417596294526094854069084610
293648997428236754482722837169260323499281158029743027006621758622
844059437175725134336952965306573476534678012089975409837451923400
551882826105841246730391116837320539359774120499551150879370236848
154952957780752929826993261011195121048520922585540811930655459850
881397467388228687896676254748752524897689203886646270317760786273
890565287145825960931794061980296566046805431026478383632863835440
278085310976139837207536262922531528698819501071280318335510799130
638296577913663190284319077225103643218628901148780790600574700532
205955074592772414516657316719686009636936652334282523295534349237
632642055506571097713528977154238348882187971714070914756022385004
518585548167592150614554489885222195632880808900302326988798052497
918202756440293151474751283406401422789390509782325101351618024505
254516838343206089682666225925945882115368465646351236312902683333
374642136736154311154403538967473045190695609056137507835952083283
599829339155411789439365725346834350934522774963157143098172975597
220667024527285803018406426860876013529676414252380186303075593209
849676963887847721549916086123773503111129540896943703319835006489
267917596267431063300074133127916321701250890631862214308334933917
832039087685250706354953477292932905579965528753740404836180479677
827947522830243331858459500451066861110315355253749283700271138085
925440923015766118931466597661467849947196678039889662161678143329
472540433667074561184254623239201456615307120532531064409458533526
251150892855684518841274041542683427990663031497521656191790533359
247609211911354397707211313268093725750193033082226783370896307077
451121095533553869179959507537693923357777688515271662168541809004
232494126733170178371352663923571520006675440563387841563832792451
465425040023683597434993983703512418005046230446378561427969306645
833335904952452152434536507331133020321822395234963177881298043402

917068201283594526626706494154815782761456092033070652717918632653
188212317998576427713716999854877669114108308110170103569250631803
263762159691014773598211300910082740465298883660205774282115864292
442048757831980860754512583615990240644344654291988651576026852648
280829447322465470317907517660810139555752490454466758643019088166
758356891234409963649909997956640780803630991964432065657263137862
596684257466555600073353481803450265113868713504226845558711247402
788928182163981119093070016659069219146154713815185711994821419259
543536843563154691108595502023185345882511415157134897375774250981
023148410456118083167969276838884266940183482046548072441277093027
464870244088465904975586092888672960097614113866583555048357595084
962950422651271179206766732644457531621629804385738551891713283803
858284660045650093340058334164797086202903955850061733427277748599
249093941641896418649136102909301278809831004003627199430270811590
497471888440317699749545204539373022751597391909815204049356991892
849714186963493968729183889577617080032913029338233499233642390957
491643641893562066457337805455897762002622628714684588653451400894
271794588221428379829906245039168637571736733977009153122121203812
978355075631460910626027855181113436240398696011155102703217757573
688311361002807862740803344592481502043957958697376324693969745585
823132808258337261972056366230022246192699638861490812861582660987
579547090304829141609975305147173500397293919589215520270643264395
437605826543613682244924169888803325822716759038940805411256684871
422504783035400315649794993655999092300417722938702351818631353499
777750348719976178375227227051057848293063055573526268513499503510
226044304354152076765529070860225781272788713985572748730796491475
190812092155808306242650957657939432379623337597762042387883528416
651207605841452642595754848398931954549904059547954050487776879690
259601899365637533059918477294072137949761346206077258851193414404
938091663076656273999748985354319920626772428350983259831292503284
034242981447987289682444264975015383523931361170610046718055573279
389447186040643416036125789609272233951756035734380903474901937138
997936217564820783081678154109352952781969265373888283144965584646
251141686075260411065999264872167310186001807709402966279578395989
343538180073141852914939743376158568026158729063764821855375927643
497669433128770322404249214856355548917014278284809491998238691513
330273938966418167617279921885123315579925787376822062511221983435
431122661132495450115905940578739509219608337078713724590020496503
582543942623593811415084519707855230082185914094235154247392195081
687708969256770030694415784535170831827437464274645893754189377724
247096279665020243700486369752135914239220557812367745431984406905
636307081220061279095105887418841583963318393500314066790533476766
108806541654428689705411879707522004502049445701559481490274117302
273790137187654954698363375980303918632385521719233655317246190809
197979245765277382191584867412440006831395433461133420386986136974
605174540974365194137268759616958714847674669087080467503108256893
704673430492877055629460479192444982602760256885899258440316723874
596376134081201160587043142357920095753646121775208794416301914165
766971742311397410665355021573368512687879215860290824353076759190
031366274794797065407137454844721303435698102983359106933714103826
267242697972798538779208308267997672424345631644308646987627730248
723586490488302099628594260929304487463710308492812286520664841333
779046059895140860855504272951922303786378546227482249820270074195
750935565212363850318304176715544291112317003606473921973912533864
525589490719915843772742477884746630593196120986648996331718273713
713016345997212014172515725493986261861387518285238756993180947356
714622394161961414761036552843250906640718558614560890785683863110

941169853185340741496379179026202386673619405986941682889514110869
821464715817510394625153408840144275279624516759010986252995871646
206274510944997303878924080512634899952539538690282241351077123821
496902892571513699418137254454748737328406938582844226408277062833
743465756105437577507683945805416017273847486323111370059700863542
668813967168642279900051351666541630064550421825506958281268186707
405730189570695790117965362255194197133187852733520574480928476695
381114238793010258983495696871463300040636421467274107409392572439
379729597839698684213842284526187490062043837616279534113399581493
008421740754934163338253279503468918476750048377885192756630224605
951689362313392462468373096613169433733957600594095972045676981355
220338148427053218906728080981496361223299247045539375198489588052
332546159107918465044202448775137832954538530044042068380517890307
949454484496695133024863320927865576346285093543469145717226369360
339510464856415884242805631407671755761516002517491969140923195000
909538984336822667099678739756893227095059099142444560915919813062
064833104253769071255928818631703732475705942822093724431381184589
357753358119483559201751690763578693239286472002940556678642368132
175814577775612923974545896387636274358431945985419185009750063712
913993524059943433083190281630949857766258290561318586295485237227
262160561805143428474397898552072580954953582569585475558840202547
426941531833403232570498690243074106549785677406229590461813037671
910201384286309202102957909309491292823093882888121825768428532597
766112184278280970729452169370102386652480074074077117406964325389
719634811172409180272463374429539689844979887452120707941285942623
550953451331832310407165366558343760231272792526929961129487338938
238797475366083611845243656136825404071276893428530871066306120522
108670633072036324817646326298344292012146545404071623229033561155
081085780858520936465629579027996968272517573933432630851129245378
350503167621479700940852264599611628823774933558254378714191861044
243902258136538189044668414744329332821201611107189002424835208596
125946706845620879754661968530166066981368318691501728384938829683
693648843417362336453397659374926841476916044800391839882150150810
909164858982879868712663114398096873248167937111737499361332702758
445049399829503922598300614548270451874642680622196478601395987563
765697510652363331962253310592375982047676182736566147979124578682
443796917394380200941072121905592180781057385045357348456502068007
685417154956615112266158925746705997682639390869722848342033885069
539783336976975972454956278169875581230177895883961318398298096078
526572502452140188196169242244888993785615059598849327900042757809
857837576438787381910968540338841296667694973478739520551046611574
385029762998981712490720622879238808068395502972093491359545520060
851887588353573419644681538808748464468238151398994301037573993309
663853461550811730341535470929623694116492219747431326346535706197
975941059938904046251837234230767188114333173664967333354586392226
908919750343503740477123528201097187308311495357409426663382570412
877970005312612020834805163434445005585059892398364516872974493313
707881766025260384961064141412520691303011041079371672779883725542
772001706431136673566127227806386754430915015256407501517550458317
769494536471636226513603132560635131327998932493774956514811029751
801445991032857389375886016339854062495920314423995050140872841002
542536406472747273103544366972587041334661904321453510262091757110
454019831255358056458383292720164030694331237890823749298363971806
677038945303071734904577106043883755873315064215997114563423695630
365104158771135881151528124683155606844338426939469407545493964604
010876218471932521329770592336842580496042698387996249271510603472
751917756090475394272109901398100316094750733368946983393879554454

2509316885494169222095805483781460398125388780752857598505338997108690258662692553086243867488190082647150280248530926776581402660022843965792563893714185198578660846202630395741354734595159237685104187591980728521034961991739361118657603307766747189225128936362581918592144748965172102350330569217261768474671601812545725065500508898408285875189114712446456329950310514510445258532408791472128549580632967252571761065764174305825506449580630746230750343730543373698421495866435129598353141139390518877135005443919082018008372920427598154203951595501186652747629784801997640543455024026316878227940295987332760133281907385038904883896477621856053631518899708302716315663139190257456125374745049806496005443168909837464112293103404456762182857594150013097562733422456048211747192197045115491338328567339454298093546084232062302498470437032250912912152111539577732129080510534672716419441100955991074046911625508418797500759009897317157900860782625902080983384377210117978348113398007126625368397939715439616968666556739853153644719949995646274578402119849787944604208616473821434484534260615932252473148589283824124465776737641933737572558179010295524916609138515347885197943412790248180659045396056623130179760556678738123455058894710592659518671825939377380652270840192205091210247859890393347630904355224486771497364367369134819843829050306235325969570680666112469503406268808049178900910957605059869000741604642730900077608323314040713621218825348884990955836888486277727881743466126469727080225154805118864445304709722808036409767841158419236987498688758669393467079430910654791253359364200569587630231223132008405765552441547244300186053126324136303990041728855858989768376206745224257490042794858585261207495301414198221451553043480771946099430603529426297686058324139634039736286122267539835904294858402482454086064507401421291964710242329739011152278014431636676863835666522415456067102569368405092633833522899117497494834758417321911219131870763367624993918201281332159148083749571118998290455132500294879076060904786165554717284056275256385990667694285707494674059120140280929443890524828265988415270914285497072574933067166543898910699811692902711325374676556677940450887884236639404026364467539390644541134143788051375797641393077924327670576683051869561966339909265517889982241249703939574324270216721300403447752077467478041364331487882797685786728274920202746240220870562574650918525788544409732319624612492841067409171580688252857993657603717734050497863443874449986046814158786212650600502367756181616016231354170995706110615114217992700132318339652822698885210472865887721347454815328730915087993653444175585947057673127422563034681049011448231370354972613371734824268839777367458523013571481745346310742140546542471596532841685321172175067007591171073411746690972290107692177877639802231107811005257168650409856367832465450243657278073267085168923934501570200157517298244779345637527265703168427472765060646667186001370704927405001121239592265485172912147784052315380158356525473067609608615040744547919378561640700638139389360114673054706727596822068552741623929378518038323760585472832516564922068169034179879543706191959564584781683172988914610526671997481102891149853087572565158268287022313035220392854198676595825273063378022954946606449562265989585451085868403343946939070246045022465831308288100701535744737554355425195557181842983216936671965214776920678198616821771432953320666578134949373015206170361835153126070353325265130151584305482655080805719410895946526759037203096846464657703287370232617916695725703051521910569479121163942045968117098929095068850811264695494903891425307866351506469166843320071216666464179723678198130812325776181476861181736442192824034807554259529326423909401867967572306464196400083625622369254265848994

342584511332979360744988050089997414685600728448806195889280202887
326958592651221679169686702583068694377293307631177169138121649222
209875052225185288620331921692027205115985235880580050825017151088
617142941133585524406380601740515937435144663055177039475404215640
425190582043936112799699385452960112342822324143894801055471579805
328932884140587876288788524736385084315782920521066129440438711836
579406144574120413609585960620456902054893735325434306111042865746
635604051347973024555972132633246455595545225460326864242547460801
257724731665450300341548822228794088898336165248653748151461485096
201609758980565440688074463723885764888035309065039191300351438111
423263025504068721465185489618575339407865168569191503459219122163
273999639818268403935562710820464308515565003950792801336478943116
900784468004397198555614311970189260169206958164689410858809184032
408157367657151686813726775289080131275370195768591594607372480215
043484193964587174438033099183840202407615600153318650490931930931
654154781686309918390985320143246567083119182459891353840239147933
818428241438391119561762450781108916309118765055257970984509906749
144207644060756737818720000704008508276443578895863860927910686497
458443158338344845292080807114243305322791977321346057911817428976
654397472152257342854886449333959502660702153811777022725865462712
216232653855606452995621215502460138414540327608252390062341321105
717998726487650283519018749682229346991589833173998404985633426047
105784207879036996736773834769700054860357374205251358054849103668
870756449753015255649014005636833852166748539508001787597034508320
549362095398808305726278123660462411024126297387942065491170596702
501856817184384604517485395126195141282707823839022597451386546099
752700755937964158393464548084262740884546621799388382179794921353
048847334032139455485623031997031419734911670625046579155230281376
023972949511365723922584376799703020304330938767499886055978137820
879531628130727790621385758891753805547881337859098255727382606196
889444046560247138151724467236646419038815930231328065469831455268
482685699320675462220283818666080900367981404550880932008763671307
131017845675542157730114560100374213760834094501980489583644845394
873098624779606247431289177777368067638548604301254185939242990073
632314130746742879257550576888735557980584242048071815384463699217
891038436925708299972304563937535315684692014550221976573819645995
290220427853113891742232645308866888418715137901314104363121585796
644526268428120136096343500875269118598730430896142549424414225130
808214960174482876183571908840447859382115305893711891467457242398
569846281800312154738907621081136442857156086113637131545243065760
475727134453245265299772076179759311045533676408294250999169788620
641600437065978234339344887237062630344355270881274297964325198364
232114246174863765179015685688727413654657130742208238619530555103
379710581227234056922972506369424340239757565590115541220520446894
285804879649630543436109198988385783615895912051056972430438536365
468345738376408662295203711703672154748179127647222423021544496986
589987453388762237989483078648611615018940479531402648298125053117
060050774563369953328436365428001344778849369404777989139430523616
712141900529010002310491316576821241749204346925160129579265335066
005055904833931710618760016529320170357090939812415926529836159247
288366026354435035334003491712389247323251922171138242595212560012
014693311409821155982775771211056733669087933122766042426887395588
607859927143557944344693329103955469658972541701199792094623381743
312052497511648149694969486244315721788521485304603258681402175005
250424261248209778322737125422645082600791651087229055464062260127
642937132647087099747583439237688731597262351682865770594857536940
249211748734601952579182539316995770555914027183199940998319357198

855013502552684045438603166068081439616796906056783772186073353232
502073242561259931100146121290413037505239090517064170984154874120
399028808798050118308092415132089240192535807459163527134175095899
549397672781725719306197798800513690110780733013063021903251997982
485094818004953001145502171576852904002508772466748925891455522693
850787273057002014342652836653791793532593844083709981217849941360
896234441413209664534367199928679788316326917749745323221083220116
192340457404438747125770243602908945491842328528463432164502581592
066343408615418278772921137743892633003570691817087855464600340509
826873379242492259363740101506311415285375325661198927128781777726
935002203409365189525868929833139508414972893288772059853655564553
201215368746739924540821697411984452421267510722121469499440092258
239859722841076679757148443710736544119650639993649866646261259595
238598726119068005825255828028904480832065424257766646019881542874
195647422293706009779059519409375282390447827496475109310360334516
413780998187755865585404721500069306208732289783539431764065566480
274965245257207400256641411858027527181621060028730256548099547405
682296449669321114637118861483470230520081728704667374789952116887
545963375299478369445609563291751462236609824388596172566922641646
831918193795741941199173531042336209383058981996437983308036614823
184970765272649324920563086238257165185193073364500931296646436143
765173020202340383450018857896677549459505787316650335379941282535
210638285239085054013246609769792299532093942066118692646643027224
186050333425866849751970157778617381771664709907400964088684136090
260021456090218423595176951884220456002729143880678842166983638307
470279638621436464672761201137582765779480943899611346666270234890
915298068384096540319913983391993204956837059774074521984371990914
879765912800675917121505242632988470353773259506404221994007614153
191681586149800711833151217978778837157418161643346224914021555201
979764369775120309728109205936768825795435549159630682876625711018
280902815073827375582132739976113675981830534793809566905469459150
005494467553411584283392377903172232732668530430137656038216756436
950455611311580150019605687142702948576782132540359822243698377627
381226110742427166940299026997476667669691607702581338661407699456
251778849136112018131140248614864619965053982425086070699763691343
965315362702558098865704961215336220067649387662507914191993084038
112186935391763704112069980430354491044376218278300688444027616467
424732453727257094777764962413327598575012817628932963364885237191
162984062115533930572335401253283349550640126110973614434221711777
672427173936602367523413425265304450331123420084265132156022596934
837122060852631426434836419420808958433457042419014864412563981825
291871408577238107699484830706326946467494220101412235816699465749
510723034130621957097900216920860560940958059086120850543329054627
973664552507409871245490996873092691180241244729379830548329434590
402806221053124818808165712370729381537963795024817877838089344002
521593917667872719623014194391181409648872619868673053830861854195
418428940550384452406556780102614797940396180968645928409452619004
048806599138188435522438679403039276922723489182303000597945184038
837025925505811771374921667559680433264393121403457986110897943251
952510905641322115374596997003973146184989023698890965347389830203
066860454425072522041727617383948000601085976554576986516837206759
507508011049307146386027985190922408129492622768385263901237822700
431385371346449996822721051687093636026252579519395294273478659259
166021730714092773001493454750141762602067920214781141819994229277
336946477188900073197545840340486007256511816347966586521175290449
757804011287462267948694613527167436911860366246698718954972762806
491699259927541704793256766118872316364934568922422654669548568288

685035152187253058602723996611875784419288945608468017437953935845
573195917042604870327420153333804858211484476353227738033764673027
653817929233521373390502954723336695298589169906851013433793742414
910682937233012987039366641031332505129718416502756057018008341086
163809487598110298509288952621634826325084035976699133994355037910
434724898433383494807414533331899600391703427612949591291228628645
854496369463870886086215987464014592046005797322446705586596317783
313650657164099213006846203659503652168181307887272704633698550711
734197038740904751460743536267820898861313644516567420503946784900
536892683556181750730422201648428740178360829978326068733841043504
195148517259791657035846350708983550286139880477041150193585509875
811808974869469303301814287679931145673860697482130542260852345328
308967017681867683417346916391418659809142287697930759718575630909
997363387839111682993430948071609323428499850896482708702087802629
127484724761374738321203994360319226606046995356739833718968391168
337558449260111833450652770623684821266289844791379001664802598323
321827158044148770826758424645133832785630035885094376456620707303
554858708626624637244899325529070818885064626463164174701266717830
363404414416100914302851896175447025696311345085223823823704466446
848020765445249926756617971082942906589821316508021485841695650786
599501969914123874972137095263710463434920033772117036946662445331
356391285095045266157746349329748173383633390028241111916073816057
790625702808204889953668261349630414373904292407515465099961477245
191459344778892640658537247273372378299281658847753639596205627929
041325641862553599166321477499484245128556938978281260622476045813
213396122907738852158235211591760131939656738684478805807940657707
726979482605045812380287672733256912252458024547598788892143851633
834426685966798827628782077164916508150844325826650314844311729479
895024176811215261783715646955863283704223833063390989560826462673
405566664476729064880604938815039831401435232054009843377724210985
238868524607512887279907953947159533445026604191013158443396828945
023018360105914905833629505410752227165993289365439699929828734422
094496635012675521505255461645734405016388321815154873893354503067
487075714959875140882962961105625745980568495093257596062474234837
546704193810192813993228697790675232747872797953217268410873304912
458918208047507620683980499926407043293861219449150791770531029970
281243671872249904260668064700912236061109589198428407099611354473
932192884506580566230656337217091732153534004262923740700719932386
741439881980075274648927922165380726258655887087861507243783177366
080702521142601139768404477928353084364349602381953411446981820252
888881779862791695817621146866521133107701858529528115213572775483
583948368817900716565167702713736967788896987024407123919740816599
009789165540305618535671536071211231150878302947982702117887718199
517923410889454590880775227429576258780588926930452871108463301917
209754678353920887875222843096656186359842745608295675687912555609
645947449537194785923312931831045277396825165083532323757403340129
584615552791691710176341229307455949430968999414184174309085319311
163458314607171399604403678173499801237720771937981763526567345602
010684261933583213387838247525633466014049193708559419444182923617
425890615444422848764708161523207929423132370416421813327144553631
007907828848459081371310458570360843959568209818554554637634213906
210087201736336340899221420352379520703323873152774462079715670722
583063161699597136271724961679510988184752635597379408313086782085
738823586509377953896379562183335213890974491823206403391668383876
251779186332789145683116399361682778730860763159586240116351826925
685226816033642639900299764524572750317713897507549283889639875556
978474886268357718038341006391858713168003178736978228506158835585

483153057500022218821518103366711627614120373055277939937543224012
129294210825402809735776435602842977046784215702721927513991600649
765749486857143564721115029070320831035229282766571701073567505339
672596934637378555423537442396263273632011090397722613870923384394
301403922553794521755651542558109334811120524445605589864660675423
952861155563021936730181749431286156141689992722446818154394303815
384761632409584096291745461272352478730082498994846179443857064825
335174222479647696080415919246829691940295804495534194150531022994
549379048111608418481375735663849945726442992751644339740905612877
446749302005076929533015421205140441989239145877898780970204072080
648421307401490207436938162503289064345641402716436412296804908389
180497644140330410698620937136874871068248786157231393990019820889
867807110952047838497687894221002722545742986719971830286518666525
652494194072446581528761262977808094811186238359263746439122447685
983756124453771849537458941037613142048778294500748300125152736126
679581074070464312628925635132225330959457075108877177904769983378
958508833431259028461491579438424233884605020617703958342514680936
925506133676155888806245429992139535335092898390468269065812619081
010842049611866543968570799936411956189906304973792308259294533522
326758465519146224178101423164491781711516502302862173505678885168
491822445243869336054735616678320171994155264104459049350664362523
387401146100628091237227406330209254014050016343972396517862221473
523000296543497682569244138914255461969029542173311192361982610077
702090850378375287004397416593299323663696054242275106119875386433
978798674613975663792925426431767524821811579186489246422454792843
975895715104776456230268306190852074751413723768961774181328436242
003935391733882532891003585492141295677060403738478904041603683235
532843277391893156378822010292089380294200533781961072915506553602
732794013518771020244375177391769916741264077335986771471673739354
532762642597320431926609145599819099321104729879455287987531180974
949431446506407777604456535033540333223364365841000833401765591353
462869601900554187785233224440276468537700696546223592257780844702
945709985054661243663806406743865229110308206619252579100539236487
649485734488224772949386900670531593237366347484446774320563631024
909699472387123642832944681773054416785761847704811811002629590046
381367189158333956713373863002740197320533973525068778521196187400
113009616704830474876570219866759119157677551472801529243719171840
695919245064800973625174855993196890305653950211275599754630423428
763067372262360074610694601068838690067328460592166138076291965482
819892272482246590725676953826117829907289585146614972132405384457
373956648849310492243866677463084957732053691761976886609686040284
147380084974375361923026082769597145964123988143845852989823543549
806449802221066286322370629344859008875162374737275704298816119684
120186870608293668228116157218578398994099015396192489034109799863
690615697391154221506642936097105218631005566685868935312271945050
216412514808382843955824482405548760515336984746006598755902254769
313042786021931039441330347856886410937502483692080051692618982678
404022318781447570778042789880424293833215250556191536880410611689
225768195648719470822826828320289514004700496719183362896405672840
573181316071651897268578584820986051731369678558183283075164650133
439902348529303131784610641570894042531515106122550025697627791000
797576184566844876376227990590798502857049394274521377923466296636
327991758715319135929020027882438176753876046631633743236210866070
460716102403807102821796425394822080896035753034127842220583494980
236338566840169326651701517402702030410952042491219159420818007389
785490260234051874222123457928416387083356450634349873043636131483
719101828214432041965274372386997885353214204712835853512360758778

353818711315390712312372349645360514936189685683959983701840979641
461095513448031040628778994808122560203309077941935431718546205978
703508899380030440342593958103415094939164055667049692473992671122
567817456106671611178194078796790772577475391735395102052496748114
341116525315503111015080750435478030354046508853091513343758110484
986791605138209609901948019900368579434021885186570364911965353479
102363175992060183870083400914640294958350462811066837192824725905
758024545998226452444934901496664127536330367155060377271313693576
320816823296123830394673484850546904115554349588594260234530256179
343400340421193944019623917937897128711445633926084124078832060011
533631762289556070262621565956765180463011038223270687048348040428
903171385882334874479898394496781765430526117431404518605686089079
682496034369877828847852438484221368647950509088147892411278860136
483687817899202381579551314468510223668174130541796235785281815029
899284121377188496165018519078969874931696446495298722499650526107
210232256394072998870607481142987482902518516465027452530093480948
198570123869813812471948708727864563614699315462209236766948958429
567297498464616037290335264000265407370791320876327146508167760318
058172366228957776417887817720874632187718746807167508240886874891
906654508537395566406962360673976100362747536357797333012248949694
245797058581837138497063957444222261209776367975111608191615948291
139695356168813395626325112860241157356876221583281848701527114599
499087207830023116887861966792716321495191005496376220125226654453
376339173247699919558632370828758068796977321038219793582141249112
462936634068180337607150279950713565622020581112640867615206140784
579880980627882801998690430323941240182989057060532072050425733444
680307562757294898510146059612834782412889271946166074017380343746
237895167249895576240447664701026291919611580053762181526986431982
816959238125262752182151978540812301347071166299470244961034906044
081453339227464755542961087081341558509692917627915891516317749096
863250704839731714703623775104583155924777436220853415162879253542
082805989516391606004523853826054513018742143543384915596144984523
313012353406893759782191617914752004517817764452563850627802871152
075560407486375087237225740119143615651106107615955503150031010123
577171436562489509977484606243300966970317746126869937773155452685
928909830613138814543895206673899920142229244196289444158940205557
628276867468193226050670003660119768935558350062850094195194446268
704741321347932799377641373951736558456862608950831858903690464821
002484151427891733253729369253199698395307379164333362851995249532
185629959323735136790575516116695563222785450310777721316845280518
874206635434083689297731395244205019525180673207874850646505908049
762502743733036606204415645567016431590000082901902033969186915698
711512738008575142524400095581566508227240637742723375396604969174
302284381598579610611649042332075226114575696767298572632947263812
140681040347803161790735802485190726594052434668384643229380644290
333196987286613616175797560349049474169526997386366566173915245319
079429081595778008598804148296165411663687593718657599076704918388
427150464658144923314550132190720762710342937332382697346512791582
639086121460647275410876152504329600985569409662475735173022566779
260453329611627423677396416192124328455986127811938168318266232329
188731624414964351272953250812613589631602954170138966672411321444
592021190555625991289871105535540436242033276756113389634762171872
160179972558083624225456355783014214136700218666982090201111106263
394989927407754639547627864856819300034153659186388051611243669432
869873333732448876582857861817950232560687017449848827671317543679
173511497429729370248925704925477457533523935401365713897956854892
388702195212890698177615574851822117210755275173613572736615212552

654186157340375070049063941207402676674579527571470760273803803164
619349815568960443953343779561316467727117258055789398423916881732
721402986734562151819913130465450347164170318837088585338900975786
875848334967193065017217135410043552251557182440461582583365576981
251080868655763439892127250370856167182126123513625971190679282098
891518408237563496020264597019945159242540132868215556027983080818
162034255185701070051339814490470172346056957788361606963015343889
088392013112656526253438203528073121280067697895150955312375939762
225824780893482739955492576173029910053858332488594773675172917209
166825668903977429359897585441427672138354075344287631573688869443
469508377953698965609784062126375882252007863239823327500002647157
568868234829929656837301443826703583238021408514970270983256709539
612724504510344815277832931368250661508839581261510246103141014256
426977849987249591101705993306307380757589048256577963596616743118
321087559766184505609453872311379414955867013262245729323008913903
045483256673799301843579556254685500887419873145046631201422483972
487540837343152639762898600093515947599207746872120747302909001626
162066801099273454580763603782984907858872690268240211665118772022
999121340228707989438667309574240952354875694949831806283328604628
199677327766922631332374148191929673827088619979936127591106786370
346681597343121619507580394830529009627398327632102325510109951843
577200457501465620281939366759131322256483771206763560263758010858
785185121508104748819474003455543044876268644608814554801978982947
583254046004286138067001457031023435552419353850581042379376929172
713892985586860170444645007557095367636651905219000884896339345724
397605641580479157236531353276604841201571858591115600430055104154
030397742426175668988317950994902644667108185079350672434253713542
013706052777861227298987944051068655311437374443446947490553937901
057226228682547569240568384696798523064025486841838214601218213318
845493888702373852081745139369640993441289267456262887845614182112
460113116898009625028728714759642622812346299172385885574929442829
944407291212843426231856469186020931780827281141716318230975707494
299822916577948208599406868705961084757797571910523889042391207009
887999581363203636110882145759358430710852969002700003608097625795
884482905702870087077524565129942433908135948645912462847512360679
784487584892011358751804966877406389877189223095329732653936427626
161829537731677890274601497899655144895493789445754268362755240754
488551742249073174886631088920252983999935882399862719578653565593
657220527949444945460911230060528994077578988582645315191754695849
328254825082079041505861523934654850350790693174866200436035487336
604027590694974526667533741521554788518359949815766794139741265835
535839785669014165475340805818439509737754675929260155003610286971
222818921288719009512233056114925419685264058483340225088575998011
578597227500709148060914622372952973770032742153696081977147984400
751210019304432828030776689613527913656505086662776676532128655513
967537935563485383970767796445169548798628465455743031301388211347
364549152613217445837205458388577114149442355651429930094492613399
263934802440942768085877108772581890774029513635903980396415199483
188299058704446177382304791626687913042553074994160253741922949841
898951698557573496063279810930032751750620181701816794026808174885
969229931956718861065422954743329920980854881325777660226851335593
076069026025474263462675301666044584166938273748064084121662905851
330570734638954517837676354021459006018191948351039953221707969768
206871830690082942637304869391043441043736807499109727316542219335
447772586076958100062279598721521847212603517706644119514459531480
668158534761763429611117597489696690757069615824066709498751683387
422810298757904953826791344901409224886357037480362962677961485629

3953377219712650797694365123020383015127398967510118360386739041 90
5378293493453389625464358213107587780587911268342660274360075586 63
5259881164896766369250586817308175465989402095156371743223246049 07
3146850236434523770353738388325386715719295554200104583985982839 78
2957728225885684527760467328389969792573065639381082762416387843 55
0405682091581411343466180085449128567407936902385775411080032693 13
2254790108173528132779709385818893523814323699144688612459663125 07
6039955480352002569850648722259151815907278247646673257749426638 08
5748787123905916491298265536117628796015117882014621427797571823 89
9223050610603076649544691586771393746795490509266206966323297286 93
0595769421044272964141193213426535450979921831015688622520828623 37
6473906681742711545663645477586904816421636640881716049809271186 84
1351496513899728190788352209829736495176602001309449247235507700 84
8099284543436972280731146684757424947430018886884652141120669328 11
7504080331064153190855470138151078665359593502570742649785609977 38
8627530621455112283888070830246488778775901157039670465492498731 56
1094018298872386566805932518715728657453403817957909843182634288 21
0638036931301499917668593007570253956038041900799075854101154786 57
5965559744144772809636119297733131794212476500656383747471869077 20
8638885860321622335375230138094971849064780487395493391953249987 79
5171705917499241142418980363483681155566969376865333499262021341 83
9291175330284106543597812113506445950299232679660146794305242557 69
3309757856232952073543581224609983465923733592539728055775156165 15
8075123200925769231857105940849041904675835476759039250046013420 82
0109986607096495772740750132102549885398318437730377551218198430 54
9010358571599269206217191124211663858399696463595490851709928243 62
5705850022007703644911994788077449697506068615625730577469909171 21
6383475958628744605404744900053573379698770338554697968970066219 16
1251061968802808787368869037445391236327275608911792619148823421 16
5040619571287628383412974920446510373266125432690433292466800929 32
7578990478512679447152525172081842036039552269153853223811117366 08
7843197689516624870772949623432263204508435804815212001620197929 57
5916666635981490722845832656659774786058899359144474287904654337 39
8123612785414947794350633492073156703057527871496402531550399365 84
4429443739141173177110250605176245288703360270531034911460635702 90
4737685826589182930689160635295373811668687790776100382559381662 61
7413064720873733697148029174553469825226519349722217845651749344 95
8143346019024784021322083795031650057709193983295672715148910525 34
5849817545548250120025620199836950173964033494493278266975640404 75
4508493573645492312015881372328170792150214793403917401761076676 77
9686822466560247531609562495362806697839095361417443935672602003 42
2637494491079183014662116006927914877326541602683481235533621466 14
2510312355869768365634264143437729985104727659436264027823113056 39
0782422388261573183851428609852272445136726144466197197085758443 93
0631253453778482712639178167116164748384342759632179282338984776 20
1799828070446808007615808514448910700846862134846375220637292558 06
8335259578587420867809998548967968826048407572294374214301573915 69
5363827271380278812833584914011734195095849539935159365826903939 60
1137856151114884413403917318519921706984188514920615741046110611 29
2748382186665565133911246144189598964689505567548538599158227912 90
5312714226291903580878008659632822295664272755820408883561490851 83
9831392658249897226641967153209082770669819153160050182621295358 25
0403981163197108935202032039133547841899084318477008371461682386 02
8723837009607533524998580427987961568800478435632958210533702480 26
3206549204140029254419524869509018894703203364267547812988626868 58
5054916913371855109684829516891495216115834915753776418682250537 52
8714569069620870198325112736346911045740925073952556008559786445 92

6876725177876684287285495509575564552843153499518641015597339322333
6672778251361852667809647625596347421218147821932896854507235079213
8338054826312744368170665083499920922718863180686398759644817953566
1104857363874255501541796703290786420134040600546136000644887212416
0119808495929324482102098641479773682104926278131472904383780208167
0158917995865600870698937059036736730186127031313256091560946513387
0134411807382767075855734044952787276753139849410340920872644533797
8367411036180346412985939988978553556561927523273306291485629641007
0508373691170697173946148959625122514645926124866121600901733895057
9383439159396576028085705942019780057405456260304985789137434332987
8391947395061953880220817532419139648077868052015687762807031468617
9586763280931453954972181421147797586447793469909121084059790532257
1877904653986726154998627442510070476006148276624966792183568082997
9666085263928130525838761737486383883753222401168995842255699788567
4286395830372119794549037703007203679728125971429866346333684063047
3265708406907791101676275164963189553727850890894464132902521062957
5852176177470644292687709887509699829534671929170421702502199778257
9509929014164941360306488764917456274548243070491260305049701256297
5000609411518114494247229068772961942240942364108926271606869830387
9462706401225503585202007811066411753296488387209884793210455691627
6344694611947616563302417636616206216829900866722730921410267900017
6963323327259713419019903009051666900510531929381488201813563819807
0900251812452823534008729538818312813571641469509221417743362992517
4258755922879359839588616140127856694883492025019265705008020902447
7424577604920771131927236462469440015377651938727292859418723540617
7326694076480272048334695158155245062720304528556245897698749055887
6303138048801539338614895567371102620569552129191359974523714569927
6592312169142350512188470100326121593232481976511280985113460632887
9821659106818510906446529941364717873870718752758126212886240640107
5069765725206043306029765248178668672078543266091428619790489311937
5379878629868148828939598477525007439417725568296019869425669834977
2102404256549566561811106531527266207880628580908936050206981892717
2032666223978521317902769484707356341945016272630210063292431737297
7267319718097791198891528996497644590405420045724330519946799304307
3441397411311326372359082318033893481966082706986266792702178213207
8157868634158868322807793319325898426204573519424774556459909191587
6983011806596595838104633472587968017679029649835683622797347930867
3524658073258851130553585238416379280158168276395146086008959179977
2272108345879447366635165591300783993426272961821062068886227954687
2434681317810142805766101182928149607818097900305320504219699615507
5790022099465760752487458760766183649213819593527480331972786394207
9717134385822176718742640015644138352778372555922371284045087072517
1618670042629168881152450686431015924149080715572379140686391713407
4628159649878293447466572688278836417162760065491064712930314931107
4706872628285155202814957062366706196821724134111073399410260023587
2671018716136310777338421415112592816716971589873756201356689422297
7637462379380584084610494758283439264916166073520355547810171751977
4551732932365975571244788344934283262078775496866871431317729181907
5276555079213415693662702844008564765907058547517491080279853770227
0178536105543388462009204479401977484378002779287594087003350770537
5331266378975650643310364921117025847501332673193840148395098838107
9965898184544129661623058974417694927411782852011162331212265970947
0262343936982793010583657412288844638581721549681214880666228582397
9475320559293597537951324717724680441146743361370994096703053144237
7037798834283278668874101955536024588729566057569656301412245609517
4674018818338559328396345923746379327661769715164762917233168274497
5198480362941951529213065034888118094192867723413190785519207056767

3810248441411115999270854702281325889441789034063685828483210106 65
2580916850163965011986282261590371444013945039217647255991065758 53
7574003008584603917246371426772215844651975093835037660836597866 03
9916735568031937378765128506270873146798131638653149653094911656 76
0973051449505043501781075883705585126517265817549613756912149490 63
9140785713112465741426283179825194006882964526705735067654127579 70
9381974811277831390005196009023091397974241625902967018216994566 97
2264811098186295058750868943931797030921679022247967950304843862 51
1518568459496147550813775045873716477264883626095757708526203976 08
2294745351964678202846239829265394888567598307609893310675818976 08
0247893226693808940766566435041647205291542927761713498997636971 18
0022051726764943134608212494262330705912869944951418153053546603 49
0191291338500315258457826543498059213101540038135850049942573880 79
5623171876196970031434910390508548698730103391242252456266873049 15
3816645571980389769254954807964018102757299595736630766392184577 76
5500280473800688035029378804551268577202494753230739314769038243 14
0887596867108383688603659648130327158005693938246272115358373399 16
0722177382083482736873728680601982950324575716191329392851226291 55
0921774394484417815786492892517165468492751843501338216442895938 51
7227143325510288512574797135837345467323702638203130427750394752 72
4796313180817621448422905747742919279965948072950501796518803816 21
7691708652602759630385084774904357719861985160291656690277225815 91
0961668104900848638338973309292707627279888816600471017224472924 98
3915203509796711138632303531056595044577199832909494688623890259 35
6988267303478109859646391778455421479090839519881509864542168304 44
6011533264016255051958558135152033003456946167338762886322027248 48
0164230587091946861825517635853559386564859788466508415264084512 46
7834214915733040730621934661800588217947205436414892791066060875 78
7484577292195479382447253437329724425982051173784450122053116060 93
1292251397897254192410197951789640738869243387380999125343046435 47
8763720189264658355275776820695454887060300981045294340146681418 98
0159751876033820802752231072737218761461170126133921429255155526 50
2934875746917804187568596924127569793381259041813756410775728664 90
9220420694436516871570082776223584723075967733263763791067672745 11
3118293394614032539625633894904465525504293146357637936718198421 20
7600982063214112523429453792150402213528981930652166856334380853 07
1868298947921682749307243982034307075276864274394030635546808939 22
9401494200627767807348862489036526712752680447694195459167984076 11
4892101283991141377220690310631888048631447755770621089285930669 93
6256629435235833540409940032387044803220536773038752315421027644 09
0126099689543053837897562320129187392511814374267486682929424503 40
0245562510509103201017145298994446229999332075464373885496229768 41
0666680300715771176506006595466483973190110443858281491270059782 91
8570514422577883613456650265111048792096127253210586062838021848 51
9965022588514771157674419473893486073010789806788321134138743001 11
7061648769067527175866397324562883157247371745979394050364155872 16
4518750218267542375915606809161470718885421304537681879592606007 84
3600575291401990403169812351483544833276136657194978895324006051 31
4419374403265189708344356057586539001920878786115476982903062848 97
8186908895015259069632074860135757546499748002461945625052245229 83
8727924736076039343895610525039824868571128827750329809194985751 49
9703709092853353996005457595940593906200675190832824032202060019 43
2735140455366647017277424961037267122980366444562770272832002043 21
7669438180245584454662934642371936244167019123342661881281543410 57
1381297074190093625004892591400413908198501408200138822117963751 09
6321716659797392544774162111670541743515783754651080165636349784 72
9813371735065074210762500263107073177909548872232628945241066023 09

051706108570907426125427420222547737892343851588508157832923175320
729656434516489983284913035328028157996424242933693051137339019717
902928621396108757133076422811433995529602185730386342562997297928
280947530243166805792016459019620398309744118893268743561246117951
626981740391455182414010977468956056337458332007986602574882235497
305659958680043201200878975041698739811560875318708333012968427493
406795756999933480934661516394575405458136222930428044251546972002
691295700650830192468272148859908002484509585855651060259423120818
671812406462856892890508698769593323281720246817389323528224199643
737470636087678136242103512683706041756413134503206416775168929051
051764459999363121420894557757336026555007630021031458474394543294
575429370315503550939597403023137961686376768291518796325661491465
482975124526565922190639653978053049347504455791738791672641329869
701630142257896467635977090748219864165190128628607967178245308567
332276780363104634305504365102139128167297669462955515723840120130
015378458842948217245987135998858639788868460594730223109746372438
441126328996110065050731829338776350657033495144086523392618566306
819087823441610168048400654074470463962045646370566813710021995154
830250745383401157926274531712718937612432309482251320982160226756
375626350614434008166914307587110124408847557802262236238172655874
613511029854759555187166652500940143837402418377503276671739602184
144774009839363904413150836022171056063364936357264412283699485474
631129744857027310844594897611885847722703708635387348202818028994
857450941684724058316701321765470533701025369340135717685982697275
910638734898700215879023017523603433939443102863403716277280879790
072673833850584209628660410327725804942608350292591835608904367916
470914158940126110379916775035248394835778854801462192889658149270
463333063353010800133593233757595365411810928881975377513536497988
423752508307106363913355014166709092692420335607468355398482780623
910966337949398640939154119356073397588176954747729235969835734314
854012148377854325875578448990430964733730730565756867703489106435
881585154018243106511081649250544146167342726563751901933183179457
031113303442639946669768784752985099771116993975217934672271512748
921457178359611285138645036553556656398233833151140793445304751093
080823871808570058294601190080655023397494708357417970870460026175
078906252619358149841581788655099821911546039687798008337800307470
415579072735210748935476631513531113841746814889951971043990783294
120285559753346268383993358153502392643383015423677539559972838366
467792666272231626132705616907197367040919797033373789136543158854
283319943958038878541149625726646824180287514995466087922898828088
096785535254761608765624103996156324948043626444012527880690793552
621166681572535658180564986514799001044091857353929995284766433497
917725058189567854357384958003410394879561445314985359164114817109
473535411640748651083987963366993648418212419394732101785638682441
070424556095259750099704287340512785617985243557917171219266544164
925630574386125976716501062508778759417597801454616515270178843921
829241470993556057167186125307351080322275735471957706244440327418
466592794287726021438121658079391455216190140548080302091731898876
986771842909979353744294068292832887313336478733307688870343803052
526442447993398315951836702563327642850539368044674344918417048453
586550509017813924043684637545318753325098195689777177949671457850
012147669656448229625199074064076778549298190759608488701815573173
860334970140854138542504037565084734353542384766360419918415857010
142716170658816937994605891998284467789633056040116309449750495934
804469984547210211372886770802549425041641984289636656665003926892
105774025779516368858324251586985453939067057600209462130611342338
577263586598319785901166429191820868830272143321075456081111450510

8816876675487652305723948111481335214405088849792115859844466307 19
2798875474317216416607444426211936794230106614947900511334002015 83
3537565672606459811628827940534630323595319327694864527334047635 74
5855268332313364262645234302281234574342710692289598142148775218 39
4119029422022570259230472805035306576488517929917233674525883479 49
9791988957173983593897261746445121740458178446297847902345960564 71
7599885229733405179191265722169455586793884887205064018490838526 58
8459061089560600926661606643349130909338050300494823793922320424 90
1108574287364759522517258340242504950652525411716126638350548016 70
8746816117933190206711473491373223944817993370284190593887276019 13
0772061320637980370438585749161096885022010702071475438591644040 21
9080722141667379404789064252894560054834904882363354553250843696 75
8968425936348863142262802632019226048235717733672121953687669341 69
2835393333872380139483939415648020710191936755258400653836858194 36
5708922733656860631555476830260774504119461406820492519554623749 22
3127254036184310138841732019043579088839084938408088243246351117 14
1302824020856749915544775683195932544284905996500600646948169608 54
6578824880551802592289454511668420958142629181425706756600028081 16
3246492300743361248341006333704124429829176802904459532003771893 13
2303648282919508920182136399058945685598399692224780530477875003 673
6297044860942759802411514643534302920419342735245980516220281013 59
9229015585934507666335425213007505021463043202349702815108434549 00
2259232130707559872708292816947239686629387914862670517858330925 50
3768581817710336452304489050893619799908744511800593293394201761 79
5790636101585350482726788267440922670307818025191994006027721428 87
3654305080455126834203787396577193329879528572396940693258601341 80
7767484126334117132917492073277200975069031422991549405132431333 36
0202145491479684611703750622237606628403246208402997986667287273 25
4640935838040486782174670803051967297896389306933921674284261432 15
5680285670789647015719545737657922629497561939280228435777354971 99
5800695791551132675063180379880713242220093976183751848615566938 61
2047732613228517327005087503008117277213216187771569666287123907 78
8909632226655310418724195302424578515307307301387961231568904774 33
5932094104622097102930988853782365966806008259666943312147946867 10
1591510311386243442701405970461747302074241212770927543465010806 61
0947530204708291814403979579991894643342612865495363468201288926 86
5610414644000543180257698196490256281173957034962983558718538926 40
0625198665760647446251235778814584902112890362145892522924208441 03
5133327133829723678592372521892231118050304653423213627120249359 30
9951230207407196815855878633687677968598549579171717568414970199 78
6325242870965683293306597586188595211617158774360463896436298728 04
9769900590076538176089572867318758958969072932943527150170420650 13
6015422036301463234937450965567312716265264767173065631563320418 17
3545468362024061929387350751535797291809485924263377108121456995 13
9500623656441919771822650344378984334267337664115698682862362316 45
7528289086823960985814315988026307551218268125892451134845647270 59
9783936691765631779278150676998351356912750350685726701705869301 80
8732451995518178459851687813668049106298398016833210340185026963 75
5299885013956224405547606602834081652730508552155690238307532266 79
9182919753835642288612809525380152436076699428944689887759269381 73
0715879450221509824746659634884049375575344759042475680613510759 26
0691238729114261123643538277251472081279869070069302219805113355 36
6917962247470416497713751002336950537124053778620119682545426176 41
5079094349245088505559918000830585174431026810074291058598458365 92
8497432180644842134799534345161164018561094849651202925234153644 43
8873980425744452211957475175666712708428411832484137523380953424 31
5207228291397871592419776446572231852733256979892770972177625597 23

6533832891852918213555978355853525528168115819172182228982693129131
1287232741238636375386671725660658448890475286416564847159423966641
6434389233966555555577505623941919386322247792525405039371606304901
6993076168706508352910175835793502829967125346073403187708553748311
1141833088915087819597467696781523926182417983405144250609493357621
1178885714017028104504195467414437360882949188541087995789078320901
4444403919352135632561442306688626371187652846600423542918735117781
9411361957225376746297336097877026833323640272245510637223928833181
0494777403716667233314341415592504003443864851730958168363281184441
6312675714559731700030550889826990775388947909042746857279399214471
6292572155107787976322230317054527722203918954369070799156122936101
7154413193133429493781284346735062346125673695409177640011845026551
0899269647194608984026570804072312783432408860802224172139644006031
3859955655688644213098831700528579098647977434087547626287616158531
7268187549754532891400418937316397456821025427865392198275474184551
6871753930342315542048866244344295228563422335609124478797116569341
8778720123757175151434224096306075856343011165525133545498704693931
7743770124362748514149112587076200193174071743682020386127013213971
5899688228407512227059994213429913207267333097712360897894644938981
1439659735961665658993852816670862600305173333482083015627966996961
1156196817843264927328573416100073953155547530667562009960759053571
1258963642358621386526808056494782651293590560810954346438467371361
0449994040135718864031978546303925795186502552188165735815622576351
9864310277602829677523482352602470270649121653042164389760800295521
9831100624337813559649817383604797920909082575666433266668067122751
1187684352812512206634374531078010963786553144854622218985259961771
0486536947958684510965302601401388203570512509791840617689609178571
7595647343804196158319476697811395247867423947746073409243167798291
7755059729700767184529038661793874812581676128701839917437357115691
0974065082387573190996884975932907443641601023900906284030548539271
7004313603845524244842300053161907844886747913981348989663958291891
1950571875763453201967071694199497137672478174877139557046673027711
2747983053013424027891648068047620392860696091924830264868072958361
3267116662677967606836340750767263763490452258968158147401802558001
1971760024139869399349215900153041133962949419173171645888714287371
8878732888181304812619948719916342766996959439710594198522351935501
9361408501616263175484624791971026824615645806024564475639509012331
1590914096651798470733029035611775523525988643601194889388936714131
1118598807032378677445581428892217103406789744586486447456112767571
7519527408008868644380212866636567224057317387250035821942569887561
3308467789831264393605749102121366933901818953546225488974154060051
6777788383312620690588447287730405728650857319119157499988336873741
9468893593455510369378310443025241392692681714876547170747590849531
6287048244116996098433553202578653400324262446890254474473833912711
6553478447439842526122069863563784638897289136412807708553537208431
1948966527513426096742709229740278802339778964577921244483551078441
2570651693811144211921575480837312712674174288549055177845320131741
6047600130810219497073449144052508127837541730266179692906422776661
7103715245685443986106628128440271779165712220782541058139155388001
1667828725304184557347984143255663858212788155688674415170239884901
8113560974671420339883653705612096370993533313231085778377427795441
8898584648812197073626525160155633750105804463787632815000741844831
8413804874849039857102538428867525102731097694380500816423251631701
9067985432903735140801396567650640807862787150435600026715537883901
1426562505426920613598935784885304973060317873364705008428369490121
6054495148424226076718758014880747913906686456710090324223689602361
6806057460252127359630371166917642300812953513752714238917363991091

欧拉数的前百万位数字

3113731467220893640801959423281796280290825550198035965655984042540
0830577626668242793356855012699672160335421324097012598372337679960
5611348688753982565421107025400472818964344530196022540472935841640
6734240497421062012397232045374482242313699582412415713511658318550
7616592458002636703982733138725241433940781080358713930373844943790
8790360163347891928042672754074214267075228151545099130500103516840
6245424971711666951221306654650556497756411038510626654364520028700
4496753624107970958815232971070630316056693807477558031953756286470
8272334104950892759114200669071737909731890203224561501394540243820
9809972676992042476527231992473737015573143472065919502071967858420
2776561409842940009437686575237635985146839006165492802990900296230
6951173825598269601362021000335386817943435593785837900470885849290
1142614494324234416569531932228399237085826701305002848616939537890
3245799985360592022907962134953170046221778820998832159413498033960
1191373295658183913078632728532606318270652744149333900386487318210
8286220312292449967494108830082205851842561666318271872299216409140
7810320035265242650414087460275808200691391427363737121163847496150
7070877733695884928906291404703514698842061476620215232634526157770
4812447708015997061466560089682098086825834673967332259232212072420
9630964673126610909663686128341202627491338734384816145801914002770
7629242962460749519428045497568564541861750584954699963377579627350
4479778051745983291397467420847368630193847718772992379664352237180
0480441153626686261974773164431749354950684165697408128502415701260
1315747207906943941463638133820644809454292242641829939746616936480
2854004109758246735481216392146243535333022864440748409914572644760
8742885776016992776405591486738372626102491961056220477563574400820
7032002175353398482532817033817370543896996979993812676326426110490
2735981210232698950626017761474094103074131381984453111034562965950
5873676449889668106452124264977918170215943073546930352413662127740
9287233389565597041010683436203827503833652785915301955813744166780
8968513275362431290687814562964366271902732753325603411330275385090
3670019126914798117033942678749141979212917070859455782788110604020
5576382028810425683826856268320121533151068860174203538404362741070
3252834033298132350209340432820416893105376869526526405091350628330
5658961983039642908952044620024923493311552898104493811412235209120
8631902496807875611238411025079315693182040949998114457200868175380
6211301052455516281761601293522920555666024777478708764172845650571
5746261163779106400440793487469342813193027993459628742486395689440
1899805333279556268175098824093145769438883475623673609995966576070
1669905919603349093981181715230488195921064116285226690926166718610
7618961247190577133129700425814328178797195019006824291559550950260
4282861238974327655283091002591245433740437846693100112062476436310
9305454256285060344186991942902729841927091097992536971874245846340
4514150267396583493271793863710638702843037429057569199761366319870
4335660961262337652063615722794329160446424406515227311644549852200
5825212965831477727047571430398913435734897113681846369271787936050
2044430791134012195214759401216982135460644107788334298945412469890
6532708057318388033767087580903683930229065129353069042076498505460
6648412589052943453748270355224609614546672753764937667933334728430
5822916228203195936697035966628554651134666099949617802577223559020
9768284689431011915086934843045177593195255556601356920318550758570
2925935801466411673997847541377091769698880160426133707383831474810
8291625628242830573000660387233027092232585933838159676424379923840
6404604494709686654220473244696901209180978313520498045715571169830
6053033146408625291449598553727468702746085851792237586443439591190
2340491809144046789558683532854955644960020843536673750419865211380
3968423567586572568044803200470047074846633772561749120371573696910

409980017166332935078405492499469054891058035159235879996020634926
364530433744523347905025498876679220966097520341972415194440232709
945937878628451386904644089824930595316552762537792653309533187748
980032214041839608967665386579318788619717834038737560142090487232
538971557234258069783978599370373194295375072724363004942787106715
787810116765474316536264048005825670904230943253182303713797348407
922832838516465838159402818586639197700855849047358699337208656982
532867644261502508473504421373459125170211165629275175813745599356
820417739545673595853943466938795609057487694209190058648537603052
300807286485472061157124553999241528071472615942730619235553045182
667218963579584537268482828792940284022739866285187646460697860441
274968794326023053804945673782637373411148603243040372821564610113
060599429228310803766070539039349396336335418107128310213222819769
343031351065850992901141443343614490567970023343964581366858680492
847060121735239863969246602254057194941130546025341574304262022308
706696988091723471938119306696458771662012960906794480343973948098
030209552441957023958138250858467442987402695190315960389213249935
598560165095564763633394074482198945688127051928325495406916913035
708947828692126149437021023570261516500721444176252933576576730630
669582268486838734202044761215280002582360379536214878364050898567
784876240948759156817968680568682486583857882404202149889902891096
734531321645006481441422782829877884670707429729419561775375447745
137914956113974294951813505092612787564460586330076774873453592289
245727647587926345776822841996676888366809127369964224295186032089
450547524347136220429883976816490852294491686556959489982568061405
298003068143608385811311479750079112228487710513006509137625713736
069431349951535242313265210219214297005290164683487337928138217061
542871434878385581756732976270232165498037543098597089711328328827
443328764467140837105440107737275065284831778852386317554130695613
273315401659181496023411558934164422881751124017443009928099543686
982918313047373354033442668332589392221397616163601004843784186185
390447948302098332780726117670877154458645061611200414161322035197
739324663390054689794155214098508949650784871644950689182100881487
813606642156460024301294354345611438362865852207479906286852771751
459656843431984728255672537468463946279176262809420563387434994985
324089436382242733832999450973117635263456349168825705001310690751
173328774490985232113746170117693059090635054866582936033091778009
396245958356540438439337136231398608630542728735878486807155762383
349001074310693286938460149466132490630995227414075713727510373761
521632431895920549534193977327526904944116298596765909832306488745
121244268780658376824781492623135860887808790921402497769859481015
276204963318580453025864057434502683303777013593099425291905251942
268346607873908080058064119215157798393735065440171599323579016927
114480005080909545876235598250246495800540156637876613609215014201
004692824096062743778612191269214903877976477186418819024273308945
330611223681174641505914040894828415385583540580874046865549764184
055878257236995322101145129134432644744034217960042148319776120811
752364050768941523604110137046303397546471701724640883229559023405
763627941231089374242452208973056558780276968323410332654213752086
812853335139710077810989501317303465785791418433777017760350406938
896072668180902186923551648684912467718610401658902355064771775504
482779106630236789438430667065716389201139900862620467838341748869
586731294841395471915393943446174157605588640059159344048819049552
420169435143600084440686546904950391806203383987382652633344327461
666119818506597202127879289963064950370592548258951731558635056709
984802913707532991868924546210472860928442766384759561889022523892
357756632121293351690840647465344087268655448424328025682372663519

875182846618306483431535132570385464960085366561796524661751191201
929124033887454116065433273257434656514379712149632101581366775404
424521932165039535826020158448104111005716913729479998796479787700
652390469414993761171113029287205470302943218904030461883964262774
446797146922753840536826566747596527557013820053608474081108963734
205697905246562941194461712382965659764038686478714986193197773569
757032449549109935266662264090911531499130567321969554594146878527
784870769539454624345657787548155452827715247547776690930418717945
737052807754791634480829638928285100982236006630100516547011149516
807473381884980676910500058321208416562922918296003681407078555855
437148564273536933655234186957339220429838216575458299734147876207
968894798812235594960283726964745222890841619738611131686491506990
509021077325583047121858713786585594163667119141476523505225175704
196686904592099418089439208806186060073139931525924240670742072340
498716985297157714253886846694927031512349265882165244506079070345
525519669643255522579606587075270743217765526040953221833562009988
762352497349140282344689290795065857374506944139691056606269280155
001083189006452382052503249156257157451144467173798389420257817644
993840700875413834044307166725861708385307776031662131453890071616
120269726473568148163098806698032385065010943771440925632621414275
970562236028822425803008747457313127909011309775658435381645338464
809098593653834438568276794258704672432620173781696064390418914623
376857778289651661245988743607599128419892768360870669024763125485
834212019496551195019231792832330663045139300219629840710845506964
658949588435867355686301808652887735797667279636459538191657508199
472574135152882381887468184377429319269968513010931606988896790889
980059120443317175178771138444599179829105550760852670961749193998
914333727901565594656628525860827904385744603979296490556308602838
468563112213362240405453045086577823562375843764223847960109541808
280751385170866144248184291206232120717672021972211036983802230500
069349575108503000546247697802357081636435877795733116636134456513
960617982860764604351247694695503837380293697302150520261776291308
263738519634156051190206035259403699365084953990643403721216920529
120978823342362169997854826013683776829168126498141957360516745117
416432032837654991411910228086918959848684706565112635099851106262
410471364983974457700405838584144307806417066625514447140595952956
540870408802405041241582626709619754649642412613978602124910542875
023551484665888120905799113013282210366979535478506040625793425091
638024508933280280042103315303917889591004047007349363344320302410
834997216637880073733819526523815630339250387371084262620757904871
750210801243028490006626457906583224857010448606933460398701067282
247218346122124780329725709770717370924727466899914309797149783844
787370375392261403363742258378021960328427027968851195832697994067
883109107181642976669997036117587451155401072207819653611307058614
173856897231598280355989083484422508081108321154949249239813064602
790958580161017656418329964553658015617902048150902063837955181476
638188357725659930660318711819734102742589563783416397715695472307
322046425121436174973944540378319499852319362453303023839564273448
251013931457570020474238364677913716931303226758216746308983919456
809080912674813940384844887877273621854323717768803861078713091072
165650753136816299599403916954495049557260519924886187921527199933
267214586528436384757441141783924669220814891476100974151051576891
431241373335469707426692447649175841599467892436728105694753765099
356471287297876027802907819763497245404914593410231810256508584025
226212482620079591882477413794244214735784363191338957148899819958
360236169383674772187649332618707749169767220042564956613659352657
277357450264560930082731119684254977155634799258894817892046216522

05838554181327881954905812679925751062586889833043120279849699287

5754560852622956416215207932417202005994233525623284925453289547341176064238062556498114833494949180536960248295712891790926012509486553213494724099116596226547040062446710694114764260405616138705569564065569069354436432550540824731663754788404565481780534447452560853846374035527902884720933573288741668784370013492568395538099672150039374616952772191498805828705564427155917355686824630303452033210095252460382980722978692504664000172854066326375496302949556051549028417196378504028580134522527478118071482397904147959346497026547586689907203842362268159756668849201634297330018770765509915381095384982996303970257306625678720222687461474967093099396859507028001281971577031842503493061086715415200417595413974547587551986283029762911532284101150539791886643193960349833687919318651950275234032747563954586867688273750361330444218650061230719968393995951898354087127657325476452525216030557147529697467000949885201629822818225009321138597335949834881599765744138081151848377233825971824507793646105396323866181564809621220385776737215607185655698793567296871676293026573228475251656946333316050520452729402470581052007563019572547217419423363007973768169894298832150432015050907726513317243551423839527312752915610134927446696971905640328216004644736351122568892166982394172944737386075088781643163375883579592772385929395618114489905015085598839442870349039545338826785722639716455944894751511377337485169932565259400455834925706134637046995791837926428690756137494769199935049733253080405743394773051364222294169563270410907746035885618562869286584846307973364899496080260274888861101940223321004874826015090988446008955491985175019312174135886294785534428200149400741782817424117688358279567586797842186052981138405958769627432508596222464189103835339354481549709974268965410324644893698854617837477751582133366957324827966528103921327656845700793830468907409654035812907526019212943241643662532949891480563694601327056532408036894483858992080114262081055373622508139952658756332798263022168759950863292642137011295229577548604080632536733539552443475313717153975378927571536553557012610474416319459645582198465153305532990234678554062997306884899796267790005002775670789487092301832174351019023776305600055363189642530853579546428842491335401461609770507371546766739510110639836720481484051225284417371062653991043392938048904295691215815980377751448645040382480260877576675721245761200768681908517621360464946355482903668734691460718242196141228909892218209512265223417322446564366837635708883817514475384652065617413257363254193166769298056651307397629726296272786169314275797238814063298365438158178021789791494381382928131985200236825506912101495634011775128222708393029192778258062444901736777998931389700756917761194263090685759800040728931792049662014565560248833876422081631684067952449429371714519679325068245113041578934466132337063004295480366680215411339157522267600530391504896167814978329197267927530102673711622847783797036997733025362643104922943527416160277458532268249624921850147970733286969369016010169688380414697735346146654901408245135423360855273934690160932696430681248551408239472417843213479843432739106046123447978207888420669793726613684035411783738126941445601984730950358350283376311144873763483398875498423824422379081023058088778728577814063976053424708380437591758189941419035894519226747804723180563597593832212245315088898397551891771956510931003525537331986539670274297720995152180366966361810210075174693654397160017094132643674741241183245903355084862970188267331577935690840771311487176319412691554793532938320256821871428036440722501060156252897298731411296286358277603383147963375658037446916647347214289608200124857840491094367336066569968553659532745514586708823382251470733434957768124680976090459169159389483440

665257619033301034301736034841198751294797692092596353639697739598
177622179991907225712975750768551260290548071861050881860889202440
513818650241450062843647192688128370413325350064392174481880239978
579839320284439272279305728958615605898136250615229132621098082381
450147486947343651218675072142585510894070614317185849316275950084
806479536750567142142430651350558337501471956748360797400276184819
282753631638943199738396910473414842379018134975256168732653611618
705716550455483858025844266951170068050164988188314270712725033504
711426392733033508248466298401745075588285863398243413692523705812
985396782399579976677897890081460285448674210622525508362310865922
199349225722742207545635740405182534992533041523113499333690948529
111794177456427627029777340753512673938093048616168161995053095502
474292333815769151174591630508435135725930749178744848352643320971
617766113492511186027126051760240751401888644431069667495695410229
496616277252256689025320967840464834020006868059948747384682056878
494847132881709191172931491485180301952515061379119471076200628141
637564898300552014815028073275145170249251899039503377954386548114
963950233351527053550735159743351737979969909110941198265485494997
302657357882304496136398209740762336841329128839558317619706790963
427254868015322027912498671590635851252072045345887471203394918078
261339179562158608474029706373040976151638702721693946849095473018
099728651673283560292170825363198465411320912733455467451239297069
582392790174369626336453441977127943934083878047507385005316496375
929675921028556808030810624337113611714909840635396995499201392048
492072141689718221510627029584143296464701494338817294896073308219
703270763482563877712985256489613971224648143599325289543804276531
162276155712747432418276263938127189534203143700197035042819707308
632601466356808659364695141645910157384525123432037135512951483148
455381449158538888394833256572573516167324385024037367265875740742
728779294314729971073135972558605684131731744794473132849614193106
371077983010787053296935504827103395224626166167211672895953448502
022836057358910617615922619484509974245228844054471569927855716063
484100069334035446233755673593400425028713735767326371087539019750
193938029568318185880561189665525818884183046133590151199342323320
074686043039003297680600445841193717035523778834237188946970052104
819649409875481794456503779659046357148235640370216556468254409742
163218987080804173237654078567169589421543039745520718332776416824
505823381830614066059186474639969898729642394823345026826087514938
844443226719771838220263914114425158324246892803512040990072517187
257380737895427083809109818094488541262939323173760716217917522973
584241943272268806729321306368106042007788310797073964398267459079
114656769601545314699146741007192308718618387059352585696258814357
312564057654050566082812611633883200089359451627404124306175130844
761622371749860591999712179864065664842830769559845639850972668653
411681515025118617649373738522613995471383277227078510073823986529
865126516548533457160356410104295439693703963948664654674359890251
414282106249312011340531015031881788396712851262105870534637316730
606881686331567463250119388107253109589317184373723187069998334049
013884940432713323172086978578689796008249177776008072336139869506
924108231823258606082123817102205993813908355438683283886913013140
274100652159325339494253492717455136062041591833656947966700833687
122578137880584672306925238010617265738535560583182697000119912004
799508402289534501765313118418203291546985934837361972735032541360
415908520041221486383826939493780339261132086056773977774101264730
984068892761724050974503557076453656664336754415107658468635121285
462870234150547372827827544521371580725691337635297318749663915482
821078023268850654318386287531258750124223019408559548685274776058

8800081867308420620890637789949318108208768339256520020735536944 33
5374420832768851764288979448990664613916612365345689265888871796 28
5410133248668823435197319084115781670876094956836424005221770877 18
2535208709153744086687876147787205519256776982229976444315892750 64
5594282437240251591708882617304396067579852337543812829902303728 00
8066530421624455192156371884582667017768671149800022215754123971 60
5319163559439842649502510719986794885345634778879761871982747017 59
8672441553982182177731297421780363830355537815305364238228916446 89
1161158261412688094878385201351563204279130895248017844716063591 68
6309433206386387179857853504014876694267412315061268138432880412 55
2349761827514099780459769733946877300534608895535902376859534348 33
3563077734006544696092107892183975139670714779474912458687220031 06
4658404791815592843256012008249239497905481317208193862188317751 20
1198983556944054664353012103951032897365485475766782352769312736 07
1866136808531181259805899784515165363985211226689984209357004144 17
3576614404351577361462149211915530051838189542865816583176668531 28
1118619509746919628665235438312114020432097795871150056636454428 60
7135495750131927502402122238039446890028299273366043644538436632 15
0125022311259947980234566019376785318134616783564420985357947363 87
1088214799759599828841086731649449926371736606680272158027875772 28
5980186467749214808001421165775715501115369670987136419005986229 68
4448248699750485176984788632219143780065743989297825479274864282 28
0265975143529669554558981302822205098452725517619098081182979800 32
2199631495810292629544188414397423702981800058542366893651837084 63
0829181107448112647593195469780926370085457171224995359124471442 63
0519453767161247470842493096839505621020415259842365705915024641 14
8140141439694875616592072524932118588678583621384812850051751969 95
2440183578439626563588472420302954174338376361544229946306525097 55
7709513582702666484526399000132232261725720793382478144240986738 71
2938882244391592664718746236985090274394887361907201377904316879 78
5274790871731926556211340681218304129890645729822511103783307104 40
5370692575989992837547107589696215782759283837927761713676411727 70
6310671574635108765899413500595799989090942306752973719218945375 93
1328850474543793116673657705186290621461941323763214935606217772 79
8326485681068491584204398906407065064653827022822039056412603953 66
9171436500231769778163597712767958153506126763369990657973931565 72
0425661917151564074477093487335705966151597128021079385821408469 96
6480982743982208552894231820243875414719000872754665582855916543 50
3571331911205556055570405738563415020628520731587400650174406416 39
2798347499337486712929658729022977542740791964019148868677388270 51
7579257724642088763441315071195399978549812825753896859020924951 67
9263063196410065142836570295813284392017907499466699656292455030 81
6400147903285620877961170408197998994042791079842092963235466083 61
4647259147741279281444939158171324476971627547142412559238657293 44
5575869100023493696626576417431505983500774867753096963178042008 99
6188136203702612536989302935601319479762275922570607073972496908 39
4226582146709371495387037248661703853972368689468195715893677413 41
5388762941918651467258868211265337813447805725408816737193513527 85
5414549070782197165849156609106667472980130501702854986690191683 67
7521043323427148051810539409824103813971584313239855383395557734 88
7624229436111863688352130794834879887905169424541834229097215942 88
0936817376033779991183949210578172245478968456592155020802062840 15
3065636581878955564312496970716708891753788615466259616345766249 52
3561181934804488591202350409994497541751464181574998088585138357 84
1939065041040842834627061994864996604586629747029755823876115600 90
1198969954985811079130203913539749024702125062845566074398643308 62
1675367113691722802805647154946953961156342973841267390258138277 68

426089435747073469964159614045751036457764534217053869977870339849
254146068539859274588321278937428224814870525432221588073272290367
363346544897131413219949198916009024152973800952407675385679815924
415289525132789045584619086572551380990843970620679055975263334219
832817843025151455158873101429808364516625465536469217899262979082
247412435007304498767008310108627336418325204838290207533620283518
778797894422425924139836425319548238871864106187319410465384085905
646610362047617220434738484681256006509390274436690172601246330784
147354721797800522401999549969610905344775048355178644970688319762
719272577495127842170980045325066193057466537892357866937824891787
727364543789552773271207055731367549071101738663378348856127347072
502935076913130922226572677452182246743693066962511041672427331806
384513009103839029294374619547571099306995680501359928522146325529
266668826632070297610800584863401895227503551884273128225184486875
770152572234238029671957345228700177841832820287096397318324944685
215144132108096226113960256522377488745259456003338192531632713799
651001996229521296611701192308131630769783988472924064628122745594
132256917519836072701293727315861995507296876372700471007173585559
122955621903152511535704861942564574847620465223635355471566282959
458269071535336134954878600798637498145692544410493950485734021342
822844625590948434577311579822118699082473204734110760249907128700
921790951809606867530765764130547126208275709792454077745344342138
330609061868307462327809904235309718972776009987547160156892192180
944880663476218641276865362243290942954130218970472195388410128878
999742863327649308130256174980702502307668398944321661825160809264
775166963296169135986926755478321271151604693447188861404535267790
749727026103020646573058282108876444092640388848429126617283279310
071505767526313326477964981958641952238689953848991214911181621359
533965878470048821954476852234049950176628530659610439782926743114
408175684297860246101782140905380990135253438388066650500440919775
815293576038452605574675828111405415309439408774245051645349661651
236011973616490733024742251480447186930701033241887485255844650888
215287286897766497312502589064745090246731326153059520352060018340
308495623307530623333067904621408350764201548188825073227054084521
481982932433519536328766711916258539067769768105554092678756915164
097581583764837913121639729312026061839340821325639001054197955152
797817062786827808804311398341400473201459824049042037928548024129
477275671337784824278860811098543714777294958031121240648785430047
521695149461791822349514031106364748240908103826455308998654300970
361181141852792821944708566308798668197278066564084643055331636111
411378289754043915381316059454600507583547279990666772385739560929
920530183612604849598474552030663217339466716922440815087073981692
996390254934804133044679462968679062921970242687968140725853268556
006453230793230756810258693611018480113484990296894331730451456429
257942941061405961343631553424451928077904700082980179686052967877
732934692431591413263383709881700026805441954519333956961390473676
393073907504353826949537146440396630797546980325097418128812898386
371317719241747537060149844242477899643152768722502027445607666521
396254651614042733289487820549915877398560114443905621153126057986
406457518880739872404933218766655789137610493908814763726243042337
584339774455688936253687943083641649487910252336933769594751596992
039425556473679868377624450767419967894763678738864192983195468452
060560624376175081216687615537368911588194859025573390591979264439
441809845755472561848693289392506948697804286018390514585400477569
568978534332999427604768511820755634022549415259963931314540482872
548438540970960359593246606423304797052043005980107308739494473450
044485284454004305607765864434290413252374401506397090993565868068

977541074248928113761241603284865681310903624388296131791270649682
535884326744683390313274119959756872685812801607179426010117230486
295667971264427168174773983057507481287530705344987181725988661798
592683635676413385394049767874758135312270505034985870482853327197
866523589788446102451912897306362332335559805869691660272780781577
102985946641186559856308501167121878689643227632931666640176869966
909510133958243814219167912764590624572784204524105428047626771579
339598942116615196968443532544476844179334907157659802886580732351
345404886380562487198182840804016113231455423901805680934103213420
332355740920941377119478639731368606404697005595425426412965905258
698849444589938840408796012374635232015479108993166382508711463828
413785880224574307396579319696623267587856299444566649749668276613
795801396462472184807091251909009363374670254381064278303851332509
775448914629360565874774748298349780129626788881996077621913935590
468818900167293570608130782733063962480212329597380110061696704965
211055450592631203050237535607278748511596102956036923255732930679
977919136094623623157275665823410981366714992314365583847650654946
743875638663239130487368616998640037145725298242830678258207009374
806729942530512368043706718373194409385598983652640987840441145893
514021940705158248924239681748305974385933611835150399686074497761
443137170906902774869021296839909429071834853051698857836743566397
085850115665995343725990855787912936719425141756967635711835033172
789738277566877465249908547008012123346259616887085541788606529537
686566396990788992984231414311348096055089120369266122668306007062
957765312380527267011423146409661474813790993403903347213190172059
213491028369884056161938603501462721401783393476163687121513163553
927745692972207908751997294050418741505976253605047979690750711017
575335567511665358030103687277944283015512986960311787672596530519
424709223390962747707475275628431625046623228159248452640523427153
944027574886665039107437390728945457233579879933709244881490861890
362637106817606857313995857102318635954968909598660482508805267276
445914954769583942726336146861152318565259869090835390360408112785
253328797512835580439421723099152201650953795093647577139949158049
214825517552235393535778003474445161503147043753113620044628396871
198642504504189008982454128088333981689792307711173082459716456730
363376002866895468075858162006781562777618123654195076680801838811
599474826817299726990840596565065395962157204615859199526888071662
601577938847631235144958302682964315500422780287994062954863216984
007946822158063331720902801688075529984640512960341892539617231920
596699192899442568133548890745671563297913146925831401820894428894
382844403359311293676234844622218091887595485076421934743518697676
493327341788671728375541893342660568351519827962768632881047701564
421148861314211991291540358374904369913641164615048956963898194575
578741788297026486722917149491572916474042142616238117478507938532
727643230395505574403864313955922967026414499288530239621968680474
043786362562385274512361914343526701012228160163520057944104888905
445720670663487011405329692916430604053881186219665868431429682227
928789908798092853456254870753366464393676836630043938592386378545
418062058736331285764523678524375837205240513300875396276019452898
256924887031968749578102206695273152687912159406409036274958367845
631814923984350637540281580399376927827311824869881493126166905173
364235665646956608358527759858673241408577185260680672188647889698
761119944064928527905504596300868941746163376021243268275852865261
857745307920673834395555212245226194084870455450897145528731233132
504334230581137355856046745234283319558769836276022309865581499731
526586655464290773523185111799055570350508120426942735200574860184
284769807812641552770213144072963162903351101733416188261062992754

030212684748586367986263606063199158651845908611830487696786252656
747247242570653904334694789136037077087064009124248402432919872806
024194993586532654989112047988070722308940938016468105343104051849
288690714931182286092836797804180333881537071233519040597617345854
115123278145281788562855121114204732824949774155291981397455946772
505788944346436774525698484844140522262508513431696442402059527943
443434034013916078439864694622004958449263126186676608976133381840
560325890996685295977097108013133772742659848609420094119158280806
930114451957577149166439102977793397047647517868219770852526551250
664459517765857419367299650311977486791652574538368917496663816446
853839468764214625659313842141082813068829711514486377052455814066
634387964622481682473369739279734181080256196711504304340742302768
706278813140274118543887839273880443829264567174964872478905833316
209093323735527920828686424526077859030818247273846542607997903645
715482593459145281811411203415155828636970664195480486525499338530
784870244492683345435709116595681768465599179508742321506206798787
914866873161690090208201717553384736964132148914346784307372626280
122708899125659751220076496917073533816309563037875575439787064985
268199031642029027477877051207604518934410427415193521665640651886
119616993882089115105783323509613793714609821904307774902884152295
986186130630759149185698660930673175731193437378956791837847797247
481914681550346213592708956558706075155367789628443659330242985221
185026874595932945003268748714515317991028981662418068044596270785
282241797764800685393011188518329258990633882505259752403719047461
905293084242088695256488908183761663697918597752034930709530299310
435999125258677559022325428128955817308533763701891626401594527827
257245862531356901700037080736758725072502469862784239739331482663
480824328947071851795508777406487211871746767036127700858746116533
469021792354495467051940746968459401393539876960405105342678776451
646234715922603637786414615806419829904497884264429950106067071173
768546178344851562026587951482508371108187783411598287506586313235
272460723226660705993573703449156078678627475834982514800735428371
052119803656643325675119329152607293697509772956138312995916815894
549965741992256416132815661573621585015384837293429574236791739392
729780357852708062180649707905525479625934161341799312934899603706
302423324760795675652465940961367593871814709038383970403492587244
759196465129488149703709503902042563239600049530455209654422212044
526093012748726851865624491347666312694357366579533216314960504719
034879011918268914657046882329506854371952132711821433675856194226
087572282480846222428588699339368052924961527409815194694930400609
425144463601419393931786929119217242846030635453007693355837194232
966856249229280731505263282783084373323575826354420794234165445034
237625760840083855412553713056517777693548959624114276049301337 12
051198646846928469746231284725734026378336455707580197613801767779
602740755490362680029690270923872334987015867021647391187177001871
084263269857951274091168247335396601331943975769925893942805383859
182371002068338842487521266759831572296778040503329701314251858339
768521379092789817114880313042132855533160239972947546543207753977
341753384499844047858281694940726523388983585521867925370965932539
296426363636645999837565493401468202566865013502204425486598048654
531967128264909038282304788724022869942512273150308726677774775142
473793117917969944527176326914707235432050220675790651636569049698
840958236859760921840032093451190570731272278539589068926887062012
464555273588545611493073782191139830001499118185186634432241215341
117500464723557526053579060930137458272871012412939252175141637185
671701278726173220997414255067739046025410718212634162049155669234
632120651455850118040642515877337611692801656155369658353831095341

9669366868439393922685707136284100750838110195902267173316334003214882294335566268661540341727350272973004502719020280620922413119788091042620297318310645571532278578364863645715091487276897917162882475935801917253018121036014173629782142924841591202843541863354386060313856570683150776093496561944003362353801030233129736027657202766370425142012613930927034483815780995189936688474853294366025321730491990879425123307822879489808914945437256033237154742336406535504976913900216316451228220087510298424714883347815068003904372148792423549272379249793539858813442677919609222260332534990479591763083982972063678283042561270212909272134265094215870641460005061723531217012908137381479094960180780686881975788565313023116747533267248164645618129693166976722727182850611590697892499159292192142274968831155229264321510366216629306635483299111904558254809707833246193941146533139389260386507511052824749658635572542831954636533534885779150048681772051038475630152022702010715972311218608953719248809975594617869774095008277654803500765664667347038766526088174179359697887553019662234029245582445630007031909626267905534347487420674136643591873809549137197190326602222980681132468995720988358282233720955612071687583629474486691077893486440119694725394661140769392508739049203101558542504619027918111844775603824548752639921418437873962651935603344439913652303229321844755954361252546532221749874681878074617817025874990610724225714360518796899452336805283325547238186644318869982863988125328087783745924392995001770626730036756950276572982627166715105719892980986039832043030037036967493027903712924776005140020688643910870470790236672154305464761025005873285746314996940064346324127468947050816662582385200468751661852068713096628797404726158107744104411796913231394301476374863166126052267157662053677140671418913451318785958603566869282803874876605605123437438389373614446777123350371301770395504770462310157520743447607699417117265578396294585328793404391959394290611937951102369257318483972517415517711095702222005518686500528214256864010286055562610215037388794233517973177634985993176081229554737212319426108439735514231402289136167270284245650726851742136956587043214276460971938801168106203087997782123444024066271467371616534615725297236779978689174078326231288666377081549433690940666331027977800227301416626909883486024818659552157810902253820793547083811111979813931285240950282427303216156185808500709277604444475064972622702050757729759306189254468772238628852365051903515911190691921446463428045355496911367352411152782368956532008650363175485745731846767061402105724223965066055867669707858657345981318942878977177374941235459053006718912665995654433811205137482590495998824021514097803964067901280796212158663984972622660854249002787032299290387638764320916957549072473903824722347512589270245402358621673216367377475723594789901053204748243065387070186091121176464331863022974087832554825200976932284894090842331418448755310675203469925984245654163598119183563973109506183251677661589012762298158063016442376156309200407241953019894405816998004549853168544684619487489956698591275377840368770969398496999525571776268427979788745387096545267303599598014654067449388096798514980698024610132940886828115216706537813006734716892538369338877838013256032569492846084262779291962157384568505419413900422439946365906039978988081001574450458400685783575048643643730542814368930148848623999490549246466498820968108058699247475865524227298450958311450926131981925905202566333470515072291600837313628164145249614102918099336462189266913886952443190222592807277974074546790089316724323046519005911213777758226796049627651463479521140605478265047027222140902819651991808171397620880977828257178524345434336508986060260331303102986677014079405936726209919879501363

298082954000162775288128015917193040401340690435053425806334313391
195025828721646602487803903049123946985391527643353102738993189175
384140473586112685931224569565815342174612615186915333276744766778
516698071719343932220310951004535113777124937567073205916171572479
519791297512493684233560582512010937893411172211763113773149722342
658847192943540721817311420464769090240465533078140231292733065022
076448749919261421028600779773493709602602297079658977645611879912
090702203494744968185215368405073318536744279530236406970554226882
374293973689928592022943219589730949944235441489577188378456960320
758651351875508235496650471844300768061899556748730894667195997063
950896915333977629421488570994136841619961840341540408241784574437
735952461157875944839607941212623759749390824745865486081459911784
341640014728225122888230271690470513749817832475315159676726606923
168355210490870965605403833040387593806461443099402244057943120798
708597776229138236877230697996443524460301437575235346805885316415
942120482517235783840336177188118414295377423836925810263806425238
119007236499839991444600543321221613470817941890084605758348419486
550818647867762476320799360050558941566960973764211619759122899333
144240227413801318080923796784227058435276250410514039887266900169
378353174118369900310482654953928884502366545851167323211333222730
868552159735883885867866312331945027602715408958509288591130671744
344445805677458734608549116527498663625917275017152094594259650771
258073737617767193267247063390949983096781675927009329037663190759
973345922805446766670314207904322745169115708037632053737929753551
709757322266099319495317657241765467632277264077051652576683573310
346436914818344002451743210516742502004806983290230015741902452533
984324440065490580630530375462079448625839027196263825168865550758
270455781355043900558343459015201825487279569425460834035738436156
163047924467271452221748204068807335755340576359681493844533011375
409837986790896522984229538161913609358704735451745567764400358467
746190084232041430353665110485357975423717088870055546101501436028
351539384632177226488513923695412835637524301474341706757149441186
298496668204931618851559000441208255716742027651397707571269267159
355274015306554448655412831574089927957110563355271238193624857497
926726883125671452788493154196565352230873583655777945098808980785
429766806524689674890957019569278764943279542598915958300667829716
724209864572156060772367752961944238903279166564489917993794843595
372301574445954763651228223637396608181194989426224229601075646294
562163250103586756438362851162329972869445931227322431791079538061
930315781071016801740202201956789615531645344793666240008290183731
890583419953796392779965237198460995208987678848854349193644999520
440331915317384189631740357042754732919086848782038031886388409071
683880153290325770855487647009852323487017548908104612740569530373
890892664486467404886207279483957559679311335184173348345389539785
233479653662898998468199339342092443291856620849907490504210438439
231790924745025172423879326789257870360488599417941982279432748633
690819947867159801374732240682197371660700481440786737006266654773
600685807965370929623664794879000754909963730174618156113821779312
270981080680806518567259755981594897088994569634584217415275789014
895403888937681870518856967930109728550264826423449105019922947093
310457298957673497485852219691626692997501119126489499770659312657
125732610679920325558716398419455703707948499510885917805717100782
217061633458154832433979330963026969091150830679725265880545861737
187806058149586588531691295518005285131875220330633473956967211206
667386334395986894107714027667144485816492158637400303868092375225
593440941366482059999818931195613455266159591879470486558061286160
704053938800107206204216442475385692456022738101918030429369333818

445538267314466779283294801526902635271295040951760354007799527771
554888123468756481790008805538822457520017123882637896624016114952
169376867820146852191359797218916236090614567483023646626893511086
514416373668489140634691620984315955316190504772599383901406507974
168153964393339016865898775752457441307038745515546538808421906091
928716493901905848144655502121125822907269689284480358178971997589
662167341822636549609000136226009964755488043686879939464748752444
012866202980329336230425278947081919263725719199634865456102904490
572331847201426867170771950534644523273477932766101802692483590532
779520350952144244825658944744803951702445778879391149181087105512
540072856350960934549034292209879549087985336604688424684423941406
157267715561360074464300906883238170417591418820122178183071557703
622370509565265183400360949817026786901935115687040421716971018505
891985036750504183931342003599867354818185477504060722540902360306
884226700400603909746784086245653450207110576739380424185292586494
212555527768362312600341886728901038380807585921996073440773773701
502528824319791671134734352757109099530923783948402600517484030717
430989045967798587757851799533117528559496749568755499070556553727
283351480619701208647766593101476414864277031742484283889709369206
306759951609640136329266492892889233704878130161951600635336860425
414412930970067118583011680478131182592478835173468839558207383654
929226465724697230355012617403172244727633648429644016958285717784
827691091147792253854828544822229025065760510537680487389487131275
494906279337180759362545631476999106700254119380346281014484323999
387568894951438769234950108346187926462994375454254873260949466031
582033978154671033051775658517387290535951050875443644514260152299
935711332764596577955021898460534557595430436450610999345016429141
430751166597261883563464476205773520971044152312807325903693832877
107491040178395680238951302704563807849179161110523047652152689992
240908074159110510716699691416809932546486354444418270400396924529
511358305220470145301444097872151948103489108988506647831481517080
958033918186450143986904651888073631822722470803322303501838719206
396907035514192115319927614138703073429703897973190289583822580103
039035044057521374763783447015061389075155397713074823602568584344
539239958112454901584321361123641635150547271984731976218814070435
062084048530990323776092717334734957247729910427357027217088147749
793626188988733251119956834335718724267410318646070663301906269779
545973239604839430116346704428127619852256711929538102829868867713
440839211626209504599656293533935569102589511915188980946327105785
165331444734509140108971471884900858149309291297377043247817229012
129465913871565382390028120842287675447506107458097754325937761412
275014548837194484976571258491147790923974664927994298683503485852
594265492396874019950616842789576111602184391275100370839201048174
079621382258595014982563479628789688631798924140719481450261896258
002668198746537443085073307585226939569974241393228085914249034622
441433312798411982067950354661398515897767358521947016577977971212
236672314080228891028020970165015069622559182490154605243627342192
572383315793081796907120574666998450152803022909637827536131916788
778733840244964723736563409770629909528911267168919226187130947268
079244808444292518051835993378560533346700312502660115552313366995
096088148952917946931583218761914300502537699313635381113468359787
056617473023518476152321767520253168092420262739870704556607142201
338451160853432316527948434708340444843084700389280718933742743567
088595619817117405564309078023181327383805937067233041103023246765
673006384703787926308034311478881827415432236365190630579208004303
278700337764771022288804178873140757141077336580063155675787243690
697475152053903208753704196854317140437843205191436474025823653462

536753895943842696240916042632070304790465202958719112633761009097
985549799374988442594384062449584808906947927395970356418421633913
240016755409686649825754758748703651549804401961016275110565395914
841807309882662606568798556080888281700789901098992690930297987436
126261593465622032606457141905260530716194674950313993453942881411
649133584026978624061100233557192092622418698971590695889256379088
411356131810489739722434882403917897068692173916372754323378198045
035733039716240681137537065704597977979217180662274977534923696265
921017706095529278615949453962198709930168085390519753334996715086
476134829886174475295327611597836350869628341174756190130904167407
041255161231030196815483257826172790279836004221886201959873855456
110276008074259004739184137985970101770824294778532544853951811705
930967528532235445842996375630515093798896881157620706723548663013
306084854218801979331536768602565029561232359788624519769787928732
611183448101777124754841717319417883893611298787070004059579784721
954004362452659500041437940991650645912874699399339414296670037852
836827460536439398989053455130770132145096247216236414609074580141
120731950265967366646715505789395069435622046621683442650949676682
374887592462592887397679363378441961800216135884778199203902772329
940629285190810953850030297020669979125664703001774420018602720877
637095498204042384271874905025962211529058725360162823521607230148
691288825570042923988921737300170085915992636762815150721851051119
461621028058948356241682619367988821624413122600871485030664220317
520403163515269376449558517863644694492498703835712124533651293774
220971443847592393473981635092903863482104455167118689769834248924
597784284373739813230523947282326659657816147287346027786093283215
749046026941405834296246762244415773950753299245219510356463404241
249989455537676582067821066125222207794088149180677189862545985911
650389123766112136031882909504178468098773745820711564047833995467
312288717819576694237467195327338688330200910571709621826010935608
556230383326010878271461358087617683141813196847376886282321977145
432860228112551455737683817740065598527024976651177770555080219830
654554615862956479053098807841024634711133180647839327321202126615
361159214686647290743098539365500451316783784123880028013504371078
700412619074712281656484726113713761562068490083504451467117781175
769068867240921110699896711525918586286007655564046490945183913210
694770848078766811354604727824872629160246258948101361849336071405
532464223191259487647881175166135905881072830742280982680389566863
613251617524108622986819103356102235432542981294756228525275168996
354893542912692770620171423147132686191105788456319591599626212516
901824365334199418963601823453869912850553965664070964538569520341
846512132264960877279687147849954946819418079065987582346218392296
738519369473901615849621252182700138536045099318468104859271407011
743728630449702413081249816877173191129398931595644448775410080686
519063786629733784333652776953935464342615658062241230936542319248
342960977349122685480863227630186033610827616239879873015344562760
049486497323440940325183580839675280217812559028215422586895205968
563451123572708874924324901956198700150977963673519542779224039095
150747727603314335649437578517500116193537349722929311028600636523
250756293037511197855733820729970599677271925798209399065622815501
905926745636723097919499675415000268672596185388604459771491873321
889816076167777877442308687374777451352253798602968765675401726908
872318746069207539013461405822056969496523146195214040560947876640
470293888322522006507061348414314914473885936438492140431688445017
393178534252627551835490927053429156740008106257006394261554544011
324372485605345023492119434886151239126275989258035512396705846423
195327406724113383268722688024886439904839058510086288028732735379

7775774712787757563864681779553511334887752131411818800179361041372939072620489593704678630211862373205074784329578008740291931938405818433249903813874706397446186425182930420028544916194185291315416891680407043506954017393520279395874455008626318149941330862355390535911894466310598329113606022717635218118208869867053899138929346264091659621837788117115034932087110810934747955537872469463472972235387206340556996136864963828026921017173584801481114130104288141038068421205995774644064619923352356233175884781858905330080250677049562296650328541124458435885471394991695843524728555239972088930780548653502643197216647747725070130026711899973296946074619254420034109191724813196020356374825709916360073745107739786334408097065715186291754786853161060656234714823231795919678867104836703859907484595084014142701106560603855023418376193620166989774109891478083228382603288464190442970213914076742524123534393553986568393142411072268700684191149406185066631695993245029527571262480909597735885492357061544674809598874821878867172140652197803668571299686992569030907805902827780155245158802999078300369199352315639758910591425553350985518917681854779141264488349360265114484646521072775647050759888052604645526002033631955055262350219895088265038705576257429426821916825605398068616943379061674567479574974886091749447615170058320780001014002239370872764548397872274220699916465601471365991129055884080950362419803713376844670794100933897384826844504312935437966279370117250119551416179072933957187633013617550537304012412583604434378838439653248153987396016504696100990329068420432827959608194589347979632885165304110088258406625117191813618536366222953439346593755553819233803282060977469088047878148367327384830172276915062504002616045155499851328142617312486207178615466575772188574463378545362144526446241291938674337933757037538348087687414143235677873279845714677901973166159835261107027376311073517612852031570325412487066175865867572691876611149197735942334968822980837638400781004277880490170473092956192596992904602333134453202236969171968450960373231804543025102509351388081763282983318865977891004782254974516154742939435097484856136455011106694981954905502160932960428981202839165114561820200872568610443804411964327601970267265333409601354517786185505164460735302011159767669151068413919645896552338805931028452436461749910894478330359352064756985785993354490700119632646957133088274932541962777082725401686351399084518693442952074647250614816289083605340335804817800971637039369364297080378982143168563954049603024476169212755415919806359535365900825378770939195101211992907472867957489960977883704011615602848446553172130419617691802137120409264956511683752097076899800330008763217912424157229074918122471099541719928757700652036185081447625236869061531806574587844471779352423000410860329564422708492064049520208701205485740037891723615256133578551522592172278208983260638829641448042613535352525331179196999842301337876212937294480884271080464143651678521681937101084275021668460331593597413355838465000932811161253395295500639060758558469797804021879944808138115928282218511509981217438539179101075466735572015083061167584893368647934432451670585138370627223846831441139869722320194766828639843224876561560302024755317763711714861456808583165249806329691142434183804171171380804396015804330356500901318144856430351250227656590372595305579983604972076755702799560583792726977517419701508881519065040170192800619802759640276359992366869865319778690957107814622305837214408674459317369418915676842339416807708618950416933085177872233064095585685715569658590812561408062883843421841304346098670656485171208607690503512828632956114706338168013283937898601836990706699216612906783155653231058834021608161882393352879056240352540995035522741041735826100

271927223015632691884240026833301856650711276548446196699869317359
848382632517611323309612857167186094213561512123388691479074393576
284007742732097812823591061261955497761446553173793428858108406022
937821782941896072677828175617981654885113074990206960827800495918
058518082740721073582229139799029941218992730042536953787679536726
282792754627115723014400264811499244220795509320318655577498787074
193337908039866118069727757500585350005902622627732855965833440375
391813407876291150359097422689635118259836369703828868878607349961
078957150075482182163591128383175072431217895628823235706684147170
210958822092278103686657106360882116457897978803091463884929964993
963283965703964847053072839267596647122399256709448883017798185382
222799785387391210885297081460265181521476225048525766707937084044
783047231522552268305529415695591447216746511900418932568067066114
336529418847588821669673248343083412209903295387489366581469033467
170856387826558570436692297212619338704909295696827817948690305402
374986628799356881688915186294781937880111469360032993005043201486
331442477601049765714532266428719703427581414334863361243188394201
400873840426106341230859809017948776578848501923494754868673312597
634709745767523134015843553818768972474113774238343656958575335309
915709561478232770552485127488744088937950361648179727312129757517
261072249550240787978925151261890261222922317214447173807741612310
630448339482523085363580655589813409963334181525031132773252833398
483586895526349741958045446892421016271447190262508077164772563020
043053718079755792392299452821751125944826507497816928510436632957
693437021893679198553228159692066465018280258866371842819527687249
948004569505022254222729280683014777471516885421329043016955834811
658336421578581858637486480949902315332431790540470636561974919318
078795023206560798635344153735500388601895027421917127903758633699
320782637750109208792642243337813686603008084336309396581692634718
635335367165847572776640339921661283930041358376345544860753004701
850990507813900565245926507116538994243203251022575019913217200284
832191325758501436177981956669768672338196384483161098560273484338
414344996646342443279561816502551185187185701648190252337061174217
859502694601223231530581982024716543200161580056712796190910092410
014418904700838650878256627080668190115108974869268343166051022312
495498759535297838926305097025817437904234730315576660086706700780
919036343525997091830041209130694854176036975601077655353959735528
548639717149754458787831728914503368476055278015887050034033587823
627973700364190230689303306383075401689004845816941774106325376288
655432511432305800507205044041647627153227871450582002459707733444
629064865357746510685787483735749662143643933546620147957766537274
909616886995483701220700977232042333022812949104217901984604210511
273339012451999139168382093932105992644920885509813106610355387697
192585683696699663059035375637027094904218896754447370279794389865
518515042619452233694652827407090325096593861655761765398403601444
083882503238379694277470562944331163087317197011753937449289399234
527143476131853606496900631464334594619318364030070466173935105999
369160128817892922994871959437726002390297344203623267794651293656
568723009532203177078505893712122613449033336886268730175195530461
566875753817463250581075602142001885776366356960516255757329367071
498287228583782373292168236049737873001837279347254680951664409912
212016978939658529054290924313520502891487804384358936931241003994
062970138594064476161599878278614757765660914865105327801625347327
302978917226403488045022032553484785665145147115232600930621803230
748505936504931035917758911936365050938680413752205958283448175526
883642896461414102363588449173560643092742493646922573066258034653
931910818334047153963586148127038563913277313880934889072613952337

053375194248616196072269076928391420209336097132898676033713758916
161819351376130516264829748825758096198804101474072560446013859136
901095662238167161326777736934035349408080900494944440882496812750
151467356966770207246722469168607542570358161420858820904362010698
101873191337676832882350622825963741126173445395261823910134482991
237122705152147214640920585631683338297461968533199494321011475650
113834041317591848500769046427065685223687530641128527287222885899
686361705774354716534641212560970677304627985146315417948927317371
663966369440664769678402029590736981870374951498069467043884527894
431002079725937093095715692072305391942124779692855826530033568687
171535695221023417772479456686290968129388337494129579270736468926
679092477914752870378058395216616215318954348563292751497817846166
261619187266106876358932562621840347981459174043874115013953450546
808201352219401888512065517627221368707360839108940237587408425007
943631342578821492950835360851532890199234119633197697946819452274
309016603811919028548305900306120826155048344296042451150533071842
403772909568287685502244608153069693688747518415304877653154035592
268947044698225241284764309531383843447671672417693934347234198307
202012291557157534359659320121459888852185483520995609040477606579
880642317046834737856801583218229750282444876718265294601561590631
091235132603804204802512212291447791809782090268861637332124985388
084339001891951810170985705184601144609784945401043165920340684157
259051146503775765125609365944112541226273607061198262015518724221
116228653328764705772998550295973565864111659273213395305002299931
888263158652819530511217207574396485249220630710832118308835354345
700005689444551730162112531037015032445226328205307053467859571128
458270676122358285706940088878915109879227177575260000812154321024
068335025672253817594969285833702418881173933893730376288166328958
261914036515292686636712852371208852919602402165636351944452198342
710338097943240407597865012549529053755946372990558398900046489935
822885718549740589618551323070512656872944789480140067323700395324
269017808210578379894117190120748642021391758509405572596291661727
801322465463219326577329205659737238048635025883594460568350672057
338205978175377872047293029932585832518548287007401092937683745384
261960376929548274981962963676519337880114770792907763368448129206
038401803410899867336605709924342722205091602041208050568572681976
502972738078557768500239509897962194032459249665578836981444044656
036768129606432932748707363760098933830830478621077448523790034381
182674810792618157261389306477594230168428738956552012508233581600
817348001850142098949172593997649250006542807710787900188373019503
780227888662379176263669549752044830337220545823572967089184886996
425891688758406672255622777854038981670445749036653313294329353585
235513341838985819773372995074901593007462229161720806747349559638
766194188438032497048945852704935719197018745838262010096295999962
928611132879129667345268463416480573135540724675608548018324362630
423036498699037016303314381315801192620050999006674788910890695347
976679849069723750573849220982519255507559907218249056175983576825
983749194852104224361505995514070113277788766176851803243701084572
829892421434020048917340355527091864046449437955607968525875489725
695669350424665728155215291889133632807890611369347455294892486965
689278195645042472290198621844235567033069662073647485651893582024
939083358211208594623763811668182950720943255907717970684762164336
849654036216536888836347995132438908939235875886278704112274269513
376109519663183424932958855355885655040967876939040597716774077093
979076773385224474649736594432766926363023918701790742277783670963
304375037980452460255896975816197718423957840990000298746103995887
557086168983643941873753780789260886592407036530595170223935300478

2023576894312627500498868330060934685817188869644469512900363559286008831814680715599511769552300745358430659473714536745289667139605589993068789829393243844353709806165643262782392276519697970954455224396503095905686103445702613327114353709104466224376120059925959590311707715606067234172332977730039030407088459294144660078436964267555662597392550380391679099481769754744983383891254051527672656840929994133902692303785782158278424699557867552914590280586090149716349434683614003614605320781578009367313023491244558579245900411690401494279264256912207810636321048554427030475462294047731138828197444264421618282561710274124448873782234121293589707215966413076164058270230877171389815527000976048469991646398784768672853336979398805233726778411061360709852165734845785113434756789200250797106364449690860329475731847250587733472472557284982529641015712387880919932387767238178607259500059594347441043010441767609890712448935528922861413282039204291939174309652343171882058665889146529036678986236626864362329893744935134295773787102034199040783892130558993169939093090046882617175707063752524699612666825908562412635862338557145413312971402726460688821849067692151341003663780314884833390507879642586580992811898695352548067433739307036533134164566562498904174267096564201706997789164599657736807502769296664747939867082197172839674393006337611576569966251096917780784948362126618529206727381429699827015980880337996373273583746451611583966425258284977771419493314928556045670326570867184217210695966759677440627396428023373183708971615388562704975356922868909141149451696340747542598981224039201197856909933071910394536781856960615675381155689927656307340724268769563813695212073881002759562947391547474367845326320329214151376091588299065788268525492689242245016178359940671090086702852870211322157363985802192445104279315495112100800246841163389708132116695435978161561871510143296363391794891642589443018046526694302746600162250975326736609397948091429659260739139763147079047720922859485843870393692660810251241735148543489207041422388975832890698290887114683492351005822328479043863927319561048027274123148475964822360665704012066733585201797500038334155834126972988147123578936552564589544826636249131626604532510834846885097638996565799863084655309537632156664522303311575418881505285839669942711482824192485942061873458398589661508508983935612332949583943151488231824563526639685112103877295889631933489063246352556849137825618244964570203143201216145598209793093627973298776026325338554421599088634600893130113036767568391041065590693488690405288844370771482823703883250502879350198112497048031514562685800486888900364318624728464855823078542469510940444848748776345177828218986123259954792970621588052945069058066923452861610970815277620071957160923388516022562410611375454292911299482457763708183967386652548898325390826978722894466888869661330208461739389489780711442889682665215848512673666053783811876779374396832024717884986981651530408092773770130065419638650721084384248705295491793793021891699353105640269821135010695747781883867946800237822775862894541106054660507978262642623580018662256139632027777910587546672995876607568335639696970857102290723280730558923066268528353203809886601294978409635800636853516956388987313699468469175867751364375830420381350321376325603348097352921678393838998062977467340505101382635066363066703030746889930409706799458987437988485254853220892878132242310023052681877788877941377433402959021299310350177042618824986142772833500802713234764853963278119955151103016678858458262370758025266436708548812895615358653140929734964137154614220553176828940619959384585315845983628630772432571307015766640736409727587533817412596835251177455309063911707239332423808522767806916389936199436490077487383529478966909506678

897650125510930847679141197716110029769758816140822521145754058723
757772669119422479485185566832886637846039745707340770779559990105
065273853072697198760284002411018213934170900573967388366272349053
252222244453627879295585748258769455446700805724645085624250429305
055898250687557050403459747289292980081676409884846121345212406322
081433376966501453533519478530267026482147018092869573685327734191
175183608446306723208298528793058592899486023654422284995214994893
206258817263467718945313399411110550365757814956663058207877674018
329754299117006271867172956017708783462637703897024626524516309757
134601024746546696891163572508317688042202699705692894466840691603
058090779315630388560190748540288328081370625060923936488506962987
483984830886148509750831055277701328515397386788048566421007944238
797802149046688560631193884878338238372710838272409277772388138513
433302905557086080332544947145263858160512786245699049371286583009
255254608760789725426484914838855802915487266781867446327304223598
394872878637078393733947403172402405903163297486822292800341697071
514278354500266721570870365963567046306794134852829095752301901871
328010908157102310109857112055598980256039765001359451302352104675
345273093983200944450363476804014242347811856739958385207722529057
879169916607763724169938372512659757119301582874108438663525494343
160612230419288228090665848280990556738602988238406671753637363090
972919700751860868615443794676334960444646963279348936678269396351
639601810927710562305215954276000156695925049797538268331425310067
981478349750707460316447016111511010906216421168245791375107536685
807565657561742144459901878185616386613536342022985705956239269872
861568290673320705329946455227128798750682347461916972660373275215
827898642389935739871326798410673629520270090250856433935921957656
908229083695077893030253814799071644840887451801083299600899039514
866534763460859062324272880076758941444054251387698997223503139562
850500279398643029417416020252884915124094357816592913220060533377
053476339695374700490091036906666378230954200892470792997325595719
636946547065986736985818627641608479572862241114393087642083488501
588137949689732441556408046554897794851235123242023892172367391129
441779610475064257600761832867546604624707571029769970546669348193
563663446913107293403027276339424829101401703540655117733011730009
449917385819855546802683893497449174384667392625839906290780714783
850267022297297116381428358473696813758491061125291104765142909794
940209774894500567205640143118979716030412511706450124437980033216
730323703485648008309498987726245977962091849946905207402918030646
840162330249623449956677767051730008636714773043854313787856121802
169624976593802142656828876539970330233703982843489666887467072984
356501193929497972157895303493950133755278809708608051123806705713
719937146657276659394814572807039412060524231532590507901155723798
216065235360385988782755271061154465669054165228649334710863076851
915861217745277988582867804111230067367524489555237649000585699811
986943091537228563727965305381511557431217570951974685439783369288
751788300585175022563600259822280768266965978838337172573694847986
156250367781477491399287172684522228727126562332393480059186747604
534516463247579686248720816420838844876567194642958950702752236086
760641790246727836716701969521286666998129929277653899615416331358
530311777024449937941389137743363451280340071627132051497909644156
053138865828901479427389707999310803373746689580490227344190980082
264639655956385046680222028332042887234513426819615112440387197275
750731721463312045593043480602218351441013946878613001755059705677
653293866825794750104904001327657905388330638006123050748863851275
024542364218973117296701475303562052189298464009154660655176546400
160923176671549392669407657625437255706980925920350024024058096940

7222786930639606617698403204725803356003227700645794898400080621 31
4329315062382075563696302688483951288618771529842651215185568255 40
0047405936225590644541184263482991500341060196606179475008432114 35
6335223450952360236587262029764834599139749116804392167135245765 22
5073572624979047689432313868690080660177687646832979011662066253 11
7063166057911898872543726543948902788322796811845168965406568900 39
6004394529368005756606431124322588496279862064128325326613426723 89
2977689067771543513325973850589115609567680406977251105787368473 03
1511177932985825885873642838294305414428993436950066412088334707 78
9964180766958860157725547482459210544059575760050157344853957816 28
5485288127730789274647965975257207241341416726442954322546061801 62
7680625490682060184452903957750033765162969163771364184757801535 79
4081027407524653318250781623542505737657966017497966473369157074 02
3192006843264936772960469370123095237855969631754159684177848706 50
2888070539896670523791814166436195805498604934070619222791318177 90
1655117696200521249761214513813514778470215938249021932591401348 32
4768347524727560557640141679566132531419578449607769498452188834 08
9303300502509511917522204777654647631269783777725933999870830053 93
0982570058745912149107095555869831017549737111029309208984423333 44
8559228082527247580827765659484938054187537779201229478832672873 23
0825604368461255008456317038440796826013485805744131119048510076 06
9817911135736212192938054698988256978781611766324081267208379656 13
1444478002435859061117916861673023409409496657132067139730501070 72
8709256288564439947781328899847433725609360129542162806576473187 07
4018582890551497837410061356265368836683609799969058468757047713 90
6395493563887979875180831871886349223010484355820416025032766343 02
8862617860167038531111451122886492787794013034231980397276312452 73
4687644228883168729498209990718104551385217123636486607357764726 76
8779214938995006803861019148957324013758492810306930880781688159 69
5944594275800936777029690406212939424684641408118238472236757430 84
3785479194003626953787313598799203352238856200603164243829551306 97
8540646814832792924935639817692692414547079317236958939027700164 91
5405715663960753885629787608401258269551420665894959627220271458 47
1843832903889771042231478935749590250760579811240776765908017960 17
2843529861339707298486346114793959620203733797753446186461053580 21
7271367441813271935555643805400240396270394444938485637574032881 33
7908297872117863785432236894316435372075752481763196754350423254 56
6033678857732307722953573502429072303337824517953322921764424890 68
4648795826058520729166519432550867903493155007454582911471714413 64
2505631444844637084541801736511342246122512492106763859434817314 23
9301905135987144455621446679527349947958263461511620905684977849 11
7482217752360653281618679705126115849812771312663330174986758029 00
1758783464643638168980712680961978121911819569398865498305720207 58
2529744285624936073193420162045381268472457739784926571590414167 17
7657647424576593224958897701933453535151882062229297867651305979 20
7008080236985322725410358455737435367682727768756388184053522770 88
3814082755057473894302483734930155815449043997031342675328507628 92
4626134834272241002227199700836743404876134113503520624637866061 39
1313109693193108935303340192580030899282233245659173706062690169 94
3420265367489907973505192193103386082704436312453456435125985412 22
0495727594910694297045346966624131774278394716531224707014551851 56
6656909178432221618868336921221671521848848643192643729820807168 41
3525821864143279541790363505489576662029516535083464567055703980 93
6105807733357844767573112283440793023809462808105123919012402692 47
9540953185491663334071802523171344052532045002423928214134013943 51
1817965458877484443979902695910838022344008600472672435656848364 04
7484919956134578693950375729643711566083503387692014204993565028 43

176259634331391648804874184569359467674390388706909013412797515583
558073905758104840663331570503262803440044608658617146965544341257
748502123723107954159151408103326162205145858491736893023102344388
745091308178929034329644173127188227231095282563429291122236274013
225882582931084122735166420591671587051534400272086342189111794117
555602767284857914041561893404598287409653192487927241527630330363
305679468279636209747111465186762857692619383379932716879391399612
181768510509575957993489917066248728052523326392290764220047050001
115701522558122313533448673221521282156536453309820817384553633186
376114963243022478632541595104136989937885384695250741209787344677
085951710679707953033577792698933565240124540329506196823124252529
057437440010922325229785505632958384057865183657979856914075298029
967526416757073550326240008359149579883760296349500894422658363455
546458305716983224472232662909529829624280678178333904605520631981
061050109915451912964311737962033466958747417455733415884430061575
894460195218076798204560749601931011361507979670030176164745784328
263152183557377541377193568402040410033556556910539514168936509710
194359430099999685856661380716024575546609208832202132934637536371
870448424204275893237561104637534310564169813954148149710948722760
874941526090880301036177012294366836390695794860807866036777483280
095035048039551069175618739774967088544671079928245619006002569761
161775600968180395191762957936384662042826379987737847079575026831
544652737853370205383865867933730882502793476649318561036826789068
382510184181736684061573360414160616384858005895371330880088740471
570356660428235573011568688066788330091275951471410760579280195917
791414427221132463201168591129364955347251722380440110662880052361
400615204699168326137771121690245781636784916317621169828952808046
771632852155640206975613136486478019709497645673447771956907919039
058597923342822849107757749751663101265401497683739460689165275289
173448323229837807207014384759532270339196300225646365254580832212
257803293344241389279476069126749777974025570807618772196404981268
379505328430291538363002843590487037134806622461025445036508693893
686520674199030576830626795370773971570748381447152821573680148493
630658739643339934045757780527068497936270495186863004031286526484
907111138592234192239478589838864012724323488211325522231037219914
816536567136287751530277795206458158320121755222252264904383043748
179540508027142104490091989309281357436299276423375558069669682700
742455526430821323186039244006697292321148900194095490101565735867
230057080009985907788072350239653096552341956327434398972137465716
316049092009758363728380789497719082754194937128481934883310240052
383409265391617324874962961743579510904694807633047420505494494005
750258240068195016670042456460173114239511620226364266931131911980
895942836990492962722653508709141517540723964866406503844176101477
411720309480953840787091628246380137301424648729753821240489152827
975987016652828059687217942035191305398535601216422944002657637148
593617592401372778373946532520308819312772341218503335850402590523
368869118785523418798461411418163698558677894029355646942096141414
943899276789139250777268924377125957741220344746206822203067107631
599911209203965219259379673507258560614741535193498892518215160397
418918702796754289224818810839354136220214561506518433944098430855
393547274574976712516467955517992778017507462807644198710056405910
195378872854771329790913606392490493516106381829625277980088984728
675133787576936367133481661131166892552324394871430847893781039276
495808959577075269319896885035194061974766081403137742069894879991
685761404187784794241388462320261068974499571033499520301027466729
992849131638413959340957191124729065805875795214913103842994127610
334028936218076154881928802895951228746091775126298167325788878590

069562770842998570859292164826911172119726183633233773087143880601
142277740152592414060236850976487005220948792376317365609009240907
165214342188537576821307472650838514657430308300509728055154214231
257376980038284225769223261039915089109212774046970771963354286482
564001101690789874736226597191659586345045880465437448584172498155
174906859794315750179768878323520144111601596962439601617175905424
171422091932392176894865129623643032043132777097322934068384829673
982875972872551074741494756778269408779148325700479674368763154499
748918232265291063262809714583409347629595847042585610945919068677
848422291468854010548668169633954823603420397580268446808750668024
459122542915733067803515910228645220430349309377253551445522722822
043562916976989806647144397172455834353363436632611232748004373562
629419123515279251988778618246362142440322379034331100275759447013
583416298789277436376192923669311543782683659630103840802404096604
147614908050105597250890629746130213427090877318160708290259438175
776426412763092136783726419107972909089948971806645875401131812160
352149116844551947046470395426447268570690966462986337113905284395
509487506949367292074379460982533322267115065851657267407507509726
111400544549545735538604836374271386814643458366424902179167704113
873453085733957486216215162006360237916967985004512720764231698570
031508708050600694556671027989108265644806202000879176072399838366
073825516172764095747028092153479132862137101668307988005032619330
733116897563672252680643385640006356990524963447219960479658501916
313581231049266787760197529045754147511972738412185879086717401522
143765196695652702883515570197532476313974620340061684713489654066
785186689067161188763791885306702408350882388305903463178333786106
670992636750972906068321977799706070578502648401153779283231350824
783681703855368407657764093485555770607877208082925817130474853730
331601193943946613498859248633437662769692600535774173640613831132
448265114997052606466283095918517036060681556407574760846183168583
923241522168643221400844877735638911508664206120226601797320936290
727690524121275154828854662365065805424477877373061245052416862373
214565542493902484825243886179074252520323262850954443846764788410
960824592295500572332637479481238105863101711037010511682549845836
927150741797069805382261503759104562359744348095184881637479486542
616523490400362076781796533837886951517493963820060942721911893901
016960264369187173426582660340908746320275007469612446064637575977
910626911728467883607942280910459573212275166339899880926403270794
110087922813933794478904334157086544158496852424465006101125326240
900928703018199398640360862449403703830359988869363839411303238886
132846714993319169486149323042681873219396209638269348822551786880
065804067838091561992619107828131003611221394026404643836434965761
959579227332156114596690193826695130483318572878803935314095179696
170454896709059098205074022056789404071186006006869096803274678257
545422542931466368998817204453177428933756774531383414078668494713
911384197866435595983885960278557212736047745597759111231822821035
298276256743651352454232524773858121838744130657908063452327044678
257385310084963325375145800629070431867964243243748159788584317322
883574135678837123027357811024359843355390039038638353957857287931
823747281849971669896983394161595986434154196155049708760875067392
238430017049972058765537190667029857908479674978926910385121482419
190608978639108874031209975865554240487170429153648355737110991911
562155666663494440959214992953708565038461633395680983318223712233
784938947590232497256374075711757387186834434045582502259376543197
481873285278416302914156326966759524231343520509265652449600723989
504454639027190278127206553619205784025546757301205992446739906269
452333397646806872784564873923997307640938046738974604079186423452

8191873353998980386274945540921485256905040581699611035104434200 47
4997494956748176751711870534541625542415610213389835588922391219 73
3558007105152568837936332399087178953546898173887254608047017435 68
1199915475522131536492257959368059008189474065922650077248753534 71
2128388627100742155353402037985449774982824466487229527327903901 34
4690509187548388691657248659548278890436333906803531109747137959 81
2767071939670378633707213273947679375367017791330946880320640673 72
7006811781238303624893321472642961717902574615229980834655604397 18
3897330128848611313036281424342629166352073900521567972113511592 90
4058568350744521741472193067754920470776039602606894502350940529 89
4524129993953254910104106483591316195985455529885556969765885865 89
5158975249396648449494705261767865348406701803116817242157518632 86
2519940867279216474977161955830077857580310763130226327923630841 34
7232026679648966003441073679931772758768305063728925043419555006 30
0307724710590504223375472132139400636448711850572212864419552227 09
4515265540555746182200058783732343815750465241029009091512279276 20
9388376176111936155972297170105204526065013533756552934974229006 19
7426494884197164951663591160417268967356836099462451378481990382 71
1583676456163791881054929338084671432052547545401706562777070194 50
9335606754719194129457193022672782792647805913048429144273304695 11
7840287741580104412204429052256841219707647593219358366108974467 72
1769734250569210046618419934337872792801555852425258043795592190 73
0008789542161102306470869316246247243063356147988531893838587575 45
9588475586767444604000635297277855505870338028643582096987365425 52
7259372391529880185275997593762700668939841747602545621274879970 30
4034502728954806884750500443338611603236671118731049746162519946 94
1815936032319874484461754182368398187500178410485712348691783086 67
7143274900595485546828964164480536967675265492095022064694563223 19
1713892572866811816843171521701323656369828582947511184755773338 22
2428949182700433537054942295415862783222972739386991525166685804 18
9486878449202242725646510459936905666397810037238612108201734677 94
1821511288899507484833627309896380384630194959647583438659263904 49
4055496120347786124872779888811162076455684327065769597692019768 01
9199328589169945345729969221889514266095424672762304676609255093 07
3586601548363176274998828260567768013537185103656046528798854775 06
0243368717279152202986006268351766995552428439298965853343808026 16
1033134789447504591582065535460131003434408782309762224866424015 64
5119291217121814742054789275941958932345634174382411247080795430 81
3787359958137324218732716564045341338845344737009467439964270228 69
5264613054795088695979652089648211624365881245616980318687494567 69
0593336261231123051058235752443110046346026073235455818816401857 66
8259309511850250444318154202966040338183987878279836443932294962 34
4358359303067973068454655057369149616908713702041565140026163528 85
2446008661972810450796716974918442326806043713981405456897156978 67
7967014664917710151832476397502867842844843299705419440153108792 94
8784376595626535282969289616116285236776378025305423455798779719 98
3771761324070618069849497486907869680925310876290306777209529683 93
3216559095868745505327510444608117886903519385611550510680041884 54
9708422931318634049409149648358037679188396360725301231543682924 61
5143234026416108204623669596528563226735840330309325919818734947 54
6587279780300430560641217536054358484415992663760475542098199332 31
7116267928043684722285064658957284092566252326026992624464018455 96
4042300712436174681621367449302953405320212802782526753754315542 66
6113067343900515754195193948285638276654140611630722010518243535 07
0996948388176519312891603170144241725449520592632381571951835179 25
9364602850862770522561386424770163110373183390380286472523550412 55
7413995063203478450737820007650283521870324820435117362823705806 64

995595166673102311271246873455682351668363661546952387885142350298
116832272743811353986980228895176879989174272727779048997512317692
610736938388512440113827044703066481389071664792804795904262424827
451300392332455444189744436049964180033921924786684768978577803077
960808960402898657928814861855717835932822945206423700576661055448
019516874453630658491570268855943742211070535109061287542725054432
330154123051884850472985736666750372365249332906351133302909326140
124614903061437101232175880615533617987629607031848951133940431960
942677850151651036913321990642681163875369998951672396793002187192
383489128717635040403037558975412126378541676631847869949886005595
254131647638367667233372938220073237464424229208065388482463222413
315844445864612333748257194820783466217027959965576293700935352522
842312549841602689456397335243741452317438997913395823377803391323
969967126830504555922191372103878022607266865179932995227142433702
376994609586179372971509895173166456895109373668328561277148144952
142615050330460108104675625358289777790978781201736391806763077875
381138409692386651460080697512697480915141001632407049228106684879
497706310702176637961419254275952354485670982306721633484749462578
981370832891835924045042195985385489308085302909887605385001240761
573584399522639784461957184979695894004780665828211990339615554313
145629737477436574135019555566398344965772046881459166273783150456
923871464591719701313866711943402564118331968300378235582867374520
533268775556886705123353325838211634233682845104743831117785534246
769135303820803360282303216694947968879881567952165116584809678851
161203914137607380894579820119911240621811418355623598927611251059
707452838140799340334422524393185083479440218528205703981052647294
849434982541029776061219548182786228932753382057604407335014680201
766539235991811130258942150705743163156797284703181255693151988470
589070455189956902324805345652816887014254054088827821499944134334
600297732433597722768835144011921697929897651597857173777169082158
529955451276735894427025891905446457135985727553271533210656656179
582702080869277588587452612937996874481977931209161184392919098494
991348754319950854510342701840400181435752682186279068574564095861
344573916944382506009322952378286650025602009218581030452857649341
475448839777579988357153997589538275147477632754206514703674398488
745748273933938932386249608946230420184766035991291731435444218012
542656939515430325327733444684497345468256849548934177811432656352
525866528754880117335532259904358634171318636693011704906555550415
993284016736915268643813471311949057615948630871786409822760850861
993420485840728600377669225185660442060443797016717429955240836843
991101640290266206176531966610702189005512354256175102965841079172
547271397950895052697929879781939431639912258100337264099125583044
461334225977660886233952856470316852773267073155746053694910056109
312554928318133626913934551155660313948780310974295437998885521021
286046802989604566657345766173842786059797078182022331565637199233 1
022169159193867575601173713020674527220597703950313544654904802566
533491232971241022354409639416694849092612369806601967617649025758
187751748990392788988012399926144718530847321459642382946930520983
634459923527051519858969369546074298721251967582589892955578099240
842015418069420625524792508637403714836218352587347886801882564455
518475507327314660562447279566294650359700887787721283619931257767
842255381449019375497440706400483514892944101331867055782361827730
126380652833122356955745724067882433182686806077022137680626371042
904469298116929320445917862345463566460284581846025330049894534377
813218245757036367085882614058452209924930401309461390350167498708
289301807757080143486147540760162736932515751813403081178246856806
975052877666406908356968101973343548047815441261303922215708652934

2937591174345692776797901864180612429029440948344723508494637607068242943274532753084210190063982525901409690078714943912457609351072614749924191456945084939062050321798980688302524120759691832055608503664028799694979091992835198923178275528687712008463935358562908477161719156816720443940488118376606033583661110528331055681320620891540928699497108860910609020823237297744284946224743329831717128714548894283942761302181965413091157078647552703892778848058270346984226085168840210297068215565167740277868905511393523615714511423042286783291848371913496880949776465257264352253789977626578649684666846085122732388893541139684805891165247891171599267815189674825327040454628347778110780713023339175201856636650661800626385240826360339983710207847837661531206262776826654547840853867204724752698487661903117224868023494547676137920336343162621909027906517804723690154426021308524390391968264121041558103045785635885070025781323092424157464024922774102175556733658528009432745619759023981798132429193971879143602503261896848277888731534558105601819882147766048623985769810578947488087654053589195382226163527431505900850627213954264863909373856154339741187417744387323367829528937764131935836862216222317414516929616504710572498496343453926265324222524189341747839900362457314585336920176144188761532259339557170259387737337155308473260719347628634168278531048842365618543535518988752603330599678460964750030045405536296089974177873029905709840405308511719919404249415577166546079647110947249842612900543155097170821787056689355692056540262316263684419705003394156795602416566553737773880992501900861538868245822670617059012418907153778896993596315730366104612595016912843064072864865346307234439347521037773129296682927006838353262228400922478832802778094495622395106088676192410363203881957083238131147727074615774588013905807990877119564364983162418373856620733043865048395408919042880357276364223361097068311875713958335609700428678956182003457965719841920905132279673870325676582848956603703740660281070919120914293453390291819817676715418450268333798814661986317806448122211781492248675783514701373285612388066900656119309887207251630261720003906108522189625471112792440565230054254273601486759939493479967874076638691641137002050011845039661922060816616139989766467173669492107639652303801540155383431362214107225304183028883772019216564633439023850883394390396706789833663814702197355336879002695395677473128792051669220770057784394479240333156518921226560061637557397314550531800136819256238918303315665138577783091948184752308744097022434924409300835696912712256098446946395050075651377907065197263162401783850545740079065676321390115890334813494231974028495601057926475986930298958586606221035307932611859863473546519132623566874079372837512651659960973877076090837833290737973509212576529359499336280406762929447638040793986678081572153177470134651317102698697476854915795821793230335334869048526352849025361171079141733811422590860690789802263733297253982909921695141959148696987420251527341252876261305244482410074309633416585683644447100899585598266686660439857709968447922431052641003625413322669784534069407576213181104218559267285633984053092033283431448863546941653725118072804810832484933864893115475565691551508105306128894971022631689725466828705245909130098474849897083015822942636765680783318055670361813145331067890374748390916136339605059814340021537426929102351571123771922500463026471413080315968166590420328157086179805159034456734730066957934557838509741801746863687692240280705426196955882575372578978325178437689576117086937187571716474938597451865045283297837631484780459968167955323536521325932602906332417013841773975315620786602090263386770927402771886656269893083278055609201583186552966069246711487037891083419748401626725691344

2041460694283342838824192634092880283527105463709768756711288164355
5583955596898460307317620361508020849022656570530563421591988423I8
3213146909427101602417731002154227183165496274911315157338292424476
1582171573412546362750620221193601966508602403103187393227102476557
6124615348061412902455682628391893766766735001879566574548327716445
2047465160328470209032035026063738577879683791283360111484746202442
912636716803994185565942203523332816323891013384623079501817673858
0446129607959877242653026691464333843954780012573116206349905058844
7958513791826836866391406537477112526965760812098423487384534994665
8741374290796437966426821142659495459002238994503316137970800059998
0476794376138900755791679729987613281661349785807215057333162255901
6738052412665465566951217071380948796227185694301701684641057660776
6677825438185666109806881741939101001376365642376704767997815877773
8134725525862500164541713160310238475488837985635077639857109048664
3346754856250132100189837676021907332930674268888894903039308066160
5479596424933228575380065863546278712171564091289674976217014736669
5139946487773980838656928640221402774111042964389555795491073508993
7415858964180403804175504912438555047856639228428937329012400232566
6762538548417144723660347739987143095870061244085182262896817258441
244699268578949491242029754502869712993581840751834013461690385198
845914072914108888011891801686302331749318031691082677698292531588
4085261861238345630865404565328553327622196540669224518237970931366
3490045246565393454106019681349223565229879621525589484829386260772
0759775366723331384394077011210804286015867342782670258253230221099
2518853048158137588913082646488032612112098540824979012071346749377
4407198815866835736905386646527380710837035205921173286211195444220
2734174041841866065696243271406339056764821957236144333858001143555
9632789729218191534988190364517736856886734164444176405980416506446
1654079068122584685268715370415244844203587763686431313664232399661
6069278378170058494825062326324795019995590525837866147804808677009
6989175291631729770829728679914601675742063161905683890789827759444
3443667132778634957127512758280851074137099493733479226321405400996
5343697592216838178153182902455944505830494476187716204464901829992
5003079185924634731222109429108498373358271924216253655054057110887
5880694552562865350069775984679345938400643410484467343595155369440
9487963996289616662287919092496584200330153112548064254319945502888
6071378448222668269320809795916632955769775995517753620408021243933
7312824185150104310352736783431312136418455364025533173772138448355
5636531501549908986724787465081903573135364580473310506358888368588
5986867926370194813431276368815813663156636871438023405241738036442
8514243197521537511682993669185479470217882148614749529338341012995
8036710066567594290313450181184899452288384618919934728725371592226
6915870197094251293090065250130062368559781715019347101233029185770
4254461773351327738713281223583336231846951525865536563877439491663
1188073409194557971103712495140083752086163103392845072924962533555
1657407122910726409525664891772220876907143564028204516071917548299
0666551244812468396128487215736990359588246421114048314571545108133
1218535451221153476002754371571820213622775138808441121188869454388
9621511053484961808204940966448075809672342561930482287067623892122
6115309151368886257844011731988610515031311113940934269185674560233
9767279042219093332997735070579008538416312718276569945665611904899
2746272227176039075967485104987045558678323976751016924094803799660
3318931731633547187068087283002465777590519652672754339692282355855
4928340296583640897909566910223306226618870431918461607112640303133
8399252861427709712434896376945103234800943358745502741194084381877
1346259785920269432544544156900037125205079480678691993571842890442
3853360643081356953463586849401314195827010581770703237912916442477

8958268838051044469622921840564371070169593993554063384210616311O8
0697032036285539864396347164330491310575592585499359510446972819 78
5333525724585597284278580142147542701147154458573429818341818206 68
2307473318190720301359358334953382374412988124980772338726663953 32
0867774897761707491021717023292135608081788118830374285293233031 67
4007895634958173257968374928590537891545991779905170976201752212 41
2862370616781518817348511385274640125924869192930521632036989235 72
5399643070774663285844096976046822873016012891894801990981040839 08
1037507890826504007302285398183516119508022370130711210272187251 29
6803755885269032281823134918528806202089826849995196036884163845 40
3814836587041833266887261460145779775888059000813818998535193196 54
2224648699605954581757606049067258526929507743644259005584272648 71
7220947405757481355935579864350142478131651456243565580655703549 24
4866391268384000431300078805747549756071158652981472411432202254 06
9880673046512978450141523875877896261183252121322318436095252806 54
0408952212506182564994007277340843459379413097307105859610730507 55
6802199477465137460076955594481064799800847511364186885857159634 15
2074000162283499528940823732576747317271533088419526236103464025 79
6613491252807201540419066944898729353968677190961888263392777396 24
9665057110274547206969558640797170078246566130554846146491913262 40
0396610209915300750348809422280482574697392741336949538373861003 39
9806276063989820381249696373019184317752304999391593684761500281 42
7368813412866927475093425156759731464573715900268247574239365196 26
0188578874106399069269979995370010886827604533952041234812786937 46
9871844186747522045683993177022544287117084951310832099348266349 66
0350951897813594828353456458918480467691215099426176137805965919 65
2492835712040028388432551819298017500050533405474208602779137500 23
7245512822022494554081132834055313068523524749174234931438365271 57
9395539339641722611061468004364766598845969690671440502155051737 36
2330406215816602091524590642205002212851321757130784715764690752 40
5031882738046354484838086066586392671800516814133017037375735923 43
7384894198878094563077223491402089253342481252845969531193438545 52
9895883450301428826755157643856947706322744015336123510480447583 66
3101891971762527550482728736210072041170123026664746317800817489 13
9796690622634060748815509608395928488679218280387859635579804806 27
1371635660531794694716867462158284037718722717203678294270667356 74
6065857112706011468202413341103878582354707090691525552324061747 510
9580122285737861042312152092244337625021732002288477138926941764 63
9122567736963519470401602970733302361576792079725420358701957984 77
2419455893749629840797765399166572516163356961400224967748070280 47
4482589481611218034117140125651196532821574175127873399749170354 59
2771811048790084322111676702917304893088058657835667759807864967 96
6992575794196341983174821643386571784472557644659555522761261886 03
4337012417715228298798244297841430345424325707774414415436792057 13
0567704471635567223881316110633649552433540486686424780780794706 67
0273445053203779487746559848783376519378465639161516781947456763 59
8660433267311307206221770961087549958573276076381649078707845816 36
2454714005203714626535416960624842118769490323588164674150988387 84
5952943715584075022673065969675335077243314583791780575470235034 27
3700430628426470781877984422426387715041090101080385815639632862 34
9009891385930755380714141604055237080361971402242658644328584449 54
0965540397688949779203397063112517797271524050845248007729498250 79
1904012791273457306083370338996018144572289803737631559151775659 85
4367283847923436851477283674454288254950937330512520989607498942 96
4350545519565555772024474222854473724753449141448960017011470767 12
5209500117613170933643035895827483575516788076621449766655799865 66
2387048844410397424440184256457195659320584576333712771269327172 49

937700558088275597075682235503530856996869164619917118515803256452
613064557523672327067235932340186369919691560214813353516149863396
375226918267714484585162342104858591773525134491657449884475287141
393734508170063384923901124342978096117266868764177095556212898827
616997863245311950390123851929816925627309780274298940765335909850
530081418465885653755408642319004367932772666118738771880706778653
466622559364110468966413691803104401161488326247130739458698901997
705379679007142443181264368910160039799770042697793497737051770631
642868143444038367888235148300021616490811034449806541001374722266
117241263765230236622186045359873300731163357459331605509880701271
969294645161947205022149509845845317138792355747635616231926162948
278066220096201827161691107939478805754393789140398625516183958200
514047533920449613965659350527527328484540824739877171664758276313
278937406435364518018078123810765224518599584993799645845476595549
446201019088982334490453026216562957833498372211579672909924049767
794474472943465261312882441385943375131745219717653342916587325841
163006891791550125798827945432289298750849882688116617900064764019
761762071492372229704848677674421116704191146105716658795309536344
461925279136942887756738554064021541628391810467505461039810012128
053470593348050026247756775794298814181253541764796442390337164227
222680862236202754817343029077793210374800857852723420617939279724
577159461078879152005120138755010964717658290045566643126954918114
431414857921428477594899643866980978319719837617798973638614244331
445420489510941209474410450834426399187061816835772976854925141506
040384084425135845155724852136703204092568554856647212874008608249
993466251335279010574133367419682327471177005998201025789364849966
994713904641931661068509061774088107933210276814629220652301516384
330728229802491557499731345279142981801116347609501520174776332304
225190611129964835814171773688561030007605796734027000740188034198
154331807160601629879743439440700705914971845561152055453603538167
644803384058084401039573463886683885034717603217739248311300322438
960714988496909004504133121845307882289559273070268344349566829240
437708674989065874677864795463302527940087594797487080781036093559
836735115914722039927253419680516954921735769857844159393940689092
979993626223386894840841056393537822713391966847674648615042550743
693568768609143875828189802052416394825760602448188246782756435368
059364035699361308193946805523797691583906469348312542997978032460
442335732405636884454517511178947159631985164384289537355656027651
102739085129152439304242239075302651752601294661181602357883534707
836380753502296424032042713765594711250945845173948188296157587889
678611137381349262739546093025997649389906290894607326525665360244
834835422049094492281059332251805512447820003638582887569344465905
642649151288077584830637670729720387512106144372257882350422843997
604952341425344582724402632638805286336790147004489314394591176316
451348793627868838564008617412671479125391533064961802452018854761
550736484940719676059768918993769339088028040624639677331390071783
583924970366111023437909646168189971637066622216127232730261036159
976944191516238224085032405999782886343822537679624211279000971746
307253256711745801692876268347100158082923938960679984285455992494
489494470318474608448764598695031890016907667792278415163867374080
004990490268232909527402623997040252291868234616920573132443143627
345709564354235832067337627000057664109904743662303068417582088947
056720082288857810074110138688207778424717901067739776982952328055
015184976839802638894530504328382262203862357915272933939259264333
492844619697307946348603883199133262881132693831259682277238940259
649934955766711637016858663937799541741045819070529903759313812252
627974493118729470557552306776794068587851797057063034312867692053

268043766011576393580259743670422891150751739410251680879382004881

486040324715392591939874711943842896100097579868548070257523028744
854991822833320803628432588599464380318926346060322812909038442534
663018445127380757461185979169867332402120188746993394644994681596
392001365294391377842877017110171318175039272475459152661425854381
051560505846841763023887611633198344278072605791341128744200525188
342123427925169991940056931723062141243251206899113223287962318981
167189923961106281418207122260189515518100923347835865140866209443
225515885221675694146737374198352364666826834538343059729086346804
153442561815940804198168920258888993091036487151651737774994734962
926792576534951033446985151208140758204504810179268273848352487257
848308496253095035835444122114936428707581040894738727570612603431
038588220174997750708270050642782808123246113745028443226056539790
713715484227446725893461341964010425980145540361643404918984525432
216385293440902887405215100402245625926487829672384582050926371701
602850984995079559898958710163385227882879894035440152303952423385
276900785361963514947683092376210317859773014328109266204680086359
768378204996231963286044745212689046131929229737637990943618298823
758249965403784794586671702530438340287558889367758605350798348251
487941891799748961095819029239303104496067448664324090060909434974
785675337121632823227742983210442771167827766703063046732702441630
701981582079618721245763872146517686882284482605419459188599583899
942032006272395297163416669337160963369942759260209847680602175708
797332421741038974254258121236518265226860289876509702086714912561
446348898207042004742029962172056733255427994471936349095433715110
179578134563856046771307024751958575455717435300315539115871937994
883270459487705574538920691614830476040578936267685025892476837990
868226070886562491208616867508091146462157027249023367330563010868
953436865571751007626284182084209503995432763866001733156096948483
056201851058286363018731891391684957616150428256454500185634812080
021046026304961237789556618627674299981245785933025253173300746907
725807466067662941208165340697711540746055555781744846273318897771
701291865216725136523543915253754008006475097078812245364780487849
263156467596396056052266321835035066133192671585402072570731901253
624869028950737866671669183166199209258750635854539800632330620469
823720493091467464721875167308170261850341514310507238556533170370
212508969018936719820396458471170243977379576376511426371937531317
985173364170709312688336684471203175007925523358785485499612702428
088847222318894170156947150297952189954667493243140285142786343171
658948184227097989508561704361338560251836969075752215052455044622
561219864120015009568242540600951249616722483835421666417776584305
911414219215814161288855047938517982885662725595574282072533514737
983735879133850693309758015654835601912187064598389000894290045375
932679091185721132306193437719094633411596222022968242239412756691
186199823821018290838489047570791933248406849179807377514919535923
953682034864284259084141882304256402079930544595255606192858270576
988972588307489290553310381044863419749025495479844377535514373950
399955250934871383805900110163587404177449868795830394226968107888
140584938258717634947373753790778411043022432140730034482579489423
040374890629496776454097358992589850942415062312434652377283789279
428837106731406170717345362603680322902900651120383944513848123311
778822470034847222278641179074125080713148312314664933074399649756
457342704376053850825732632100850283008760189156017263612629967229
922105500834020824563045916873719428851752798721903668335162430137
540345839919110609904499713491630442678225648674976332876298250249
345016025900510504522136623894186793806637507857182405216204781655
237750666210162741548098756667361477264605589597037269344986313877
207294392291882793178474862375323967417795711997536949215255099712

417362000894550058261900632151246375532496621678275812383911398757
357936178369131496545316019114760686376394493245618147393988405691
264030875488934235957528686528673122430980584496751777535622596310
143638922240490706544007598037025483418299370402415753689080379013
962602616441850412461433408850935673197078109974959662848598033648
682485717899891564014106347923335165538234212845293838031460061595
713362643369839291753355946508028723942213648511512105750672695836
596471641068927598527022609640719400946523608328385235744301132423
707257206758961124857206839219036178910836852824198097942498635191
594842964388767559137178729712670733816030260726934138428079514900
023175846802129810934196601069193472353081585632152686569536321395
552368218640084310604687558091701036759062371160566621208769590406
186464762695782548741899676634037984135492754539611662303096213191
023720315442857619788731578716551009797480521407437159820483163595
752465073072378523822863982336266385575331897117795093187340121769
221407648774954085327965372606843600692418214484388714727915645494
787326565265733848736185521787185859160466545874667557619550094907
995814979038260848133264521294108292475402583214428794931229439824
464307635103147661275552745089946014726235154952002579200909632210
510224648077253483660918912654418165487058572497717739060542998511
913771957643770162769634165875875931758806522102410835012679776538
933520033970929756996263905937821278810977282117300723984323575594
628970790791855069937037578345934398391807327721499291496155058275
284395448408368003475792004850338266519265525095493195684122175891
794012845765877570152122189811605979658384402353322163101620750019
405610145280593599922051616029720437250777995797150664750418535484
693242479957894810753035359049294778947216129668791198327354468877
404622366200938223192935205162730729735550128572760090755434745265
8678000138970715442922278132478146607967097282937782321377443894760
525250145597392190774535349914837530842908684814817647883959390298
061342420146644056925505323949818582292646738722577189554005227723
335383197242840995389207785405408418158297556040983232668221571657
475044837158911492529392138631154775992219248323698351567648447950
577290455587383298373831377449666359606403608344394569623253029626
998738200968751841601465799607334238366556349007825600811581330923
768411337509803899784726533656919664412429496115165594327108442864
200417322985124742296664126485534334259857931607006382646905399015
888201044678521978136152854739449377923784792992140952111015532078
832755625349185393194095109804800426387037772001632307741298409574
554494137343899313936339902920087656985358652560218444083583045771
097796633699111766989297707580478852780056363767501017240536124942
889382205209461316362151992381804659689696838437309854697017960063
988605417672485784100992225219696569873323898667570916267203829908
812831929952602215574367672721279599535951514277465902249932870647
597012409909484675255232630877230341975782049145972619982998166967
985469315476876784529267834839930009240403126852369674453632059428
888068876001306238842711488468822480651792569379262718720147255426
912388055461427962550853211867416637717217874247623447289484941777
209161458816675765390939790611679606533846374854691078390703291745
041214241673929122737690743374473610412417592688790904098179057164
448522593287142833367487845413808919661162525736334288259663480578
714394273541567208121272524819176677803032644895939884031046818192
785682044820527174702777348738786839978770365779311094293891178492
257359242594243887399208177803932925687704335911030038672814855597
921505347066326347296446670126095574054535406192900430790837251604
770515288372315151427710361218195781806302868272592851821287455918
615653106536630606528156903945793244309393542870318982374916679587

910853533146384783045700173184232286391647479544749012947828790199
425025613069260859612119574992291315508022266937707796849877242643
881565058983414690683354835981713845400380805855682689808526405128
952526783403703981597292431170968574437813924916986348610607184506
128691650859594913493966144590504566338266069424106147038287958758
093142237609702344289850463113861581033670439084711131578743598028
913622281521709272292355045404581863139588478184479912333091823411
718091083272793197860011164396828394270216845908724173922394827693
794535389568592712004356561744759584227477026540813333678092770942
804478691408318882995803291409646209080761032279569060846919628420
896409362447347761952839222282826028314859393523733358375837365106
692359415261186478593784341782258625003276261281465063826672705584
944428218170563364635395786933953266470304582632282579815016103322
985272184979992240099537414637177277913114349174772599292552533578
161531968996458823753739636562015934439513123785941420333091833857
364629514235906876127641563504667315065425894117859675578505137312
789415563793164724510107734584843934277021441328659151987849848237
078796586536055758151079753572176892798617089343299053754956831739
483520609526858384333902705583766695333574043580560843312741754731
872654418239485225931481545990290639172354269804741871542143835487
206373859573578058422385120550300889476814898126404876525157404853
819805868448087615275168833056392691684364500810243681028512709804
812881216355201833051287052716108134942790592624947412030162149982
770468235854155748171502962714339793311553179200632507204816319922
532206693176472220917264530717159550885464814126019724704224375414
479057878907764311275525963897218657361478347485060624713511393347
240237121125427852688955994529018584759736114165364804129578089256
155018695986084019343031451193333217371240936244603915116224957537
202988071399758912734924761670129042628018580417607076374706702252
234385198478723926004972653122540852443663689251358940798731073107
455135628871305235144686329716183111720763862817425373214317862740
978589446339524567859863132395259423818126329750033457937578667951
481932174298413226448477839490567891339580836362800655954204676798
644450914032867497297051482891204605146675265937603908497989889269
075603716741620688134749223212766002104092330672791123775399609412
492512859269562481508361515926433252732519771290459020129663696541
207103360478747947014247346994629104681941423506458978911353952693
848788086438425397131574703687633688654645981923188441010885529565
816910049392559885850419820052139847509021401473548487852751707773
588764117197812077510916814592088081590682976252121382262201214652
530371349817397947004892309351473000235121588719541084595606590455
601392152270559679241425368098244414755695786354613702797616587317
456433730545093181653780620724788785379475956614067526108110273816
229667365834487369559916077037714186447213192650353241648572015853
217099449193229661362950785800797473747557932872479335672307491734
534379606524920264101889224910322303553329492258375194506017439384
310819937210022292038060124052095351974530897192360174733248956245
858421835804873885926352876853468427929886186338979565795076699575
502141590346265675239113077925904692506353322245642676964931875874
114556021025237900466611782552814530391288660690509679246808111299
064848439483472887328935322324713252286517556147662215575397329227
417307639010368451253844456370199002957236333963256792200619965790
389887603902231393250936963963575815592787353987953273669651617605
893661500864192893833295872179767449281622167099622905544733211447
896107874520599157956167121386839707134866875906149266704170356262
536070054921131931774844918803268476061250665307557188397381985702
348106975979551911537955363301663539419036068024674748706121840221

393436157516008856329032265461590335821407817430282087671469184197
111603846301572308288865957837875168644664690481829365559003383541
864511683311623391202701540987914240939882941383506208444611913338
871318715531310880387651287094509911307674033677456969385197838644
257678377521873968781371893997789681108506955507886230185277745549
175316837649722360139140327188463752821526208622991144887711581298
691016916319545223609705450912811806135479041190817406781336622675
980677805172340926732181569261292489434012062097576119308033445326
031997348444138071950697900555514586692787381013326349002125162965
425114121708740857687172096363566790605306289788515243281258929443
923468024423946881809992070249018724639788007020465222304509443268
292129748244354865738644084219821485162101496696207211833699838255
933587381391187971468106281285829346010613728034416603593841616475
922668556402873806450655534534445316998908250914934816333745245903
867211102249400431386097843026964295198205166792732052846890199424
814256621031274255383203618823165854920892741998734802114810068373
383017265541573784959535663593124003102796119508960377076309091922
120151774458756573904126452622487145687511744525290910486636187283
746202221292884094042237080859389594989194059736908744544794890453
128540238501577658077418168725595240811881437812313381059573258077
651492800168127475493374820789233899759157717022470411367403427485
519015228169427575514105887807623473390180291398179053299279828657
063843948101078283720359340966093722012889390910638386662023290019
433255054851116993871508503427756842464902392914559081850387725923
933281746738452255264594822588572993904064458175192022036432835630
189582814884108360904312168296377621118100322502581701887743463248
967427373576652247268704893547920167957016608059597096360279011882
751534041297836265041804999463122122572805238785668121624382476349
048783017459256823808879702628906557789691271098021554542530983500
595730022910417068574756892549742949211117216045073233140480372214
632047733661258235527087120236494599833512613305664559300669968542
439541646910845990233613680115299295197798972231185213125868047668
596190825088834480647818914893022536140427470048362641888802281883
648335367454695225867874044552746629135616462915657015955834787349
892854339545936252232400724612935124085977169187109752499733412590
849778565594042782961545154010344895659301757999226796924355373085
238143302064736047281217945061139535797843285954754594150782491081
768861129217110804715235435705684051669987295646147789087410967933
731120771186065757071535709837717203460684973226402615200745524543
608312346233752383227994519720541738085166152928067959463336464812
990280992417687406583215169933875071708113414939850020102140659129
708530162424145769116950539999777196976176508586782091889061267150
157126666046799643841792632476830710402252313685492147687573762285
114447630980521712092444229683182111553331358099667457482006517274
299798767298790109113493574388048030443950549315060248417286531384
525603141519254047532505419321121168977732798423752892609789186359
874530776502117190240953903487815962864188368893035000617338029624
230524884616152829909567788442350361176270715686217728985036627907
000652413292112419140103147247206922290975962116351092208419602319
929899701577720211028394783191743004604723895162086985925289180142
189640599716284853803770965783303718970041230351417567294753251416
492154774501235024859400146935905248640332427879520674113375617458
307188859584173364108962116528697922601606521974840482931212083453
004452305700207262237064063978277932519437843310427056943013529468
706961152254811177023482458206366181718658161209279707555008206989
103156227572221043000638573689589575259478211228888658515903155295
057267493300411467383337073504564508777722193311680338184060296422

1456343335492301690995670193488630367194407187938471952686692237 45
043434124962242216539074663042944229777438841743680066172240707706
696069961604733311452408331701253758275078314911248280918741145013
844705036113553672397946894877437084550783221351200665273367493198
370585087390068276867472292733648860745815787791402802204270102614
137349550017909833237759627352346214810403535085128827033720628213
577054339998309033926343639204614616285245345403886548921190188704
611828633410496047027380845720684608668899582133687672683224991537
808292012904787942747400003365533152602222410899674456219144246947
424442289518559216771472043645424095367660708549455182601422766165 1
155514258338850199232480901598382258612511955986285757795367676979
045494415905161664431491789925904341722411159255612537980385094000
684982303852253798378349861159085279286309899162615640556938187296
251701636177886386312729935237368748560589354370360718609310680674
225968290835223580665651202976955453267038707162762940375773162704
421609389337491139101601550481716229957770655346458377171145373512
168658837191529709538738076570192948485007224539746612746325061678
754763704735067406852192619924415817000473523640734412591849263436
531752571469894498755836895027660746333115731912923934397042281920
723715153614445363355690688868932716160872735371501449556305156929
881210488015185327916096126178472642538834950278300918362139265045
114170505638193858909158485538177000328046218983564303304151485119
703356041542949383310131515054190012364321580107344137209844010526
786206463133280076651946666985577625472098828560737526352511218990
908220418315085825362349296919440660252069049861192226259832908020
261231869632154981851802153099766863806931439887239662933207303345
567630430010661105672428755644694132740465513417716716603527847192
053480875666575221857668410869325887341380732366975750081139020640
109457228788600982004229508862066574040637919414741129974085999139
807945474081754191435992759344914837355515123411583191528167942271
491662339862963510941472703642467449063973420539929876625001466525
812888283122096512270273575877536906187889009087727615003198565803
135477295115162293304590815299616481588890243275697891776935887562
799385542303340215993871561921948385932322625260058153571770515697
380310086774483321347287064982260760593319924334930299623118453508
967970681090925245557366356938666493608385769117279076353406167558
628553103664949889080542291694268719367377290810309984617810118553
432834645188476392009568755120507253659075702349881441858083535664
350199734421961653592306232851160298476454916020529559898791677661
186335099354895420147713401017616198575907731185130473365672885990
202892037412293716138898492046658775880434064366201818567688544098
829328680268718643705231523658626668459834846382484949376566569708
254501812012478235098076133252454366461382206750695492883956666395
580871081649625649409064620664019125110323826740311367908856559914
331827758612936984476912991297233662093060568888893091172285959191
972879460613792651186383903271875032938104578980724906640433618886
006180230463728840028189554879995767341854847136555173918054838538
300027306020982559739756485175664553457694278365580956513842656705
524693820444638785499935256128671241414137962699835454914124046718
466553859669837263453551468425181796759678612314820845348085335357
757378761504383580782401120946110507073659922805855254844545632544
609020189803959617443377943031075102350463798482880824012462046386
345023414570404227189171012792020142906401250983859832007315591282
614512441430907231556305687243517185929161186927393030200432870949
289695541060160959977349151741048083458433686986033454217239941397
179266080442075639696030024139041108548499116203983337955662622830
346891533304139717514803731175127156543191781708216691399313201932

857099639928594104438213275163126649964929709301991711780659043248
912459968082395519607894296231868223077530776476515857284768148514
815227425139770392570485557235079479572185654757026586695918634338
878579219403805442919619909402227284054665183863764900337058080817
500932096115940790085450099181710637462633301761596795289853475774
150998795268449348784272636976499331127926930418996011792570397443
661946690816190280592862031910490962457640664795140779114167051759
160315604548624529356705589568145175764078769300845466348048812393
165923948803416584545294099488144194059976570764116390579807598867
858206934201177259264680805412586846825548769678027006856866675393
899202454938719548388812741794282175231650794097782374497672693238
461432108199476295235923896430674788286384019197185289302911732535
202088870920959362240086699929146894760373350196143144739907856450
441693167798491424549313528224405805454372056414713434376696633260
021361071654623708172151169530132749527677872570677298173740021803
137331285089006515191631727315515582737580763474951589737584657172
182030771383919916125864965658914989136858756075727394649909353473
248993017649787546548172958405826382943058729059985431771694308660
879787549995310877965493701274286522264239294913647767429049894136
351559717626076902286491559341460265705527241654625897813673808660
699312450110674598560944410659964050633441635550059507981048676677
503620728209718244456816591976120191221746985367376358465676904012
152002011033850122975875572833150085789759001078217937100116197785
277393711691195288218115581226465819035376752251846176986554261658
452318658310656314228068562166589288547406573925724968538467088315
717608997676697625011551917671283314479775404029180075928959872559
767221019445047832926300890153443564509371001950505117567783530738
558313145010764647656646809737645421623565032876037682012163667513
868311189374529645752188585147160062301249176963273576391173058955
772565848289657610217233162365915446342328230660890143973687163608
918605543232568282084253943853131226676652276717818824525968498306
179796231280629620778321745380774193174661607327492791254611906077
958227120288860064535488207775953364409379329843519034088495345081
448228020852786335710685826495014583682114017966397135349963519480
626279897872369899359696449629277282707694613792343354804824862498
036163173839458695006766939077370418457630508572602260644938651970
310529282784462241513091554551850322458784736139547231282047729479
719947313367117689912127667829325457492941412490318835053583046340
713621943182544890867008172021968458780027123583640755764629100876
673433145883036631680913395527077133005654972013314787027422300394
449820580853475776839271992179049317242274411307383190958831320097
839359869789204100464517180671308667038982627554904761666064052513
391930450117518054172543929986161162918430909839303899517959572795
113820353474204860022585562428460801972105972063011460999222644339
317072246269819248079619551248136165111481068329637836525637666289
180854331903763898135399376946333395213869359144880362680061906348
251240564271936276026134137681872190117231324727601940080219430582
289169523049245441546793111620191921469248063411095125267749964950
531242079507791262703116488164850463615688797095136990541855562721
068736171003258472102789383457598282650964357519411161785375996279
858168064430595924973603421631981792188280493284793296867916433664
993400672987378123146813185272574104464778684191647426714156103381
154641472167542491783867063933966463135690102836910545024572114141
832694498282762404935205947962734305872107328831267819736048925133
723270122822332358352749868777711884526541123396879485780958693869
268530505771273288167362260941704447739645969599848604759796613332
735745993522502361770086602956168707867719003328537064431670299171

0811714835580163459682527869811835905108362047004152950112987135 88
8970933641273801600164067153007700124761328881017797198656160395 17
0396228136490957262395415467148950002295707336759877489523252987 44
9191889154702649530465726046787403435015428147092226724106085522 07
9360619742329363348025664606231344250673320465675630563659048233 14
1123697813165027570473327307204763709669081841381038470573596947 98
7010427668608042657470134983403597317332262451981594750257023571 84
2764580130511322236272517054261528450022749946452949311231799953 72
8230288256885992617311881806524488008168482005657740990130931996 33
5114864787628650740567468324949550068842361786148880744463384527 11
4488965180775223269930871058705334403749479805181309050514227297 88
3119961132123404422873462542497088292669938181860009366804524832 95
1660969435692392580370565943377030579673666694838818416012626124 25
2332756721975375948097594458148029045374299261751818025524332592 58
9550300671007878642733331258072856001919585133957755793844169183 57
1062341422571596256919900185772631048387879208307911733331724162 18
7930182851047533685844491490278349320526650521984864529086497850 94
0177640972344698593578858005387710119021259952296861576625230802 26
7500538844514971883479547070761873981436817612823022124183429140 27
3712221467385240919584299995954111598635287661781857971166111022 97
6971193451576743445680466085338034157044940515972042022363422790 37
6031483932476463938362048868028292685531316777984280639819538446 16
3721736956115366939807970344745720679036644695492931565347006424 33
8203796733807370156883637491603256334305651563288552089028922182 31
0066244378454048559466564900409146525639755906086528131222916040 67
3814405419502492549500602495412106968260510347570707246455277460 67
9357875333287327632588600694034734973126173489984956978787371177 50
3711472724007421058061585896373460853329145358033115173485837325 55
3880896945405118549551765521787149303763836810865472526160344250 06
2625132065109363084664874076040460899324162612157110533595369572 27
8536653697261315526786634651954100671096926239090071761548072520 28
8487584764790760842146259332675109499239779942160330996430680882 13
5279117858263102610971836282160774781732825839403020679620977097 37
8407658936877659439376333971593973014006162582571367419353268024 87
3322395662315781446051667242153301097672978323660104331925841993 13
1993297622171691684981087021384127663444928697151624137310404051 57
5760657401776609454901598083195599093647185412113056210162808457 69
6631928341671038412162411337706945680181162688529634855167976098 55
5753204258875070940628209268333349724585927985127142830430980530 60
2563487181263843907399190592949794684026307184806765942609689720 77
5744115571770452318282352694959363815254682257881033180136234596 23
1132396332076679099938628268437635956216325687175742602571120275 52
9817120833785406532174987912523723556505331803158337425971537253 29
5549018114017665720065005397364055293754447269649701532502635427 94
8850510942921684048901129902449957177216800935939516297771830653 75
2045959738205494337406160569099829623066890707403532756485784767 26
0213193890340371689054957483646322791535163733567570307340081389 93
3401498098989535266410444707039829426871369584300109743853336713 72
6758233218273730939271593622165439164906326544403977658047172324 43
9875257763882157920854873440748928249224159788803862072062889426 43
6445543271942830292944550647610264350140005703974322869721583812 29
2911727538830328499018276420463682098708973027339312821886712676 92
1819803179170854067591243208871934154129014184696028194360452067 08
5215169798988518069320393068494771310592325979070629735253652712 01
7106954033333919172859001774143477480749049392531824385805857715 92
0622553974622903430416708514539809239636298761241158521912221564 90
9529823271546065248842134806607995701290270981822354488724395628 92

848986416721006619689238036469247624264664136260475559744939631230
322276504405304457928456717235515732557749634647606011036985875768
280411619474800158581009962343099410914440156585309818146237088909
169669573772217747382245008968202080254652555680777659010353959940
045902048347856627996133330452027046466112841661067376446482237354
185923428197395974597287478193745151679908620097305495274258805046
144120738610655424904601604908184194412099587875001256207599560084
779854142899959274203613333756866365884109265013399873996758100447
347012178712969912660231262467031569736014699590832572726017509063
691544863126743701162886631580581148132351467925241979546314645161
478875191248823830550561668801851451107955509638260598036962732760
627511411085913397844797831490959997203866973096187909312369774011
092218784547396255188639125846561260510221925283577953734065782612
609445926359990517811741890168665457903687291264237305388482354171
250128994016298146680013977615800451616666592365930512845424557257
857474612331090773445309329985829073188619204512969729145114524137
571925413029661842819014173465618859964863975159801617104051909811
181532146627179830574001914286649149942614773513664592425599334717
867193754173666614404221758996457289007763357453735867797164662511
289238573893430320666167211148495094302804492875898393354389993477
463031995158931495080540181878389008237698482013689625450574311093
160605168551213849669999198680843509545875378924168799251179129536
410558650330896258094256283410884514205365760961149620551727407149
894299612389670460772350566494373704390529041060137733984028854554
484630656625132250638831402838828674782195884356037518708863484309
393114083996936859310343341271202510866361877212418739193491700605
452895297480845951902029507523104021720021390641803267596979356226
174152470710032979387435272235419774263217291099202685866360314841
373788030238528262982433561572589283415160174880189576703990805218
086368773006775715561439945644166505038098671611096247328692439105
965507224152870134164056424459058223326604442497722917038792741138
314716598528155343502655428376926015997245865679596328006010466873
790373321870496943481297856439856909484019319643864544726790659566
338539663681411834238288516116357557509096911945854416153115611864
902776554504624836212257036463781911477393985524044013534585213749
824988932958527659989622537791450451231216210245428025439393728913
754698811120108093152290313365495779839381369171186283482358821933
972375191429694219797698338736972139483790636484025143228283012056
001151538457918290323205097563390586336177263263542758477056746520
872073106188532836608803438482760212039498065509134366401838336903
878749048340639464281930395961029105969274695678115251200481799770
405871989828290018810628483297176353567672461208045690984096366172
805346284563995376467583963527069445894623064370932414099695496209
122253269449694254711393690673487157385513349161578190211300283121
229103022350184721980071358175915588795006832872696747989253237862
345425705287288018980396210691865636210552187993053995226539182113
713936351229587947281869196101879852274939876200300326803267439170
485606945848931722317938943573944097852597250216677261540250992408
956859495625276035907255838319482163823546246272795041848611779901
374982424807922711377249819126343976601430098377478463689334467129
013649280613698214827923617167076097940158135524472912226149542352
545403329264456691452150127912053695912081107672499817601932823787
043930374527741247356882527636354254636113675585543029848162424633
039148862020351299954942889821169647594838596299946570411943103213
035589024273186003626308522934105279457162008706419089380224537087
134517082562225757288785330789052270808717162065992019665621984330
892893540123884065569859674703191340763732592690787244343561226418

696652315556587876168892366359005345558119244908048653916587637032
828023296008706499747690592106237072395120013181560967579579645771
971294300072051048199447141749289712982692663065914683591145450075
012343866020431776455313069364637214572753256120307222211068119740
937399202598013357263506102369363626400605609985689553036473450852
576520999724530684194432121543995959603792252291791140871274790941
371872866923544965494724198497408611613523962307568117586707433948
819257712683894410427771184782833852835066829080095474748369361171
354849097434041907737723204194765588714486150195280893508710940826
501742148035250449227765985515425461535340385758123139551116007011
273538443054681167178617160680847750762157753445148638614977528958
993733759201081778810492493918977159207813912989644279996878520259
724344753878812980909513611476531220315858825190931239817877987554
071889771219733580430621424484354541601847062825554424801253158217
222985052507366583541223431492056466871631091182073839479736572477
560182444612294002435183984728113730360214679272050445302518110034
988925447792213065824068915947075876370583828126305273944492765221
723188264933061974240851627152717416964612413541474615737902985794
406911403092627773679496567913749063957053313186775406009744660588
650100224202974780147388732507565367197624947435137434824120287270
019701165025388314021648722154299752597469775841079826092956853773
118648547811701849094239278006650388449669059608337055484081286285
793245015471101428729557750460662029596677884159510842939922701496
768608374325877146200788005226066908762025350364411421849996701359
385633754086375524558756725135776679172797872501252739545946641555
849312096028022367604622243046786796696445914788150839606191020067
519297164368764220984036999062725700307983618955992131086680645142
921720513847412608951614228774149792162774206834430839554563072251
452087387076566754836607013734104476311905857378780752244023966038
328571911006339631238041103711117852160688409140994808933481122193
256155396079676356789894510531903800288958123857316669912185233580
682731204950414564960716616023100461398636052235225154040542886062
032300150582795492399413222629596799398849523744270474533373288508
714364010676193518822647183101405709959052325462074720694730048237
705235029258868515134123748574256487571259012771227244548722458423
175387591926996645269569358237553424761461880767190119703047924690
696610937749059874125914549054802088365923001441652124125509661542
765121170676839736027230463120350784627550499088522292050798414684
842229216396267852708026236022606905308006673720226082137013756024
722514147958468725042567773772066183746787406429741667483855809871
523569904525751133233660547713454835673019382633779290816517463654
483472175917556011880295568095229965838572868214004513742391077382
825892693316664883858760319991380196566874743855207715068827808817
241003680793634956797707374200754724549307714515398308822347015664
970634532465455926244201684064189117860527928116492557307111430138
855181887261053551699551279551508329878244583997298835594960687903
777502037028367550124580292792755826333372444679441516781361864455
800695861498504177847538984861258324380311645451538054827559873630
720715843576235947138038799905930415344028624924400022108948703718
984932317296834424367748487668436062165288479704039112061053777270
674426643185806412222888498534676215137665628377604623913520208880
230633037454008286207268784348893955565355175099886333745751077646
961032022185511150227362508700352984691460873584841911771297339507
732777515502148649701165591342714380453102040743663568551242687154
868767043111335324744020647944033633821461830230178279904633785373
947130350546900398777482010903524338498039242509171440591163935519
512243837189952318521201046428606672913703299316698706155901123626

141303335576033403240967117314462009536926569109601109190796665199
995101213951581184218392701085172568590995452972160747281070076065
126468732556932844629966142027829764541105842681932621874669685240
036005022105144680273278184002492617822731889890245024315162615262
819474768535306693053613069106139112167775675780549588878363268714
594521294771826296897004296255306814723885875779106913454595282457
864305776720047543978882582284825817425112041782359090663015754885
203976823980296457354238810493919181023492503617988477068616878527
060064225469840252198748207507022266372008074297372631040799969802
569258711798104410779380744008208073534017369822181072525625752541
531772113618649423817683597450794067390583728931993535767245476492
846907583637883345294445492245832405102240001295063237096715253102
165772407630393707273697573061295461073166315650466685480131959506
953316684447583609484971766940959735944855979198349439168544745474
268607631532553328841993499709866059661764400849894298550414447465
095545024344287342249904311309219256036902198673308762776433836099
854129311143181497743632866374957853593238369356374966177733870800
008852465416090116508139566954684404865180481563180099339164031068
852226888624732582850442354779160190558096626671828438110720129934
215511491563614471867303988206663886074690275030920563104068773325
651694589805455027266025769238711212823884909757219677693285470727
322690493885201381721940727915843669703062040203827168402817847575
019940129132914139592702821672190106496682733494692747241816229969
982706804113881880384535592580893328361161226717146693430361621272
093235291473472038125838459510287294240224262123248382034822778059
477816083329704224689069324544252215394091902472075730921552175125
821945391866631554856950338784648859476742099546960252663019664631
234679140746512107858922952136090047411558554861843429255430751647
507614150573728885785792867655351638115222947994994353529492242628
182111523765463286593885257889559233824384868188068886673835837745
178709244900151046267092402987547359172742424362935459106394992302
008135295414414259398439451364491350128121394682508373922192830075
678495684037103566094897189698982406917190811427299395695387726359
867495107213064194209828843771056917337036826951523004885790372193
667008853743260953365635277121793112333767980611645466416317949382
358313815407866028174612165849947852771677455761223350373250701718
087082753013327544253759799326521554444399173677330209350651548345
032862315137027158754513576281166431852797383741234813416049880066
792001760752841967746901091459735075592659478583931581611964603005
682848289509707906963981073487654378769427035707183612645407036895
901092360973043956262672391507752852852505912605533321863981247273
803611081340210519184508595083421396918086920595391612869846825660
279762177863934177345046264052860740588573563391928208755363395143
132168818768106132314679532368907154706829743933658800091780477889
901089344792148339166956357525603409807476680237202011780319319930
908676792121615876735248156222415288006298513842362076557596324790
791130016926510205536273493467005705306778647747929362544152317201
616119330994858978801648072488225617759399010854263166399825885082
487892360042334446059512507848979521843594644944027260555952023962
736401399131442706793861383398219491010914145217476170303471385285
733978838885549047650647564742104729274669413676704814676127142341
288902144735014446720030176706368313243722795362694560216722046063
902819933154569530924825712932615949151228379419585355904979780013
226012542684258392472228176845125417797101315811828593717491741303
202338716013032743436233147832007917087366677085613812220206837809
954958575038982160881868600735195401260557915481484362105490554406
481412673959082283676981092342343940114050609073704387641157699517

2594764057112104658504624176326998804006544021603809712887857484642
5787444150356639794501945631753081106313316894154872739421061791566
7209983129904989852608030260387782190465247325727446090910825519688
4769977016037643824169688834596940554889084937640130503002761722488
7011464562923137023344907581513723181052440134845043898182371420877
2349602506368290475915608705012109118628944890904495714254362679099
0687693729716625517445506167385412984916378307264694727323230925622
9989226329018442121322572401253525503579787933858415123185322118777
3687432921068950256584141914640838413204448537371017185346703117866
8944824024148365280215762473411656049713665418618204331440855194122
5173385870204610248139199910352473269343550147297280968689094874622
2471108030697014771882963941308302521317797008804966016812265495666
3069623701230337817681567812855048364099947089534114474091132569177
8831351178371537116275312205913334117144287469487988006537244551088
3852078717451869817743018421248746490213449113968266877383133251955
6112055820932522890125656293022676146992720356651781502535428760888
3728958695292767635329949277205976879846457276971612724675462847888
4423684912928442258864397507086499023877822914070876652973436164422
6792018545130701622772403828786841857025299564743952587876371725988
2279611055284870008909118046462721284544913291802946451014226828766
0207036933828425010888803248685968940640097132664929413372294795900
7075483990471815176408758704781662892888949722756062428002393851144
0071813540839081764821117871019280800288645970135824284223117008511
4664322326361952326920683055792156883360649990582418226848567082288
1016820788756666884813413739538673914222398014549455648858193087800
0383532267151795737319674332504782162081255147211054407753745938911
7539581564302445105637001027528295552693959125657595877685570859922
9411552144318577518426394254409256648636001270976277798319523396011
5911639471320399895187285852730092921228217281165968870904438084322
7675925580780620771936886503634814784641710061989406360622643095077
9566413050313902687945520110454678272273216581514784367555318090911
3924965047678200296286536382305681765782328978807186654544739999566
1112474601669767587497071272239056081956352244732606458526238860877
0006845441954995604482733542459607413268500193125084714800040301011
8274197716234894294324491300483684116258187917831398538251763054566
3120412930691402754217524635147094326375439555900297171546878167255
0690766254860882588195019709111751847973999603692764277173269828455
1342610845209864552373648370607619401090998189776327311120768380077
9227924925826390015101723852074999157456555673748547841726512424833
2142780801503203885121997967421263376300995115368663380981636738811
1932133969852120606131874430577014198145850397236853472186995772577
1846207033882956822463824928057453144020593435870415915362356306588
9282044927914022024927486531143665588873374635209616345577323283222
5381391510654679765291830988593652176282965018191637704923197934199
6057154103918773309369134085572409983316807897683231773732321242611
3204253368289697612292113122782197106053767913408557023543299056700
2209945140065287016236477211903270118931726634951114312158444365933
8774526277548871285693283824031843799213772568707292286607266895733
4943083733666675086866635325475166195761088276661601867015343852211
5068783521118709838853354877296911690935259344563066530660334624733
7148135976442660085883091991603116179403861086397748336072136165099
1328124202375942259820965806138854691835789472486837666155195683422
6975863315591085424141446200710793264678023399105197840634167485811
2140355590032608303386642443041617628744070256253408417926742430833
2164076516547014754838298158439349265674950760938203406722731576655
8713873916007604647559647135402952170538222383054086707515505358577
7806576286916254160152372934219216884986742698057308388280454989766

欧拉数的前百万位数字

472113812272057783366195017658523561565155322683391860522908749103
153276016743059119771348172866295019366089186688952988807860196501
450760545204172964453209863378656895410070768536897855043834708390
956822199442440535253994026096656215618816399279984107368216308815
845609242710443838122392134605786990349760042811394521517033252132
390353872250646998806127677255692484954586964256123124012633121705
105836670873748205973641105477487393413200255533374923080945308980
611796848590198408694886878540445845938467040856454847295583571801
729346624915936835648199263651493659738256076234504516795428638801
034799860893539615914832644274499232052030923318372092000860919411
121378966705300589843468579013428442764473017616546455312427342749
756473731132939781654443498644981551479064617457633537653623425350
818088787229005157827416794221373885869132991996975429793333032467
055835235745535604847031402336576024048382388506049913027828651853
671022125796911057886986407256709136711475278601186381558330321694
666107644862988443060238758763628225183106076053439325973689720246
449448157333770561400232027135630217176427868191382869650866400580
926089762140212842587492588098765330464523329200856600318829418329
349644369799668402868893919409331394781500373409317436610464266468
238179052111897412712471992706538579021523708178060319198974264327
845236672546056369340850473357849054439892677191148036956137100116
585196967100832305281132800293307019292038198473056433424172341492
049727222000679343362580466045622162313857702891322435066130143533
506929245354316376792939435339463240357787885730112021933474505123
927513217254559780517480916543240679791302205551034363914559112896
750558426127761063447204117484270258398191098193312399299662252851
490157926554742174416285750916598729349742910468773175123633928999
501654259692142233876011580373057276672826400519137854657730434902
684842919823665274064005534385898303887050112802442311575294435366
659643759401071257633589128458048794408984929560090499859816754541
075997109357769774057543482964218810935182710937191836048891867164
099935781943198654450392414804568215338098684590529311031772742408
302905885255272449669001956663069562101077465125924736124447096302
895920057301239390109083357527592225231455334123527042538597668461
551108460452492512907738032944265663797547649541616693563940256410
353510433536479970791436472022459456341915612295894455075775059873
826584852588889525031384317909424709362639621773998176976498748916
507454168391810584211208128628050231677099165720998143844462408082
326474174319420974035031748575683734544129669106695891972285345094
395151583801033274450336522748691472597536267694082057464110025134
210746414002725353075623162886813217742576043268073189793580845292
051484646353329198317423257224331201828035893911087184775181054461
955350335524977944571419097162392801406415843894489548215146971300
075508665450620205187099300397499658325892690500514642636967280329
844718319422834601790610064181571135459474739761892251597431948048
546848919099263891862697633127782371631222899854595638528735192155
517327667287768009693439750200004138899792877576312285464400940695
984117600991403510216983336319347844691824987981408705095459519812
144905998909177941911707806597475071337514390330651269737189893534
076843647546280354978748318211753268787211926183414891307982061786
747502520252652912299741759835174971009146220760946381603879880188
922255291742716732016578587620520841994627863721609705076994346998
327161720646754495089428869591815282079574316604314565030982517931
648443185250380298503872407944929970944974222082293086971443132574
926622043620106023702749789814529076385362812459469486832275822014
227291683854109981676660207360421151411456735018667581342125613518
327410092412185690134863667135537566120374537765822901448864166837

6094301956727642479960045661165358235494009230915487236479253812 78
5126563157537691484892960621826513803710616016310872533217969311 50
7723748980152244277488728467599350589639539492207907394809331356 96
4592195101317477131387787967802937564370413438848684584400505701 43
7491566846239766097239463284005882934957781138585941613698571752 78
9205304865526491172343528270639314076776728650254974863708567897 96
6690250574427147301850383840729037627384193850108217056317368511 03
5708949724658214921393444330123298268002934874355026686120518372 39
7496066122495409379475476654228669578114134837923055224152563428 13
1345604752885343173218623234807816215327483445076660517322549932 22
6769464604522498497056799045976607189519428040494860155302832640 25
5153405559170447290415356911799278110827928394550454938398492003 84
6947014420749203525046388656549931911712759507989933298100859123 20
7033094118374066027593722418931786118914204339015967091674432854 48
1283255974271414623912603077109555545571035682970845936078660428 74
6659038437296552993194123374437704245119023012031568515262126507 92
8110198030800231671814987869201786291510019988552025314504297421 33
0711137554462393026666762868444291663298638951670675545771144349 28
1942378899354806275671684962786916768363585793360555124482703590 03
7001636458615343350672558171763745169753524892228354194981466553 34
0885343535779368582940052647015157714357315490189545387569780292 36
8865735178987048409463259172883475968405561351260466434173589782 93
2818111021005340942309077672017351401053631317992808496889119343 00
8137888873668946836286584776344670387172602028805640840373439287 48
1595288837118119974002639166746687396646857586383236858664406258 90
4824240483999566711428173440214307328594227355573023898851741678 30
8920994341889548591823482713048069358501489450866432053623158737 62
0643878960031783890670618999310840726415971360608594306863958455 14
3713112750785489185200237622703315926953648424496426326878764549 10
1116614689951408198530230740544323052550698232387013546377887234 23
3284272063148898645777422442002272290938761234544460030410087108 02
0382541202344516515826825944227947201533053325336931008752150010 26
3203142829519120790148374291421587041121392227643250188995835302 91
2587497658160054253937660622764930651949519053141152328319006958 26
1432569128163912472851077793408007286420366966629693435676047905 97
1898020528896946070111085427919852972258361502048669243588694039 02
1056541358182799716288216311529531606310481140534016646290447585 88
5092648444376491776901552823945855684763124437909648136319127438 24
4157814039409645161396332369152675130703269986105713248884775447 15
3597833225939979577855549849019483035107078284514725562522183635 76
7263012905223327179640506437894207162168973244765875358900520840 62
0956169617004487755450305746879919628405613082123791292666008139 18
3019703686654794789546418236512787497680063495643830533991878869 88
9906597861817609788867432441648914662682511097671596978249500006 37
2845138429108848999041983455945950230452655476045887190981101983 61
4627850364356821524456733500603883243136063495824741245399122435 38
1819511213063285764803789709262896279129078931184286848795016414 35
7966936636421143324628651885826061565693799136401761795698240494 04
5226604211941465593419242029446683677934069811681027832022355241 26
8268515801107676543116987872095208838371448993718467628060610754 33
6802465211466328021798100228556902699553599149807121342476106900 24
4587861880282783926280865519069150520262344787018605105041204197 71
2397288786033747109010762398861359803761397092907294272616728764 61
5358663863752154466966551679634680781362671445821389704110554437 54
2943467278819844050790920009504425646688000472446304143366438761 19
9615621567807165742105569745260253357478961992843655927131855754 73
7850953187802772558942420213722069126730972184499080972987768458 89

8949431010898795154329705840562992010847312472197039121771546970 62
7718725543525416577818681387969242531669232447202511201375544231 71
1264233985133755933030448468494945874993329571264882945060123958 47
4658265361488995512537241555337521874967555792464429554806811233 74
2563209598049523267569068024903512569671406898488109420636739961 85
7378211427680560111988561685022389188903765633186626041191400973 25
8862982242407104508358479893801324784458336311760487068376016247 00
8028713822268262816532680578832427734407760719832556915126850291 26
2000875052439577594863241547739885410409270374953337749269674840 48
1747597277129656402997833841925679665077956551058501385290789971 13
1739739747468811248426782415382531869822077398022554708148057010 79
0567459498461846704269028878317795963495956198710391356752140455 74
3239773250674430050501803953162538100475516595961112492715082870 67
7917946563663571636489623231275113799750852628699737820582602972 96
9257527002234122480078526363281377303078016452664702337237634051 03
3028584255614403257622164324171379856712582225208693169655595951 34
3610955261852931697272676534776186591756757449740644226092929112 15
9184905153469878314431099250750458658182737160121936767119626458 37
3609383793904354864770319397078415171463133534451601289371169059 35
8361500887992728641213335359819334223170268497135583931042596582 97
0452161199819704409582448334254410374285086509835402288779175531 33
3385310168595277334980410561672798047205616588628475368510690768 33
1173950661209147753291141593733710072110459409881891055436625760 84
2343653477781798346036511376161481721896715411624404657890322995 74
0366823295452120307471979278655730747042882956622929029010462041 58
1230825127064454572313653316299498412040237264991825414313154128 57
2859474132100842052188301324357275100117379636166809309254200276 96
1633098621640393302500728205930410892366979455716369291855164374 96
6662826077973264676571658021497997570189266516257472470932031255 40
9651381129734942263863285321304143396797265301600131241623651049 04
2765204456470241472883140545056251061136261615929012113054153688 00
3369734288203772487898542352349417808917725003503757695049359912 73
3294487680847717953666809623277586004921817439009207147214335950 53
1848251663582668941649961761664094028221926671524839755598714399 27
6474749894067492224963335403314880422910094263008599737030527604 00
1994257588385538784610913507966459412443516564179879319840692457 65
2308748890758640800342948623302609852546144900189864289512529768 10
3111166016499579190279125706508916892498700104223711738060707277 81
1843657987002916449990953352967504701046263773088657199923813041 96
5437242290637328481530964946581190247591539614924203114415323962 94
2467621171196585082238575940113144645873618555165696433969198082 89
4238330946416568243176796819822916582524513904306423904492759902 15
8056965753030160191671873979703029796728163628468319143515815087 22
1152756455319722566767918421783007672211076274603860849998938972 97
5548031853106505307580137969802672532035401725519100612688220698 87
0887629654255255122575556103318041400163866436435599572380066374 78
5831665869897060844736295241215897363621056712392143746280664827 67
8386902844701576566592331024134822865711088734395065254980845302 74
7529674992840558607906616695043457729500389082335720523406819758 48
2202540868403853450996376540007631542098397184968809633331195339 27
4517734865406699585391983712884416753538293654987086047503704204 75
7498648866683860340249959347609068418699749994795034663064849641 34
8406810767503390976931437716107464009324699743299658503124853723 56
4665455332431549474683666453205790809808441396336184708292571572 03
2578168759705112139493034108124042066077046248390938323701501603 61
5229507586206356835854647957352228632857442084811997836472257312 10
6358995064936898248150994385624012639193478684282677068191209065 25

672468575075566671496569105905699344783004016207814043327333267413
928719434576365390519445367159960673127405470435622212959706958581
211073567677996970656083857535958050900120803443300011086587417006
407636260117260155703191663541901346835518018034562550620757440799
405057463618410104984426808790849002752830373946451342720434008139
676534240801832084945080899100219962784005293386215321277251766584
913776344774565535825850577871453902345716814376439085397518650702
259207376464031041401047550353103115125366239496284787379457073858
018673953754464443940676378280510879212471642349673746215162849493
049748706974547457915008288206102489084254595168699193691614022727
807104603280097487639273412791468924918168835833559860581860139 20
943329072815283805193562445880656586114131121198499799362269459186
372386058786012459281112287076474167779742948386561865060741520522
957542511454670105443542233587348232383511535990870054671903892616
454380577077395363775405905063264911819535419750330996356160614826
754542783715237762035230496731948172405192847152320815418850490929
106718550439888391685736670672942267668112794881123500660079458754
244244077353255384891170989395403129279257388719961874954612302628
977182270477700674447148218240516661234893373704601548690998747544
167473080825112604167850176184042418074799157428689534578650921184
591215379249386672099120405370951348895071358570153313792934020292
439772242327113667744644702073029533182099943283219731364334625372
662089456993111358504277054949047460142944534634119950496135694990
175635436056509799796482258771215425405548656045950041176919360042
817183869868120226105497201351274944758920182002425759818360454114
652275806149899910338002872601345338017987891791164712745800001328
120158785607493513952960032839742473853679376425163918888482753787
073092694393160202269467211781486158716750360488009502503087441397
027220821030706194855990570589445205413540143485737699745073345895
245322767639471467800801623100126266574628913525838491199264498973
471290298271509199927350844460361659470657486312769175177010067692
314421050835005959291684416766266679711405566684543403629851417272
286155765551289151258313842801319318021188045130599755084642026746
403893354855134763092797839494769856576491297236434607068503496945
500829874095337278823955892808180565676297758155003266967793620078
838917339736311982579086957462549447629907955119412080721398741117
605331711975273060930420095396899943501277415322978761489302204019
020467909728673959433005658846497573834276984933940273108377215159
824854446056243855634780018530578319646017846601161844520145106417
421563501653615931378053324165193246382823063954633304939839242156
562756826255044919946758069498142044145710302134563517029554795227
793116396479510558160892721964581871003268341659266568879340910646
208888446349697690475568976835332288583884794767324300572890846280
899120034169707439236765516338837660800605605793914444006823098144
515001205470293400559939236473326551967629794310240992687754278530
897436795669669792536066420498560945636626726604499835304136282828
955375817769907385642071500594746374513878739255313157966337467458
723103763624869469919174277915364751308500597743515568633160582831
629563290406274986667714814540802551378275978712060012658348194090
932285448429392683441055197566035919605727704616289539987380246308
570680352284325434379227368273858022679304522300517063373282968628
008967575011526206509015627806090442308230345522560949715296580437
914480099400839402017209281097823091898492305458150196040440993227
857514837233642439130432986737885657558573043476915255064386094612
709831009202089004274203218210623146995034790574645234523547880653
127616938160720592708349930360818284687258450585641580728136083466
050572032648787525802041192085087519017169705685352254895652821839

863995278472419229070333028745308765895322424145100948976612403597
704542444638908665717908481441845853522156650116558267779670129812
850813139938529744726032384633115287316773907503563283295591425645
260088301527498454743795626607110086506876788757013540551269475966
266949138687946630086666487171379288553576299114395752431813643550
948707892860759244470310872973329685171024970460957212362833395115
426277767026049187018510592240418697199673237507542673392184O7513
247118708678832789673908306420866984010807406670580935763178630853
988439956180341027007202397556883871950922821749666970988950135462
118266898524412987047063030135144132392099640711789620531301315347
649493950270092294015910897065825126876056848855175239632210937612
944750286780230051113550137320559198654437884729943112259558513788
791270347683344555410376254156184344864877623294220132666489842380
706803461942836439929299005561590640605042533980100357802975159087
223099016630465456704720704568143880723459304699971253689741819536
915313931702901773222692319543865971351332152100863457325003830458
744558209960851079574055610039757040732257818877315126041110747442
410309949654051746511632367423389627193040435786270246512563094325
274802727741207410568576721637683269450212774533913342231260650358
615834317613165822666491539252866937463756866633301713975167646293
351936483491586967018052600967464989293604094593622912750787366905
919931951052906173321960001449394263917237024553476180288553743603
909238866304130318297685122261173638226867494359225457271841485703
310408306741196933597787678855625660672561953819954125246847983914
923540911183989898238301627007637793240010210199752124084682012450
436575402578640724174247915695399009742525478846818862143342077464
058070817059314590032343286104365356342654538669020180939946383948
328273873495505616097497498851282086589241722184776736075139074479
566339703697561151290392600077079211551882691080171698966394472793
753191987840947147047047389038573878621772126154402098506294281445
649225854807306773135709619179894288173170797943049126133943911761
354140079371380281356385786919085314160768995586634491670849033643
703839575636757424527007228374883261392143064378757078508422173181
520581995887293837255595581565600201739473414180141768714637580572
602230503951339616213367458335948092341951013265160680633728836360
255760046066878589503340541734319762493406938443194683502691363950
512571617204656135802294963692805620575153089779158587565003734267
393774514119332558340442686411035633798038452060747637617781861818
733954809382169666693570604256120543916185999559291493857926306261
264253016209566343199368676632902893195722169359711183718071926722
189030336053102350905757719602980218643520875697297243279842353032
075086083020382415586738166509936885122034262971337878679686257269
886863488955163492428351951599945415190335169427084006174659153735
368009581807232372217414493090993490659068612680418915646950800018
900831355890489271608661190747012499454667494537900407699966358711
893706418302451671562613188552287539604196702860192920505923208010
280540372555371954263520659432378295317267722186548136644871737046
503167390954661827981215170900400489902127179403824436156653909922
954108133654077422548393053802178229566364174643135957023482933629
038646342965157814235366300773995299696607887824406160590435685642
381603615222926855926025304333125979392485502164096179945953447936
137396111928150884853594895420817125559720254154404768555993988415
096007220369209268374495471341626554486904305618273278821928932673
997477503567289318888088893513412315633991293858304358234986157400
754226091414044973533680165591154009859093613878955409214154053616
095477598563996636696545553598347514770968333137082567255631341601
468114257993803613794328051419254653637364774164850280260600752153

6016944659110959502032575418663900908346168111628958799982064121950
231179704945849981294678305475704738464937647877123940876692585831
908456539816378683796532053014632013098695889927768174265775291497
451580800873723201921051737349737147642088503386894063814599460016
642138905037707505478099326103372359902000994188916995622033559371
939842818386769781492226022407812107388946629102432889664755931188
133260714253657266015824448045615171201682226740908692409336836316
450454965244113605190045338595991881508461709045449734556439470176
738031708849779805450842099863053070301077755219153495537500066469
356604100165065363626995554949920285212281431853529615692495878464
573934313159208769865067072445782576876506493459878416153058643912
183249874869825066143969330589412755873127534291431523063823064487
563161436366523279795330355199845390909994502746636210770857269855
533591463124776332965451673721150709683768901973450846861867848212
288328890005758268908958289999999951748586339827633108980378518588
505851838300607407634767505774145907510187699224287279864370399095
413145344470585039224686140010901163975778399395311132614227519188
589924983720938997371171648329713971623669556072622986627807985017
367693681279308552223490005093270924217075773082256430719781484836
664158365782047666094480675723599484677825591806687185510229300958
496383643113563610742863593755724030804425461400563370360025058145
208657317678486193086283880133826269739065288654681171188014909161
166103586112668116397281370823947347458443824640514060074356570651
810066207852042128067778504290763714364646014333765609699929383407
167122880706194999624287942403641556385824560887691420945426628151
472643053879160463246513413424434169181487396374200602244764511904
683737016574198054686253933814859758067771201538384690004802417261
746832551960927617957546081536063449917670907995962521100817168653
495295605824096562652389296291299549171833463822079894052521704393
743288937738755514488603533263857408863172076018843887793266241738
913026065601864411976362050455603710189883154254495107262731448212
618194634191575222751034211045878527537082154819028670636242102181
214779614954947471085863483922067551697805077664221447830231554206
648832235332873493146288621644233212931204776397918661564108766208
067452099398673682685510606979214650826301449805586161184723693371
090794882267332093160741119213529071279485329742930672233748250552
529545502986305510375558043828770759125949466103021877053942247591
553832496057278474059965627743987502811166999575551317817077268020
868963442297195830909996627322329715227408662818181730977145840482
724295145778993494554692535956592491797854062896434416111023136824
924363411566208211922760415741960596996721977501406954460165121877
072897218031266728848869594440751617891872646930062514553872557934
434598388550708429996864576351510094764592451562453124190398373294
599265632703631847859050943393063447969191344145822053695999297840
439709895151997318023127043644975882446856497727435231849886359490
413754379764324937128976736552585461619498650364456524318470848429
513971965032873416053293899905317730367157089187148232677383454337
076367564863954986788077643721744393675208830923511830003135661751
335743992271284165252695811771224337531426997946243207610607250298
834273699981040771584223098050464475169321918352447703425724261410
721548175534855752384994597343927069767003463209363035212434012645
223870327914228057611450988118896704900812132040300505152745390761
567061560098224170087994973781571518427672519217382926273712218252
386004161912804366375782343638694120831473051338818213324166710435
979924450944382540404392748984985153029985853009033813409872305451
677445255174594859372782389743247494656535145784729470337978677882
392183763142133704422654037402376718375009053522400126029778511090

827512767563960849869659786969394661710267233504375361333272039092
249174568878683738431681485043849765853517775201512483356362325242
391535416903418553437438268996119704693572248989102659730287835089
754650496836047547944010669730769573467702886912919494816702771510
514527751489747614947929233697348474106071554138968622714915031362
436467498987680056698717717713097492795066112863909486805449024524
331365342803424356144313739278751174284699947762463615177718120134
563354062463689677509326921712812288705389090526703680845133912407
957706629925033560340210243166823791411575245258271240110466297658
269918197890427791011288551967419207218985963356123506997243518372
541478326917568934320812167332128080729274863434922125266885845622
112808021189405359121860765775520300127604206588377771981369103242
823961075813509554875022370074785390059531410552402897055381839721
243358625730029328476083984186675407016872878571458592846977545165
413891544130017624499570359750981537754959989210100599416924010237
345769540447322996969320729601753749297080191090211453186617353998
879368996270384172752927134993867499700410632753139502475356259383
816132805430389234037959010828486307932286215709816566225666001303
846015958366560814463022059680554312226510447251229546753284354790
084703721991131692004368690739110539400335292168907277203793732358
788200881526917936142912480898954963106498979168963231025351373757
884855365194098619483416763876659511143360629124777969408108741218
601701610862795097020819017740012035832155246539084759130022209335
810508471918109341474962144799343922172502207450560569166711840463
147188300177828696521272727474325285711742704531191577753153471523
025958536024358080904650173065491200195782882690875475469249566480
673819083621659948825428971657414888842763349642169869530698691831
424892153301164593880284394518132744988963231482548904555174327192
508508458534151613193125581248270706027094215016418213636148461143
569978562682210174070735591406613766398167322734372643943527797570
088554057601441315067522725228185574951259689921111519167873810093
454927807807127588260293669913851743183947392761738545856692088824
410603558158587443405309062522764582109454903356510452290731430919
802305412790417762922830578834164064667581472515395832442220843111
423446197499698747010352440131255325425003486947260602717681227741
880666363414776726009195662179162796992013064578099306070566092106
164026507269329654032036695538838228546907184087241718576780819522
547493845771706570183389640955709999433210740767652517456175262914
168628832546278498481458443335535099822812762592117771162536774760
099373801006430041212522781699283405689916180319487893932660990015
119541287892260542546003312772336065267797735679853711194636384944
264564028067112983615104118147571217979725564940421176387249459414
108369496499199995315527448173641696454052894093519116469006905661
414173960128274534795450415322756666418476687322225547897831544385
804258441263302887703119578837263246207478042454263677265298538216
500846773683124854826733281857657563637649037402253445941182815149
490280567105451886024594092058991807366554349965835593770925433476
953130419623679613769972019254170838750676482351031524903347627558
632013396047012595730373975956194734503299857870668727058736641169
549240841651965452974876055373090772043235197818409878732832878582
271051271565022394078908500123910526652450549309157272812345551461
235018149279614606438966094713827552045710811881980024090552500868
848705021300669865220669608314991278489887814548704282198995693455
170530520051144992200893706000484550050258693977180223067400443882
071118873290358025131874872107897165343639184713096560048628323981
411227158730580449452773213971304845773172262647921736332882782372
394035432411232771358319614702111306932218855102881144680084123838

4379535455083394900425727934144508154982407866606525911797641885441890150872861519490048150734850554561928824186990115329847838528664247861714247270026869518247264377696245343003933846809424901439709617216588812471056566027679061210780569674989281399266258279502098998428623644276591895908505760998718269997479698185207573751024643122221434110995819434107425648021309245488955727737741166336734486029574945362047971671929553308994939577051962291711478536243488458099875324316103074183897876213171330645889603518219839161569902204894566116486532396910221685834151849009891334040740763651059751385793413512538298435462860386325111383511743066591333404045597681898734960047796641276937252165648633619711022349867599199765247426699938573319380986159901735119677354098828450408635992971935504215971458119623036785152534487871740367745668525440151609561303757195869066751692350890849019440115219573983290359095041535917514969196887214714674306879281127477039333798913827694263368109875857351412242936954952552150246022142590935348324102111096440211355014523807369408394923043017530492558581825923715698275179052438928644727479462739052971878979571167010756528400238227886696098000714727449639152577705802767190672846578853247950681462215505775534096030626352778773048830864138702793381607037095900317206904363476474242317213373027759877375408122821016591698429333575955238576129877160770743622699640630638143400597410024743326194363751771989637617273246369178321759399118057778152399047139311763750381395977391974475339313423300547961929584025101244665020676615342948902671396934242957218297799287918821383372992130490432442798144816898090872407416801153470003793422825225329084523708661007087244130974799152970441524906328573181383638721841363670636730643397001822598567046065921774845062148866385653898264254507210649487772852978407393664469100300186190025943590263118652050561429246349998881217981607902784925666024909176830113466245467590031282279067778696944603865544205979536953463513997603347280948564382067812076936566585836644293723142675070583490458272501038483414679474017989321637710631379185357508604622859525829191525003118464519482036128310377490287380600081525579034715228968411640723235628888594424452563904283866894817705654249533760009298120545239382260502305332274445293079079281071719376665571147375138900193829588150702018152089120935146718851099507795541014622663843101206764289009071236351782799552100797212963095084156455810981223067555021287485507028541011418505331176204383282229732164602703721015970491387581592511081045356379320053855075843257670824759639827868278428168133826433691673350421451201864690758033029371567327008375335357927479269210942473843789196233733185491826920740222257387421749365765681196498344091901487628974659854538779748538249365853813636482898681453293924153175926764553127675007574009446998344847128387730256252031735420363143080253573656329290147957159260206253772336617519384972461635869443155649080212773574245712906788199988342538324060573254640553801487032873826327506787549429649902260689362824780526531274566680433166715274607162696697550006760883413042767103470418432866287788372744524404303569894680394985971553991165523204032825032840579722226095984265939235821457720796722175610224524793357457332045401189565388593272003059347076122181528601459673679218307373213714484442544107969535154405487884095350330321557526482676181061923236247188328608350290990168207187802978689850917098179330287460058558228275507546264589895380589334815590715515960892625117844031819949886669973077341088257881099910426990190809754503177416235336512927878457359108756211789742814847172323279407915348810123943854473830045968891120532677652684311456403555267878786072023853508153328135076703283563128046978657960758663266236955

9728919812955477719881853661433491540342227159391761801526797555519
85730686373999938767129469084937334524581181043449382921073479362 8
720986942402981196383641714523214258952367308081752942732689184525
922248726797547309503042433921525768693607194739393734758115582820
639918427793960463822127573694959339973576334823227813915394109133
061040644533746408916070511686266247873868339478251234200656744399
554751425040326291587589031752020858794136175012166244531927172446
927759983334684292663876268748754794713330803091590162357266260712
258617462371690500969462180819089064344275732721341910202419378939
382782630780556869720602097509735753997592469790236373326350219240
478611016995283985100469489637379419193472171456244701250950176935
872064354215907062354828626296757630678746209155478652391566914116
893913622052002362008317460086306561767585215139647456678094984100
948911632290342029057273075314414182021161649910615973875427519121
504725621415103205492793190152269422063999112640131159216458968002
205169299957612089486334528778956615384058031239198285700245023963
043957794350131491394506239801955026010779279372184609792258305094
703701281703630296856977090436445397948410320569240005359057677039
132952847611172424372972477658382618918823026017966557642528527073
525987159459505813305476207063590766462614560970002693606746766544
909823497273675935873004764057389310066721761392852656633837477735
043928453129185753053913950515939216632543843230954177359939958899
964466940554898498214160539806583892842243751980892484443735797077
704325198824591125413671876623858014778916713334952092634308704495
029651333314496453065379566947600731583773497827792411578461866671
051022949065336554780918584833321627153383271793011343084047909809
768155191203573533089397917356898238546579729140881747111481576715
395081259463586071558641503648402717902654472305808639969655887782
774810804966784950545506892469909332444530644461110697702719698712
856075590284286803957448689726987368550825615779384132294579260764
330592870473322005850093716368989595749345957578435674816358424270
648072915065118022573040515811661947869105175639012466742836733737
582001250871976901253741745130980405219294451480365974906215456011
037809806562241286502400054688664284237957184313553827700273073982
197790514659724594489674859781899446828931999671256428307571322628
151627036498092088293339480585410166818459817702983195672695665874
629909685782021896525153711760189808147811969205148190543869096018
765688244041908004912419533984807098725698738640936263956707428758
383232001932234446732619453707830464668040179658508066026059714452
557972294362728421953815601909983381262392288387256291534860791092
934350083283100593590864247380006362539121515546391951444768912424
348062767810198354512850962769514194842051475707656326537799509068
123186918613743743887601419394436387923472071625319074224078997264
604280705462113420163858178004125486798487430829845359469861129835
920151437308061702359132132319583522509710578568181090006813490908
808596686393230981902074501543844117036695129331283873892472964521
626986931054608284913876720690464722552181950827945962227137856381
329097384413888591626178715509497094997203244766070687416233598786
222542482675392450197227892424428466383831619498751938349810681024
300837909613637537549024840845474047303651630182633573463028761972
341042562090288618222625615141016598818955823425554122164978511975 2
296035885088091086012862895534476821756135523621255761024684521678
893481454002616090092330348467862796557063531509427704686143916208
066202528598566931836422666994679494626948794642020519745563418294
691652449941681349548047111881956249346397566811148058259508607935
781449660116689505140993601759717912307399180455192234877487589434
854006147477134859852413815306733269126088285588209348480730834711

 欧拉数的前百万位数字

0100292491113795849718905967401513864450622622653539075097253726966
6982492721142771334364949239711180252449175886070841186488138110406
5203539949813102085252820746570652140432486587819563198415663956522
6211678706108545408526819013691934333017349448802836934567641075655
9605284233176175879997299770641987231725859958423568413231396164444
5614219872532472164599135585014016732263776127097731567881463381295
2890397458941652260180578683724169418516436975983956930639706605216
2406549037081586067557397970853800289629656815481073281199982400645
9266475340428567392089238162174512072840726350793708863877643907806
4484762842302120157290987717513513807829374969428460280059354673284
2799809181123008529747211862471303963961501251274032365019140146075
9020264310893532801314769076266870328675407238787268047382762938058
2088330094601756631631128885583763164557793810486829365171505671659
8791720502105971476913864105834722218388940849704482788265032484746
3839344710439889016170206299843959476496400734892685282676268235154
1634469179191915428646052695383509269256643578721909075388914020609
5781080656919153014249780587448700654415534626421371840494953959553
7906650797486110362205806732519059418482764350652794859022093448883
4790220267311875731637505864729491121506251166531790907841169407185
5407786665768097174847866427795434521966705669747536814228740753719
5724596976249821320985730755384795226909253424604012586057779524270
7636420364690423149573371242469471720840249639530116972424129957378
8656272074016018925900810876239525609067347266470259415548521488906
4513862918261723664697550853350604885110122463067811480847542068390
7547667322198573762481921917614119840483324472124926328288786454153
8169870909651171980200663730353200216276451329654516414327929090005
9534232166565284971153836334360001213884853789042843666879442224428
4084850689840531304390359219727743152559981420409673710265581259641
7912732299639293605066269388970760308045467287030932729840502594768
6824060107557801685077474140849124907759460429036704746634970491031
9186580141654022836035060657488384509432633782432517686027459283389
7774508499630231990881526884599653266197078672770447180997442393490
7932648197888003546889255231847789662874725849719458539212116127478
6900897967288205878486481417076795265177696074273929528067061256041
5781763197710887154025939020295749051032549002520215930919057450536
4945572793156090650570640228260750537842499037982308890698990138064
5144624295915113634276606571162774236646418838109184117336250376120
6568671835667252829101438257537078824895060825466770629567505909965
6007642204665994421854967983531198006736076004811046585709826613193
6730054009892201644943240774913230782323554002897297233445459601893
2727501214029883641535625272939403901036275158150528050711158733925
4726707866442793437941726120250250628760906958540765328004155208606
9778759751837725693398639363576139572875718105734951904710873022117
8361910054244751484893066995312685371931555201115626020616737026882
9924814526607165531813667057340009783912469671401016197237364430252
2064479520024245488319124192290573952438087977512233476291604174865
7191873254519808963403068989347506011322014310989187372802085322352
8021889339597056159905180386950310465464834469313003282886652921165
4030087338695186855628040004877545900358059397720947339148001883255
0648435329231594961982024379517928161177567794423377565530686166465
6619838753769511678980128231692676245113169952111371359366673336635
6078623809717986764950375043744324288432123807470123063375856218798
9983622053050823342222920014560521907242651887826605907506003621807
8163711002169031693230385875757889826841378146148614185226878305478
7181086888089722035074251579256887217437409930844688716588616238389
2465447670545574046931614579697239550934020197452391010395798752685
6263846985120573144906010851520438794090478485529677495095780174966

658949285056845981041417238259054481817899548251271037682593598959
763109485505921457090270048311201826036810156795929433871284621986
505266493500108941409951882588417912752897502267805111195577694906
076459975130876478090033215404118984447189233516414380517075993710
423794440622711852517629382411382836813575417813844964599305241511
551174972124854977402248081487117320373870913725293024664452881280
423269605116396562397644332589679195449128144820778918598832805587
851256344589234385348955201506127677853332340322440674296406697938
309061331352958646169080738714002560143854380081637577157983084935
679256808541534390028625811354407694830449379256549481468157631887
967241542274195391563390750942493536351175636325175107242104968854
360420860123671637839182158818183475974223678832571643086322030044
668644695303146139715053179236593988921626167903737592822884515552
573583065029838625240313463900885544465711086483444078016041581770
920517854485859176394580188433306191995721955547119382457853326968
038064020145710413965233052902408680652704002625953664214600404855
424007210383174803249238924639844443898757034751451410705071151466
306224203811581004762409355636221190924216483977526754746888222900
776054347436958856771664882883934882095358283466072838981713351960
577766343313807829632293210954636319843043689098101911090646183527
935011589335616916172184366765905869265291628591160277989078037560
702414317272067795491852019305025775424599208151377050033852531110
044157862494288183448776807233211146538511950953410666719666420329
834288827352187804215292765394111600294394431278560069549408257445
901634610925480337327387500039044580219439357166662167318125410772
914705406918591570179312250623522847835018668133768471806272955372
786605470757646444186885285089887284361440638079160383879687662560
111472816997081606682521011550770491468874739266212186616611937944
751469103624376663737051626457720536537874995997605538148484982409
576192562078989176075372185564987375162309641231888992286647660772
889027297146840049944729408849501836143118858197615217818487944566
901784885192801773847129400076334733936803851981243441941125526733
403251715464946974762140071800813603203076327187311360988297168061
535926653661522756447347043639986512578039132578903362243512728086
543080105909689300209422676072893625637210185872978903546566377430
577576702369243829182316665322236753456261110239494388860005540688
025958945963160466090743997236851133164273009737331369490373486961
917576197819857509173498424913215379950540174815071504973254470855
770042656295364927989238375119872264129900051792422177306465385546
514517447319101583145296146455819443366883514676480284796829216928
610937225432302117845546492528075613350713887434396983490656143238
965509047890319867368804622165776865597169841348826598629906762529
360789071083029610045707471426438099420330197868904435215948480920
222370014470860974183075104581561547125958932891880325460169719990
056810914075466408147248616783266634838605136120663263033561622963
677837498205646422819695564026887045617462306619844294244423972604
328919022092333700276464591552821745773546874065456212740242231018
274056854536067370317327966966001467579210330904275469771339686354
678745240000678041648314677661703496372534153801204684824417205179
001388994917390002389845895269486436876251471027246192473670954146
969647741057519182617569047660191314450056736020398750841987974922
093799910927899283755509772422254413941892966869023875812316619749
936527056765975042443772687764019366205378133429241285609476102438
572988259098052879216192835206144934448868181646448768018070903616
151954619466325076428431103556995485260433417249588778815825758869
189310249754733085732610067828921307183933002413517159870730107376
104664990648062314785801955415690518412524499005465972876721058133

975502047411906726558448365317788365624660388547786962701043016334
434185575153833165726133627381453574696847386520744651408915333902
681609879439965700448239222930515532937467264837321477027359546768
342984100772371926276140848168200235615905731760106536155381490289
469628499766379935485623180922210033715473667123508945754362857150
214003887248696551319429306257675172529871924366551617846416068018
540291859287534098159038304669446792065993246593876198236172996289
627225748836684624769434659783729631471146992219604762109449989471
773566959433931184810687587843341120813205329601501058538693502843
044416113877326777468136298265066077366788487903696586371889041856
170638996044830788219840955290035783955374612576975132044485571426
286482846428053112441228753509489494400025772824872270215460964921
241665151859629982193062978809248544764639906180341474690686010485
174590378755728706741683351481991845026875310262188355403474705110
824391584378072172851761164442091160131804527776393964090245014189
759652279756209173882526905996898080695668607153771391551122717419
644834208911057378623745445910660038530338903218570286990179143020
205792609771750415394108052740018646565561349948359463774534840578
264838393265677745489458910269253361261158474335839784916098611537
381503485341909047189982523457703049632598432730744030943277272364
672568207893010010700725098595368751398330982726464607427558978163
560596611400603813065050327416943550376963960934796789144787167498
796165634060656812924254965421790853856373903980862586441611509333
312834754391143331358191402558570178917483742312184728525939115916
821418711075019597150208989794565082780016733826135864622322231934
167876818159685792966395819144976889125813755363478500010515999973
308438446508397986527711893578924740922852936227954268923638174001
806260359440817379793486177842936848774283693910791222902208023405
201648445354023300576767003988550838991047353718597944957385886223
852278197113352060203930429859321791167918734166564829301791149130
562358348571879149353012773942146038351762469941642881580375661752
564666743030980931903338547574033653441982131905970866467644167981
678249152366307788968490641696794250177575780810120407713736130618
555140797737263366008692768524440012368958288575767988270029935750
886265998442679148268320421439376382697496453118913735271628590065
747417983683561988955200983133143863620084073257876418798281872645
328922838438353566540178944313762810515789075179276387887978505559
602278257752070852307184840267664900358216680206393555248167971366
638278883133350157676084139555270872219774113396530811138769285607
032029342173307822389041659228546125031119861826938275399623712439
850214165524815923813340985636386688440407502529578652553059543506
003180150316545583098959120430925144432168285318277911469104939800
747149700810320807095123179937834807541479876081074592052023653039
749943656798347196652742048187969308093581562128950342354612951321
602451521382861317853663071815018525604495409862632752584780575373
947014578866396123986086812085624416577643452796398337906135322198
951527637341308162283874717305881295052853133636471951365475714162
585573704068658844170042423779757020853578915225329627763865588806
814157762891066950559755698324565788224205351846883485445064505994
388028479613055781689850154802262744408461801295799807270112427295
681254180343882636110161842565607923185792086472739566519835791876
358427649485068431194274596138163121432886551487744560355006270288
914635678215007454788275093052783594838374062228475703357531434226
140802271350403171249960464382000922103771158666571370272444728726
569232111621611150535021478270427555901890913952087359367062515458
334846704293915001782077693927765788402020185824554212379087172452
256984475625103410488680967106841106831913549241839753983765305023

088381908647130754193804487033140708807939101142364820836220987847
540077607253200508581337733926421459969565179586834051851117950083
517546416116044099547439829102201346144158773568300066285059013129
435754137211218611290181458903688153829628999639723861619743102453
604651564069495728102441080515952890421480084925799435116766051876
940917482255191889036137076676674118895262178605454335798938393997
263157616000385590659477714127531084835626367901385868485560297395
316900935613524600476680483871826625620453400831673929505708620579
191904739248933134418498303172617135151355563161438552385035314837
419116282008648069716567348448800612423350974249121817216196690592
389480503752038593745318886051464393424673063893798238667191309412
014597917060323162098490705533558564316759336365036577614219806255
133061577248201869326995756402371414057361076787658669500925417112
847244194992241331007218587442878063770364306912214630797701542146
976564914226404887632926650404379762546832929859882509131736176725
958375351505651917511821158931930773453411013749860279070470498065
817794266026247854211985235462630506259159153801675233102686500878
216885733523835468693358231151528649940599286437912117485566914961
758975817321378646242125384713027742255947823873225503169522837508
635237608389236673114438880965839566481790945170959125550536786136
139212877732850882430434162827774694306785769032990539119234169814
085187180527068516514215075186873926496219640336763189219870221738
003755038809244209512089851748255978082063403760769397413020220025
685652419317342564645605888696787056466996482195571226638649188328
944855808011821763409001374684428615635817030555981038003048316659
584830428264957295768624628185379186561933055066437215253753258683
892591068000881684517264877261770245113057100824528762990402545261
766741517216590980464721758401882179397355182024546267159673393793
638016509306424849508717345291202294233113315457248900620715977513
331396592724368168935123174788965702386141175602566226780401257389
410620727118281724582303598079346668481616007974373874896916337035
765779046872778220233611569851185360817343700544026765997732229482
559657105755228246998649349754945134858034558543639667142887830283
627949216882561667522371132461693290750092065581853203762968150557
166758663813304191624078832998045249001002107329669345552043969399
457725224543486651164248321396786275883443814498344646163574671988
929461606440296943705105445425816205617094919030237552314850883040
939168014204167876540307147822467792368948904668364302667356208711
854700491879021335197376767272685891405723022007846287750769216153
078052442454990952965763960680505541081857366829442764386582773963
790753102570494340555415470516799887281058142320444385987314412831
349313949353004714376794483388042707124691230121058231253550883698
815312105268181811758575195255010656629894115309648550583288318470
504632609571988254542027634976436025161750318244017214592035635245
986480108755609416162261774385364140062531326312502611954818469190
144828898573249626891983342387280082907618859922168372992534999548
724541169392415886520464952230305378831520267502952093343924776730
861627397926868861943990069480751897026382601106732130346873584354
182568626445873342317257441835339300081389074365492326319158862530
374740404801642669604794039366207800886886266341199173142136101739
652194607508071181961009753635265146339655579809722437381978487937
726920621083625602668971820990328137290800434977309563112547657154
344619913867025196278142309526361545873353917499773468421909853171
282265832314533727249612185479604075191932504526120952166460210820
312508655246216254323285537039221352157564505621396653192076064586
890246155383359893078518753615838027166992088137528079850167840599
322476561160326697317436362088602933829123441575514353166845358517

0849807693531940458266239609776545288020310051673259739067573555551
6118263223056785969935087116045791051428156554453332585844687907830
2483568524502726900481931006228552216994292546131802397468543540990
3580752606200950333872642028645089591256105265386938946042824130340
8623334780102010286615959326939252902872714903228820865430466826650
4832237439517384596000649468466117362541317588080509952053934453870
9852743674697441014710267521046624265823079723807749687198067143800
9600799147512498449879309506780938034112835312129260529694517477400
2745957247259415110653889023287342864003351480050727424023994975650
5281836717188778871817014209735393836306908711039191583148208052040
4403038971564864717279054665580034787873738421743311381894867429470
3617477670079874615359063343161138568979295097282677619788177130840
2952333272861296664809622234823247880220966168287988684851301365640
7595102731652587770586012000823305706982183152921300870450988001060
0533101040183293526802100786357984412639664547063455285613153563490
0476998554609559213914836765667279019944154028575115707606229416160
0142165195646225737848213456415983514400711969182891347757349701370
6671130529038817638530849563443476887839411430773877452408721093580
0891638627822757963535116457765336135278728803788342025968235995340
3898686828944565114426251627680616252511719184842653107224330718720
0353110637429006405156569100311901839735570074840952729390009579260
8997229606016693499629931467470444428317843417135134924420955031860
9310869219043016023598641608322159134323707215361796410629180210920
3871901390398242927975444414865264099215291824265594872726985869150
3939168814314355128124718690353072031314476811587383792040650182960
3184758462746132875430516439613022979001028457714116349305296058940
5522063284079160257236611260324530489204826036690531135449113144480
4361520248730968284733606060655790140019080376921588710314361536980
3618213351745091745586598321611862755166046400166233251535650312510
0047681565733132660442677209435736821080439931738257593296921586250
0026862303139135940237852890047702436936762772753679914421865543090
0655287255081672697484296197572570841095372967529699334245565898380
5021613604745522285390016073546105373212457089932157351828216836720
7886204534750060782265807553374860483259063174015000921852998321320
7024485974722191037727582646076890029657969287949506561799127797220
8792296436681129534503409164286104331703645140805530100259437268790
4845700269300480419734228334741488303535893272309213603762184590030
6769832738811903597304542279585889639118806007665121716008431468330
7121238604987898623067326043254701642682132372640793402420649286450
5591289198241707316431758282274482385352357238311704985509952174610
7054968776004390669992352946874720938859014339342191932245836856400
6813363400776173551473212860326885303323636068230014059328894367430
0727430053678408702008066602685211616138176663078009452986614729950
0428576646707600980475784764257163004296243350863155616895669483550
0710263480777547111608915305225288291259277363056402735197491660150
3294464415168273674701288156092989915916514735618622953949620948560
7089611090490487149632566990618440586045072934878175611409514609860
2409416529217524841785459233032566350867020331787449710029614894670
4990811974430606025163159460654925827770093982089855438275661631920
1541194089368934525686253093412523907525823543329143303366202439440
7171752656061636053571718634886000000893798651859296543398722880240
7373869930277885692458758645605155205936209381554641110722980023110
3136954439499293334529443322456811274065617126483847179218850538820
9043185056096962113133594870070216197234188986845231229144610804620
6019534080482673930410815811684235569634947528476058543775121565570
1438058676996912773506630500062296420712377606111649937149056295720
2918787032264306167423645267515472999125480150070536780567643221810

2985708242233621636578693047955849853181710561310533004245465308750499758929498221889005320106993262213485651920049300277278065528642599169348539815950475197754843082592402499001022546290492329225975903047823393392591353332488643017063010285239718921413720371463899472693751649445406159923039753169181303937621519456706976208122373886377379917343411687758966030221272102798792065475969254976736316751437669069231939241323981668414938863041611800796258675942262604469984339551817473600757943721228586635269027138303780095975688558024239260875681585718690068422478083579234345991335521794284721168202098520588730626924552813259519468593451074719360836040858472916827504267453547951001981052973113630773844433799894536802020828792143522346517362232568596948111159852112160417229431105521094933713178379473673054967567052114904509179296148690101525193228519326457917290420932881439949576783862700314087851520751211120117969229732639312819892883224779440090185229915229927782176819190137974413019433295441713880273469532003530608595051735713797533102224233845118555481426917958016998895019454854023600096626844109774002095228303117617975869320006756566295742498376221685127215441243961320162598045306277134202000591930069116493043386037092717414583263275662565440665307445536547337005405547682448159900939561552409626118697224230690727528656394651621537824334688339087247213518308561624270228065729552541259719287464079632004929446528422522499439329800488377167608288051010258991280674741106721620392952224669377962050436241911083929505899905759639161844501716376177221992310544931179663321976235335997018164244355652906512000993480595454754368701827501216924745733765527644418471612356937426626391237245870842655343057257367336660926999231127542450998094149902015838554855576406927097439488260734477449450786048531800755062225907360016913179747646364212857916330992422456214599962618889025297634989086947463066336472220435759002734968091630641706533269866750817775027517099577539704013388162630114362399652217399969174649793385201418924350948611705209980411713917714950073361383098791491502454900151869722406024787600972364590154439389385286257959523164449598637450734073748733479161018538546350664621108547105213308129789964411632298490191319308182616607778389237885885661042535900020220779639025423235606416343100963767648439457948357210420105021717323041902233739018497352904398259273164725759746293055153252789393724227732147550769018867646428291147514225245608150601561049634700555861360611926571193771844855449692575399981276190755658709768516997343899971316635092562571919723723936609236826329695167346035523382569223807443283885054028378546501674674680224039072320762481276286652020913943901437997081308938863295719180758791190876486949018177835258006097809384724246117964772815210026673017414976021969769212913174835209515369895026108161876528775399156779032773926705739525899699366676971141669859998765033271017195224646752821997751459332683473230269397761319790450653243981398526376541097858628389649377087407893536055553520024257483123303871342029711738859902249829163479279159621313759871351184699147929837241884015563005604738044304416834822931081176498238723433950991316920128850185711998993847667900405103935719916379994121908862392584943398556372853127336778645295327092685060507474936128237186329605254491845517190943158228659712404896290571544564911477971339517341143098123329899463170445823376930300805929268887635057041730320336536145455168137119136798577953591327324658669765148388567118123456255924912820971891363518465674421600076461758232295467698566046855746144090305751452879341611177503689438264718265878252972341277887458984937585470398961652423964548905198949531840830401619954024228719944944249289851147543083673694278761387578363996987

331768599091068226356819156893416769040297879227533876248707816570
632558653196379522628415789953868952418029507392074346254832604069
478897649731470514539414964889303738008477476026747522780336549699
124480603277776375162160133543255875928962852566507640235751421565
195507693648348637617879091636194792903114471942435567978707931833
099771829929344487375892753364956477676140320566283443833221610630
526189845887743140503060504358798610501931400385215359449213297828
772454966140649684826804817194282895702850535318177740108290758303
571640144711194248859249292070801816138465791345063698504430511467
139492502183569991750634464707479230955697830480751172915352074707
930655622183884561194899652029539993858941646714935247028354986134
125523355490862608211222153856000985729517849772482729275123175657
044214740297756639565492419966308442540313291329940611243750765771
023983196381055900890909131619577026159607617041430960661141762945
187538222834798634031061099222763991932638725182760729593406928144
807428108032660510121583410916198838049091602517393086424945844886
142293608518074532448674139055601286509060256083905102863805103686
652289905951006441511285836793120796269597433479381350558939795324
097248932047904177519834784417529182779073286785872083355070258523
380094937900710203058446526599919058095772027872325558161980763244
260508119329640265219267908208867721759844535287386783646158448967
801132473543852322698334482651697760417580277619547530366210792073
957271989037475312302850082529687164259842298912836336777688620316
887110502289248182957434796723140991632458466651811926531216455924
603750877843746072378068254275553539080990144098571718095832083269
626058250836000033705619694939406736635998029677122213286196456755
296536089452418275654071258454543895856969379300985272465154517925
937138623748585661823735662464487626196311569927771495583548377968
415830996684788951922831283753686938528663482144456982894847017099
841023938423489983292109562920981840342697910922952468142258533338
633712411402654180201622919336413833589874813538153978657082454203
350171366896288624792615884586835089062165552230905854944538001385
600329877319748094727624817642147743635676838210281115137468828516
487102099240277638581932683641755594664787541623330495718077039328
054655593377874605270414614201712243863377380043535155725020162809
367945863473006155149772307786428811710884526828152509138996954579
082939488157148446008732194483528235595177012377025115164384264532
783486488673375531808774820510926602343483484394779881087198691460
761128625467724663490624809917365392914107128792213717443245025110
983820088557722915755825027379433654667556217867731114761242179749
970454960562705366661589723582306348080336932177096475523904903182
598505766697439534851199272848802755831106391555802978293482111162
670650002511948417828598773702462591207654240517166560243401644836
491807630176213007300839233621168769993908994145346194686434383138
467678800381345833376568376966662400191051653973797403868106408749
686287781799877244409068334234166827438352475918759491005646565688
080938773332994898438099667047891665533243994293782303144467009350
669805348458121413717934008035847962709013616551226608523989713696
694759098905860559805658096453044823483299216065172041766395388893
797206025420271546345759163906147440775019712790612625166669118867
736346799849314560512988805719101937398039941112950971630406154269
309755386732255162536693823586466002140842122049668751178812615896
067932997678747925095578182025241915012404580869914107495193189994
283080958156944188017991520461738932572379935481199435120975985849
613061231355009749957442815126595652185804803581151800503212809903
811145042802952474565064751613489864990779597845703392346927476353
499643439474024356059355458435081652477859932574839355356027006213

078956436500609629865208594758099643372126952149895896027467378372
161089889185290917685913444222326888906563309465078085139214942124
242398764845968824920598434802895360168616501882461950100929582803
966095478830587618140680428039806279561682759849858444332867064048
941155474319303485526344575848966123666036592922280523919489431033
735131574571426265800266623180114225825218779193581150326217000873
564442539002976683502098482353729106837783042479229789772175045160
478886758189817956301704681420498575028208493527670303701793272318
769543826217336364206263769844671100728199366690084296925663655897
441662561910218998353915671843509588709390447974468569941267216396
536142001467965634897194684685148666977156441566258042628772294904
918072408836650048286298763908213453516807515078661931938742069858
819979336180198099385651855880381292875224780097921859117444617787
028833573665632424076601117979322657628245221853981367889621161813
813892386824432039341603758781500986034760963729969626357576890445
832385941380366903478849518742122472797198338267082451128199774609
436854112881198198116530021287346114613239379826938216554499511735
914077465124292226346961814340990819262953771737484538024041245103
209206170351449962716217760660197581715087804427023823645381149340
621444277535997448139175504714690620000203476094898910520666939111
739762010069173632203285179221143520256389883920981199254241577975
449778221848610598047682348912615378152385896320608933354196948722
547145843132602061306304794388706200832915817368947456984446227166
465336019876914181684833655182630895428408434060509127904896995716
928406637600431516454066954961297766826344423973711652809923356744
568590387696773160270414194604634802244217497782420964264122642647
327182974061215923157478667236973955293027576283927559356221194089
575878920834626808643681813820952190510213168264298522187448058589
129987388578070864004903815493859209726676766675153344369917944060
788018462759279813134440516626559103396159587235351459366205607757
732396153369451537495439417880248425170737928551081523456381614031
904804646385396841599800921910635270634730355292217710034588986870
823109634908807375578714422232769593067210249405571314204266827416
515533939013794299311741444994544970922711197392473049141392518559
126536038521355154680347036070196409616218690313554161913152203582
879602009609750217400556882024887951635273607875557303283466872144
545389001125787858961981253962242555282964236940615245031158999606
410246505208235042821847958311274410161497219553726330388469140292
558385599605976585209431099501680900918447180151078569371928610621
821786692905082809843246767229137970684537815697952984540695058290
716506230073576712627460181290003301701501797289731593319193651654
512769722081727490796566334808760857766623552875059209233759112424
254074658648181005484074478668766314905443007553498422926701143022
846033024675972383269516009179868423126685879405021320417883737112
798463708898987770483239383939529069199803987810801966432681336831
962029720208400525337884686915931766757169107528627147682478399874
861186323309197628950269223788212760162612346664986206463240410615
094306133068943817029887683728206890330612284287557503481039445907
119295205204120394312866139936197169508298511405711789096295517243
839567676186136627683565151993449267454064381665729386717360805320
026785073150319194464122952222253961341000415794882511088525994776
445288393447336661479763643430544457807221627534477810603675034793
474646754107116505653679756292493384908548925945585061326965311939
497137311853665122018991564628226911806092584467435092498117415273
955630258023712529742255744272529801396096151074413488732559015982
236316977243249567367976416766072475753084542142717874444038555188
200351393994012794218015743276133474214014791136720139066926853735

830008820868986018442823177357368168454837168908303769671629986607
792055170772318341621039121287350455238271651816596891871108205769
149544030963216491383361660642222653263992749896881742031466413564
616127538938464128942514734141240889140688916281403235876310564330
478571171235548667464691416580083949276706981300932997899231629355
764224162763851771652042942723788211551132732059480366814708274962
035323750693366542625718817930790032157002663331601894714977020910
014321305995374772245039427944546521969207416446954225159722526659
690568460664207772653225488782591036277142434547514534164560297712
874566066823350295143807607952954957890116868025999221917795534475
897843375516804006197926986808480927618056408638435410755721613567
001496764522565736896912784332905737704827118353144693601236469970
633911806043887930051974402327572654479075280783204070238625520225
797436999591962677254898926164966005028266161314921920757634250951
870143883798557388616129464419065849612046179344287284701255741986
581029232640775348252649105413554796345949381097743707439906275477
776514871205803597566223390650081850635586359371834350313618376272
486737596282580750332308784882484906758730617355246875601640130061
653865617091282382359103820934179208808460806133648619406307365451
717372896746790982341537502647089914236819684285510425443767178637
758421760770241726521855687966662014144123384050665648875624871754
007187594322745933959650230635509651849325099547779727145249203400
534462143792532925081331890813672627827642190142628474377070415924
458733717505184840034064551058907225030675106867656953856150628986
913008334860675164715043984668039782208249648968774133139466901687
225891704653475853471788933659431491429965491972465593568483286328
740064830766204335333044235321225457305243937504915022063974791861
694250411832156550800486548980965765380600417658830446451738776360
073590699227206240961297637973955871583785038680176710731435049306
883595692444431750668779555149169650138257404101360266864666947581
925409221464741002348499595110640487364468972863658715099603201300
022636652408415443437457495907902823738720665609745858027727353423
182916651265824267609451559673864396985616664024857796047569845014
573762101272174832575065574705083784190554188973016579587252229980
749933259129539077674664958654576429222167459342119668062856824578
376965587053736159261743321347863937701176208123631813456095872665
267872714013347780821144507796477933316195869108330786980461196065
236644241269218044164780365473339717953666823475865800903189331022
719658913743751056289035937305140859515552015309836160653557704718
496288884017513190192025117296609186370580941683937295028393153613
454556851931647945199535658791820320924123101374102699619804027398
711435692028893907550204298112520556460585594696216872308510541958
992314325711901581932407817592815000300702712043674909880093980471
230939985034059560508775053886725563969279248318454515469862302977
104265145968289291195745633578913992812394144993146197840455387981
284125597477878450090340083801435292178132614651873986503235754010
361603040415431027621550261422592282280950641609838285718743327842
349473715635496255213311827497255041525192084667486896486867796259
830443132420448927422079975836497726458317139700244337078662594571
752873370294237069053328438306601913739260408565056149135380641648
448982087459459570304108258824271182820887485619835527607115096102
764101989990471237437601503651864297253241015950615582509003984940
499767509226738279606983194298954562013854270379613456590539127231
216501583751466149461282137418699119176887673779845402745333345961
325399941154953431951478828080704647487507248749622963199204148160
755675762449012363564183235539139876150987091727329182439537831607
845893541757949957690605419932423276694448477083944420176522481393

2073609821603407028425483795119606192326014985944559662116946328555
7713978098299000546248864816917876999253969508498896423313836498425
70692056247741525668955615076498607703020479462211989730194966254
10226241498721728809769931087111761748927141790507378277884046039
07979736722623807444898833142377783408208009395312936113682430363956
668706126023027215720037006075534029781503228643381794670949702289
384044369267126528058218507942805255320968127469073430860978228264
349447360148752477772176153138280635787890324332065090992715836396
671499790340614331183166144892683119588915569047749581596266735549
4354893908251032332312489979711555910569325438516644030547480456
2328458021681241520809496907837749169586459471800079237277750927639
1356550800709338740856871730704457891308251176455233066097296339383
87889857546566588541960236794030304722828288586271148946009226050
89216060552795022791085973156689401321542440634999918597891189487
5844780715311113271954143716751224949856396320193616118018432603900
9077674336158283463786070960800275862296086242807495215496897827678
741155803605371120984622471852967881250720536207485836257701974239
07987495329695285338381970844587681701218937009898170689388772713
40668036542878119601014173975484245411703064514180935867248877451
635389140808311586551399226834828405692314296849953511655928940339
960396645809278068096922640369033463578333267729828314564991589582
509900015633648303253460459086754160215121388398527243220535792621
895657344734327961808206493702392376756130738456859884547677870251
322264991582616708760874644907966324903506083996719390701180250253
661210235684125326132029930451057910187715409617572650459383840037
363170090610575759849517859083288889914034805928914759115003968614
799658397688012854178142467847975890524540868800632974593111394120
750227011984468338130067780674830880529956895232120002885175268642
650955406666580648828908613431787711711954113590844646894777456506
094539215250476196936372831372810724860377678117303058265933039040
141779278720800658518173332007021144912519692260783228317024976195
025000105021749702206733048420275748793703218900834125601053810510
804409192383166491054130934552834653879604548923536953596147410223
896941819716746852747291600206619053857621516700527001511043165761
056629875844139836618273872310267502177544257390186574939641724443
242042074722325385808664499619631415700870952235771561780081258099
218163202241213888047074090774050797223733739709280108291199321059
090463180245447346093271249437685558670581754435261796894915259922
188824080905295164479595760385677242703342545265579566046098023141
320089560465072129154886392296731341427705418445289975050150442411
289434085039648548509369454639174446636068266570116713835759236937
653674423657667387407652631707599243092037283564881212115201931772
115991523610032365450886329194988850882716269663534954456978626015
072391226791709539406541744599607968585733095326947895898389612605
413096342953812308941967067640671333820353584120234246397528685631
088335866352423166389887420383501893598180621655838058196088665150
422465846713768289560832041091085384006067131602030595375858535504
159536909691081116218127491819844585595353719895318639152805152375
437297566555290710469219711059832961071201706350868600059664577507
204847509077645731881571620135104028155655685012016961723920608081
696573096836954413963349284500180292271042413392292841016513965600
975701816847568631438108175484788010687051842999511388146286756080
464536082821303408459326579159436243129872597197828715400289280202
419656086207992629055721469998254425504639242322282566715200033723
108765390698209753408428326121470828708655561676592519955789442970
913202948890851255734958092010787719522612298942325639613111903912
119182818041262479434655919075232871305958784399405524633673070995

1825738744394615315721656931078998164674412650773968185749132433356
849348828491037746426106834853603030458502149336239996154098538233
318121118784345284452525853029175472282941093484888771146288403079
859838913592654191437556601457593492706332133149270220859117016168
134077233062800204870149520066958057507083016332730295144714056963
147766939984039737311336533898948448968109071823269661696966201301
770694969375398785359949475874088775133222135139244016988016177314
832284188756176343045147364213377673427204746660211995114330119768
879721953743294828239993599332061372301480606053736331065528421533
643144810382143962383025909440141932682997585195823920735130632042
311761622735909021832431856452584192275800811610453609215277391694
163208056016528782750449057759165726049388347612122975853733102992
258993654197632399732538929592787768659644903656103131431304251091
513120312794591035182647078395797869414503528590324317916798363073
036380918702662710892826865677750895328993835065951713584725256471
307027750218874700851135187047298739489015655805775207809026587523
515671759596566171442249033267506477390778788854498721939661371535
302717205473626638263960557322693622662631811062206098305349836162
861481968061147195960686804486326514994699564313783832613681716815
920953348283336484094900920125943046588680906067123354905525039347
727774337164263636747612680504798417099317602951650838627083243368
460283086536581488676865302051933321495083769499124714769158761971
001508963038857358168220358486467629078668398237156725345084077406
640648433517109293078820159606186993315458321157186572979476020518
867129488804934921467038650817739531663077194601344233879910953011
866524967901980487695854786801836418991720542438378613053542321745
648011117450639054496912841476440296805552010193254139194128976137
136030287758855998084596445513127065830681044690049908242697639730
401296058669181087272160716427119774054838712834966766224686104309
701890266190392219402678044061379144093539201625373545113213117272
587432834481651712191857483798610455082908843438904501999972586245
757657079045839474158285405467325909990343212387026062634813409945
060393873425046543427425386496367402689231030865972634615642986909
921078289245897306452655524818541467068589693807075426245758111749
955583424064005006009391784581966900897407044355260689251725487998
974062363500592981883750118362444268665907101560222201734207182851
632312627433318940735001509742961879839375804442918524893459732937
992162921204549644271237836239736595218576871844735059128681189256
988066459799113388602336344888565395227250323710751418926516652573
513751783553014960549139273901385876166793133386787897006409367061
375780816083696442717807602214619047243967782474041988131515208098
097094360972403984514937318937698514987444629006004525426081207594
726544268820043524298952190851224433556835799875446626343854089208
970657472503080383136696087057905645272784144548274369409255818416
438959705871178396117370759834349310977326624351756282657369994824
877650657437539314548532408435029968068211970301211466810703768921
759679542397627175406170270139409408289971630910580026327137677431
941079804363530703776214134364626334539625904750958805168852080958
878317765436401880398413016387219133910657284689207209605622382996
783903528233811223004547112402526032635940633656878787609671812365
666025982109609417280238990927334267237933178952151589159128395117
031541059121203761869085561471648067269964267331854753868419854935
825392072518691735648812615614311496975099635031655520360239328682
411080624592970385322336077707697765365575897135669958829004576416
132450173325031823306276787897802986813895375971953112999409585940
644434779197459010855608887602314471140262808573472983510244724346
566203147481310431897832495932908441647122381377594863264065107152

756910190208011411594463129990074589746090309792029244871866323367
425600738479068705397133691893948575663521677648119761849122988087
628847773850574195735359598547894498249547105777471978658026546064
671022026253008406045110589120897847681638664321458879812870713399
017446854771270070189301114444955389284406799846276191864330052426
336978659350758722430187381618453231628235910823291574126137064069
015047964292767829536281913077095331974514615490569008079388891474
614386066333781052210587969121110694967756560587657380177215452034
616743815723971545313369218660145455428846260694972670283590892393
080300352338715290417327717161523435933107473587372195781431001087
153266436992570467685185310065000645767779607708698604976599832674
702737703763305006425350607065661308930239081426051378335396815964
826440349922597243656112068630256441784679795857492646545074172126
666415548107289188524383867482431328368527010545264526086015196801
586428999472284734932728335729793847103244380062511231903835990034
634645139770726840881588546039876460839260140156477956885774643115
551026599827655702335975976115985061196385010733401107338098587139
950023258185579167602503855137568070859024048786231788531083864495
924336712214588731088068728909616115096050268753320807649178864045
177586973106835395202324268863948744493327457453263886015115576228
015927089069473683509346265864628083673947739847193021768837910285
584506782747111235018669772446048414319345967275654314661220503259
316083913199749147370133189466424135319168900429347710834297617956
973038679896638530602674703764767233946390114290870535734681246878
133262098913618121148791962589837552935413983764917155656828589146
683221843664160914585039268877493850476524343986936469133532126551
741520876052290786760936851548219555418678227466676821801252795109
029663355580759812191269351520329872703963188302999577254422007320
590393650631494657225970940837058554262813427553308080623968157415
372794984484677395965270636780771422815802581404433576017090618097
972308642541624764648046574120046401046084352079113318475505320997
056967979217382120147483610764936698226365889922515241639263935502
543612311667372084724875925532656318965999499950730137836014231576
344335434359674782991789207268305640493527776660028356314722656483
500284324897840945171099158429218325165782559085582699544346510999
852794269774351929858347070045707218205136929370756590208884110405
621705223608698657647208281873252927384795426709057648730266039762
519973447457619586071932780792996829351386072499662012382920506130
447167261651564867385424972861437458702970394935631450225498487905
763641673820168544860897682948700854893740491053174883705510443708
829278634102305094093856006763010413519344723941239300861491292879
700689037287479239818148474220989691226492596889635498123282151474
910954665233444880745506550210303926225402353036468968026622976290
616929997639564236587859161801298819786429570643821649007276953068
723348757111165794920103406501622394967581328926346782187068081085
133558209525444711728245907028114574322847523578354520798526865023
709540756048594709144131522763602300756987419317759046220458984698
177560510243095320467325452227775692535093885189796386451636849651
531533407160949482359537170624872613378707106500377396268505334128
733708073751936774198930462331736828730913882490722513039406847995
434363579618599037936497991265621658506110092341325106953524561394
397475814945893985506877788568145969229541817439615591556069479510
250465557509778677073137290079399191563067585022226911246441986452
802964759677989618757356465261806860579837533156491943822723090832
188748259702776297327765548379864982734341473087563032802120665014
108644314043315844293795912984195771504593685189407707998351484276
294624658309864030156717372224276381428022024841775751520011561532

618680872963810497278119321214622696401302767897552561607959508058
427279567303541642144427151178203662295122646400764239571984595500
345837092859573975058240434402215904794928975755586200148368035182
965210424311196511575695370881937346172742247353163834132097371987
388237496965168844383120453411460403169793863245871270012172101041
024945470965934994415771912830352855139442857948505194306943959255
910109308134171908549612036154973880363287037354532518796323062845
464419294241993909541726439306459876981578252996746092525758336693
213057621094526746272414446311888669018599894330026630543238716755
297821235370435040055939661748220512698721660015605143655962288141
123976435352382682325467871542126419909104481660630155176285196235
320682003015864712928830410307799082403846024416823842350482592741
269598590797797302955362297485963183494074560247985686796225001155
470896172819048496455878632005816810553395053885011570239925730122
423855719024271993095447807686198446056577880916520256283912252836
656071302194556596364053079325785577358193454074081149312090987654
512562104738714651547514308778751077407198800931677855651807281879
489526457523692205498169094774725960557458869356572122197008462236
658081413526608590157592746208991786136367451039612838150362253043
072771181306234893502924608731480043911377716028988545773904996362
307988634868978322966020552081673355775308647931408400985112011777
548793107663047908791657575375044548927347344928323679454485005411
099178057528998992947159250753403353121410245953702149431912951707
028940073876647009674377695479886481567625746977504363913635735132
338859800769149061452547323240448039618419918770863016434073078981
802497706205098858346903538480596688596252300625780299688275113353
732051389367200024058894637332098864356294435179086154475025347024
568527317103800553219774083733893019568475460004175608591361865232
905105873889677314517773672831745913794294943040564301132418740777
012799306456551927649349586815648873087345835311430028409226124934
167692038077597097709795097336618078774575347096657264196958085276
990683417680657251895871821412060944263768080527326627435969355206
741566358169145715611679219245056310925523082366521624034772441682
079834602928248299293982496083065867227611788704023534481252554337
141247608628294306862956288374378598594795554241973442900971940957
970760610036349746044328839586547163534440325051308615860725862602
852241193753179962898831104752650313214923125386652589519315955900
172157611374604544229765360406048422801032463909741899483748944774
924964050330636480042673458192098976120037675730111311180811453463
313747301669714414497741325856517063105614170248803800530333592682
196273571105053852610359986027815883087858314628041797462218852035
421599821761154361502374986987400345475827065833062223813819334379
068548444109266109178935953726990854942644628744591782423662673940
734970140544892243441058057629314237123227899875004842310918470555
824792333936412382698825724933899680138753386545737073615001445389
919133640484379062452621450028312510216112068816509712934066016736
152677756521206216523385101614283924497512471807214945994820375312
089719924141732506627585029500412030504958558972942981061582256707
376810019548130420469933778464657433773451545093527484239674304477
987967283892271757505951051227068293578528634953079512597528903762
664856075277643359729352480879892595456330629166526311726799340956
030052796938538727168152532758007588577033685762381288838620654942
493938393182212324496025462325156729820511437405584792609422470383
735560590044269113730774616554252826389374376032782131545483352081
227445513582340829114347368944690747763160743760974097374207875590
535531761073125334215809979436370804927695822165978640328655866112
811332965346468721608555679749876851603226752752679479136341789814

028714945252450033065546684688304943894216829812947933234280473583
207987781738541976160331042125872555021643748713465582638120153352
797804986448906026219975797851863253233860557971599087250379508447
020639811464437614046130594927627910601677858493582534383250814527
200693875915344580288940300263642559140394824305776875780673125124
938453718987746995700411609770788125872576886129532236314436560046
160942910066753571759592751452303013680164782058705706683997057798
494035153685207210545530365489851607090756640674888661537978847342
164725790502684285871307781730118465596980433624276149676227273103
306875101278182011391789928774732465180508003008710997058263930560
874274591897789433391924844096936188294765402723566666793092925774
300382523689664986718662999295820458036021202288668634577777591884
334512004828250736457842301153643711014973739005377390401507834361
231482271643910224286449174731973105377614400470230494411757363363
192940428841714490386134293620622609333567912764098469453379405847
165412306638116304696275901013444852212649534613899512810634861252
546520163931322950812232584357886878680905390684379123772009494136
787128745180042479585456085230683352411287573873494507748238475832
040753730706533095471032689196806608782824909786636945794980601335
048851445311455865161756514166132487601431723294431938868022045703
898006154547896194137342463114587613789176591288081023843062867527
211276642424921304304611928111620314794567024559633721359481927068
387158520573561662529473600275556963388540431727209625211868795479
707151708929610835449316712347892175073527186593907538967211493734
710419420159524954525843597780235315365592712888015883717045854439
328779106935093048832480412955825307433674093881485861271197487445
816413847603373793534122311750613173153753660172332864443258697136
853581656510061653163706554272378391359358268488561520585317442117
941614023348977372563662492345257431007395564377619275423254742786
677504515433411989599817609070027851113901363965106749442717171693
076956574784614015050133095203039982125939581253009042725722514354
234443366038614294406626201352009999520344963050596656810715254468
764262145167024165333743143746303645531883205626130827920365152294
971147455761704937722337159876341771273867247440132705025263509634
304102945050127358110528245550002996337060196230098150247838090771
588028696096188476651401197958978873096404132266680290033648759406
215835819932890284588875129644277132707845619495847659565813630036
117950388642222665030071795392038441692023542856967657931192719271
486335496800384434362567939964940310343142139610016848512844653104
633151394273041427725808533261083739195103674148129293057140481623
106710218691270591658217334917395596230002236077837481610968386127
871156222818256513820638361151489484402382137782908597341678795224
790613503394789670808854999419087817941687586702339060476653397140
192840144637500688036707560992104739643055373863599941133222830030
564687751655471678587500364246996901719593047137569892963853733801
797486393819503416751278740533454639959404713548719300787336919133
689513181394572951082711939812025844014589815596066259030055301797
171317663003027899015196095920036903258327552193132889148096354285
405661963894124687907371409973540506002351663862706532670768434623
542313502707182522925125393132005307517919995574950822668126055637
879073206497768355857708843449796433072036514166272522294308266529
223932749032796299675743602362522326547468374511534900160310082503
215309370430093081163920864637298392488445980546506051657011707341
297411382534214930846526198838751245519733341236539865611494143289
228562166933606782580325360070454335708289566988666550823737753065
812730462842102454845145715999492395710074028824437567768962150644
460260178811687282555441593747180415425053938043760761382269724270

394817167033464639843652641494738778661180489657225864647002493404
430522145426773318142813486479402611561238574073769877206803610508
244860260243948197118782684787392494628000881610080581161294914152
612338164023494249125393728951736945380262294136289151120309078601
671173698585234283065733780352931335024600960081430184138162653056
826437763771808862545543154497407804106034422883962570054204553622
314114275500304962303354665410165032275024740045914584856449568550
323149870851311596073406650489534923678847370933668301923307667720
648261443921896226657827805802233598286615503663298784565541737208
445096211285458598955479333162302061535871509391896056208584284762
785866781446276674176153772701825957820646587852251928660665901699
975925118411298464673218420587780871502357559494328978839859487193
743071460540588402439674773912291085394537471162109385816874000000
150787397011522307252544841868648249306665888078267015896226973032
017337619547429432149449055146098466948225765002078774007527332588
373987136060291488346148007272968154112039865575410628811461271473
822394964302386361874587312103972823432646183389610307008043745100
941264772976708801743137036823369546618626536145048031132442799341
759239228918693031742534580124587488625762830651932482538127713546
746460853816540826058271209064492759102866093253076406825049716307
549840642177331357713280548042864959141301251873912026964593261700
765201440310318627009761244255472107454581768131969645337449421241
135533303870973421644337820138953076985258354753856414573732281653
171315017612306925476493751673753283389905468766892015389165167495
603575208660487398876778172210440108323136019800188883408039542039
617817233990280255889538961042120667548435800979580063292023402013
947928972503050282472097657971297153645067711478864322532248632230
280459490343472338905288231331224873869077208125269814078138857463
434780478417920003019912934624199512382844525495669330542078678589
151223952470680935511687776495690897438221958910449524269450233411
335375761745077778916982430298301667682964873696659660193941303637
564183819360731273600426047001298790723952025502807551216923020743
660457670056640013601568073141712110343807029157315910849476645399
078985625479607644694462740529866252746072412552082263445422234918
455370349723189022731499404199904680646716546036092555179860508486
481387249508194709039188571290459907739360403425922832098631669170
772104243663597328745909530916332447952469794033321350343940323686
371626481065453857294781184080199178675033948674585520704250512705
228466104766685607060802145516348397990194368113630428170962660152
694128256227596758421435824099891292662552451782077552342090390744
241056319539298089322178083612427926796305796521378965051709327200
805202891007123284477860263664254830638028864885008718617062110916
863463140603282838857983007439346222388874821743827133600774196907
752431291853608682077877607309750732171257412242433063794408393741
316498185059076010963802852165624100013882997780911377095416632107
688502631660684527689708336283845679279234717722014754493103566545
337216864508050033074393103541307975571466686701661995133476884428
747243970195122684392825698120914135724043509492533396276400021708
356943317702488869881843669131712056065396711209413444925045078287
376060694416812391709242437248669871736360481346450524215952379832
409373292668054123471937792169788544299990742809745308980849581080
138237319882373532791490709499256065265010685553933093128994654857
827292761534615254795221993489847646886466359787796541036042533024
618755941949177113822035444568949387231190266582145029100563723346
798227307704055076477447554111082071153429882003369752991849625875
527747883509009010851631332415920563722111890755428969157439497309
258610299336746254931739973433194465344510682249740389318403239771

3215341915973557749495072014224585895574700104803304340586353154533
370428028867691689196021751571139959326798488458176797432234337231
069351992445157195953084448941101793962396418739821082199506906584
352953681700488731660449928527039187285598266220921513263801735587
180055748196486340322758282941571605218725532528827534494740068715
520363164096725817396377955706886592903431875356088020218316205954
654223963853949132822134278330066501580034558275594140028871691553
121402373091347323072827465482426947009900227241056122282620936040
465329056963840082494172289765853837842005181703058587862133846681
185350947761298782142018498102136848182423854597120527474120863126
964866430274039120285174260618571836964984520230833011818518488158
581377005220412030749040448067890860105096757770948819629037933717
670695610175159770648081009359922947659854272513759010444904747784
331307183702078992617575295693672338083952507036440070467695310443
242769728187846515596724582131022497485858926914334370951950097228
294777588933642418156659124954491523646423487005565891444720546651
041590708120924475370986066870403449248954866271564989945771723302
257274197433043874187062025762265946443394034696590307610699359747
813095498023463156928485689846284085868192521130038238231839115504
966766539979651814607453896946398015147012050347367889567231270813
269353921397259357979339628676341469879935562459023076753842538491
331976544155538776477759485026147800394721226918022577091608244482
736055580809287185154257863406472151793343663265789697017809567905
465882542519460940804180281247447543268342313544783341856865365048
147260874911814787534404809972648939743464524311971252533722338255
249967259959877072151491052058018684049333742671353268248260761113
261231974038550417216404923517229791458585236831947978619550299723
873272063541430240358539723284084888795575922674760749802986116187
489066060047441411227938319445299956182556950574856030398351662088
836409775988826993399103928667676735396480303577675267967991610411
037279668146572455428656211925389133248383107032719127984561299533
060034992265086281969693801401138416212352013504311467379713425310
757917697730596198785325955906575602852448276119562537811721921047
070467816768321459493967373791564573448853680282635834233702161538
257419118756475937402795333133775058778781426446680265265771641404
394894071662448299958911528289184877144687796493960746262300180640
649309350346902847404503498254673402775041139866556116039457159422
834987826228668553916369873004683892822161628641865544216742942159
308955010663176699464033226855095575568423217207239551920972242133
201459714642314423215525677695654980273447401831119324842656976626
149953174752476563109257492018648605074194285838453483360225454679
667949451630132694066940920407733907311913858157149891762760782979
992710173548995861466599809795593110422784996748632887714721585704
803652968636091738389243437065631890243503435416923131601434994523
078317025344216304756625938578404573498203740881170190198076817650
077574712583347488918684606503363642453201827673067180009642668555
972323870565992833462775274013914345446338683376757207100090197312
899124440029106332310285320511242073429737155432971070445922251590
580593709236389383230437137572585262296640665757202331124223489064
028097781183549374394686509258840182721079938571773869771630396369
625873914837874496896687050224192615916697097751729713105986058618
806445754352909440339569852771760806785398736272078571108262534971
459199494261567285147839740138889895253167912018035157684354816769
743300855833581837522625851126531657507939428364178430447236721972
740800441042519649723864123825868640765128919107000006975863100848
853616360273238000993282985925410910846327449330408705607270160749
946847721122746968521445391060819446737466892046018454102290338391

5367750611717584287483653045497440116465084722304193075869040246566
9632869467811987119407222640154142132026299430920386233134516390755
5460263505161191192316537311880348953266377274255759179631318625096
7482304568917523842970713657899084904498529092865650743637986214690
6361260358537067239672718958297668335618835509932004246918234623
51435884694078748319793681198119075696080789259723149160194322395
25196231612189259577337905481465301926356774652954798515162726695764
27339856857673448535169303695063803042542502733397341404574918871
63236837945110101956837000791636315709739189397426518781917798147095
87403614550427781996716202181953660693345192806254163232120455640
49835209312440423099124047023576634472631090522352546809878463656
91592196661941435523196372042324243636709088077507347519689335831017
7718650201826139978001057023486609680483014378221191896621144163686
6100700962909371792115353645154832098061525271295080085449278062
29841679371625937609694820803063727780299547136291769404311893597747
04654248193019017846304545187085289753429248625135254336051633619
8619378552902993311301179740524706258760596803017061467343548352291
1374164252932861097102825422905885588288403845620122217230115407
6677238750975223145107323647645697834295723030200394847894744088191
7071318392059224103666974124212786203698535043737631566796234497587
8653643193488367598864641741632341522436527140987402819767617529
0715111526679099559409471094580070347832197703054183181285612821269
4218242879923318105045825893200013838397493003177728321735994145496
8117640545061124426755692454644697582150826318887727859165840108
4025305772369789156723515264783560603520911980110657156101119719434
1226640536585004238827410666751282754779080342269164595030163111577
0949233700054179459130294452721103578225092083433473285057270357
78343861679752139968723282046530731297343479304842342141953854062025
3862838613838021765735980078550929381967621496069588813312683463
1613247505624438317663672717894426711392318546295022455255063796527
2801681725751020728242914992158587680683113098802418840080207719988
0009834170650524302254206783703172438164501524702730683123177271
3952139626927692703821412646599884049969336598080243654281192867574
08291835308594918363215691138240957376053212855223255885284115542
9191902277378559886229192821348946827313686571719555658484647214971
3764362488831843633226052408578953725281543709544556668914292903670
1088070125524534879578177495700960592932639633685534540098897288
1421277406916400506867812511784268539627505234677285680274090087470
1989522431725122900388288659003705864201710121054555957428178706935
2278626478061286155144060312967383746929606716412659588195217146
645700756113714409000328317582836729506703638353183919984572906988
8690870303410206284292998770802477678563854301710593880842406185688
1111329013931737009215375144344370037585142958788919158897707110342
0027474640512043142127884215610162847454870276329584302171373144
0897747016753842199431544264192039360394651643131339127121189004306
5333000919486022897539568726584007352638920547462983144685130355146
54436108521384374313981668316334359436296883913696144979696266153
6944960192251016378929453368137242341164648059904306959544650350091
1977557885874245633261462009713237093137215313482485189221664198
1040052646351664037797992561286834817257622168738334679107894356582
5625222553860976478164505256533922949906854531780570906896677299338
2979266079649055329012568305208538422293399346274908866957588690
9026470887907882247481342702683019921899216904121037588836124958149
0718152792634187599105727268541546152551770103278615278243397770477
1708391330805082658884184843663605060806790256602333394170296584
0164230230889263317606075080891039177267039667243935542241091592094
18760075067847936958345898567687213250126215918086933865244617245

134186093050845784901262917552960460958563609705437392487980478431
267494306966052869303680397894300905391210037743510970654316384919
690676032064661605875477916978798610852591586552512895305339513041
157077224489345329930256496696624592279084408189563975437696103599
811652902652870644878728582987363736362468351998712570731298887932
723336202047391100990470066016523808215547726301302205101613735085
454288974459501271579531721274302491820578587448680118967495235952
491707354567934215202650462779361996916733335433640217705127128228
259636103741384287509192796551692060185780909378288344162148127775
791573732200481569137337791992950090122168741901742385161208884041
311150900305597509687855014104616842023171325236264324106203659556
629195485508133311817481472142915709110878699990310964256948827453
039037244207119603383309494484905484010341899379451447582593513585
795874814331003134391441820802402160364687063890429602835344485159
353839297099292295175399146773397076690637978119213507510100621975
658274368298526233860577373296835046483335912700477570596384075660
169285062008598626926286804508999735711110717917052124707760819788
336322865454248703865024593046577252248480494354075661143284334127
458453443774168265496267798660341653175810343012943989460265613792
970910913822309857625907549213345424522783119411594411567936379361
116897131974650681034862514594946502302217311338969796029709159540
530674193444450765792894450421868280291349369809507688366725192816
738119655892083073592793605943470785112457343236447277506732225991
175034147264286303270813776710770091531456127919210579526936028314
748422474727471443872928249072993437643256314753443455993619279544
035154728385959134270639771457740669772050459029435379588988935391
525127483916667743512248161731819798507312622956061716382995066279
696012534304086936062630912621305571771954302384629962586034934199
239805954779143949523819915715245650800583229049083109336984586113
509847565191654293386103402646428724424817081135851807036929056928
708106514971726104844337181678417642704072858730499312192918272840
073193708686743795761842581445739371788933518671063642523422889702
625660623540928028067326100535248037032028655112071649284492683557
754386323145106563836251164206432399141678324003740917138155639845
365883675555897755206866253910514736731020155465526706138299977756
862678544835929636518337974376111571328924292998178359945481297901
234366260446871350408076257683946253465041892725588620897436268036
679065773741265940490563322139406564033560583800652232957233773684
689741164341029181653786564681548480891403603698282193868345719532
742936302843071767182191345035112969865394925417504513411578327311
064497679268623910616510608175723683732180419117380267966287389510
162862574555906114670955042094384050292613508862281830084130103266
259091709826941593993007561142768668964105204473539410260146648422
534100675379480606525660793726300751908897766850320162358444630460
284771048918777732083857629984622217448109140595597195328778253530
372894932276011151772124627659722410461048244709424318721101583839
493540438604701453084645415735230273185294925898547824098684982517
383691295884207432306563083429909206646311888465676368823044171781
768615921768017542116057756438250149231248046457859136118870236637
226223000077528823432720565086155952899025785056331295141239869519
763248195210381343580822122889897339300600704421699368779707834140
482725640292268310739962803825478426220866031352236989659983753373
562705833943077170110970832091333519473657859608103953390832618369
050504940252479954974273902648570348254751374620055581118448394290
117797848226351624208969372670921308221748362735472437895900286828
619435823673299281243238260747461617913000386665714295987095471523
212029348895148727398458514808382383805453738553044629580967146400

729950694193645465669355009065733986400700896904865746567079174331
381833084518985196158883289223853169503257907854854877537583888483
338643049257585795496393133803355096047390418762476962813705366511
940765788975911362394460076432765418570047685505383960343645802825
276674556026672105774365100558061517136160491553804174583339490517
039017663610348923935995373646472759253925386278377775671861257265
696947016977843669635241903649890644780605823048635302300266561316
963403846275568887650308499174893924026241438413307660756111430614
218762557802511188295315112641157608681670826115492324015756640881
539204380779105677012743881727719709325305253915215233410539110244
024835141829172557074002159885974888792926877382241591662483787108
351625847246899277447995152825598603661312143089427442761984279330
774265959987113319785261949956394100952051370338690382858248205471
205950281710990499786223899944466199640800070938830159288984631769
016984180665008250208926728531686399402461303663299067948541060891
344894728261160010660679775458187985336785546663956381676408212851
993945702520382437200855851911374394963563988077919071570486708217
760824169055282207371748057665591771342836941685931976539798939161
999091887370917291973030213242887078743050663875566598897512028216
395846286268790195408798015312688037239305390312202089992558249201
268846691309483054191662252388763896601237562728713298983629698750
595642463245873864460155338425044210502521636523192090901787943845
916858037310517546752947647753885899526776296084122003583277895080
573695081136355582991796028493732458356656435605134707663459980450
604468701284708837451545181485755179952937566822311356875886693438
227384569947574854626370556451951368636468578229011511087013849226
338952797134089294218451214989553582408807104587172424682475219810
645503290028173089622161245572026644074333468042548704500772426999
508269206927168723686179999519464355492429177637553498668162376361
713218422777941490722754578357239662872988901719230596030800993269
328156629559648304999341397315200160760817258012556192384504986802
867824710900096874447061842456274687911563366822373073451688266007
166856289862723535034852945981107840687171783113223446031888433518
076817189710719586652457116335616533895155528203953003618353481305
376102390749446316381694332661354500551096964928220730449138659025
772833767492840390612491028148357322370889551643010726183311826471
271526646788305519537911765798062089568841344607762908373606925964
483439058266121676635551380483786340580858020926217085090194752284
398192292177160962679975211632411759164663959577114877157514365070
589470878728438137194593407928360870020440779132352075194171723762
143086023009446798759095043516576414049912225298244332442069704377
950090181729006989119353297149078385466299597454778626141508706114
794100284857779225459299303027607878788796489673518510816261206413
660455447139925353906452416841125877752408986634511099047294181283
912199596969150535845929560265723749713118617476684295943956356048
320590969471607032672639426960366980033249225683949340628770117475
141428431025925600208306461402073574339920583563631364388825602406
790259889668719138173994111022030875079475597128811763255359584527
558835969871447896512509284417343396168493980434139350527665701701
684916757593160838195636662983609732602243153747776101672878448348
998417835659258272216599191479868919374453403786092817616644125902
187609646255834471798187637821617552796432922181039387373162580628
281072521058968259356291378722363248523917895216079260019848720019
982203109809961791616886647354772913368891872013031289153092310055
045919453574240731219248562740112129542669116868293589298532150022
839046015097233163210849800866924917814385296867658271953583093115
611791271731164659774739947848175688894720968914476532910158500147

3253745485160884441974536584683014101082828198284772907857621294 04
4640846314912158664378270095299887867327764193439293455310701490 26
5648464633980836834416924416586622660338282224494056622853075936 15
5143419772169731816483496899909163219248405836584959555635160417 72
1812353919684635087451466603332227752657133887087451940896966390 15
8788101940316273452394947070012068704111672446111855695806089147 48
6930464047985753453535747364124515555017806154949188274292650906 94
8569346269992887010313179500536394283102714084060468561192836277 15
0020240147061282867783802530795008491372791665342045356524038071 73
8510428657276478927747550381290685427925129891166483072976021718 71
2507068850846029987173032011256915019670572295111623080041005168 26
0753988940323183626794521429923073497075925018553781935005254245 74
9609532823670424092316379074046198528564795239961800644731181438 81
2899433400241619555344130452934189740405628198838284006105879935 22
0673268097268404813087129174952448113323337016883664462968988981 09
1420025766130148631550952346122997366502611109081642456178154572 78
0803525203360245267063029525246610065379756682248868716492733716 64
7312282484850360138692671559095560884066867167875617984800733990 68
5445181486090204789436724560686553656494935298264688092060828997 00
5374265409837122006266482343824289799567657063952010064569705725 19
1799705949991578362149215560468247720391454282056288299158138505 90
7604796317856557704779636976215264813670790984086740655043646571 93
3378277461745816815387211681961400043097931636585659746231725168 18
9479592700937238561256591473801370790392033835536341782551756336 92
4961670469411160676471967775851977957064595706863096214507000173 27
1963000842022596991280458268713158305543472995284537417449388527 58
1398133277119208008074774526158024664787559377222695087412873529 14
9027379425567552683699534733824622600647790135142082307222386372 76
6294620096183404729253948445057286777131366547985976734445841169 58
8987265492107740232590730755772337340859688308335713167417220428 13
0926337989884963595981525317771428598559843058356867513785057080 34
0994659429160487302674704965412915757671203370015305879272845165 85
5829679186703584616853102509690169915483236100653819494379477560 41
6950345293547695466082177205162807386086341737473279717281173040 53
7515448137013622072652765324519448782306514870113366970766938403 70
7604155855044674821811473821852011412721649353006586384742925510 25
2487760612738468603630410343005184545977690111727636169410589859 61
8266487815808659612255161195081733580008542040039817716289974627 79
4140263712738197405671522358187800491402105932645715223542767520 28
2134605630149082592927641199031614176999554475571708712011842458 42
9563340160461986109705484779946909410045647200125921152974941720 66
1646417264281460648026392623596577000984096239459944686322632848 96
5269765298277673252840374755646497039770475351160725696145963442 58
1990729688123521651396144756671998041948798964655635331212851190 80
8555392033154070017784376008601076012311692437026197047966829759 05
9360836249799230106528782735830731541334697572643259680847432905 88
1855169947234468984522845209600213002213449788343086938325311819 14
5197182194838444012721510444728281954497402580654930951878372814 33
4979478175841367610354186896824210856778808544895832574879602073 21
7333206334021145419224700221849024182874245835986648214175533846 94
1663922224330924916763131202824479899237571192379089547336987435 86
5625088310544205803503442908549284607957299534693535797113224563 45
8041794142335802442354107291351904496249850766085675688987686182 51
2829351689334672336985199812850983729642273069478416976508487391 85
9714675211935275443116148698704520605539025054875245229838565402 93
1877519912917652771464535465664789878796146727522447268728207558 19
2273803559809677357556370121968673778548738488812329341033767865 39

0179713946348877336285396983680606043011937651183597630949509809732
6294586922621395688278222316900505188731537254968727610758951127680369409734867863949373751579237610402237046458588973447148750240814235614987774408838686269617803335830244268510263102118923366159166924940601135140648269801180204806833350897113865233889844144716785270134964348110859839349683139926520508692848356888805857077428044226792599417485864296984994466474419337116456229230284776555018056063120746619773104994945280112425215975106903213780390086528695530782894297335963458376309636090842094797294075562828592244676450976296547473596396743619083078432026544068038985772944757470640019950504651624225861223336783705388232676790122041264882643838862657848514778571296099304424351864171229889981806717176288002777431289805866439104314174706028775659527800086984318687487171782935516562678917184660103417040589811640691623929819535554516571015316866257928214103698784140654542355141446297878538002813686326811907238906498212589307191737076897469600141265107096243513112824891817371839135084146675299495558260056533640667052445924656613452641868915608922007070854842451002667230073366431409744714974767267465802375853170118731909746739760719278829035327657509682276545302170893766332653016773349525382737914957975647879467962709110136827448694569746841782088777109674833078751536444502984798326202115424062591508629032639257573003341785624944750225874171616903257846390261929894271959097887422764493301616206505496243562330068493741986821416906620063426176809097607852939165200933049089504850948771252667366103353860341954709481854821204584520481110254792316072006460974467248402838139317966333755863307719775811463256840682069182748277247667036431908917094870114439419762024266658738612594699009241724889464168282485467302069904576419004924749858173233233693083132977648402576404464626306537748394056455889269332759298460313393928019552911502069537670763647327013923168224759705062354994707082277421332603057467924126670471113826263483428345427527253985150290574661969490225607779304721426343117131919067462927560606482157227560733187572599938517129659950156251812107283383502556456803738282145819632317572153436660549579529133998719481425645808991477522896265953696430833540165214775420086971220201947366068450479632883649756609257777828417603127339781676126479354916963815862657813309642670401049607442163671146012478444750457106007730288670117010002239341044077275756830836874357766095951167313136184776155780248802151358059946844950975712318868516766441819767247884883900857037406547466476197593350047016176963639430759027855966196801667699766718419555621924702343167510823083593821990400240622259335836793735574982574496726323444764412555588602060900743369368190784971919226468196810436099013603084859193349503269188416900438351030431297432258342543838589669415789184441290485587355920721565614249753660962822232314652348063255286488792758852367466980530531404524938750555244022889591870993869842601521929965641986356604010160272584290529725525623096911723476764777191389521054437183816352221071485544704654323983300133770918444440952186236149978256503375725075261131035837523903867195700317892885997248089285297799567205423379998441338611607227766848227410278046543350375389123102891101326743948947273135143781463589705114660622789562539480833188585980250645726047393601397560860011700506655736863244398944638704844695080494503623721839794791298092552599986385575475768797097469756401124901857866988347112591840598664900357046159061397888108602989230522010862740298911091364466433075963833028864002222071035326489854604021330453243027614447118509011013359878218518361259634688023134265369694678779346588850704980271429843950557343558738263222171848700530070646650542653208432998442054555

979912083976405634633133607953840810056631279085339971661315607610041426432847742332034419847035396363500811886336839281008817579276416571385365616485968369185774782292900673573842049657013457189289490685656171415723765137600147001024433652968951602391735467223025770217647859897339051162863494539910196531909295790666631918718764668963491395590564108278441133797994518891772963154486006914389246210484147079786616764233227468613693690434828857808657225986472736797125891809597573594651686772868543822841289419077844321190168207331696433739877300460543701127505580608851651624758759751730363913416060640079763526381093467407926857443499010885368252078955054121422348095704713802513401871826708276772789541887861743571476650367209385784350943752457310434334676085181382123292025551766139903217067639661105677672573097447683211443639736382307191174692310545591455416520191859083168220636769542084619528114363179377965858786287769400840476304288701274673242197264714975080380439630119332020856028609213447128120662776935216125571194775950306404754738139407857375481442843776827759399284978625760277709283045719232416458935497352853883510418536299422037089325678409361213768406842539511669669885118620828899385607357084581225761457832331957858263895417440256481475411157947541365936175997020126941420037248867975189268913954159736451027105199390217734501530651602193737194634689781408701281111817315945879663420589060238770199227179042520532293813216770341486773882410742488601374446690697483110152945480632291904982924347197190725613930937187228735464468113475475042210566972986846537760734337645356583851976881912440362117694874477365686442684006780213011856920216105765092389176887266620563918793715385718435276740481586851700716574013687008741813042024924278283624299647817658364910097849646519409571228023000222155835619694390903910930829102092632002339694048274130411824278211901107362120638643267947005089489500717474636797840530577042433329543060702762739496188112252386560521483560324352741006051215394237710491379299612074513623528014376433388769322293833242739665382331509705876382922206808303205248649477170753829330368849792772955416263413598529908707440191316905264219504539305975547015976777164334098502273578965317879041308615485803997848898860519516411785793168439232178143030659212030137388164384187848809938742719327007413690582759460409766486180352767599456508441207964438717183614449222935890384207750240919038576933073803425236405261075819701121332182484055760209841605262612739808223728941298437659082246725467398383674411994570710296911749968361654101146536349575631170490182549101804435604765652268959401072085632372774930517565791053684080956911496673656396008209591194699656492665914682301411224681489825211034370108036579903925201383359305698325490503218281267715135838045221981610742965029484798212024360276932734501884296770110841993541743978034342778669407061013680245378084931144026332053591533969152033927985108211569632822727836728921388252662566898991992674709433878984728152076745048519489510034085249244317757042186524849343306127045744791015303172798347189044271250466235349201395242619354127663663552710246200409238364625770783700488615349968053725980152673395628166953154381632491952813506727629340618750211713243405549548710770937789101829527948210099329366513336938857086706525995430538540154812664831129859986522294988896979255144350108131730173921050496438545055758223966612852568979151270268236753144834318047006048967265101123736508510145395769212073213422327674426707342135359482357458302916629045686670673130683855884429685906269542990025223286726507329407961696870945608139050281991498898932906889439103587494816935564393474830372232941120129000836146971602324206473866824125200160465898455674172312613901459936424045

059327560028703049166935078832487869029154690510785456562703323726
0621054597437253527664259137808819791428516177828010445114831204266
7525509073670729610753626720982153001724666171303122808093902035633
9051568349399987115484042193188198645260333760244761384431883321877
0916807260529011457942385727418200086677978918260563716986962084411
2420865666008770627720846473724907207646022658377736489701232999288
9650370458026599075981156121250374764354245605759169957903743966633
2458351276311673696927412219966879123740733899503270115331567691022
3323264819043038527471160002338834817400188823067904692947110560011
0758942212171201375969284373179302491442388504956433403864230237422
0545727557754975245190324862491564709684242032765848306099017311933
3788435064612337066232692699290166676276795804984233058353155961055
6712295009815426143061592912323062666572407291745872910981395666655
6070564933597482381917707910639957558268206593714948691664675850100
2581457539250481519510018198108389213512612847109222254575957754000
9153913656260132108498040095395929149347939953901130318152048942300
1501298652250481521469753778422754254859398794915675943163818975611
8325835773709540456832140971531099393687002835351608905276957083399
5159791342589297483757205960594396174788405732121312956802895043111
1418567054386716124536231669584635590890013122263220131365243980255
1453534288870924140110899764993837682925298944739776532377620676644
6116250927782983058968003183382159819094815099144848649188121716222
8529802061501160831469781078749531398885112076311960643427520086500
2410023192950886002504060672528649860936698928898729871814096091444
2686907523109937300180771009956731032277132336521326846727049252188
8007401371057857935069365142217884996522151523509335852290779116366
5584801875268296778032259001900700476328752287723118447404519009122
7356060201511098075815312698862772453121334191129188349020788117488
2994630978397193741094670281486364640310431337470718987828286426277
8758501482847866949668588795294372697343352683081343306355229713088
0354670958479198687521547577417935953072063403878990581877997297399
8301289302108355204844193850966502525195942545219441757772681501977
0101532386098577766911356437273611040819113552641366783245329173188
3538988069499541278922053940042913161440617729753190433333116477088
4627719577369938662062840045925114924975910165929631385931428375311
1434024872695639508377093505734908914082799201306592018422478085044
5464844944699154747360896330826412191196820323884428012223841552188
9613241176130565127943048376899294637400630118142513493718985758833
5121629478083148783293960842088846463232886871085540705130816213177
2207073038544054696286171202724353556642781041000237037847633051555
9847594814666595448459906059518670651855987429395023749990458674688
2356814721380304300541140328194565194068277648090081935208845266522
9710374971405082123086725271197062620777604120632624205336073254466
9217991691516656923893171359432528608860588845278375338283201563211
5944198696983971675964138130754270994585339870299590552094750504566
0706051108622067933277678313210544014376923572377661449516454313500
2736608310101432151429204849259709853872136222725000173198778833577
6651459609475135609524054112022731219792287808190883843503704711833
0287403020426176070114563465608549569485013335153797944002987208155
6023384269226084230257093098906965586800424161848263884024774959099
1459283178074471305952767135620858336478231227937721686253751964622
1121152429764061193754226590859069987899220953192449518939116319399
0151926610062811929170671580563762637189987273933278304814967257744
8081068412345242178492791421294893651789051867554389817597507886355
8236911948777932429720101001759955383968423129035948348376209053011
2953281167778164115695228604063490856139206969059994140705906403799
5448932265985936845302310959819742442235993951910819690241755345655

1773624732768763960751820848721267816597059322263986037835474307122757413835795240213185539216277786948672522366447020217528267988378775116102679954384938153213789041006024824143000340666572620153318398126374900499371117658730657296197479221795153305069487267545624327834344589136128301821936473754991544269643080596078411297361793900730553870411068701510461661976980495022718552946901473206373754048279243211194695274231136212879534523854624046666583594952131974900267241908964495178228276768173758230026821794229771491417547474819827401384978681178402830812214128675582714482096524998660398165287654595429056618741446538978174431234040804565322485810548114455578644781807701027229640013703505246348535121320076921019043030981044358984149109483887334631594604624558809523062558140535375852894842690122910778168623711379617956835415309104442772433800627961322821880263865677930459746569919273137149067948054302750272680050443940163620265834285045303014333938546072497249401927923728835444478718296440460055356686295721892031872511607055249092361955730791958315832242224487768547287945094524715094631030601752737488610181970524473286218851476334296364765896788916336292729512734377922217087649529167097342212639946822318277181900261727935163178685196573464998381869290531568878144348914850595241436633387547276449565355587368079545129620382386626194423722923403371391852447994468148145495465877799450381442993116905594086408545413335548846870823064362278786000538914332137820560934925253688531827628937744918223246662431157691205353253649730898276625311395376091473337037207999954366888189657871049143678016019351431832580740225074097730581558063926186352924466514271656957649968201402673423991758991997814215359533254129553275428031597273625347416315902911206422255180156621051258476565254032380015810805258889939885301783620602210980446715987193539629915005728233603000845320328834915225189298666299355469601552716982191329083740888424319258374402575972324730873331061128349286097077383284013300248676439307157315439522180288976756359083265281984208457217295475540363022288641544144812938100368869191658513608218032965927635902559373841878438716278950667754374051672280923472225817551420358644617721359501331656844757675079064447607259088750393628123286467993139802192253114112907367560395161389322885043040981627272578311434399154239553790582565197909365392051016069937736923516112763438730450754162061953269898643179040468720236126405900875832034159902571297192965392012863820645189192039632897951762648556129866059619145484593649192727742082775868643555120605283953880474352793957700561826499576309821688005005066906032391381351965360923270404027158004904582762401873600914075425945625496311970725494334000035438413871161229434028649066528538333743184195459240041800162652435754903463292841711712423922305686696160129309710191582154866667341653088530290769992602968955740441008860027653714148912244061011203799432105826633142317114819758451154692227533915112598520468146979950217874930934566807750889300576019808878914831455493409276899392944795196877839988512738606800538804778302564989020891586990464486906419300520614069598487954118708177648887666990613636156819233115967709760039716318619785304920533380246476936949545416874171160995742023858989881135794278712283385593788912760780764972060730263019908742329542284485643909745257113046342197848955472017370587252744631817345330239854660530891831656715194799180443676852924065880212748675371438899799408155961738246189892164023068085591006628889606241247259618163237072545861548297725154522615202596944345248817244205641063174442154861810795740639040332898475918486291928045381072549978826650263255547475610424674355816974710127020331164209142117581407491173332038489443197688610183727787983809962294433532

211697640262626176147563470270277468115578553486111584474063528166
751596203104591962520412646740224043570521220172737117443700266771
193513461117765395441146483772791450506813923433018190012616443455
307342177394867743998942389912811360111423714784475528090558028440
529612544394855010595042118453295510212580706800665268324119842791
828628975841019671111025577192665784006440840196239009718935425528
928049168284924574736800304421294665732009715368042775958485426792
031035486900655586775523298584649504406879362870181408156853729626
281764215296947959952353280006293790457472221654784219413405422022
942531895565411761285205148395004763750544380504580504796893948914
192468561352304450659434639114534576542560030776210019063625099894
992218013705863444190615420741773344146845873877476451521503839083
989321692946024839285850277203055548607197343097830172465214589305
818529521758636229757390503948681627551907537607167397346391924698
797785068649208944593137812987722145765764332070599122466688292737
314460019963555360080392382256323931546846451638317586581986980223
803183824427119966271213417313490000877608211542642861018109444703
004503621420102579279108619088897689355493029949340231638850450398
407696411866040658688059581329898734483774595592950452961411304900
192107233529137793823712330422304300938176848523692902202178827133
212788132664016965116320037279142177290810895181537129778731965225
703998253601563112081350368093505485050808554574974328559080973095
453716761249216166012409642993030541680342447112015066115210198244
466763364598629252573765536012490832394511118057697707655421753869
340222255531432458509356139993464388299082549340278303780353843084
874611491202432734582311616983170627753178382603620385850289618937
532813596222519335492992695724358404951586263553594955357859046756
427909086312305595413967098007261432005943735199530890027687995109
848024868432413228266291175284392170826843641839241752770008201851
345656680212480110995733952378552905582624454552242829740485670081
378569874239000413484468062476091068285080034040139952423941468958
072643294795746085793219220522213912003679970968124632124042846619
258831423303528582563452929706538893774071681044370473732477747619
768419775276655797739596536965787894503740689244264490598679632194
776904025260332661590802053289999163910513684391125765681026733555
218187567516254634346058023371212974365940035154596648646253056677
530379015350402997234591797409010425461368404114102751874394987544
840961991941865011923315888280198973686769359164607830910562711788
021614467271506728975943349915906925162993631285721606284898071930
547884953645008852226268338938725632029563934401558925978067632505
850510351162101587153002596366724840306704962967890839119509524556
699428151141807306347999752630427269000304230197630218981365645998
779918589333444185143140850090175265804054615408477491842409848441
679497304172341179979831483544922203647744101264056225996908819226
929161591674727120492556982564992496637267444473140741551568708210
452494207357426998822169180732142945837700461495100269095416545335
680446087632865752765261321876089709258712844546907091578514883913
614101881896006900239871387695064157517624368639693484658679535627
192443682650692825257745794171744783964540423999121926924201553148
074452489006681106580130635690630843416504719763789046442472701578
387430651597676799526948220540379074748891860404141813648940043049
103859991556125564090436767612820706484378662559921480421443900252
324110687795411710051552446624959108034083805160594529730152682598
566996340398069318204849080398543163150669476838309034835565421521
247319053551808269452873399946520881163446948120884289110681315890
015663250783061721759881625132578723177166024309841160504019088093
543812111955070845694173186440644208992846384410244286756527231065

6525510949260258442749640160307794626445236720235056536515959549670
9562692626003171134312985682397908145744095495631990171783020407410
9087313926064959186324927948087207347802484665951787278630264070860
6326540345459707974810339347676431903157295668503467629326055172290
6627188420452907289061838620549688794443996800621729257793977292590
5908052806774770747509990730021397572371573781301638644970571015360
5692938450388697244352939328499665604815354760366552759242223080360
1157013129398964279343482939165738221807325727473897271325135308780
8178312473644641705003504347522323337242092155459768156817030792640
1078340980682998211199062986580295292264588222150607214358704656220
8882414729476111296915294897053034462765720595765290924643114843520
1497089584004107515825572971494193267375790141929473566075616498810
6505086346877032894607701642277412058228785233337396158596899124840
1881029596049376854943803122658033311568854533368469208396643210610
7198953640799406833554815606284780352518644246449507336677632523770
2776267509941966578729484916564953567734013975439567196659053710120
1410145445657088973205577254684774541142779292904736281590512172140
3787050650679701018540522690112877151209163475064013734760345935240
4334219667227813450944195986605851191847521244525569877370807580690
9148483296684471574954731255010354680479637517025397669807367624850
3421848899388378891015153087673772192951454423468544786949731947680
1680459562763075962772879810807063344474657863757143639673261819510
3516396290553996230232848884752443737184815401524703754147935194570
2180802236969313164191390377652453495294492409337591482397188404050
1079657944512634928713943194099110874971458717080261716698113720320
4360074267841368048801851673591000492147627990217849980653955950990
0975898134095100420778011172722002025962143317064878043400540237750
7073489711131633519050059819373448696000993844519422698827323909450
4622105259904954365300843719122876453762755452452900616947537049080
3863906162514709428228952048067569935966223082276147426051860737050
1917961491029914923316931786412269903972598315594522901028577996450
7356674798376330530601628042156883116088723634413618848961706123240
8859175157300603545322130094028343414030952528004411975861502045470
5058523597264732602230697607503985941762487561551647681538844367700
8883656533725719409897207159573152752258138283144792887707136012910
2469120771000963775753904143703284595562956125698127137745065328640
7035409565283217709590312081857284748590728420400431275881158800690
2461768233796446336143770551689690336307416806951027857305648049270
7705422709775507085342193060553043329098710326355914107891823681870
8732869246019702817745070008964668658374259443867666816711851269460
1688479829172606737554649822035295537823577844721780873341365583140
0358825315092853372284190568264450072970203727842244070903997176210
0888258359500513506282516817228369510915352897260595285684211884500
2143593119186142453105053264729036843419642255721338844868992530750
4005671821913719397066206903161673559829810179907276897119833557560
9361788870852736433608227553318104546893752744270328675736900170910
1941453981141034549001465863198654687976470622910366353892898605370
0372253596691765165041884613085569987860236859003992332882883994020
2900169492454492791767988569853686225618137805651621457856247600740
4469777527304859241014926775743083843322371247495692884992122626320
9118255355328131507291848666019620939487957240348819160343169754430
5218260329528259686505391915757209414388577837633326549821803674060
2609912514072129365350544491393139570426204573793222116513906470040
9897757593805390605208123812170137620108408174462427101892514610670
2701700076700202573337438092949765551923235342237735037852474208610
2155104617295343083531561769157168553217275269468825428792548661660
8468689103745089403891412401285624080606298785157040404113591142610

741515793360499712541931799497686480276342402703325012940608127936
972188213834406877644854665095079545028114625620334640625773380034
048995327373696849526027150490163489218691990121172197992216804040
366798966022288022444137502848232107681179240666569446875100842690
543404066335792095155940003597033660102846704438524093772041393072
333610275635485748632252441132741736350343055691081496884369489126
725404439830839126770775825599039249730719217767724840170432169693
209864747055085486574937491062189459350110604151899555534058994630
919752392300721825025054649494617615070447666882023488743525187308
921366275616236317574830712189134147769736670529685929309341850962
199912344297399278399394490518412701273302936627741201098437926886
598654770469317795083363851927548016656815308232815372128444912511
021401592327248050289297990984519284801967006907490471096826920418
103984107295833210506182068829750287353969555343654217198551011215
993862468931197991420871507714836788812016271921042544101443651967
722836421676628145472781436180839264125775060507860979134820986070
575143490687330195861389157226510984160880919342233883067767760709
526537951726685065503776054782292076694676556354638974765824654920
259860779272911645826703230787519426793567968896875255735460778923
317708949572865687808086881955571124350892499967520380389905353288
385311849818319518452082179948242743229173070798651239177167448441
525145729699168825088314658985073818798725166189579232234406994505
340713762145735830368905445658567679561254411116653504814429857551
717985051630049843976590953204805742211504779113997630865019171429
385860781564110012682033753860694999245092521169748665812908119009
316817219169806097964453902797662021523641195159819416047260711353
084186365060487398450595654900925293283510212635666320875139573909
689367127465450054701832389430029994926636866049274994554102627724
449402830864092738415361003232582906675620391101454036593517273187
373177233978012386990131570578797010527231708234962261763558286940
839189279149007679391652863641814662662613167606280775749944511249
321782269539488322838491782703823911374372102265938458803317782933
117656578584017956327953652674011382406219606684807687657035175766
131581970069058477633954124206088031485532243010898586331179846523
286990629447858680339718615140484873232829458195474650139391422134
940934817725848239461629204828258913063029670005961722268890796858
908298451112483291041050459451778019204712514049734343476927446496
761416842325607116548584785458190200390539646675147308088348736969
708362483387511461603278029505904726081657955159353818360384370503
784695271424374751300867719159637180192899472323493070509979648072
440997679891802981428722876107647872593772246498309165662885754904
425867856981802908848478727354418871452868790728124970950140718960
302648530436636006034777494486533091806344906022256861070550972098
591582596958391597299753794647072753641088413218786899120779695722
524186076012419563641394496425818183129949314177968467724776838743
091743448803548375240346558900783336530619329433332891468872728313
367733916068245772322479006177139790614560216145908005047094744890
250255508310535104788764895565654088514983618357846507026047143856
359704110212262352559802827520134611282721311482562142180312633739
738927850628721162442586485014344691004753475672334350006962947280
428783582420731525680935467974573128576423439961303267000283647891
519453725329578296309273253148096760493366369378418427065167510931
493423270619197638829673057146335794426822123236204095786457534921
768482397004031571589997288621552220636335362965889943315192344840
206601474576995698951184096177294170349333590018901121340540764990
957095835756037395613715525537038627891550427804688436293724964987
877245049363956327041476168721301266436677988214861358979288452668

557971715495838943852982874670906223290254955473229684629473731168
619890165237758276334755966569204028739994480465759827535022558586
635582584385362676655031280545924636474162763535988508998383409617
720944644091549624434673154948042946030791788005452430959277187751
231651719482368319132541727621478259796148706300126203920109351910
335472042985561508702097039771039185614017630059447868128650560646
588989425280869437703636979857554604588051228631695003199714520416
850231294958525750871822121382161183560210886827415123792787619525
625096306260365090365908208593869494233233548600209451589479624762
912607192868819812474396566647410028721137126375390536041320933638
090214264648357622591436494769357909034206818205179637625438863752
589247788090181510133873264617912914003814855732544676775763959831
166578729346749907141608375131006126191756784979687911325550791806
720630486070561404038745524537630375690661759262811667646983610049
102507243384665691841945095391079932610751769356005398037186366584
931638392564039541592725602045818848752075710823236475420381030893
440613400521980909950358118433904995292094638129412947912158447224
013164093720363819980858807728387351100242262294629031455237372789
726685373149902261187970338676883504404710270547629849496285451953
114877489579325892168199974251368565635947162938558100667105063659
987501113401159996277489036150536561180328793901101552021874236457
274105419476141494142137262185813633573051999761233977499467769501
645275284360506401294755965980485983475783090134969346624446722172
885856280174843642116229706241644610586604279491763200603335984115
737722823900571793116463974981637023406949011326341263597420490692
447922241256656037883950487166126045622781811037979003736528001231
986537573597169580957228394876705017849904277290135285423645940027
627806787735476993889637481360574261075273665649674606910631877067
302814409421214924647028989499878608822819286036871956527585992177
902445323183366301890387444301543900226895927842068958810760117605
077899477126965917033701029658369192265499313513416754295534581418
060865913812350707291611164198864414792976483896378805067357148949
802800838640388603829038764431071747503858650412136364383108044336
242841333962315158358460534892204759625628081600449397223958388631
467561170512536376009409577571019406740753967226496466031450844773
827090416804142605853374790762791546625005754464501090455563765852
763041850212917932763158027447465994233536436251193733718234039240
743258578619934537178303832465439671444456762681245518177155212496
787193411409947388186556369699513912590707505469485346453475306052
108496691062817083046519964840033913999566141620385397347332998649
722319363998321366071872427013584661390928765172973522820876219645
902413626436031794207724249791488958068890713318203890483408528218
834461140147932208734478567886949953580637732145405170341355640497
955518053992198181551090079005507148728633418268812196082506091106
750385227198130872031304291234666029786499254155161723006040590876
022661150056058805771908788906231194333038578988430354553423726138
591238267526574217797865828291134922010477396239981342458231121747
447376619750746967286706666552433987375439532485864153656905222772
122791830777776259144494125904850778751675923822171948355681358614
521834942214038490331244115290276116584665113222337206188881709647
136661892877467052355907184311695686562622157055605247829057993933
620532349068829957082078752972343723300072846712055051909943945383
879422916929206256870039481841138226940341492948544398599642700702
974124804211575734724874329863655083461422030144209186789843259772
501908343978575168902937844988466288780074571487805878703304047716
576104120696567275594933265027544495861106633015692997871298974837
692793321108813929445655003626592918031303368642817193867649876606

143920901208451595415312015326556594020820998927510883034269791122
324961202163463689718898581270001991183573098015307077050530030117
079764007084728880547805112591333210812549351296477000332356504962
466187025476332496176610036244333577062488777003908366815534333616
847579881086635615758886885383845973619758342540745040095344096106
216729578530900225608907842939359962554488886558366193082762865593
278235890253378211589887080417329247350157950944965382451009344880
485268283162025789709548226907981945404227546646495998636947016185
000227630917378827647323796949222526218480162901555297505677665407
920331572181913397793321824365370951362138810501948901131723590840
742798299900590824060493541040365413357456067070481453864414021398
1042865645666530739620603722522251586761753930246108948992463856346
063014969848368277519291365485432579594213538473490895055421517758
458522381709011330663822844562359725262963432857370304429863511126
794297727115785456886064606956473196639870302173731111479827312560
248155661654592085168268051707240526176726316770905165307580625906
599355903330116181733711815689449046958785391585006465692094638490
438090532161887829395640082724671787200382989271370209884267882219
703669922302179283385414058854911478055179917595207974067869210438
783139814655885718407277401802558476021896518582359536617585026362
023938167726943371798524842836921106674795466937174176780342974265
554470537788607240820915525225994515445379734973343192766150588700
601838591687820058924529112146694063585098225746629655640773763211
724112495742103435279708615290752552660353556864184310878259796310
859514579382453165837955103983360335379923127626593741725842243660
050844241557944880734082664335789536486095456712369808169179585415
242368934633927795315297336833219586704389201544019036457522773210
024996442091188047560391261097688566692277865611025420692624502111
923441590358371263598048236719422193991792847638547044497950317979
249675255546002041502375238356958222449585454021313088628238700940
326693086527295562536257263182017563298510549064452172046061308650
993925484399866927668389769945876519008913858780259899047220182009
536478261898304726932104544917331873389757360112233463562640964193
125428663524800079013440753224579957832904293616527102650480373045
147055754634129403634550941815376884919084206651716516583725454981
125110409681185193130991817098702198125065109691136300676884175021
491526129185413190230390293047924965051964783180446632619067652189
815516619451070475913357618474023156310884124656924637934182532611
514642406973611266541896286697384860571247240940725794160736793109
659054325704836875069181981622344450564877741171280431575560975896
082667583828494906074612368283329922504591851947171369218063844514
024261416816270783835334751716950708878913376767574658145533064325
731701005744790445804653577315613742041443455798866131685596391348
789453349311776774611960657005525088715432270959747502302916540464
495393083485314768291945436493672636385406720543245155475083771398
499315499099022160177973964231286959133355502024097672750719919120
267628380643919308937328426014953301723079413121480016366700346433
736187257744878487616761431212585912406768683186249824531583815189
163791116672995952257925904050624380348674879353639267478742682260
575976111608006377272488440914506796317439320526098743772572315171
000357491526828437744486018269332328795209929022005292823658075654
435473091504269183951266847638246703744264800620250086504546002405
436611570140662927815876993154205408601048439156583038303012868474
197003633919859317861871856622204097908560149007560574470781432243
775431114731099869656074621144166279037941602327239835986860335442
087354304409335383929934741113563318835313547021017939150201013235
850346376330923211677436854954949968566133808626857406748258571194

6668356048883366747749272770290653305474780079685688065566997939683890373385624432838677441632233931529932925359527062655074674093464582647630168308160085574476307003061092169949362846422654011653870045176496953780947085935018002271381798685460726972592550044039072190552534023744709913352726841917515188775955219805868888961993537134370112813795949799413747147791428794930895205617900080261545954963769586340843894118784989913764959913268711631218681573509885589747470621115101972137470580947885875240793273756116869472243620644794196582657375140521712469233574173821225269153111508664809011362837758640405742234260056639112265977135671780156739095491629133341160251412170211721761504919453879348074811109998083726067818134756891056375055284357592861249719924956639878043287333840425758476809543272427238686996322551997741530304247322772780572047198629963641252040786310649450124689684792791704026270212481692040086783670740855221085013159602006228075226950279221048840743949805237768277245406484489143797998361717942067867397449435657932641623927033799450450425361845678212091447549615111264907706063043157864749377323408585293987880366978712808581947790307903886070566629423951899453929979637587720855718011321572274726814489316314662176578406629991595653550016468857565911968064394530477234669847941249876256460875501162606988086423260265484424623718436256504998310595574591831112471672902082476374332393360116546572153408703965389409218893958309870961897038532353051901969568164169915552404113636199867045354573525351674417314478884222557451082511123324931075235238338854375708900156133721297431103220588374676470953408861883547801231853224047577040837385976000265985796658629019389130971440581008849673622669218226126699285268356646487011960983820922717049748913665490067996175222774348922836905501900829298416359830548431442845760268036303099338312265716743823126009042747278434733270556234763146408775788384123464520215876420334681170546127947545908153238485860004626863442296617580433217036162707484939859097433838289905168256106775302944865283673531929263668737238371474240284609054890229977741301489713947420745195423377102440042513896160560859458557041469809872321487582679507495561147910525277870054121256795094431024228242898187720641834009613072112748433658796467389685195016948334146778291207754970381684838172720379743941936827104781854692736933666319489707092264615664365854779647531564487104462273304033359909896602399448783530276734947474213417568795624756483877289811282522808544557821734026418338676534190251527700555426794013704420911691690220987635315975629430738258130846361419293528198471951266858358535179121469398233155637121439075458272518379420384975989151352106814796879191410916674497694879125900333558538881062417772048585009390468702045487419639241716086901472203955984488895362297496354640522755585892442110505065138522176978347196287670172437544554153524277223096763542501942430322583929053214677730432091732584254976044865092398927806563403909472971304742914190190924094677282172287569725030036871910901228969395826640637319832105345607647530733280488119980267559735182430202219707800525277623145953244561735600267491524247108198623538750551074048384047919581156174209965206070069882289716938503987396459694687395432236258602802629996244205153492567710347487967801489895650761218691883867507386883085608169103504613623122647043891707696229037373433862742204411185991294074379642321906047139396957280665760924514680821044548697979852622096325869057977170061028520370449738991265027201013722257452232402171568278744969907238228678628890887960727608495796549747679156002729514235447926365686526398590640103448206251460476844904352081840118384209623354797166877316821380650794237276658033016912426510441776570281033288176889458123

2029140967316183354103377471467890559145116751860307479304625107070
573914651764593311260352078386858717231114705646127194469901889805
025761810461551221616827336174660611840253746785092808417976007248
505324486757471742874933914160563983082557052869837919302706203349
799733982882401280290036612177681383363727735478004881907216524810
095098351491255406056512776215948796328593163863393937426414543358
491995075434162498185681321039380259336886385265553504559786928166
722930023141835286421343496482319661964257484924913952731509074166
410113098824454420738423233532229698179658389042189402427607544465
529368594979342721483554300435380523886610286363840547558051083399
312244033461905692017869124386664625035508211811349183534387054964
573080303110330471951920938466326864427421588715418373202509620986
670902015665792495014749672001427232260367886235380315340880398731
145751397476551728107853590343696066116101272172434479830624830041
373061250709845783755436233515186407011044722640920446559335701334
675480885881188942859683766264363875492623957379152924960505265265
308108854027715330601475146876757905554950776195505435947541254538
393052883048017254040847171931374221846483900654889947203990990767
349850952457093149429919329395200607756226768997153970001083769119
585839183808998304231219946496574233291360497472307122852220380200
375554338129113003917769856425043515163338868582889249685555254919
756621264964901530559179743390564842050841989882668012376062175753
087652405336033780613914066870292688083923331567489138404360051865
196872905356348584995359612544933957131199708968925373196677464161
667675240400952728172097544247885192152817796607593357630963235293
434850229521812210352669160159204410841656224287798971362340850452
537884940415916370722973426004194179834819822001992555977076192047
183361730576894338779771006638952826132857053031145886583951386487
252892750463673568644047472036548946680879069868025303642387713620
024821255275073172074523295896917459228665841223632774851343978297
457549613713649240515750189361304597959794182639946783559146929711
026278228779225566399938297278057656647702451216572825573093404229
993478996859215878167716460627704612331322031107457372309893482601
169350953024775164610793710831548767183858256450098779057650538557
874740909139778159745373476541253145856492745711883843312312286614
217247691485557155228241500983610782862355337605363853839046036910
682811318447627200848728524684289670443784995439144634607286128140
106505823844056447096372393523281505120657555946951207121865913156
053768668421586894258436214391082254181470737258163694320317522326
305917696900296088404238982226781752835750342256179345537249297776
052027363464642250468664536945821187258514573343992453795278167643
204479741060063418129540946468380614086480107456413003166853853308
541888392638292335157557641502690022890503541639654209391305244322
507538441428493967117465456706371997713790967914840911925836348446
315864388284336259079828036164039703587023817627188992024080061351
926632792747016681659316007865490179900256016482270330237414896412
883306107966523441748466041811779463915990243286136453795074625324
372471673711824160769835551517786071318763693611414325179673539458
114881437781533642220258833211957455960097648121120682351277919160
987794788364865224217843755972687136120848140691631977611492330527
381484817509787151742989750674611274207202924275962586785276084078
175533174410535298672857557314284694596177202966167074105133164793
549650118837350472614504689683510351294892429495019788899266446056
240018778400836044680290270561382913990458763396658858205017492071
375303779462163129124612519840660267053220482768356575624913741512
914255628140661362198253791326395738278832172970432572550390520400
933168303978278030054942156913602909282855807601981818078102526780

7497384663676972620749778909022625051336626776831584241873927506O5
1009126034527087868257938028504493819418421914405867656542270121 19
0916699082093690563411631941825681143869085372885037021074270124 71
7949364445120879446185882469572491960112853995201634458303511710 22
4748337623252699430091399552688750842417785489717142874063561012 85
2384435614452396842619393118094329020170812480779205475903122568 42
8855371379232998138653736214658221755131577210642854325482714436 07
3898059461245134703296313409779948182310362507048465051683535704 46
0942339372087784493092850705355242369156359334411637956769166051 31
8265712438540400466706687624889708524071018575429685839654848621 21
0047158158697659653584599648357489060347837971718155821406512420 29
7704722676134330397640389576117647594153234482147359504004067221 66
0937777839063037585007355987314151860154872093614860299348391536 12
0226167939373195621009909075205315322140756519279799014013069751 26
7446432817009436368677810255108110270005281159791986804875318462 25
0698384155215991677542931191162649833952603018056039873883233896 97
1237866166509328861743658385293543292177991810148227936154167288 41
4153299252637215480876911235178353721568889147140346182698926713 44
6658996415486086029193138693155413122307438687822326421760017158 56
3851337781456771522249682817207937152575654338578053513389615530 37
0382625591141326453823702313703445519945918076182192931100115793 36
6900174764681095528509694749192071400408549701839278424672405810 99
4823918741074229521559930335934853569945041881603975047440795556 82
5922693539241340987923278601930149254575873045855352552158096202 62
2487285147552123083186788055803964371779432877529857587005435381 27
8991599649144621546424349001751143727733267067761852655701949124 74
2263953323213533467520313694944521587892480470885134858780645486 00
0867726038129235433601125439638357285677922139656824408035974237 65
8680525795489775001990542446559056027747364573708774518257109683 61
4810895511562536306860098836448529900917162914391853762985845199 28
4704967686940869775974685429092528267572157609356994377422766273 70
3570009386935387568638468800310504999640503846284174212097516791 94
7687438378412825778811567227485689297594545710852935333784830990 76
7371841558162204318516366718476792036920009668569182275470067356 48
4501098475735215669503122225520356381630302114249176167516453061 67
4311858253987093933567285362945403102803417772102490943447425889 84
1121545698232944564679403141953961929574461610680091188387410588 87
9569262904245065329435598671585487206271047863442927175768128038 77
9692855018304923212936893252608074081571991418365543166671042672 18
2100691518493627396227338535203674148360158276568285486780878196 51
0918879880026415951352015911573133678037328019740943498634814439 21
2816773250877941330602999139639622291531191439638234051841114703 63
0908118179511102066897723535544743907508626982117248464588264828 47
4225378201788795723588716921887794100021749107461566590198183393 03
5563756947629618959979250712123811053554305626004815868313929353 72
0182206525222770064551934121577323040704109087692974856482922467 82
0628647097610343745051246805522261868479794666675800460385973499 18
6903556550698964144866451673255744988729066222368272219322262814 67
7093892138169423388959489516230343563323122779060221514253055374 33
6488664095755536895057106024698987000379917441896539798088503200 93
5256619440254193160793664108562638913123941714265624970345030857 55
5347434980921378657646826213058937426870772450853057003511811972 43
2690727222555646637718026092717432701755332004444782861391531049 83
3225232287996570546070200891268213493030394942230881815189467444 64
4239198621124977593357442991467176564732473725515407061553299015 84
4103367093411681845429272115720909510569358219306428976048646106 51
0847928212711125780113579257645591067348768436431955324079457399 68

391273980971007193019585679537639856128428708184605853716822272653
9641930818446526967568418716960049507104269511758437816232551495557
466576075276549087323503780639030370809237319529510384583745209881
859179563102391234128149995001872027753890810134405794544469307190
019971505928953604477453501840975208940005683912976022375145525210
817944153602559669232881432679338460686387851298130449481079508269
817086263923973443880745595361707273090952417551920973197921295346
621234459690876345095225284713506148963228986880568699309128369224
364679669373516634052764767183297694942416843872477905724690286289
549091656673215026763325473983583126825633339412915507885360386988
986314920585894282882400914193320684293886448890246172128866616926
456106658441262689651290200653375291467844174227607235752087289443
680178720440998134571727940957969058657531475027929790861856470892
769928657182423868498739660364090333690521036750353141781937540224
229109302899857973346953686604889501248917360614299992198131625728
951536142877310254729433852068099876596685597312901113146195632851
713098510796028715166206328824216014926756226080944861038832523693
613644575400797990272569390469538917436265272539773813704565908372
728223496323292059640904313387348278541355729136951804280503619010
637285434175711112721055713636567493960058641546466213144591735172
763127684256495770452827704526704371303071999459314965240636624394
257915261745467242578583325584266682204513151717817111365610071638
797601878289720268249246437615345409808490675232957329456955229878
811122501240093427392167027851081728366299169256563837435100809454
294427651243342269771297994868992042489346155885661532148519788965
866059444632246457794958226772195787328812060019526295847146684687
686085995819185647221744774588203231004023941068441352183385287852
464931692557936633600685929685829466678590360447696407493737741925
002821360332056805389127708279335948963414391993555041983900061549
115956813883344346411807553283670339536464571026146019127225435353
470790490975152990922922131782070542155140218369896035963533428745
342680062853153500534474704194562657054724953316225924260143877500
279201943690402414384055684797009701919032188893531233480192019517
891220049120802133100928441425628901898454092814660312479858714011
694522822029983550082023332387079426102778710900140537563814379044
419217076505531383348367552840700081859219692114084784264727207712
975720994652499092117700279372090469053920369956046808290107188298
398731031202827858643255362628102143518649672243706464564871922115
869927452050817838597487632654565855614849567698413525141977033206
798150991318127917544791181407811869600868563795045057887945913534
582723732410585024990483822091288597029275876955384434761991581815
244742599607559440242164600748110007012609379861333297140338378988
457893741053683686722226515607591886107454985679310924211962737549
877070145441324184882101341626729733040052533970672401358565605987
941609534375527796731043552405878247025476089709880943778809724299
828408087903344166471491558039658806919451002703553418816264856914
010830548912363065469290338420371835734660356399033699703977234021
681153279298318134580643090220282188414409662871725228435138431445
257871653438350699193390995706183727112115455651801787022475686797
232867302282019542703396886004659890150958628308513961459614600666
091796887051614099080838292017657552210819400830749721799248994178
155836988948293220400098851119024719094382134517033257144145769442
528167884845386696844800484243428912292931219284110998307680548731
854400382592308690470137605146837458927427820343842142708573666230
157528738139125970400691720248766636337557102591336177885698495227
939338743298623681132824841636733897500150014248254969490020640490
530864993886821512462646023135671941154747490092344900295082615137

4934735410326720396976042846884179874057792927010598344918238183333
3433907177051774437750049953684921613724985120807074416639728577758
7833258306078142420125671884185515892468435329329320717686772270552
5689341581702774508187268161412608507766923563858218498189202416555
5816296994443655835576087356670598686007982260481594667868045789909
3155501487905570483638270732614049035078498994780820333029160394855
7213559108127619509801385274018489087745287803314434070221982475547
2862987672621083395707210010874898135884783453611282662408610268882
7376458108980367422992631183410719818486136290039420596294164896222
8110630919639975649025547390217828493194135159980372031135293479660
2725267293634293239477979774201962880534411244088692977753470364662
5205594848236900306976316577060437903873002402888959494249310720994
3951024806499034724428045250041774716718404635155049409459678627557
8725311303534431531927577118657630699304255486529307666529638936770
8295386752135468121952175127598361342800087423533396539813849925557
8566492694988357273269186227198107034907871017665523827508960083551
1553407454509388035965587302954957302697682287416977757077615674777
4028198125345678561449488951562380606975565353792547845152958480114
4717731081470538162358813620153668551646946370262629165401675227558
7028420967548862765729749553826776178459703341982111206313706958996
2012110608843067325786615540474109509735316416711645220708382653666
5378519840091077100695694094777639532914495969267872402204529142889
3084003809554593839992922667791174916304049381720457227685377295507
3326719475659546716752398423821817839538807935969734766059500791228
9002170040354706244097102793679084585081444753515381842365283250883
6022119284803740624410019517471665453592050381163480775933422927706
4523925923855847966398604852656463376464648180765417963901404088837
7255390833165426855639897245219420440714752309012286637427288855537
3821355645185748942717719589180750060130178152888709344875020535561
5327804915644374464280497693206973068522879726902652650201272336334
7176467455079224644818595892304422411649984218989746955688876196005
8100763759219000806541085361024268304174875157634657692676428379880
3291466252808805836839113691775110570841816509316577799334284152993
0625543529236430119974065351430205053192877170101212159543114606444
8230843634170002487683019969592523174628588194035562686887740626003
4952945159186291019725568768993377364866826409506884574766210823001
5850691107369397696187537246571023379439294624250098512361039196330
7963597201828089108215208356804253007824107546756058151242969500661
6275361581347044629150102485442560484913601703158482613619133441113
8719789986247325905337192166551537278257259526784619717256222008228
3658030566012864993362061618729917081625996914238973825894043097713
7349129447120413276526624300183275322304469234212280764028517709905
0240436137133882861226137064641881838714447699965170840294319723222
0531427174502070598077065028251592676457195381001684401748794216222
0300318774294567429187740194841500710632627854092416280113330218111
5218070009698415565825831642881899700737702685318087984795329198559
5930167187965362139246028535297871209903071276676658600554670090887
7139576516501032798307237717237414105871079994054602839641276320009
3903087137446322109917158167405178043257103004452838217130366484000
4682677315920329155730630118548622827894935622831126662251094838554
9078116455603619821086892768250328457336071819851687357985199429993
2081072066597029875235337723234229386809615044543432252070895631558
6813764308418294750840705873656112634231078123922693850241643633335
9352228837787678387178580533113762907962805076386074333035564281222
3018659515511713016419292297668635657950628833802977174145002460445
3971573323119252164977528485921883519248089529650832117297110651559
4448651230884681255744604766476900937902168355258216721931139148227

0714522414804557984718792307023347375362225790132797557566366259171
1341867986172309508034491415723506815419289445725905610728078144464
8992468444922812366666232247086249432102315855740508273170146833324
6664348027038753069029108281578750157995722327461956571177716845591
9754804959485547665411888449620347136562099582556953415790609372290
5073680631918823272514794971826404332472276698451458642978702401552
1131027842436891477748227745287288730966915092480660789517848257721
7710304927053663979714604082301026928546333475111573252433951033042
3138435004335657776047987904173557804917358376164637115215013724554
2606828831728350463494484741808475285866399274412797463543957910062
7959180422332940086291556350994504104665820248758672065758725448834
5619616956516724192339336859803601256806832908132551964722197658863
9625968402213258549055616152809630262756534432170589254205923856668
8015786527095581566832249178454438466315081345388875943242672100099
5727101842962558399865362259031845778789881261569350863851373338815
7578406849105999473064401551377634737932352676283404504776045441163
4404886620574896761457660913586386554335270289734608997090528911197
8379396632619439166415054347041213951341929747327586493626008222683
1880589278380847303479964110291368673676394981209154858203328551134
4861557172650814589096714494412972179647180444525780747108727322263
4736819994672516595899302473747181296683840032798926382788516555074
7828106209375302296655944975586459414647278771919930947664913933927
5244762496696630972825474310142703461805089912447232790085070922285
3126337287114780097976749044299381463191008877995753851499042564479
9968611898510761774224573556792338547543097035344360205121256802289
7777477066272301634604035575972771184557426955642540898717324694554
0251143676402793449116694165147269012568576397894409584357491562292
3826634834524966351867458216683251985791506639905075619689663587794
4167632401926241919830985679384697836923709238191859746824685130224
6112406662313097944326331128291888458622133850773371596101670920440
1137243294871088554644595181331899104444903939164148049667438059938
1959670642242290332667052285504928949926240216715269500706295008880
4135522882372815637512333840127579918061998139686019627442246360049
4144597341087208840081279384558144535907586680496092899811624594448
3549612062943386621224536625432418686749912043109777446879284110006
2767651468218854275472264842854531268787437666044137820516318790019
2682761449225538109715645149391789804537384800078234746587202439923
5960171393384263889394177848415113818931336831172668743066998263312
8872499786038757838444606328030133274124769824728576383981129070023
8775979201363346340485800662708460067592817780949071877288614986645
9380967355610724210062042165109548896911864026071234789272823192299
5914142758314205005207028760120182229540179445864267059748116239977
0720069933224378201110107408645937044779354644266428587936881400040
8393479032080632595903924141310537076898041923409739586135966262297
2675502735886467440444945304964301556580586300993019693672710137771
1771531047039153650008890178064552217272903372278411603952913041107
9398279704754191993241851019859964319368441133983133964536731474400
6555729188844755467827967950657967725980465856310498875344599543385
1772174879951346427634065926594291637731749660430602358268499570332
8286648930559424089659998010622265846270484392413386873797576692280
0535559113336044727562103012814519823966960372051750563781059452235
2342362301495580611878723151697144503778223520114579549641764271126
2217992922462136517601413748034718720099253227441997406395005957792
4001307482520941010832825943239230098573599042891624775636826412662
3486367438763211514057123189858455345961932456629419364815632182254
8575699648936904038158030741014842218594380052196196748040683239443
3345632267632764667379839004332150498726515576730690968901145139446

410852330468000524492142314237444298347952831709375272054747692117
453916876669954290816770720299062567087692561339409561356952854535
979885142446710770909328817765735121025464896635622957607329294925
712308367773515365404547560037134818883590875472663288852298922186
283887919604188229508562875223899281415075214257081714213905577686
823564489705240023525241367499819522260816821774356984027539181889
547005629895488456330593298285774748810093445619468517301583241749
336044411105714058793649146066713008423023522383502408721672405816
651856784300085825371639634260736096543217144872408171995445538302
120098157837379506789185322577265439445471404606233668053644217044
214788485260427563117776304432207438568753658962161957644721337298
055804735414224298122735525071252051981623013000434087406779401402
962691430463682514822519390513493562245399606299973736604587408774
827354020502999730977250321182034444606779444233526128029659050423
464817167603380368536326917829031588101387836578940565170971324022
779622841547474024472498457173576310784408415371936358799587121885
111222147411969957661347544095070556741801801987003384111008527140
000948986609173369699464935307329010260587688255998379108359807658
490281999124368819329441346633653224917707101451070701293327311347
530490268549282731343570246617050225707006191237296178277561593883
740614319541018979372899612206362958436336924846079657705246930655
548443363613367073464417659352755981891906942714254130780937925153
912491416387768528763152746791232522346108068856730363907982315484
821497084823589936549915157276331917073635079362059246582075741522
779470408620046656225360125860912524980662737105776920559838701519
679801190381479471686417839774591007893316665977302155759048439962
888985551274116978257839601599627792812528214986302090400677459468
057314742499253395978787319617224771661698401519834122927753203423
538659366470059592845639250548402544912987623760184202596995735381
333850890968687017549625271793183823538418022928227451139143111581
439611944538134684802149209312682476918612706532639134769367937860
487477341447267509385723082316896286922751339041603047637516014723
393882002368622845650349870952038141079286544120655945374775719296
364226442225056853263717531616285530048267763718915790385449051775
014823691527884512955995421546408847260246775704028088704794511839
483034261660969061335105586340321978629387328759131930196535093854
559314035743316092802811168523930972863748842509771313416345584121
643573376528228845882640207838675721306730629262949521366189049546
471024746028200767007822825760467055903025523668254026849461526516
397028339563082618643514259217614805886289556305644635612088772897
118184615986503018168390891319256675692134282787271139284531589576
907156225176999802271151811188913594792222758389726805763491653277
791343542366007606224506687918242026727529556739183735152089211340
574513386520760605553456690304488448119932538733349352313541653710
957177984405769713548319543919464272986195453966602442668969137345
885045246864729732809570922336594593450510212115542559749526329313
083706431998505282485624232935180838459102228224022275228029684084
987385688136867957616887150018808513306903476079897927225244887774
399450187689875661280306690729794090479442533979417405986582989395
319764332741639073582398316198121586309485128509473698689103469578
664051056195894275713022857030944654107423899166040062213126202918
769842379824532793321186940439577213446983807243274577654834403410
261068276349419206510951071194437491775644533319889832200661338867
457866489654298637192954144647238434724221766150795885445934608565
125844281128619175060993444499053673582398021069324584381098706130
822747973984040434958810088929147823875351397920986748299406039232
371644500752107749826738666564291612063574932228659465300093558563

9793473757403392609317217712070922297640753899667081291012971405548
2420252568011088424457283909286947355359640205537484817568444458339
237241778421687413492585248234785978129407728952566960617606385325
271174050190816682130424623358613624790404642930726134655934598194
821222796991403655144876944434627219208454207431112434910499121991
041770168841332468986656547537615199658566928055179368080604679438
538075130266435639784536551521029116714458959351146787203625210946
740943510670628634702296777093553329202081643444496476502337890068
164329293212095314596503225655254985358396364383525102051618596156
098751571913724182955222799825264338441085354800961028303746224235
215353549324337283236567577372251916415720976518236667383965048655
358872053545031095156076925407536719064967792346330708800887042038
159931871239387479027305365974166696644671634324998554568793337632
312250254120370857335062171140694459516716429063006144594835557470
776204784617296976992288193630322737496763193984496263156635019964
674135462756818347601946847997333846592146857417885773603958349623
365938492630847369660329675160731065671209637284886804805190624086
208684152373910555566152613229384636265037589585369606767107820185
264395264000988329688742845912131741042593919292219052282005197537
170856371534669032725721582742512477561478292809934645765195599338
385268081163378568431768671276065394775367760765093536047223908236
072743888952365798607219157678261769041825495197340665830816981125
941509997179599337084738935160964620587535387544103049940185480309
421031478636243313941382027064022620050764236964906699364182632722
558365863594688107543431681494412330297231166101374053391815222339
000818111127203727284560533294433371475756915465250107128211191585
931728726960203814216328968572347205427096459876507695318226227565
889038169727280614155646047213557677800025188652888625180206246186
905128961795709453839730449647313145613152917104337757643556525348
838349000759380402548612973829706840425650225662582202293025100450
990334710101856258055967210483103754180279770490036567765471661643
889522133894281748747089392380612675098150314560255588833398334924
033911692281195344791876359737474544356324697623097625531226889457
675826104561538897694528066163962323413914568502041492510679857330
203067964494947810456329469792483898636601158659874605874497204500
257025054051516857506166349008564536874170022373167160600098748131
422175179134013824389279788985806778223893133519739250094313274696
939622189041180490581126539766049198193506090416889468564554371158
232533270518442130301392069136339883453365597835416338258110890017
064912124926008030075311942202924992656574835737963964183676707728
551818655894076239549193659355955295491183219282948875151587279944
634545318596329695977513132522099371287510962523074486667190914256
762029099727257973505621195687715758638099616313078775285860659502
539367634121878740895073202804909247670100620157248721288630762432
104471072113678885995964709444152151646907730253736902168792058724
059428360599736724166784871383091934705558210732216815010894390341
463710378936706569925577610611836984551964034444906518789636115463
691496613959529435531064285242766309775279476220302386104469330118
567655684706652484092201913240496891749405654808332068714920506987
782066752401480496791138773451319954594853048023541408660663138144
302497893279892310444245576182163435503136780721787053707935775633
221447117150623935133839268442166820461970974100192604087203677139
993596573051008949206949254992040193821511449799670739834566063210
244334727415612376437064226033264930527412591636071553959089148408
739740092426170503156408244700680429651710296495914327722993977478
144129343506926517739602984082218862670994197851824013190196678208
866458851754294238394607269755960554735921631241998601394453517667

541078136712161144429158492189024618719990699171836743850864813098
636272247711579309598183790013161974404276019074505166202488266893
035847173804316167478121994293293300944429957767315396919200614806
509476637550528726930278397805069924223884094965765784823061211761
277681978107993013113376605535197611663727805032264988470734953781
176123281984117486975920101304748093308468534405386998228238504322
311047522069093237813022795390351285086132880277308597042644879689
207625276258469367746198212529460909202674250582623985895954360655
498627936439717264774098843835636378260717556648049150808994006337
234732466861334511240822711407316270452334516437896015810023626307
751039683441652134128498848570998956532318043525811581347664569886
543014746649551431112713807381872293506313375144177307796438720341
982586320600989399940405081599447595291310145855751765553662937962
114615571708889825067994351628343864300142419885869041648029076216
141128939270338468313824956860956093886670800364380361711404541190
499820731216522650434159344347331349786525049119209456364771221917
708161440678380081072688655316691853676484375536029940475331994970
716386891447954500345960252434677755930618306646331593807983342275
947030626510925796331571296256438942949608668982791495392113203172
428135028556310372429533679948291696405112872933613788134000184072
246593397119380142996060273376718150245312281790352011269554967260
919655141477385286320366191817057947147418105123628881232321297692
579097652657952437115791119633332127324966076240195465549579343709
991521547006153357438945441845843804241084202368027503728328664641
081925049201927226780356343411985473861174066082643047290348766987
511521314011145995954237826441604375455325902544664291067919029161
027237782568107980922855357166141764493007621581838131090221516020
139861954377335384715523398739468448979568678540833850040952190351
715455559062062463364941956338631839465983223519388429371938622327
395741264413435822463327873598561739575709286077200596834789589066
299621492140046501784051238722880892196194534569400779218197759817
235898253588974267036256281378063406016478195344543140236304085148
508405990651647780118853350542118994315486286684801032948263729484
807884306897456073797745260278910183472020730200672692665673627547
997296851746305660413484486118815119602727173605323947404836280937
185779777942320698138511169749501854980891661075326194173568042413
519728579745349540776781081299004251468509158137958602617281169323
047313294969027461007210257995724774251798563364983548560629117378
628077624672782369414806535373413359849749709269335140705719356666
325331641440089858777013304832146693170269036278566375116915947841
267609642443323635102851167503147279971654217207827276455728075248
063516420112602715399390735089374472965135509381554730722798919577
039838901416150596697713317670150569795152654835776323039935058555
552370547407682645525925522729882622519921073757353977269891724318
248787177426096674650578083310004602507352912077386925542349789546
410574352753855665455668847593283724845236164670485511757499179788
132585315969396164626655657817646416772240360849147684400715559912
475701718167696389944201214466890527356269994583667440658426516583
452164400110436569559584337639599965797528713039395045725523245418
756825834586570273166980203632227321527757803769708143255448728258
840873922459758375047985723585904965834268318990814342563460212146
898759540129933880901326894109333675856886550619812128486343523013
115350944888880988597144907180835978383905162277222616846163545707
025175426802311947037409970068279178102250320532062831627453452511
445861273627093014330459040138885403680725192217081264351730120385
321201873300073143603858426260128339872278635601890381555061147784
097051824229970654662907130130945104291077062847163376945358974192

1290697073603514260974629347656708213137864223113841226878188024963128022331841843899548879018692072360705318838770157404946618172783162249136355445489766037667597306356195087069745308781457974012774138933033879058933098844111378755303246266525301335501269522956198036224773738319352623563906292871004190202433251093165798532003858229187129276810981191490139376135844056040454235225763148900983628215226127423237935787171915181261233333412390691856062303598737699437752277581992005103051292986325540566587703145699017808245396641863845405867173850111126982237050267770330991577050603551603421281256210458337838550528927990670979576201161106267055744623987532766407774212598726749661809537798817390799475407242855468144591494096260439634887140073680809686131837358172149239725795388291184312029472894540848322074096536264211483818817519586133042922317375665261351330494061894555020370693603778179412964325440361867794304257193892092034016923535163378921160156541016109524362223475468454404531541675026731294808913433385570238309917594930802300608582542276170402611963381658579808822770243368874111747516882130054004471671920896034516419646472278029556563154923044042013510134230733794109442241214250212619597009787544704397884757264575637275969301097592837752123314190125337823962918937243934445355714255136884773180719791230266056129487504445184378485171018209155465195381521776060776718723151690147043048811964838512081251034274065559088969033978146420900993094245754193867317571048012747345571131467262328682076557307270439302521593639695105493810817024593620382550038367551539815787271899641880392201655011936123212957888058278590254762608492509959917348861236541665045752886614408211195073371144871305852564749050427939084608307754951826623047457650047824733836535564983721778998046738716380132109317785329179173734565552556877636817398690064185280549224237931703246965108017385429682291765942999046300655697504973296348124254232874021349885629819874276580287626147702757453994721508992182145810910650657686394060313319385182143426505915349439039867401456221345355074464298236086207203723984167899882069515503772642703441881103341562640999282808031465160940023780833213353476374854694052967831838129038690959242466403946647951516068140672165462277752857335880383131203409321789573994180686305130347532607920238971836854736087094998699384500791593456227344374809996705334290430885020515300334635699314713063410070208393126221957018793451437763440719973941161347489607111323390286012423380064276287403153567220987415496721455563405882189582921507116681443214637457347046113552633068752056353931975257257085770214131702534513148187893248299441046529791168178430432236457807742858589524705620389616665149463241098247099408189616391732445231752200261280289334183643477373798484297036770048532209980763440198871997034030468533677785111508912443072735370737697681547249209747637820094148430678817841160649575708261708992750842269893717215388395734070173193754266744803952555759919172517078538488524149854438742561321183203292138851525249314196780920242452711181525114708851954426189071146399601750578063843310646348257679967502647934386826112807276090866485220315488594741059720733865329385446259629468777224266967564497805610497651431561958832199120264144864017409495499424381825197661518861415360106449637528060910126318426410619486481865168811110977183564341881914228579898261605503753667930921317441610795806763286958274181293698902472978058728851459507367419442724917301545496684765587608525025217998714850735615881653951714439540345726064040304877465483311177276773655283800531695815922107011271424772104797535744414699075120311258652135210877344882279921598139592323554798951778258590269938132916909758192346718806013844202226950270084125807399554461792539922

357099581644788741091039366681311752226701387675438135958714849868
349862281001191307700333950578200134074595747345065714876621507895
889913189330360610597213287280469140006165910634895463749491287057
628013046268266951908485333179622352470523317644515877886614359993
250472611228557628320087043340596842196789720828189324784233480659
688366946104270801644215453407039331931894152048070016284921146359
736526389268169042952048417801880323980707320131798450747097252085
736385133843900979143827926066543995095654213369999504729956199032
087609506170548660320508482437603163650772712625888888558037624946
368213958262777338766654881288583648903781056037865367059746696151
830689178098026420783951454952864711240596136059396631115608439853
827341423427370878049591061412514410192760166404977911945133504244
756478083313237472788935687535208935318913393804096559635447063962
847472051157317428161093992910630116246228633182355260642234522138
540699236358451435445934011376796740641783384399448336718357234616
021398731739963333397605898707387312904000515564980841189801359931
518526347590428494494303774620049458778674780226953695884884825810
548670691162567707686242553713037363436076114750091290403348030857
606291172394571860969564357878409734302200217309486142524309185936
618428892728837191928081595958071482083288202839892903958111632422
216332112387209577864634647216328351754943185826972264655466213421
369699733195370700610972816677917114787524257356648312788115641684
653633597677789315146870429734571232828192511755080416109520592182
896210819663910920273868265462433420914281849544133381885731885472
470138175659178539801242709581384976732675253219501667189620555654
739184580061249255228263655641359313446114655946171975815341986216
417927648248693503512236720873394572008412104003625652193352296790
478096874352050035135694470654798470608185590645839022794265687941
175225974409362259278366999124791394376234137594898286327086285198
962126103831466211897585694475865280907132092537168415513064202505
560556027427191337704790620630270971245422450028899683670951414179
080118057129982030612770304481581086687688550451975706936716086804
068937149497565665291766895578289835124797229865521854725145198318
588140271047532275744058179255749843425326250804841654492806710770
022889199152555124113783207259894583907877430778667382711338490172
124995434391797349995125951105540485827327772602781994153511915948
515956188978133750963312240786196495324652384040778032120521374451
134649960383766954643777616737030078579331597307816473498926940451
259287632598889612745736968647064563523213251318391604971475857048
410675558000404223119987664518026079997853938873725560868567309951
392531714802518965122965023520854623041284247674681012545308905913
160847368135889483430589784069598119378517803560444779337611062441
144076888165068318376909144318444461115367069884322751528733134272
462428515795831766413958021698031604001262420044349345397923842600
599937550617564910441527334227912529581702879381234558531637398307
724765325831369787974918145868066788820369772398660542049054237829
160895522557471850916405282020676253870746291286196583143869708644
619160188787702232760333163027076886669327218705074596093367089130
301280163859547805008471917701907481666126556818086238168807055155
801760928434949366693083483306750139990528116875757019690004208281
951042135803483056978057186567756767373087659275703929035107878180
763460556689767490052160764531231466564555698062786014840984339872
952138557662649220668132767028072514193585767177827797601782952384
622040610779509601691862580934754983983346529764194297811066732265
507801397574607806513943898418223498782110221953943521448859602604
286781493061981285406297398456855195614029520433468131221664213719
974505989173930622197438174764946148070206626009971609996249777827

772328516711403001686014367190175956139188241777851445776311565766
244901515407486913487096520302644497561024097144994156996831686773
966585065259733512449660678353122461275051036827196749954843738373
460545826117628514283730275573669415974188094250072489367269943403
332187589020181768318406810459457917155711706451109807887911122102
784817543417824682350305001329778302102693234840270255467660733786
795308021569068581596908002304897903610752025730356881511563344685
495741679017851162255993676285015856042585131292797969286267190230
494923497376947686795736633335347492202036071072324867717039102034
464402099619671893380898293142829890084018066571215431303031225046
412847873686035172240483157552713042077564063492552375217422569894
964803260975174040158497281623582567590283381202959396203177751649
384489525480496767344597669161246839025563289937108813011790368518
555060969147410987653454704537939922636268791637974997229276908945
806661055073944864608834541479837308225613490855296796925784137703
584327757979983852333841250794253231349749837461119895701347120980
195748058201016751327563226076827946938624617247664674543975460329
281608059452411705602393481334615228093195707453649907522285009449
788628718851598134936153374168750574222047166498870400076387203009
873532755851552337362118314876040486256247013858290240550776497543
688232442968884163375787856227607357943974680065910583540114851341
664124290384737182247275555652382945141388412128702256678522485454
795835347407417959636443254609427527674038866315560076875625170685
816988071776222046600677843762820863489098350841685338461659741324
696469964181251323350062570010818572802601959182167849973589250263
531331966241660521707271872768258393348367795100655662230149603287
283053530895131636017727928614464500670478655830219543624210835977
322517941348180220267057218232903350317800241962000559412748861031
823472428276856283330245015063935084742732685655194150909841399287
730472212609434703133095610654452205110917210206535432901764351988
348142195632598141887483031080505006152077601858935485071636393702
897364490561107773427554121802695682313345318898829495864540959879
197820064457962084086932016706303390074889936826471333440342414577
974859603355755383971762470469476431612872698808044264875847684322
372779823957891845162377580964130023332776462167244940952864468517
169418524552150324044813667091518945945778002057746764169995737148
248052225241176909338667470586448087357848356486507228586893743100
267877575606633522688711806820379771276787965068899867543093171835
816562741884442232980833909566173784339542171572892481025039732368
622061740116830630487014965098547800023895656020467264165214570403
775484049245101691996244387833698253674217168501650943140867894554
968068454421271762370263350596313786406837675574403152098962461816
568368665824927216962602900700315752661070751825798575355910928342
812794027490467488730391688373226789831875556835085571682769602935
369783678423389149303942956039188096060417510980278544642792495994
558017836018021515482128289086165069959732352757058693232058977333
853808398763436233265675086463798042702949227675007528722583821838
372479240189309928826484426637734048221851194379828985081065830008
243610493167069379148704908171454808862344105550633166551683817412
935048178967232782832691518574300914944502310251889111386114040957
037199546647379526741826869953887927145757697441975449171790154205
888679963667285785980120062741448798288824424087623824043338650219
748290225356964523067008827520182740096680412290647365361409220014
622820221795703020443249553255483335358155197460854872710274970182
814074634816926136339548866823734495276275724052444241393824892327
140180134149945712860231779861373082804157439383861299352204620423
915817542004771294552960202067120926078516838796004239608493666847

740713278145290691522687819300862832070463038622425093861308908043
397774366005880032044967725414170422750761737523749652167186137219
801756661390451429196917232965587332138822394423913573585638701031
350216172837365060468149385256188458596750049109436660215684924588
384644486160894058394213898211804130315161776751731098872172165264
427156836192488254951906801894417919416050583566576925784931496796
570001794619235037914829767519585446403515136309728727420223701817
276572735038108463039813204508674231782196821433692318655403535087
601703882331138524783001821645804542704656397549770613290607647102
785528495128377644576821104193179118290657454129372349113710915611
860877001805695185961317441203885328720095260843439384177891737292
369843332711502773213613032260883176460491411341737994389241055111
415413398724520625702149096840208196204909159359663206022458986444
596487812709446134683337452662553321880906620819123551259976052183
708181656968567391462609313553653295059685845543812048171173510695
549088690653347617152157135608131422631421462468116520381258961457
325413882306433798670099349776290907432037840663626151407935412165
873362863651267938035960856761175187580026784119713387184199793033
860847587864595372825596979532012099358081022252778891074392276803
977097766220822441231229877807584335593806531768685486177785331102
157947651908008725093391288276032295600102446664831529799796680500
755839712000063568279884220109950326986505948716676882633623667130
315436355676289447636297691839146956480093192581507207756160804442
589509545738067621030613911698094779987251196262260254535132220959
562558803645312316280949499918154427582967791062196173516200953887
297369450783088105808665067546158839373407242323873598349990232097
571310836969971206529544216791170936935257845553255988138781975298
843594427481235098461626987065017354256948169538820365747785374214
667705407847658585136575477088019165477401582287207873507813029929
470500597304171346108805724618897668604531112922052874310884997745
565955008053250772451257526622756725963538429711663838847086874072
156694170782014647997949027639529257989825623806739027982079570163
821744786090709350060478703972497026821869071095730464315149033616
800771404277177857340229383206096374591215065419058414823834324411
193171897164268618501075262714965837438087308838202394900120119323
152782225046436619381785062373412252001744304166453017745875144439
914776906162606857610507387392696947915754315143720848679318698924
521862375634662370696317223111966120485157760743313743522770163000
155303834112640004439740432462650016924350735638996418485477787791
120633916839386588738597744149649562384205102394086070036545727359
033282438985270453256497869658529001526284046199676070294697282173
839534456113658870093311290298615441052740832295195936935617957868
643733433518345388129114460076517211217963329080090638301388362897
245732280364103261671438392191780438171665686273049920293056998964
661994998728225651424291024856752427690547689053394771314477141735
819112405660536192146027598381402940403530085373412096446068187298
407673744584519634263501561830518774968006296575380990493906014377
683173907978117216500502755715590089737966759605767891670126700121
931204307810606916742783451735253188644654547652191689878993424724
802246320224934966637615257715675348193635068811811914869233264205
650597924600581723587026871422340291455178951425236349460307406198
540955871295235358017144753702989343104037401413243862381640505260
688308608662410844893921506570191941869898720313498216137989290734
748735256783947333370676422445725993015373122495965585623297998357
884715546785761509979167730268125998729913295183480496100322640560
286941091710032282910169034974561187847901819690154397912110846139
571910662964993545794669230280916887028440256926429469766273251428

0242063986991548503589466383754562254196217723919704233814238643386
906855364639758592632695429400433450157242069679203753085899248166
936862255847697779257919498815153310680233791545916469076214020645
116854051872304156255014515363521058400557800043954275372793111030
680862496712932892478291947732645688764143729354010729583430570041
203745005072544974633055660132465695262987140293921101151927878270
522241360857729946850997330691233425724681779529975302055974100175
355022846125368541253043227695412503865163868003127278063833286508
133041400313252019348767264299270480792911065710257172374849387835
419119282265013270231448041347463377937874088666297377066956868328
390652807179921807974094147807810288212162853629540938047531508526
529320571231640514928258272381948427729608675772890521708463522581
474556903180354458870624052519151799622255783473620112077407997526
738991798663577575536238588642554426792740974183955828405937316055
359278990167766647870506400665670350497799972898220465387725041187
549674515203832268910104186844887207551012757397470938040556044704
449904070125343953555167772852802657563961263383539194349782141966
789354709409794156080224524933771403775530191974615353846623997033
230576491046145476033036993543584128365420239998117962410384980844
873686359592829545926413705782429286347185115680289358628138719803
143905060527642600853066747772765900554971313697072877269420353697
3254518561280216302012788716996641566710306214691470769613544826599
609931078075462743921695039302869431431152569659541475079209404615
905385382511666035499054387927446475719696603520541606765536710610
794418535151713095510053146128408966019109357844108796541142092010
371716920141601642310341882034207460159478152919911447795945236716
181998799156117647129252248416770106604218033635571132762971229633
156937543940921678217470237272926171252847302961475576227138054059
307307506998408720290986718519327283975809153081755173915539343125
176397798744748896967187848152456350551559475947150940676444332411
595947145811278587501294885731952596325433473867968835162891235007
152485086518810114039464238057353130076551600812996496600989554625
790296822075634540918099439567461889413221558004059270366498026551
647041968453486986685122165098392827714937541870300041100231465505
943906024474229258792696879582354279897869589229165152116268636322
872619484681966930326465708476290516283629309942768625507010236623
420596014548287649545703625646923523236319427388330035172197696230
561607248467695569662344860863868092171106524202746028239262177393
449995357086724541370247509147041851156701716983974412345830815246
572084210902972906337445723549084489300205689493388271492018694645
726241859572753516351440971671919826424260679553466018625459728845
134493434895834102750806467551098294981650142886550345797800314355
161937543332833860938274930970520070371725867772058675276189620805
969039388691979346237129155379450969335846787268186253019085739109
861521522909898372728205592387241876514887078956193917026953312871
550292789071471764986579346670922174756457439408233238667306149243
190729349337291848800532600977108211221665507130894170285127381153
566267126831560521851979164471757517495121274586781299201584394373
346563116977891192822958746694548083738224913349673362633054090960
440147028382028118850667951294696531327724635601136669874640333457
346448076636107831621262160633822805671120653556384040830694184545
473288370929342547486189794626239687678156528699254630334695666136
903093169565397224464037669208519888218286147212477372120279255203
715485132366549217644245294602873280045745962944856740118695461756
805077787386334682709717688440343140175055085306474203941280587267
013140832819460730245439183799187853641087345628780534704630140295
983511500883191891399614778483002697220285376133012975653595835570

730831043784838694936728484359643967503551385177428746915522766090
141162321893821172991932515476856898634654334225636126089709598488
340595236904766349369867442922079375996278027714067348055716942566
297826273646280916195154728111200260485733607836257309173048197947
322227510464897726075023141922300424092352530930515115954434126222
654446592324440925635807285424124772404728776507184806326301043284
777444505596946444048823589578942681405604622107676531721042745287
458047521012652118674614467204883238289625411226321983295912899215
196419512706016337852191889500189748609998056964328811263248129049
005922941926273661919476173550430608914774549445048846355463996488
436162145408802044243513432911615711262329696513604936767466742884
581589478536116532812441878238462631564616949215660025375583588643
211258045687261102319096172302809252772512492081778620927728300534
666155840129329215668761134391674159000968962136021203750673341229
063043906460444138943561182921421782623500419583711495446869275394
715503246733209055772969702379556051695799886535233968324185304128
893239768305745158043595582480726227630736072559014608363925792501
899508725950907658179663837578965281191380883600011387481670330688
207785270592754139543996819283304461094925663906758921100080899323
105836138577068333996198912464294765640666109395468315458419465567
629848455487858609858602459292400055758045778309365258185867363974
529115234536768990538073370936858248734141781608335330857998367723
908940963632222291662041429401305970857712273596452025253943698516
559941789810976023085069680501244580066734310653611570452844112426
741453992038769081553838761189469539970292525804258357073941089098
637750728265256870977573970724521499566430617266551184269413276116
922295304787089227672897683009976910451604882748330721591848918664
048509153785017354680383454559084479086022142458366568725944782464
670391949520803390553568363592603242838068558118848600115456936570
948067456017950330139232106179403489022866327450684540218830488991
160696052108147591859458367409422448227411512079076733168021300957
464904429542288588520243895538532803532347238749819517262328774311
679572868957774539163528551457018580394284680583744071359662990014
833873894344084454144823827473140920839007607645223929592760438362
556917798493399745572450064867012469638659683996688497050214278815
658341099217726572453033621892394541397278355685912122776011542413
794832811073742446365280425084316059268903351032110188556835469915
074428259658283733082792438791250115654483432140399826539284444154
862024142855004183657568278199081459583687548752206145424412887083
677151023737417616631461273382391028281167650073243081762641440484
799363639366408914251646455376251789643610109599825250225002688397
533500708268689173606773997844420977316184691850532629469928474912
557922816075327508296665559953799544822595123923230198736061865939
795587172269796320148411545635050583073668319160924270672508734738
030617588770842622241852150661546374711442411915615058570654997533
857824963592603574069865390700052116979439441482091568131115834001
909309153585866380928872705982831645996326875450741169628290835053
043518196642116970737073481371600457670408692550167478440159921022
384786626708072004643616548523602882502081567444026135623480143810
524601600639017601808902274242579637408240212697656885880375845720
785105484198099674210423902862916670024590499920547925967367661232
702590710157049031878265913511879167788853390669811012497843362121
446122427710773462867073489918434644974849234003374262792563017013
708623148108102643891535340769570279561437707564034126854229068217
525385920907202381809083245245074001172778686511697201572275252120
504639964386017519110868422019384660776974519911331998482084083710
173371149487101094436895905872627971951704265338953729433004463028

9734644825019796584787672071774790256096182725344898317848154322331
7394796813251717565387301221803431645254190189943653900392235484987
7380138479341175145148147584681881979357878370622754952147515681
8645641783390024828937121609666111740004631210032366530280506891220
4053416185809879797895149336320751487962916136828658524475247962777
6545262077761120264439980512240053784251208750694957883906043526246
6463845842567433559104466360133520182624628472845624832422205944
9445603378814413809567184378957052578829325755147606512114851365794
3936515408565655855514429499079019053775466436422442541506028944654
2763591037551814670762719959028246054917788619612760755123276890
3128815608200151326344060477378470571183200754122505913940427505427
6988196412457352454831789333275952053423031953851824508722796349313
7108096179269363422625077219944894447700896984749574344341524294
5451032082668937108200373214704153600762393850937027550904996328287
1296690174935818066606646294566901098457119787536615264240359252379
3650561686817503124980259752342304507383876561527785281392740631
8396780769803197576622354178226388281582978126452658603235250493230
6560139054036060203544201207976632363646384398493424057198900913429
8680023733049795897014234581821286915192457721843127960405256572
3082250660368493077565229523882422007000358578551187595211873633355
6145761801726501250437289363043150599332807406463223011288495300564
0243154044511430097456355449919004684899062196252456733035283758
4219970720161775099645332295935134161346165245821606467896274037352
1259745674379745697543697578223719750859254943202019296330307848704
1669635271059283351624275433310070882418918404931130194340252844
3865507942923523883700735183210131861605821088831917443048686044072
1976418272973617555788393286376775664690980419229271948066538729540
8650280456619431408269710416518800689022972856694231805891197028
3852240023869934296484342389296436307469579012560920183836074073397
7868227490455797542501426877275991763424077528739842633591940614832
2043585551309091771818678650023365321749424540834017300527567242
5451135006777918934953337475678544471351829141259292472696018492360
2763161889563309155421476096898304995511150499467442259016386047062
4684872010031670465073349648126813280187810472271363420461359212
9905841749815974347440735890951077996337988282737177970991771584241
3720605643027479435366658305554290206658897355884051010675488228976
1704703935871353011665560135870428256838148886571608377086376184
8670087566532813377263449381698338777346338232859864400237634179222
1479597063556967094223501340885671039732809940366144163691166993697
4854469686936615581174294027817507277057790394591550832891214060
0164257402808340777565225102841265040240967539064208900278932816996
6741179812819027463754578737903038930125757054848780997441986552919
4816823272722133548670328837374722403645727286933035687430103001
4205595806275552642254231167281777649202738754389121450172839313868
7005971804749600761354744459989363267457162507907845585388326052661
2905045623621398575556182351270657154656707738699696201451489208
1645901377383921093644836665517067404520221969273221870777215500783
2879879849281337907924263777304955506634150958706810224579311492906
0349658695918309394538624492395678796320140252485079503170979761
9342945455827484338799484247761682175287385084642651970242680909112
8471156942587044554239494084941620643261539412594372664969662689858
0700268508209553158287112030094468376384790395766235525047175094
7345063987667892401305785919441013728274317859906041213342148041952
1656462043898741418501498361193183649716648681345662037612846224713
5090522541973525892621573458418182786044273367770793816523057825
3833501661013762927897384853070692238133408420287857753943342116337
4762187329133150071779509460172672116139617700395154096011363665

983796671364256718631815672509746072257001057905493593063641222627
869070849863712751080502069260851060012339943915275180301009130034
513203747705590551739230721518766558299714707061508742429442188817
137096231455484141180962937966074964794151420785535682544816929068
172251360396933818482875465675240399702432293273143357350033723256
437337525674573665675986763803992438402236583481659359721065763380
378965740582881566462948983694439844714931755623343743122981253397
302579192058144067721589099029788977188620846303325747178692350856
618002576254278600670924183661617762040130587322814662552137270381
986540115651490440305104866743239169844635336164489320303017022512
696315383320385124222628828001026460959102936543142285248668601578 3
161713481071286715586166266303297540339268217796018702966760286425
225595692278725133771420332565652899616608861265072269295749048961
934687444343807723570056069569330856058732510003300014822272087823
677107497574255898909935099832606915031567357923741686886641848732
385960445627570547783812611451647094889098888393413034343521923437
607399062253806219232837878436218889389770164864483890857509285101
540314723164702003169397873038002252182700673274031363288480151139
180688975857969809231023315081867034684025692557771858103184553392
380433559935413658009588179542735510037942294225038667075442869131
521052732513873827558646001323172497336200584062211595471174399079
616616982408020038702584214706696613643632398003518029188918107354
884790532103843799686002065998295922188780587242902024735447917893
015095212472843175994542362188482425012315730229194581623571579281
542819835142029369090894778241135248224114079692848157286812384230
192710332408025640221495942329126440998471655230492100121150901951
620647926720753712739416514928844977031131470862944460083839507039
808082694745261289130416972531129916800231124454439430204286973216
478142969371650630054266005916654370002009701533831364731402476122
806647510429213854994782110970651288613966455041353353130851748351
905645973738177803874940089698578067893112660486243678723253714519
247733541562452108885759619295951151660883164627941432896474289978
779117082529594594361075192569538879682242393366009195226451704376
888322083966047787472325078605011735137906622076360353450396764293
749689781325365900553432904461079567669074695306568839617657149263
645506787398698974938784979248560472113658130931933740547933637555
195218538938842436285992034848770052743720503447177162513592958769
039607489132726991636703588096457092935728257387278688161213291585
949576404800505500242253733862411105669001664896764161668697946191
685407052337575743493207860153412702909975027720198217164702501039
975520953916547839424588357939879923917156356785055189012555727006
381248388658447473820526185769239236668285471312632257626536236208
491735881035514509710606989894916398975852458686242144608063033350
770223940915743688518795241294438919161497831321735551903198313544
765268629405805285800257474403783376363620432492305606831626499860
329727957047819669874718109328541923100256473133887714303189401105
814904581217787202458033607401485701455385091075679767797087523772
161442829980581287666500643883449193840598807796238780223905401951
632758730824188352789742164035672904231007299145114910753699871560
783205337947837235907937772258747359467613137688340225029473756807
732546322367502369607566904667897013947429552916675887669231991711
818845328861912841256726839725505749375522776482478703306142459836
776955238982175226294142767462171776613320191386736286016694077805
672263313339635346400961067069237102991066096175867736531602714114
899472543643640404884064737158516948143472083028270077760262102091
436531904940472778997259468173617119421335496884539576950398074471
703221980961521531172159484250655167025924068743113383913705012039

894385081543635471564421566882261644885273948014846676621759361205
3120719377758493588289175325770077802867059220634896201589729711139
124675295124705982812280857539206732588118651340572188636575466503
433309983108508073700248502998864062649954505079640922749028813674
296165183478960085034586634689332724182669153198883806719535701643
136015658300031646852858315407030349261325541383211039481510363330
260928204959554740900974243978393676014564093969269332163917247693
386480754647711298974792238907446840639903660940847797432889773427
301568764798369777279670519815090117090587189931125926145224313097
090393621799066663677455985006622001940225991126959090850942325221
423986222490019239031152355644525840074332730275430427915651094984
994745304894643778696808861854688529086912785832779923389176147241
434368242169867021963742732380710534951169388883782097566704129762
920121358196271653200285372950576862985766238142801630279894076097
123044954406363178274089552631816530082619186746368567742583080234
747110647690398044178385201626507729014792239273924896679233375857
079280946169222947003537531619674840485592131508063764075910554420
837061477437513460544156624797050813526966376592980404069079536678
821697425179754863476060653514205012761380078128710925301896301238
719290145427523777182138450982750686952658491151480316014422538084
645987173896828597869118170242131115039964883079358617602424839301
235525649687789296243929216411963459541019463393442170147439231400
413747205956393963206624220315905541161259540473612802292522898194
837589656477351443081137581690021737144346958865914038930593488641
777128716099846064019357171300963249330580814291208361318409381265
757146733728803722539862902193720646650675671828041586214836089918
445981181198322484778414058179837814901526832325016845529044180863
143353006478084881531793189630769651988149249006628492914486628487
862717349031538059726724244283912495050913704779813868987135714044
144850115650937569485628618840114227824944458985141961620159138589
780698968259456226562463530444295692179156446320876609797329657269
791702804704699506036786555671766195108881060659107212283310260180
212646318784127273274555344674338326771333994811594607189577475990
583042738511042188138194600925699412039768864820256627614665175109
886240453708996243918106233608799754839174617884991137508410817351
065552948557192460199694661159026596212814789489001986036668334900
243307141967593561099289646987281590345362875215566770801397948859
607567199128836214643787871658794583267040264217474062676759965574
057244418493494845854017963328696774484936441677770784946311803551
942745140164277223429584657437869753442552966192899086864333435841
265685866543888864385142471177374112488681678195844425466055345761
638345404207302613148579527306920312074338832221050428440110727357
296344270323066098367333275271981174950596733284137730620418537525
504924045816348656069105141129943274700954773881060855059562020740
412304292274743550995669021523697051472323995458351121670969427850
789806417679720520518152047269824260034543283649403879714246314280
301326510171174515949533366418367967773591673977292002080331003806
842248139252542204549911525799490405058446417276250752455708054746
672799281650129500960618132768079876624907575991946293624661151420
457892284516761871387222010652028587110872214276810505089102947847
368604279482042094652351452815626966266364403749646668318391669863
999423154239494968493146833408408351804325817842855004429633493340
985482932536249332536063893662006487012592030613770210687925707516
489794257386779451102586161905283440461866088256856424584031234291
734584305265952781039045421290250638821228199780056440137736431322
432752107853833414153146146918956107480298819368917874494271578163
159295916647696072252845068460794515513150177258076607186634232483

070871504457556965463087689824930369298985987000992780959216564729
866298051460399009940427950704758424452641406515311754291997242030
291585644803445277194138030832846741598201678964522417958706415907
762319654903677455205526641862155224525589019334181884419778178879
677568658628361187543917444247153058653486486814588313207547391368
177968273713927421599049057344446034154113215243373168902760715314
410337579449448904979186370915031435281549539319381889916457106309
619991722503711166556309004951215715145102955549480961878615689456
735547162861458392553152661941387830383210368675387148926821582284
040539437041208014348364722214134677544738791431337361089920795284
612112581884000655436003026510447088397494824839115483639863985122
507164006697437096232216935881311698452465989380790024112559079451
756190942464886970814435821101040507174971764437580291709388939725
907230376152212084711572715203336981448156103783729515198843302819
445066292118063904801887651486134638914936604021403544159290520346
202775740916212013159124265464785968158900829529831920240136704095
322414981370731198946217643196314999976061430619704257506022454510
051397101878592235772386437171186988207893329738095928751828356019
315018620519347321270977737715994468264771135702440805990820874010
382280169710786378721626418564125292073176653458916299869156237813
484467045972456748438226522776660160598298195603533111079991419740
141334201942002540623481175787167665042483581183946417810112149003
455343732699944088339053807922167520006337412550238047730080145811
085215798965002262724904774291107034425328865707599267656620548659
570230876456574158067655233380209246642972599522981612580244624539
981847855001892642944148753650844173563443883811610959954784499448
393820786421640203803147190966876219329006701899203898001792604956
161652062490914058658921460447750681544291573651109449590458723706
084647011469406720765613739145966452704361544173352019826508473753
193762300951420864103676492723791086953094302846224581347098289694
387525578367519928576903940927001277476173662757266969590842165332
574600068266841789848978187401753093631198214136051232481481291678
620865149669303261590466969004659639477598252823275247145308013098
891618904308786835119216195644497372618259006400136380960712101061
834575493694239911233788176227832548586315741078947510153434872621
494522985550499416151347141142225231249833332062319027922582038500
916499300564371643815925146379282073166336223823231754729863088069
267303022787395405790198290372878526814647459056482155079075180566
984498715149345563184765229637895338845836194868235139318519612379
847038431015776788311365740145804726661560221315078144320769227052
155827842440263261364338381064891959528298471929965352000755789265
311281467237247065640373559553143499143148367646529600161302351767
789130251044587782402397161572908810684417816445856154551087501183
576223458419033101277964594099539131070167510059529541331149227762
421977967460320810880366704547074284401489851185706110268342293960
534261266909123803283492764259916237445353679799016522266929881159
929572014651067356193399446958947482875547232342267645552739128865
454612187195550226209658950175688954612573720720035076071497295888
982641670433949536873378207778094197887075844276651387009261241499
776369843361088576470880677907616982566163072810889150313665795337
972660560725017819975378099897277630299446069735182861192624682067
711758245757895728704497724906364725087717209620461456311100385195
055290738505479522334866708588891583424503005835936222870167568139
659666495799389981014852926374395302436478557982198729961620780829
618881321443974065673584131670556023435104418565924918501054210008
927611725096697979895558891907251625099057582059025454517790234669
742118038003012084776135184799447578961752007045954147273179787593

1069452825149175940512865576213418263244711261245917232763732203122
2986023604624584606186795423002831909335988606060612843754827085072
1845440108865401472328881740966578304499162788293261310107994265512
3633067906259498703667708961532207263202908508269735537769564914662
3878758321328906998080621154187352861996119054275823859008544495532
6899364964737377533080527893391291059526348910600554030248512171962
0167594622750392980128989257824441824957544927102859740612716162542
2703310067076542752590210899933748066148207509247941723320373620022
6924279144939411053763227064611211020802839272485746841217824956592
8505392710016497427095988588469334720410435522166694154108601661862
7341199388569626652294242292608841356125935163847253849298775830982
1124906740994048378816789106027408074556957662355391819424688844452
8045854031482501965598107014233653334506588631119071625108985852822
8154287386239390097269734562430582222582546735471719311881494689022
5779398164703970271409564465948358876368352672228042806307822232172
5781899683295851143825643389660662915550613740083578381449188262812
2834472039126420839515373757879502882131186886626228201062474676352
9436762368519867684175195727028215373190407315126494484981757376512
0581338739663819767529076003772684304003371111373997547819954157322
1051972915441880805899020916536391325644075423612688536541881189172
5834250333586390044892748956635774596862234984436162900643137074172
8872945458048784638601504218886041642812483857669170579218319001622
6027066362668421594233246110136798007776446728136983800173600785172
1467248241992445394370441421819810241142169431348252499472665369102
4129650425235711564182762013009153093839391792169540685649597549142
7782428656597067417213633356860440352412660680974272398275548069022
6680922064016899506043139538249474458049380823307426237834511440952
5639183394789634479912994905252549704194266006007343882711485435992
7872775412841653576174209360512907501499873773297873807051761944012
0269964432170773137939576958850422971186600926604794064576610576722
5728500791749941102445827613238691872808413902517400871036202660592
1303155025528904698288131906570318521718445526163053642579802886362
6178457543496089502215146955831242735813212892501980001176029635352
7195482598952033049795519297713839136598924831959632978917430177492
7384625295898317821901017361481294216935785109555979717719839889862
1306282108906808116393735870495807638065610967088343283873151269122
8057738208452656395546324477885342939772472688625332200374582624422
0987868496970977956911683314185688283505787603526890880930966589742
3297929158146235999183413231996524974675815932293088961408720988582
6596654931963717003670851635781961561053805380234235100473749224682
9226230979379744444935701548708321670263239697765974034869231374672
3078943838560389208497463181770674052656268201184284774436196591682
5420796717602993695441384510658326416842130624981181517449680874682
6329765588913006815971944806848130802647903721071965677982763253212
8842880916453602227310525253114137861821835101656100008730179674282
8176536352583963002175525745178115639725847509624638781609156559582
0852929630759869027153240122119461239030711850861555177128711005272
9087963249941379333551996303205802084029471223282502472777547978492
3437250081626482333175404626452565804762944362632361782036801206652
9240370100905969971213088617800384073312056161705279508265633830782
8182435719048463612002113945934402785713385365321745519308221074372
8125796022130378127026525796751193470602465802467108774820637212692
5715510383163657346767184421157240383266450539051006389015296959402
4649710571786948493608643303790744083374409192109552766550848478522
2170491270856909372433235288722067474244024756873843282319258819242
0624984847178514503874914217734270488458832872380678812199830887322
8124007016923744898716686907117552514287333534792494239797996149372

370478584619035126685248209982995808738142219198629815402860094716
347816023536739581173035147529025987009259140532514745371890600417
908442762997576546561028735388785985574884726545784600494413570870
704834315878921290043547047141645443841583738211399052772989988629
025399991224761320357023429360374796348044732023984402278701393066
386817947199257470615993646952574828475830749971065481196881010194
380016430838840913537675169908743316890458933059661500541790107043
261015723207361150143187249818784085300886992488586783942249585750
200882348377538210766893335820502470265050395728624672317314413903
908940582457468557296362312616028071395407931155104858919819514610
920411301922318294320377478889757811454716885660239426219104370328
287941044040186949995924335761391030951762539824145977085971273720
279046763806967154694666971735958814912126590475442591074030012027
923589337990633998774749224794522462720965729055554043517874934018
350472144328217971537389442215634246763292505898447275940723073524
964584301230713025361623477226884306373801746226171205046747804134
937761833091668142971256400733222317346547775744414502508368756378
098464893403550416131146540887261324505248230424603978715663651328
478684396379412957314150314395472701176803221906009495584275687401
727123845573216872876399501090905066185030632690574019455471855301
105378343376318548498269223605157714825051544251559708341583101439
190796717845851586086865598522090818331493148180805536955462425438
738034425636155242114609819493041633449221015819277834179837304868
553563637752562668669020253262823292224872423102577074540358625310
192512513636413206398978790398672387831413558104830325568528608524
150617514762567391513447748938891723409828037378673379569678368082
196053880824538684565520278717507575890926894198510494740882663572
555629279592265860533567949897786814155282433732740266391257186046
904156895210889000053660580528006527138795231188224379614740918297
411076912599561342760532565864428869633454474587705239714977075466
861881466281493983923815241700088608354984888740750537290936197426
547302997650836876516128270823902398523732110679266942052305222414
117538197053977125722068128054451792050154481301838935953547659914
998358531768121960215234831541119627919540083317823144803088653680
407315924524428376872931072029633189966915674224201273344045178215
655029501536212559894885129100671812576382161070810351497395360934
106552754534048004492148128176068006311927427065927305856402201483
914005010433122153424513414990024029679181225702607619838914454151
316134134647748714795308326717736703537339262537592550516856329568
057038876676066981021440528096718915355749171728847592312229039889
891299294861856140654597993835624270165421776341539326501720349687
134586266824939827223204236782697303685986533845480519070197570396
176796447939127441814884272376410343890562180349572998394915441570
170139324481179406155614282589880404130899450926574115596464157427
829503680476134704761776297818515994000699860487517728064754575899
427018833762874835880719184456708017925619007354041353821262916734
159472863654987933032593526235555865605754127975890360455239246174
971754835112683388509082614178292862758634969162978823460465639500
465833301388944360330773726842187107376130690328861111552548629192
788966336833833048209305091021904139638246908005696361614129044549
275695049123936241278861385036411115779931855332403909054398646303
981566042290383949250960815409980519473133864579842947735903147600
940199501898937829325681831170310336639164611520834633359491820555
022589201521114849165549988442810670530998640539065028325534487668
643947691999782781545380252060201958365769055426243003527038812417
782613209859062629736605913190812683221491373290694322838824725720
032107762099435621498364651553841074064517193061067922241891885295

732629666782997766861111852789273293269705943957460401864480746401
041761947079891316214337908881009579952969613375823180476142022865
791218156376165907626326969516389267377453661916374651436728594504
469070119789759802794017853391934196369878862810356114839596042312
410797143423808469102693667388526889238833808081487617837261223540
183194939744903430960160892174449572280545261847802144771361487359
981083166415943983871060493016491960871577118856508834277313625562
803223477897016474045158903282226449304103632241778513178462994818
066787380688021542854148720445531319001643141146691639593254722940
454389933361216407112817357452468761342446058926333689423896498012
106315001150571926894168369956096551643490173310437294605321799577
193627126745004239257868386317030293526947845419945967705966010991
657946129321768799534597575367939222461337394633871318914617630638
224972034305880486996062601288093577298888805512742333968629618874
297840003009405625176717983564104613007177012966825481084028065818
226171199309502544486478783247844092094764785772605827837216487361
997859356262447135147295358355200251047644945939328072887640495191
825920846595557840747759304614870317770661541964039463166724697632
983329420586207108035087448961099839909819285131528586924932988162
651288298627233178599105506715348517133457348091456610988822845622
063717665821022425918898799853610219083917187811559861466449903896
471009227103918980354478603519022126164872605622087787963178708920
461050815631573324526367270296300130603744611520097222517254865109
469551867777303043259983825969842956693052584905605403005441579726
750976475561907126784006602953145041428062420632025217045421271333
954021306953990115132634369195314261532898713153296029275153433964
612968487612826746910159642598119395713130467717295481246926428925
647869186575170922443077175167570263669706328825255287381208041574
706670598057968435247873997997405507655091346221507775876686534742
205199910319147388674877363669296412306521740927831726961289512073
535010092945252617055259245880092143158837633349757946647963321850
124915034190969385291253796233746843795539391387932510384612275400
135408276745671253777680867696640413148003670965859838826585791529
892348005522514460687420429001172346571387189987940213647448420214
221914204939127734387759977151772123329732830265970348775910026039
055400404238738431082987618385709056395074427458518007148095901075
523273175666440713801204403601522564780696220392282135661953332796
707326333269816057383740715059700363797635556766215217904623416804
899012085095506238871067293862446907156014853493832955141798131694
358726799398717064517506612283450241991746858494292457719982950297
977429603935741029978712101488032311516076399009053424153823856452
030689124207070574924071576734613009925930010933632546212389699168
425925096056247397295362876306719260736372298235049794856170953355
831701362722206488497461535266990530337244898596059260184364598637
711766323591974943063308139576263965668487837822913326220374641318
537456894332227266023297579282691519952106187554141700183129688548
974971265481011206311399259346952698288451021429900391319289865562
586226187254862176232824839311146816631440767903798064063723006717
664635096418159784927335547789908468800676312045931288625211850944
268714783223312229337118914749672272854990200894522116844535448767
915431039592047411331803522460697141261991042322981850177484419723
254643562609342977017532933291021053693781614893076332470921548856
431745597883050698241198115961291573594004596946746014002407392516
003860466151710246512485571385342836111283082433417737132454611900
155843794705713707757642372647986957146845789693322996138670066392
108886435962731249779433130262957510225643494800009254439809707383
021785969988369273063249000234772020833614546998719473803659486452

263180881956712665323924142437998648923051191309996156923912266300
145950349296090209004202223116794588997773621994585837403421753860
203253961998695236795303472535188970759554397734106275409799885215
377121621913808924420095690887400210486268613253228262031882077230
697967663386754595375363238205536261491148215262599993571900481930
851643696168291772542479038013582642102344292224747676135099091445 7
684903142763668362213283609370543164678067514149235413657993698297
032421284911478750709245806057822090254046152955532401010222486635
429297475500751106181007976717293477734092572741217130490968007718
729636487598500594397293242893000021987971645526569008462712906540
896528697690562870786460630372504531918548057008309654835765343277
138787057220973745216970418199217593918448683340351696773595648434
965737593340988310230699490700182546821879197195775913646990334225
861823363434184764460488796192296005916862960908385636775504949751
807575773140121369547683421881245153106738534123690219955585762117
695281006989153733464611632145616487938155965577524069288117322392
151882118661225117261395468652396649199277332076815468418476765864
835735127376194266992294260237316215144557987485893356293892034119
237723880040881932298985228180386653372350599773604409018795642358
848896929809766800115380386859737743046734892489359441864697095835
118247252122583956387959805510386506413046538933000442573565017551
884291486832532020017410881903944237554256655105038841804032373889
429328256490584746345195226887144002778401930924612399942890069719
584975460397965344910187780018563701251541090396667487669758318740
010815180454597648878325977809834024265397905950918976053303019261
914969074417256952878638534499257324528168170135889947007694326719
720821346426463203855667383760611002134796825679550806317329109167
498760705755540504124792258091340556294629486359459364576254373761
090617606241898093824864565862009953308909386973344325490628062377
378994318345675873260084254931900098147231694114894922228135910916
816038137363829672604012852516062921944661868294748003206613348959
899198832675945462467822530351474860125212532072374018374794295499
444266403163191365929711929663407883078874022618973880785001866541
783290029263065106784239025933098366630213768207171417848774357 31
148666443020487040314443043579903658320766156481885533145645629620
982235657115435962423162679261718167369071361107893866182488721023
943647979043619665697735479632405760914952787909291370733251785334
798080868904742736430648711145538520364796093809053587830478803572
767752853223439406910706332837504874064587996109219620366318852582
647961560042495259900130650342952753387453985409540045117501939668
856439514666370984751854442158268644465541981220319303977311175296
416260757316314039727018790533550309803093790118756694468711719274
731123210149481674904635553085353120137775563823364170618903099332
651955451799753374204206002884215890387677556308667397034205326721
067760533550757446667038030264547265564808170169855864580009324872
528968102193561316247446164010920693413894981836130894775333085779
401001866576672605835751943734475166861291830500492581717007803546
429204177909144585189772897983081920278635815366132307252666452692
575764178804461664997139324290690933302430461775339010617910618218
705223608066546730621874071097776587410682013233360033562372994802
188595840220669104712473296019719723485467682988990909229386772306
544007021527359664761168527154284263812375868591219706741325895858
434872106609713477346591122807320590602942659708430318091758730425
505846120840474984035237934712144794259854156507728640474464013674
195777747188783923088612908895498770546922980088546744119932629491
230570504763871752795143259113000426971147482212849582088293453040
811288763202134676281113889657219027400738217294643716264708160064

2701401692284489135685123143475870278493495171452233760351643499415
531474114184686882242388609480063924692443030687627175463430247847
256036165462055827770188928016550436110786123968650693092193594390
346476892133830967738839239044660709471140735947049001983665472953
317034653835793873256039549739448982302234881803309140429686122826
465753829091808843932907340925319369788495204247327177644983731231
916635991908702064519116546831411984385910538944631984101852764744
286131692430169548981126101888538474480400134068165979542877727844
825737005648335860240368197637804736006094915290047385912630794677
661142574852721335925729988496943395286778339637307805331277902443
522903105987660343406832105898473086416853445625959396528861777623
482654308631931567723955622298473050654605575254114066863527353698
993292515701209718532554404640315415192200471948998761839516068257
005302258591841447767691377082677429818426737966231568766316995190
241906374199375590075603934573271286491973664681053596898975835401
562726322980175288772850704344089306126143640439442357058322432676
961962121941104911976402676658282793051276536401076580826704495339
640451107980647066117732352618459944151751919542654688406414400054
725603991374900582211152532496793887862010635962787348817267307009
884746092517649403308798044785073532247352519213249449449959579059
9933755946155280728515833925552539439086335533193901574223977065203
708417843198841288502166081034634595969895136098782995170258449427
839346438056821048638698609839396317081890795980584745619888259880
555290938104589632203078217908058069075064308424959413405471745547
994221817475373007443116804121990827411515602573146874903762980937
434669960691200106988820202060261645524470488034852441731933691997
568834024845787442612679585109606268854799790375067273776527927505
837223996576347279214956422151544607344895590056915693677226672603
686926741547745351217206017886032360249274160145194098545700689043
965430146608365110441232516616270299871199822803754646745045288229
053710698228211553596200957029517867399007517816725250817025658092
676157266181757849587053519085100069054175856799561087957805441435
829933221495237017079466621278726621852643648491827589206815280294
591545309860359661121653293343369731667901734568764095828482319485
823019400757374894191260633787546462736330104533283048694371911140
625026753388731303642444330640447646251712131493537278517123989789
132166863940815472559392244048450432791139503811757084143060227578
898394629230139565589424525369945749769406140533148128800114426483
312250526914945019197954778321266888311467985332841666843169571241
692909937284869922572466134150185426296536075954722138465359837608
973066783084955299734582924305189010912195025296508684396848040303
839385008234438481519234908101362933596298428853053888754107378201
093427051161053298745189720085920984829890070572366098970984832646
659615692758630548218802135374789878780214316591928163263001190058
660426617650384533997098408042091228117706718418386951567671457212
698167317584717648242356373566191798952937539126146893288838825214
649601375036340921090342518976882477017943637401380464734719323646
195720945849001211289160495307443755135789661794186401507660928121
132831708175218811358134767535043764567383979845506105255147140578
494639035266827610849568378022148247269268634985407388788348529580
142017895599418550942386705201977787851784222064030002961336686209
521995254521205756481033886963906060843440210407235640423447675168
280875122470043809441905727633567928918178837179986516156914035825
362271559924381259469678982460783373535554980924554719602982398741
335566277951008710285110744299924434941802470521715546860809716598
417769312772508432509492159177802434291291463590760433850790684609
180257080843670541880328695429239639197998337095645051954836197687

565790138774473246269046971239068117974564118771337499345150179249
083538107076723412566100787393343098461592880358734358785466383039
965674194269839092083639448422019900353289565275906359824088637746
456888566909081716759192004252190287430386609217000827022316140122
151371520789337400884758101815577233548339984430004188055485704249
873223923823781448960301307908584667161354265700245688110838523583
544049471365874104288126440606260347849076465198375676609975083242
836948844691759074437127228323549201495743738613727077295494845526
554640181928299400305298651824835493640823936360535254496838911545
200867847241082772200703914972172655109308924055763556100555785666
366625219751305615771919102126077575927622102108975544760302426916
245239596449156736384343406043456586348480691225870342172572657621
471999831241287864872327766517573130023328387837776384853238234065
270278549654791945449311797809469195139491553366087296725830502524
067522335562048581803151452727947986649961216365016019615452622725
683995941671031350504336313249234967134942367722291622952895973775
866256946300839418572712676126136317084040478642305440460881334514
772167030240768422084579308052102038936807185714554377279271429363
368445714191453541020005537230926582393869122889628949614553722151
426715415039089756982774067885732237592132210967626933290345220902
720426347346723827932426894899627360488783709053027283501777254200
353504148800994458945515507625187028178317113808751449715397344185
682644285343871122600085983431888058543875565279281675057913790349
201956621408591800092930193765946337097939770731126300764624879765
453131327043946408540012298032558867048655358413649618836598359187
937907658233912705050841900438099739442819377841139278738841740659
194086289776533511844593642507015732012652709176529111157651212092
967180220491069397040215015005676263198518270032233727986158549121
286841638749646750739922260209134117698376995605039312037319932674
068494745512758218932541592889408154513634591311913772826582785997
318421243626269079165630435748376563576998674724082916064612820744
811620772776826849028605878481985723792920266822424261213749911342
610126711522701029971475586621553077205639679373598385232387793248
318524636409490211267336158397205605179843640649407175480614309974
739469844827745587982549083599257676660921497324047460780885602503
606922177357274494405986067306085590897635308217119443065678551756
578111844585061350329047644248311085137424172536621465500849697888
482130161206086975768137577393575320721544699165617864420302849162
962306080659489313066972468730902907666381438267215947879522593850
272635308290289664262859322793185626605157765291891525769393705774
117163003796811807776625581822987069154766509072216068519915786923
485972506992393530595765406005926582418679405797892145318372828156
461501310439232297294331291862783902175661780440105949050294958363
420228838504233873781978304057227005002577347243067883265127028970
016078609106282085431191597882589339773459073909728233864822561021
285125834384302841036140398902100168667666342442315610392562947277
013809951156476580165434821666190848891851459036534584383796842208
379788190806357369386795631170468865414491277181060724872262493770
855307560248014894649365214070400024249544208113595145697710248546
748344784478601953905085545996221710571038824151264613680000007746
833693099864641064279766488330593867806051953034591929926954960466
655110985995487062920735805001396799965375622101177762611407349043
242601349117157238232298235266058501983157824828464988357547651750
496757291554721647626434127367204021839180133176050818090338806815
441245102327859580263160968713548546335176810636842001597068678651
773548437592143762792636353843806829792904945495413006960777631021
418646980074119146586234799790594878334125136191769584856125764619

7397644066941057378530850277680383970247900804428533250547382498123
305238815034479420076119506983020210287759353821882759586088769278
6488983987362457897766757999745877129126394639636287497650145942 38
1046407964203247333513221804503126167362273535592046938808331071 82
6503492774769623869993793953209880930674477405047757815441979281 49
5347962825151878860206177771304516515138226448216507484065258791 39
9526321428573545693470428651991241965271966382868320228306276922 12
2246962755529195841846334600880830350607445978909935836738909470 13
4581582280655314588258523295076998193461854928523081284816471561 91
9472279818394616587603420354242288423852632119386907478165907153 60
7515270464726343465091943243734476012080036168369042494038687667 56
1899051423833268760692363240847890564772505458608720093936556691 30
9854481286236555209927683026604740446980155293375629686436033312 05
0966622415105195743108584063317169410247347933646660324490683947 74
7815700659093917717538877685690394885965358421205883866579221307 31
4339184806993591110681592561027855635269044018728354512449785271 15
0044645296152222665019139567338262302036436140876897532246165358 10
1185087681286572298041738792716327503147288325617216560008914659 93
9202057364621436410505233281719275818020423264949958477229367539 25
635017082457831839946407517871821435795092752261791970474587773397
585914805807623012823771921615161753889723549445988621337570541127
667680714845048719837120969451381317230072847562970945689707002560
529563794187774505316568493210798303534274712656234771867462908813
066719777363670518796101781851400994887311062593190221957672590052
866175696010508182045239103781202476151774944764261226065128697104
817611136176627625142012910414273083888273476923476952177465575505
432668614756783245454688779261423570633273235846059124872319774477
276456487321409551254238798743751529293649357732717549021984975444
758887298301374179393625791255898839719869290619677435243752849651
611923862902633222760661578673955801609613792683316983393280867259
952827072939894822914646512732121740975110088798986410922029143779
752481727480917632347975226853644444373829895134207840610326859320
257525192519452736306671862222807953623208809716123232791555209 50
362533722547712578965320544331724170244282168014996705587073099853
658227223296224452082619443466962281109533499325591677478716549533
648011843228827559035615208640202285384139021616180216995896463310
083285314219600897921450081648360085272913707474175457375525599043
304178090392154209736201283069385055663603834448849250911451844125
712855165505314484212236553478169032202385648438124508643319038571
086123492820480064277533882161211707641169485591510128354185168361
222403336877466280292900449391691537948980350226419767584785069652
814099884558777435960677662176177395138647373913135118837721624847
272797627367456974304227357053498764255584552000069936448124078379
911782582498632150591221962195903013542491814684497346083892712101
186665828493150081404881207412501195530513535211080549799262442364
298221814182739644633776923011035598271424089861088425284347393081
016802695107830176191124115959758197955633871252070787683663131911
491260275093333499241055030076175690842449955305631043670036876210
756935418097488018847100016032603215014885653297618145064332656480
396424178402722824424003654144955329181289761041188652178815326854
439274634159927352720120437158632622537132667930511647326328244882
234812864718069815919474332248589820248940667530270852191560937445
948003138825815234099083317139433037136200400164229607529930541970
206219418094096333881265256020273937275562573913843754567528824326
967918980348297030984912404776862540646606135948609064600768787560
094827017751061666259752902427381729349513897928000465707846525941
357260458402550354135832212361080590073202619871937945117326198302

9254335675729593095791052164500889402068872995441953527900223594656
8781897524781726548644762159295094748465952734466906281472356232225
2598140376943076769458666903063124576051876535486657664821550032238
5094249632299790689127231460458721128328683284217646219534043655488
2055327711877439032426242383137834024040477137937090235526112064877
3560267589104579371432189498500968979787515652678451258453791155555
1462383269690855011296177663119494040370570214572448390830849839033
4222796374148758285232455183876867075817821600147107953529319465100
2354186030430519883980262188095749647243972192589581265175674513666
2729496960819583348990848522044942597876770893321764541916883582266
5406985126494316189007794570039079973038993230986745846299709203299
0072487442229004947485076946558380629276050638462847774911135726655
6947601121713712238640087562110155400040716004929212368544552256188
1217690409336905852635191790467959241404001225530265138678157276511
3503188684522463470944559949377313954010131285559339714627275600166
5622953642153132987780675911120663723311036599835870545161922095733
1819864817576746449113439431627437138518219577242332025916197055588
3117687404663035921952235039399981222248920418735602961532287463366
8404310360124308670580570872466676690696010007528085587377316492744
4521103693422341861545763172993419783096479273792078784085875740222
2003582404649650151586852898653762859904851676246806574093547750199
8485919697394006774280401914961807078196582984941007269895389436966
4700013176737030692935295820711888699249952906644314697710764277977
7797499421001109579960001336893335416371712003751110079867032003311
0410793923510329452577367266687056278432805960655261782131058468022
3940267680304958677614794275115246479660852194412661563547879903788
1180028874899697921530265422251850115211641012910936794299503450377
9199755178821805390649752083131650265573516811964502151973003702766
7217332438586138091178856234878838193843262093790262893315006244811
1074362099374172922691439390284619711722761983713777785173243076111
7830863617597081749607669053159323618863797169593664232340325323377
0521031633206653491153707606328456251016659430963998794329270522577
8720606407672280625974834361464358441212353742179863933031292110244
7628344837330732618083338694112533323119194186280752150458654979744
7498261254328249075518447505783283997286458925264274634915874267488
8432845241758870383572105604893454863552474487632447006265228286766
1517123778395735709821717924326833574336022554215746365487990201999
6594413962540664781492248074454062935090274310611397032445912423266
8859256571595921996803619674362721306160131572001779896626180307522
3134343381616801230562237043354447519722654550320143881421119805433
1623794412922214490134024544942722820477763923175100785688527576533
1913993663950166848951738335729870763125935038307303937857579399933
9623859379294738156001966452508258605247649422408130096002801157088
3353384023254827168447493459607421550286435713210182490089556263977
7058977004618815377107202816531764397002198794716941909876021501911
7856053588047887047425160330659290532304717277675866913059902971977
5076303607074851151533384269541697647743513891873415127178351178844
9188659736242817865408307341102259449922896032843623139598581485277
1383385556500467596620596977765502320662924253405009472115075069577
2281779821763628935752868557553000634142151309622929758186644604555
3317542192793708000174022886838195253585712557525153419245920431700
7073212968342904523035080960245859035288116787353254044776279226499
8856577134719314467803979484587663533322544710868487539064417741699
8428576931491087395530448440244070051520026495806949027959195039311
6424956062482925512619734274793913389436742917644571578734676738977
2426832397032988520888818884758402785422765177831101584847554995477
7148211008057251926482934381210709525985295215978169310342410325555

4198500739372742488560120107409464018122000493582960891799949869716450517168167528077036927667559590944810654420749252084063038517200796820038242580472389750531064765122628624210682324169936854950862627009991675869839956433362222774321992648917646749279969935291511654479764445830405369254734916274747726282970824341042272447079339814219947421786280956586276688753747629697021835660650173918876495266937823649293384601981312233899441179351513441989795162509465956983310405341041248142375685543139032627994721236660904553421045216749992259594037871158564461696024697174465825733271619096102869947044184425479246499879317400853457873229776892333248842267217743627903250692197526856971857502599499185086259095771146839496658674086205686007771947538530315444406957420886564131719334857351816434262846586192156769619648717613806536233410478722039172681644768023805623027298712859774003603607000802136438008271991207949013983723191444695591459244365893427066381121727464674169218309921841352931976701004383879492502655356456484363241503856248950944381752340237545377017593112316859664232686796973194377971295678758834198639053608917571348880016271553519329036479714882171068929273056676342753450030009527780718390797135823899575516784658465581103045401870321115490047889645774115882014866872590858991115522945256803897972902846101089176781930421130615186929378050902700730619525978955323472628331815998094594582844989903246851000918720905355832122538943998094913972650835148021630279273055714006615918530191989758411646936800504974404207282612427718547148144228012747466120263004629831131337044198110352237061399236595728142516664324645126588778450424927293723167077141848976391090443140926437091564424339533127199916876858120529968031141633901671239937913426886045114727585709270942402871130869622452034420096017590473075094691894226294557308670602623871124594107934981814755464002811788199423196122387128431273823719249906858353463687429835597206058698369675315073905951537269947487581695368427170785396718563036584403196554577209872413962225042626540974586131888824942989503849438891889199764329425053529782123359516455434818042368182475632042228606080593589824202305845618405935649063696794563144711122796567200144759232689195527225895375771705237915011374991853767499114314322424445112916123774441504852224012549963706679331000664153909746181428023563533817270423691977589859027865713810240401692786981053941659644104310400213785717593643991682916588186134930409659125605758774393638259138795972112115431482422078892787922287714752573935415504465902419401339490668064556586014380684639988296301382660515951509902107019712292080569227239531418005619483026831604961717091001823785195760059261191241949490813678551747968812218637790855253415052124479102763128942187861244696517831440627592272134223305150202202341505141988065680896114056590268512853274375105928778948576862413307941400609258720861354715604388566706678164955149842068199426107646229069627356418746937543558365252131621111720162872903616916146834575963617480290481624526828858607678593036317076224299740654142491709172093663721691822638283501826657556762366627998006289405241598777854381868546748748646346903033182986867244063113357731817305958035540288679540520251228387297666468296728862238043203107769540871482066594040664387281240154538904790613005386264256791744122212779357657199936225666716571427457881949040834159213474715852649323408411261416417751957843962924569355510810305680284456948162396435404751831201086232203867410830085042932956537612649668076687445805623706208919093427292205441670366547205184415004404802345936258701441893699111072155789661936092264443095997910665710761232611451451746261856085061456821540782936775840428070478505412133491604175625991907557348433555738177251821282

557703720264347732402291788036859508091243766094114662592474790343
505250470131674328198572057368366972488361867191524797409487091299
141811252356597165920469294262431463008469627882553701641764632081
327730617402860793933846361384637219451885418377958635372612919524
193910188356779425658726819130186403982222667164308729672999271402
168363447876062419451283200361078101948686952291774847711477677996
194327266291089384916145808112175989459991467415337686484539181011
978175227578160825942830180094389561958229203980313166869159225034
891034918439489526112801355418628656765134805333783760222277521632
058798401458547206978714402825238771001050088808150768166421030208
341045284188011973095863926967198595915158811169715812326743665415
295152620986935157361258558395372682816224356683071114649120496334
495026018788258396609400380882964052336160985247592900400723363159
335467047650658468348810072165537385841929378827320733577363625346
053095582379732653473375001461352467394781478958676253486629937314
721179285169248951566728053175912539244012351903585491204951317939
240466024424847791652873338683155358006972236487878665239810247179
312839961415684964416481296505697003956462268416011502875965290483
805039153958595465318342491126698627306888467958590320476360376274
750214416053764164436384350292174369092062830969459965635998956412
075706149024314285388417104647811719468746842169488565392671510082
881301028206034239336866841310936964053343489072207735476751044327
941541880063593102350462630578258109370400763711762823106545767740
402459331352896873799512708989417687784862815649937842991960133404
127670473909590749426110461346581399899327234913915467046050648321
248248270831796180431538780946282389198375754293436559407594815750
484766273932161965058141490810471465074213145338881524749067725700
623330145578304187679551061034159686101160624703312558012089563121
661277352767990406286651676346481517579074661407622255968022607193
351270061014433242122924329475357367246686705807172171293019828628
535964367680968884812749494630361194214019953745398783400117715599
662871873430696773448515455238376971658093527181179487255240948220
328799118893831883282722284927624515929355239071173508143194645132
593119607180499938518933969663095748899727416380999671018893176144
267045434561468454202174492475702221054535880339165978851634646237
077549064511053822881576387201594187181549264038090103842998627854
695913069486047334794156720428903253357461180730444748612987400647
347911807741788848371950215490283493807045414734715575235052945461
831244957753241296684945956289209322459435714577531687238758261233
217562380155628111706008389094604208978768202473844556082588051990
395543875879173435389938945172308304400115154252470811639892962089
395191580377887165595621258905440005805912172572193165161803949123
201414214142785387507591185842296848658667095226261285968572458910
122285244304564254352160633590269140828689749468297208267045389052
218598542741222936588602999810281672166475192755911085165636913163
613839325888218509895360286545407623147185834394064991674791418852
484188124377051151258870892853657747877520460831674067788782620813
740134516512704671838307967860277201228654602144488888918759380987
712226877531580728196845360957335880730025376260634555737317467266
367122909976952899026094673485166428030761407300197199194793183415
177472882219169373734753631403615497164983529820414196158308833999
359938197988891612463270235543135183695321104809748765112442159085
262333487986271735203307521872584588100592303267115151382327086475
986653965899922235627382205095855737596165068818819987477995002349
923497105187053295371869694895595571007108436900969201605783205510
706822546259412950596926734648197738578435237731294253833474883507
182296045678077470695289171362780401496495176790421511964388521045

475240753760379956561967527195989380256266073486907496100316226563
884058563667382093793392383754812328233269647065355486302963666016
789232462644900529019504288821914915500536452677333351170238991215
039475370413746525704941266121979583977645047573353497883073994070
022723636122884605838968658532984496435376225258480176765863308130
816281637805933169597091352191470168138894346596805632766739432061
332744906343409349361958862603979915361502021052965584323680561737
145453274453513240958704848354537529789729442154980380653223339133
292745270637325396543053734672859493397809896249824167298828880804
515085175210121387808661475637957493060259132218517693859762275292
273145986937800287728027500015262703906627546833195414654724577758
911134907779087028370992397940256433381754055812933329862572007663
765779037686047578123855507354131890600495050923221533519840626615
263332247586307026875250246522019140432334145740571850629665056950
320418392253867908098109860425293615429913961335619279490469468029
618427909814759578719829675395966449344840973620062238323061534125
664995084534524573408892598832092330342055487814019567558566184482
945427995121032779282170976198036523212904080509703487601296998920
442987756777699430567741639433025869434756180340732649421858943982
157896340981563778293741436150377079551743768576389664716926493408
755824025203940815337608143492269299179804533202792206141543567277
919666957619419231388031973871209608615624820617272763960362653799
980124840580415222484549072695139795695507202180543997759939163598
766147150846590542234096628108351924456252893869402590236611784544
532999236258551581215185667426726031843473422487681002300457028723
184056631984393472529571683415720468794521711890694740533348276102
966212244235488234912133600162033131091161746158423308498942709283
687989039015632394189115665005959209270040229585100595593750883012
805085139475043437528157079497009257172848449102808419555743454753
540565940452521757802164952406109871564986625884717359600850762545
045059833115876241497012847740417114484628290243640743445255690244
948316954225948013017500349621253151444627850486994566693162380469
073310643281327616475990700417810058835619626685858410209271512336
387584216818811725540755564439301103627637307190564149949032667044
418410885138376829020100868911663110166805422476925606430959261802
929366046399541871394486711003004070496220120062180405784291006567
324360439120955040472312550168798293763900856744969707111969543513
479930453032158426426190780617081895039791614981177970369700728218
202039901863171502988324071931393934104516963499310597731561971402
705723781555261436151070533815453986498980810079512010022774912153
020410516967196627736471035167186427741360582204438560765726597893
229539562394729028347651439108417268857270707427695529521807539912
308325176493736014844316030131468808344212993548959095687131254024
775152767770421080793574179505651888719145022916761767589013555591
516970719927506459138022816521364909283326586365485833752032449787
589520906454011216083313275211057203466102196812000754092073176910
680591755541544665598583983126129738427235622127874691137080543554
928508386623559438603206882701678232403257647563286163354461865858
769210652369154016826523242915014091528790235983738449697904865143
113400392218378247787525493158840526226097870879963513798501129787
950064950353562344725163409622856988308827274430477717202354932371
423486440643415782352786605200699766063907286384780023754250288875
885923084478775834864604502706624504785217581864522525042156186840
453267256808005694879053080933013052632105694380440815212932060091
782311952480955860258928050939172901010600242968197569673319982924
767970824062296933179547971312447790579536601539095062913283183819
569116150121541176274870229935852118703819900399272727609372700498

751729438128937374426862553503943497357516316901060170619807777696
298338105384635672089689887426200959025002676649766314811957148880
553741224238008559577295923823516691465285433125840759618637895918
935116042574397326573334708172985480150316836427357046647152631479
004627269785369374027277380010427115104101116285370204375905832963
352177173769861836273768822148505975799971652565374503481504314333
091334529566393056475342396282656821072600201168386667687907233838
907867308096212176628752227718878314263388564997531661646784063576
486525649944299346662800390959565248573913410063763540249586354670
808285234472047779721114612848583904542574832089848722573395046401
533839085763782581917013003865408348610622408713803745322813635511
668967725767027939619065611846495889877479350437587531903340250691
668070387440972028401058326917412236480087018836328934493220088946
744787939803792404532285066183387747337677792592404318061037151688
768137735187128039906795327896436612057882913761526194580141629064
628352754034376491951342172865187743436332546887071329718287243281
210574778147038329624733556727529379581971754665307434799725726954
515906829984155254902918522786827967280683523537063303304810834039
781477340915168989383080973680095544172828393919391200143515337034
842640081499781410133081047851102656302036810517684138478116730839
192687250361063202207911409466394467964900839865823457897991905918
021555569805340588373331098974298054967443525107496909246099889375
499246394376171897473114860256245361665604055599949215034278398644
568207025709681720452336574345800641098819677099640646318525058901
535484184842544900210875349369318654356107412098553304464340221777
287964931178306382353877265363286113052200532192122349343888643952
086660067930715934695484190911032192895609800692866047376747337240
665951528991777507647644476404030959394792331201590513349412375540
072628096471543127371476494174535082255888838060922169093031244038
377161677885108445489079783321708429726340294726793871120913500954
372882807596991857487235868751481369457850613849858270517404607038
603896716212018457598240721548081464414785906905772671518487804931
925823026177314346653899730048940570416376306305863405834904997841
961636450471399717139747689301731795014593490195241424134479627185
430179312608130321761222837061396114473525986554588199227993758320
119863482174043948253866388952899015766181349086375082378570701598
812356428145637406081324311692672022269948754853643797888506432741
008198164801536204539374831916421594144974572658074647973695101413
572047322678834970069476842633679108190575823353821291851392183358
965823094233443942734725229495381314283524319790800883071902594796
351034023370625705608547527064693435938180087033400925551845436450
960435561014519850553971072521071262585612490665994887571461511435
833133522593508643147866606517945752725159683093657950568017929457
090256626919853785621669178877421198626707378928583723239155585176
557382222462385024716011787659171297174991186778856174280733083446
275208587492225883169954022885648814533407517933546323646950987526
514089304349931954739084917792397881803337788624534366853448743881
418252249846841634853901320751477089769614521384648218708574220021
014181783137022849197400310110723679178677593387940161904368071459
263774583589077466714986237416273219262848042727937044475081506685
748483120071672503443588340115723537665398896619104313385557832575
833528843368810851886547681856897708756249906361696117781208826803
528915415504726482401273417129732659578807414628016122626949164473
833479622247201186317503301546655178374885514884995192149199706471
375840172978309143850034118481662560836696552985865258485204077855
374757668498584022605224496487317482374802819864922522473727229638
593918318824358104652561502657458488204719285961892468646768292981

991744655880983183799336669841176586131564711659068712679436534525
457420984762080357838880801855434478003634717977625930523453927605
631657544918325866599518235024095527788980503670235945520971014262
635889756265212164385631267331601424642273557460457639815201725810
527345596263283478971642245305110076567384533110892966729664297632
624577142657945412681298111755319453192965669561581119478363801946
678721069717937792503839433447950129060319244405112916057605435432
392933792027125893000639136655865060443868337618199375454081032751
182743623407102265958933226279283951460682592738248670624597929724
643548149278337042227941593683767505859491954116472258700667544875
705360907804843922793500244761990970284841603454787950437241625523
929790101938405691595552624755891986375355709845812360769709915026
074861854197172642131804238527125458291792220289241691371541904638
597766851093729655063127669531912026884410717880129815740050805256
272226727679714004220829045418667009873803315838472714899360857860
863086451624632454530315089303069591225410240719604113470034593577
785732689497980782505679990686804237696788485173487737176405345168
169554486568869667046494746048206681582854588035477145388944033770
301309513693124416949826931093474073246037721977121053666949028102
527399591504011996318318840451661629039222398176552045303098471706
364834345854529381817260645225759243447822762093521118594293311054
063532835769193968118408141195429241736190266001449312291497815593
513175318904202188518952757880710729139934806971591077561544739284
560006877911113305590671374782220055665695205802903492254745905169
260252393857733529217856733655340516087804113339138332979039165805
711753853389553953434395294367683725513720683341332449702792410471
217489461905626009406188544620578268591541555525523464203283333285
318397559387439969721401449056786633502683126326121088006091781057
157510098372249244432664145512270884647540727640041066750957658972
929522467330851443119683085372199414878855418486857865593050190452
612130813425463508067720814174425074491506528483232920651059205882
511683466090607365824841818782783745068728992096779238648845305693
458190141628300349839771917665005072847558502492614589855928982737
490992639696942766039447842285380240753079644568262249499608529210
392769868918515821152691575227107949525139425222103688397475001428
044120253102297953922209716133849327368928356096983560173125982745
759305893867866971976391803234138096896392837160163174633273417818
173597711418287176462418374459971598421854522682315689483345992358
725353184319148707787173280800373529955526031312801913875451733433
031351653160056526756615726570786931701648262238136835491805173140
056587020838689831241231139019788339829100200640081449948828634736
429306424188424819185204423895754502812686079632097964626706793408
066634322128058773210232676611567147684968055404515930952550086429
504356341130401310992788900071729277632548717098746585813173128833
335577637176670044751501756976980746756803437186227414166762374455
024986828140956151296406162000323614492201300662865820749995048967
409082575324098095919265245098504007202751729189461724360986740786
813681405056235690343172001195320201566486601843809426884163249234
684413882109830613499383287626735313577652015093021342014064697992
991265150969061846864701458645976974046123452533415177546852689457
229365397484022748164051680094993204389707324794852337388696756596
241351297321521061741051461001541502825838310390770293255550291944
038766937239273981115163642926444249840424127984158894655653445183
454786728007903135078973980517258802852195963980134698329770500482
895073507404780269481950221173177688360070554680188269798379034952
582503632288588921143852340532118268893622655965303191445197653554
814964808816733800636911086926317721182766884478810764421066270360

2135710327979389405288028852621980146943698990920657628362973177622
8154764549182933626707200207205750099130311871238658660114423287715
7288542022908935537550883599195051850522086400457494791743631021855
2323740309043902749491505607149739127918445426841845971202908873566
5717032378768769748750189247975211655298509959568015507253467930322
8128169613127353380047712387637811465073551331979277099644754157144
7606273482840727972744209788724647826868397886917222537397799897388
2032643186840526529249631248093141229481393315687059802081214404188
5244720017846251408398780719466804106960914471701868212698474057755
7617093118346628170969339405778759780494739906015235932039936892444
3409044886222271462960555407365588231385037680361834247922230615999
7349834017875522717998883574376121122207849612566672807144990702755
0874397654996492666685641556222972862400617154962215573965306243911
1120079048850803417265759405920941467403342858616158408863251384044
8371398942951683629331478661633932157380449155896680100046252929422
7788885877327616799489182404606931230417123864265063244199816461088
8095953452932389953217591487160220048486446112745564297623641031211
3247908024444032616618199620501210610040357026522658178041136432288
6505726055772156560948318656656658168540978059137088713564720395100
5436824811925897754230612612480511400607622786265279307924879683888
6086371431533453705359941611115418142008741925071510745455485011366
8551303581846368226514472078435109552939514862975568606715261743599
0107259926428816398558366509207485287197177895408133086835602499622
2066807514544673184385309930418796543737565140275004303759499996699
3893587159453798330341569543021847568816458042957217992564089309966
9154113431508573299753395083089361524626157650364151022288067187966
8299321499457339981429581778186604702515976391663909666227049106233
5985930688397592573334959646562510258006468354732786070385308199999
5494492020108631291174542362888599873736171311618073864183213160711
3639479908454945596155940886686533158674710227046648519337763423033
3930347429745483683823553298217053339952665554566953866838503382233
1900770229191872254215179258545480777168051732807877426388068049988
4204727541604359253011676745344868926495817067052605492960740242711
1529642575263131440880368777745896289233742141202917851479804908711
7810906015998410552890732853090397782748580745842398517466007178366
6196493893713345005072009919457893504554483916336730053439176122422
1826347732672966146707705523389453733852901664407340591834626237866
1791060085110370325186957108044796880338053287133182371098156839711
2965082360066007909164118639526409381436777004758664861219050850033
6356168135099011443817013570390254881071405398514637908790444822499
5903233293601004073880512265121134335495600888653477825800569710399
5589192751824635983224050032753490563274193761767062766338105423977
1862320723388275581445966427523007998890187418073971385200737182166
6429772148692680875562483285156605914018679593544371409660950289811
5986800487831076913258540504266568359975371765653082451262313954555
8778462594118946892357342966521863377578777175157448207996079278166
0854094144021807471540679212472341054980821957288657760915195153288
3213568734675353512708932972950149940393436250496316827039706750577
4632675991665535725111166409019810596283781509139235914120413910099
1894863847484022814916688069275529181148614188725660392610814184533
0464048004108955523025135606562761035678053234740702315495623923988
9568299261210786910242470460575947760477196229257216313067396488622
2658453733058382985732332842090832308775102661192584760061540076611
7550476749439953953960663527058020820348844187696877397247016983377
7895564099707729415315261537863236294967727730147220585082877482322
1014684886818808547461491222736396430881703344067927513733814596944
5740652778333795885718650756150245576025617733648587868404663568200

5494344600563532085374869104639775909708195051114135493817022066144
4247590430312205603466157040379603699945761514998577481344941565944
2990528157971557996632386550918709218301752271340257714319443083911
5033277667886241159895877816127448611647616219991007375520799505222
5458511295430627180745956035439413918123119773548118672061378821655
4425370154781526792761128975643970712271687651616378765124703449833
4262796851369381289719239489538979328777953296162172918074147500722
8244995561851139916794107144838210999385196496803267024042150771633
5954323370238545485381836369968786066014445357758329997348339911200
1439837419812603554680159396433391078692672113724398013358989724944
2900041630966808185736123375940755592758461187633165379282141365855
0862698967367761683956063701497709773990191675889021979610313199644
7068911934859974373276870144507307693154630106391794745818816899800
2483850979652512437210624227370932340121082673340967318372688300744
9167096915349480547503031475640023758830375165677952374750827929088
5131190481976208478428073438098886607545520024051331229771378204900
5293646421231917902381636120131767174977121970093453665310784961388
4951342263386106610568214253241521762885092809087276252123726548966
9894945318996467423387512246983228181577127399144993439814411868677
3500383376585270516498266690171724596017443533596859738196167385899
6875867202620924867998911369827062749825160994682005705099420314611
4039189546111080903883541855536995532090611673791001548208697887211
3680456767778140901855572500939809817495954521345540394714171092555
5755085645571077586320494459120210768374173671088594529287576604633
0318717376774001763068222596503773371849898171434698958032229511011
5659659823319116793720233961555282565651480369511316264839947350366
6001112627545271813053546636727315487214334896120226808983667128566
4402488414557447265747241404911890190495371901122601594867831242755
7057369593230376265136166406627590014515623494333553124367179448155
8767602257771256171742887804193052065891648091715886267421714387111
0683840224264322991509544707826321298043127634467293085573979875100
6992231893191764377350240728617435695771498930864085552755461391922
4265302697158066806489834006581927780156197702878296262750841085277
2016382060189976205705854078178284871526096526191983118484362131244
5300416866264536636401899793856975856879060832746894185634951854888
3775654050237429483411445172402496026782971589441255636658820521244
7081814927957790816611112664995004899362109400700167185771015851077
5956665218339133923072930063139385038605610665513684978773804139044
6349823668949338709248951795364793038783892604235548684336580266622
0634822046346740425240541070956861918994688684410065716366524333366
2820335478063489527933128639150038206192957517656354858959157269233
6062637359160729148176303927056845327763535251425960522727149766322
2428104572121925350321864359560551894362085586361148487547436703133
9344719579778711912301342608428698479376410435554016393460722054477
4545619797723193883758260147920141175768898231123895862375475436144
8595650756889049654059005753703798803703731784016867803701923085544
1898209618955288130521368638494825802481921662951152211466537910588
7160730696955285169320241708532246801297768045720240878574052825277
4349499169199541178218797286836855881988687975675444482460526832922
9182446677606650501719323461674192132402553223449484511025991195600
8779475832574904214646030865998030371684129036193905056370953656788
2529496692070828067789197191538214237899591176377678924408871614999
0492965680793932967115324957931938386782120932701890408073067487044
5505132306688440995133155402815833571138655225443573988754145097888
3790258766608968551601076230708918539169790979757737997704279641900
4291433706998700879207264641294111369435029376239404249701041583288
3021272063533924814291600952201244285900748962499775008805338118877

685934452135294812490402464812936175011996009770779995566605811593
923678792216073128558549264052251600071720563961678014207460369385
425987825479510709759862402396021200042436186704528401806244668564
193153518389144432672484167074114124978646279883617692866910374906
916638167472927789976793459120589530761561756165590248602935738840
827181549264351039577640975364003855188530663961334859142221129879
045362025420743820527343791334660476352069066439120439355280721264
473641472027539891190807318187062567770324069660897074778502666951
654382861616275046654146299803818906558581936295073968436360796677
049902398206698771968584547917407950667092052849150480876700783478
551956479914017328424527946898902031712972320547012338653924486684
732485589898231822640967866494747016430825986208783222644193246999
889325413647200597010593697179187257770500361873734784489988013442
461596004959312666447656168016885254614167742627243307454436589416
974019521179595273600208798123038223242631378765131151848730057565
856828265239196062746870340554172341598588337789461830901248661627
758081941349060632536211858240573023064005312862384765695137988499
012071751294434478648633014974329853475963756581891561062362960782
802281177139789976376576583675926705509758644471714646660126092305
294125018593322193789888084814951446247030575674445227489805747489
937884620798517366510966434395253167614421141185904397235997608575
291043323250433601103603348350006642510383028902223171451341229624
791126963831765194385678414206110118290026364182975154991599129857
991814685437598091438454576949205644317765573803962917604458239133
048202692917078595066927808721936348384387266388369789582983948768
277354079948195109332668515818654840674972783423418499508548586798
047560331804469367542592448846838629902402079806826308081093336295
999509261298366488872824415637502085791818421460283290579619066127
518556272764224283786138234347566615732552887028214179704157746963
900679965825104306594692684160608275299353428692127489742497146768
046154555176795769848683520058600202110354553126595444099400813105
237645027216841700260307118029481789657660515135608439531663779145
759763029169329578440399026754971304097461161442203378773498830756
707063671354405490115828685197454619144615077281662236076930071698
077368644021936291610291575371429577142134884219860423116059036683
829645238292634711658991941106957411034760364214439528668115552741
761302645073943732190651875090834077708595071764200830435163006115
843988590971994689142082361192141117525099725499427959663115822098
671295522483327685692627578640485281896728601100703240616106228504
138166133581241414685383126925169211010905765942243407105579270676
917504797605056312236086722248684102555747798268803350267708121653
984784058043094253651300098104067020703687965537752415071823954831
734613066013569276149069774773509571794489757209688581621149946498
846401257869102891132192413712880186846722141694654230211120944643
896151344277118337721713067629752662815979315144226738918099001559
177824087096933945884032620200837501233412723659682873146734632636
360627449703630658719439646683817878421407059089651076005174153737
306312874638183896399356005382382780150013111522519867799662252749
370886010780878549389912858463234184555854951898899716895468193560
446755417655951885906824312514718328584887510221877957173181836632
325401543811810826297547335305129783919198919642578464566364694534
674845474235963732922779704935265754449776273997049153503301363712
013357795661556086630249647574561594084305147676964093935002595907
161115859570460300414100893865767795061727758630592773269360623297
677526502299300713310179000563181668933534218708620612145982247054
272675461318559007733696443192310729986741018924382080787326266800
865886878014105463490204966865471903573164597305908130732955324042
0

457596036127048083996067637397205733475539455487319478741885158257
152719647625858078300544885843827174653588998539820700717032385968
449798676489558652025186132636967453371944294954812297020202728395
853231640628499379059904194593985096446687560701449239435480679659
054435248242472117186401683962674479169111333262893134800382735413
435115426914604562367480616732425827860344580989035527968342823539
971189883272728836580512390748415727951607804687986360466198345936
012335200013911128003972697156377077040427805854793509481461659939
843051056579032772593924592365769564385488264591045729140811504407
285000606683341607187202081026490814710754351185290855111368371842
523400043514983793531790050487270052864802733997629929661241888201
159500048762019425420565432217221158623896320358917813243087205230
116774793644755297347400204549286423332803824392845043084222569381
884348895689849040636964265425094991028061014642912350503341873982
776632199709880220296419144200253224334371362443834726468589077522
814167213216340452523144048832462961879289165637617309510593916979
539980338311663896330216064007200630006913581903455655926751524769
572048883104346155612570627137389365438629909712141574117078839540
0268711783908638484006648595440800074860851678901381915950232702347
459987782958232625433194903312991809766885633535347569259463613571
706614277387146660006762723672070295039045402531731285853688425433
566434146456203580943753096547653488786708778935985338263857604789
792609912160338504033796924904259996761072315707077925109936706359
126925871255536657681541790387891896252893439753148153566364059692
785866249970496263286532656571187685429567018017650571856078239634
887150976834243096918441865680650345754900468054809646275821889624
029762461832054269431003374444976399411152443447173177738991835293
870051713570503511501243196640786877427242692507314353541852406140
738009447258635272188747437843701646229366175343458287227898014452
707938250640630491387622122543426876531616713120318401611703210950
076955956670801644428364966404843577097346538842589856008502330181
325681204756737630654727592901215534818859163604492890964291915320
315954839614767599451860457124790325913163322859035791380506484037
624073522217229813032293899617437605883458352965721710086968110364
223002048339409535067833311568979232059512917623356480523726007247
927591957149411503384389888637139725304868987807602049776837215922
782582184263528148608498588578541102276942595076720374694325816848
522955548993849449774235472204433810562625803561442328985516637329
924635884748837275227180140347341635120724099954330218129217352850
406314365465077313039398411917168951362451769309067940750513531909
377699691679410221407869268237690094859211791674547851376904104870
147123465462560452630133288707663432452003735358137902380084540424
773832082472398731129533959495696750642421557437558654833556595688
786702674694487053932960471052598664845960200066086378756356083912
859948702550786909853198745343414008086249711841659312016609536680
596180095659058394730414177212593829469776898390578283249194008144
606967278916422814079996303146723655354758949965131658477227512283
933959637973083772980053330887076292495725887874638558379707626596
299523884781062571522685705708465326719375868577168235169812586478
318061851250177681359311435880680448936485529503949451152207961017
841722522347494183182350236976117478525866381588531094233201121791
833848656163284283694776614302704571391208227152189434933793569580
787188082980792987897844075234667056573595725331319327897533424038
442491887072396874462983212051356887719201169320155468323167157998
732547190957356194470224981164287012189777616723818797384193865568
559833916674515025636825267283036758876320112150052760588757377754
581583513863178424565913437974910908594133164156460587565181574854

033547942550227812729922630572522784198999322413846433449128497413
822993949177140666423246080444601635425065436931639022393211323179
915949633773481236207625189802363514256536584174180712189582730166
991507890830183698577684935995862669966519013073314158514198647817
472720991564199449961986156356208100181893770940726071208422248701
064916277573244153168219498036871458123912901227344902607711288192
099404371486885485281247887088772108103556615961196040830618838714
915088956272830081157008366595506727967822184386257473890290533677
081956940452683689688338392098287034434165335845055707575305917132
209945116044172592574431110947258191361903624336101199596394659311
394740614498185003370701587494189374192651912211663368168005240229
642529690846758233250973892350267642982185970238796882792471371051
106794123055386344321204178547719388103978100756998051805082098704
554904088569682624666331759099248398921964379600637804534516434140
625250597809044112359103871124766933854790979753029012110765082940
703239777989579927829747064852954428154609047282399360099348822260
545808247432495658684222672075850773723632684303386862079868340616
709685828688453525140631604778360696650490197848268227991536899282
499077974432404640407979791733730136158297228659511910017628655863
981329722267857963678848021481188513391208359165020625982627249118
463840515162021157657749484481369717300686002852229835511196431642
635817315077267720072066928571030984025933481836122757614701959603
268112558479195021058936074214006693374639987799384877400537831229
015620496793645835621161170871268032382715601013895293682045963876
924681742113204271512457018073255531152553709088338333419108280833
547642362670290474559430070977382533352585055125698674377735414266
408555261303064440841384088602969053101936869364698596261020971101
387195406927441704608032330058910615882689109409510639164524123367
301215864849327169304373694710202683802899783874720618680855636576
895888416159793970877896057031472288895836909622257811389837333659
049055140684015465948380748974694947858214619325625176065503656425
362312147916790733306607185102635184060957281813905065349074233850
528223344181358146985301474044671694930159452197606249652854131657
730274772014857398785408925680836499471465446294931665093432173809
189100636148921066646802311732789302413098820162512965759676055271
861965487761995203693791989220208307741001725860121496108022289481
995226676709303217398012061905109816070547857908983960449214717112
305378451846061963639005778820516208424050727846867587370047745990
098522138777198653153746133507226916029642232339598511360443837228
972852223771046446805152898462137325112988447816065416120973087772
798612371948313875340013472039414962903364904460866586396633291787
369178030507044056534016706529970121138545832046176629337242647319
025488305066700250034947866934965346560024439142096995326357527033
219683387147072085771520257186467941704363923014703360760574411628
792289522186848636085025699255190522244948589668079206035643857021
879635675631083697754213337257185641650303593428130911361755336406
530823402867619215917144171118268799842444258109279655424025028040
537928719892443638901243265232101107191943178590875314677127141159
301349992600030766720689476444498127390633246250149800445981327078
891255080594176410415011045153315325620034640874998245225905542350
483018797322838178245027520844237416287879831488434227705243742779
605919545508091073186831370190381172462807518249009228837114699753
266748049839623109017319056468830340906688153072847528375446606895
716954643209294543221907864516554225660637900797110818751346580242
529650402804247541007645222108299917427279321155947371252807897212
942535808641535931010647801522598834369354800035253148974881625897
235615351585535018790454206669815960804189965744801703912906140775

143437770470091482013231942499528669366890001919478462599234971560
315448888810804922301619446055735013756121560752203094481292211206
519474775314492361133038915992240199071013860190990508842480381329
532650301627909702063800183261713628140620672779178325908333221357
652803708818503903943377082194510791066168188902552512164673323441
324206162875595391286063200353260447328406355916786870648896291407
521650281379240216058368114637506934361090750484914417005498518664
249020757009936452410022458808043333557505393829964601628391446553
697492249102940772513298390974557343487586103344476983919137695799
431389060698699818362437909629318447055573216038847078136758758814
947742449688002055171244158936808570614135219699280911416050586473
224402167200386656569112829237305665156211266315206506513646784437
992596306546177441964536892954291774865857695905264256245477176148
794884836587508483251115707683227003566270029874912666288658138794
554493981381286585817318939728819570862957550882011147724223976157
781822466901754907294796313758471963597017294789926605956142866638
518277967445494892801253645497887144095257892105692914183861175447
234620603915255475549366753315458460693837779932839560839047881581
770528935273118563078754114591127612374516552039096626916989981412
090828699899508786520682270899080715855285731857065771352319507153
540470855542437181602391241574612188455595988393534191492049218544
913906033629965975034228241058048076075357499334023661825442052504
411070144108874464500033608946694643164703537205237643217926542948
055371107318539707662677317404830806453279352027511999153866975755
380597514097656074966008533707667393857821047802403371705684570169
318252044757879604074172589182860741117956866595465834678025053265
497702634416410227052526148083999697772042690126891692335065234993
601830615020446746962569055517253586987792212020642410409425492862
634666605390613560775485570007194289404058360657424701889037763444
022333832198458334316756853605693992928082487426969572181596384444
107875084783765467793171517677312998522122101733960502833278844836
333955951898054413064854570773936767542819138361679108634126044843
933397516321134837335525608362258659703440992178323501232014419401
855362608002674036859725650683684635903899284766268852044712786782
463298071113608475870002717409566271804661384573073707740861314479
350531904915861838536217058512298841424867366700685267402594142071
565505232996674988565013173951742447045353127405825448765293514816
328459291775307167849483845734015919149848915482467254228903406597
607013048605800738746484966165595104156385267948206907150566237314
181691649019480316206170489859713184431378603597620276589330975188
125328622646055753651695615291540631415019575116877603431772400438
939404779213819496381732252456236931056749937645634566641679075979
893553450786983626929582213432617043278101909448661354358825751138
890759892437949904296668698981800627448587962565791173461849806694
653620940659564191740657581347987737561319055235038171864141159204
991125252319957871277736964630013049788151801985581260108717389176
420596334924868387340115788684063075889340517659076232878878326673
513372216549197632663573069809368714567402249378890890606174458148
134032737765513377717595103440903865249805795522076697115056261886
245219640454263230237911065660900964348073684887422904500901329868
519217056170627095154611091911464926253243349870468417968410387337
499136545748218665658683701563460070469530132169318945119889918572
257019698715491471178140060795606379669031132211510901858983653557
973828367339019811612352254510881412603883708804553905072097817219
687993647090891881855820097491561291098340910587748738869388996155
422217872883307060078917604713789210858836083529896852897250379986
705239688379626863137883889991215001493960883625142785934041069886

879283899229077824463806120537562787545895114344106775441867533404
457938112949982011780415892373604198226050760997860943459076278454
651208673872775340767443596249141799511121334832686861511000525068
600783960906269752834594240499550322572333973200294219588587605832
332124111626782927773874600595159085723200560266848187458345164839
006773772926268094232955909098599993903924392396255602420442908163
724054397783114169656042014064015858684261610430874049522532188626
912454552916318319284955082620768841186557084758359127792617465540
753397340822654562171047007920961650965707964787984228874041851682
914727568516300940066625545758714093207727928353270091758543232123
222279827526948728701080427186389165911404689297619173578003632531
239078188830493758428294893104719168121408147122368048828726735765
188412051753840234897208395994147335390241457741206604687659703851
244253095940567850607556104222597312998315889133335059116807804857
404107862255569664048712463435619096407643736594325018285649940732
446851305139705805951866632625096054471060608475609769606083683208
238857268520396707202448896518790164624265839923862621334219035326
115280676118281455961538366893240578012100754101507136582853296019
673104360837399148265712071524306875509030540077650366782322989698
873141474204262296346009405878318903435247069370888792319924621181
332244051778600415305872171652319006553855823460555295472108999165
196557581303040324215023724418433534923138512583268355818986749442
473977087225342229401660843853368532952629282615080892371233536611
796538722700431289734581762370396771160784795950580827836608979613
115440209362794997725613761695571870395746511684637659651773065212
672971398311938768200610651521097406771510387748960307388167637453
297732243244401954543265516800104370436355886960674006188727537682
746733635301839942323239163341924702894932912301332896633818195145
222012136859442364846668573777452316847771382441254221417606821751
946022295825203641618420785562893711581080823734760403123975475620
957055587523937041831959434824385747204420751359552736040169953466
679909350314283615442486654914122823585813748146583883322380676296
632435967774374478422250848074322467353355929246463793133189043268
794190579693914543125098836032456848333414352436372520947366418787
797006860969817490088479945025516514665225772244535192540601430410
859451812727010103739018642466669277934211612543768431746875740852
737500010399233053964186894203232508342032539695926465174963868714
121350085997100321400744901109896034080463329399244109947207333265
084430471096388318107126576794984942160819841248167658320549751091
565375499760998365200223963633935385810035483020126337967473140718
564299171258933886371372491839118672969549017288783511904897806658
705875569238039585316429599613040728298658441389430207086790958848
196718370504992944880037108791135418662337996693490201045603845714
659951732244050246135863941244413767479143597969891398717879727004
077325633604068503125152963715744317887490110527081378389353989016
852200798195807779563932890162701798717956845825342818527196150173
177465000130795859577721381732569851797176001433303219259124422544
074859839706615771285085336526812676806449772394074281210703420262
186003281693306670259012819602711227597862862352444719601004701492
505984976252029955118211912908888923955692042636804610437498206038
407684078729350269623911830680550887443500849980936659270352710019
319103742900508287046282996875013663701091094361274427247752147824
068659704069817732946260862324768774484836764860000566154958751293
165460536999396020430336057862802652590532040007273267200945055044
296362331155028848593346679780638683671570701945163213833694284511
499706811526399562896881465134204114554955897829447180391744393987
140553613580661385011355689525953195385569657717049812857713919869

3339087382968417882721978692814725460717185261732114233662586556 10
5531164504787114824540480856040570248002408339018880150781763539 43
5425555565519364244277426514424194490473231684272016139887435237 39
8147355390729316671833652362523993771770992678611161992593706066 14
8216580267474896669755871515031353305047152344312370046687401353 63
8936845057750235989293162484030654906572827053150223794082788625 46
4297929432443392820850044135098872128868555129765987887733599594 98
6965490807569804332809001785032571306649664154371865773966169114 57
4186385827262280195471803786013356863781482061871690237089997511 17
0189490700044871390319034419752864899551930527095373961396021801 59
4966150177944805916503506736354518625817804132672874679086072473 13
3891553020565483798965799920012918066469977831204663798539935746 67
4900439930175923386414446450029874173422687310889477384082609238 67
5886957601657015272160092880948581728621303560166065922552618424 57
8034829942437925320890123380601955773526702196938428657678961719 47
6072870527545542461666648471407690009622371550974625162015821464 44
2902715182461985789415793066073588642692921318325645726654900898 35
6105954754094451098563902053664671603323276977220281614927520102 50
2805901852364448167530947391800220210103464861979876539434992825 01
1557778072164058762445680960727997753956484175823831250687468896 82
2512749345702175403137587728014549097853083347042214332816981018 53
0086157424271074098653005701677261309035016294613267559794327629 25
0178813033012200605159073488613116314154239090492038340291820461 29
4835349002755679208585513779604359401184044180865287236772149528 26
0192855152563895650037823119354906495653024619441555690960884057 27
2496817293720087185715715704667921302684903583315581074371197237 45
7935847216295266699135208901819788359674952800443006573112386791 22
8606648463827274878047608109737606848972687310586104622061718535 38
6063792749695843496410346440574643529373150370536605628348233516 51
2521998440267339954917238754992779927594247806909089111380390318 54
2943229624670824567593747017496191175748228404636575814138125624 63
1799024103899126848942974928046656658741712702423220229494063762 26
1083013638703479094210661365048341679034331290474154575698874141 77
0118412653112258199650314868772494002814367281476488662786440414 62
3500610181100022994579712680678166875079341833677949762705669541 03
7397430073958290372735318658205215396264256735778610195326466950 07
7743202416785143421457441928101134101676493819799012998915173114 28
6001697441029183887199033048643509011107535580134824185891387796 86
2797171702704218434732180505579043760892425778293339090180391686 31
6969224192519659715791793093306288708404838592661906986742909250 63
7549892294549993357397522075713765659251628935266485817484168302 89
3195227324905008693491734488195475640054623884354164330796005006 23
7007838461653794455993466770064259669207551454880550071230464433 97
6196305392362659287582558964718757033162259538181618959091173580 45
4866168367340751167368839174639536497666341154920674326817020717 68
2711367721988254427330007079214369431262206193510291710035979369 75
8015399169948346724453239182718114272773661125074501074880845121 57
2179160696595122265625747415591110407168031247827423710480813795 27
9550163265961072888917302419819547315361120901762703180301618014 75
8692121547261482503388040821545485910514767609148562691096453301 90
4411855080226545867545914638326947246953169271985602802063708836 61
5987498472968671122943830360177521322580121610453520051701937405 74
1661737425246108643327868881664228074400094929582224562800967670 58
1350070406295890671701424732996426011887270659695053637072523181 28
6535689876362257235625813719311807002374184279941060554513591229 84
4480020218002661533136095939546863708308209834756359079921374782 41
5103679163245411407914683312200724428015483714093516725569202472 24

552894953486010898537206373768979711792013361811446586435654763104
854814186824899762364195746425778923143668448547320841640731426414
715459969941898545163652602380661969247596499140829952224982005373
362868263471661633421044399460842947671093885745338340334326214785
605157160137548321892245693618735087852787368354046580133897196586
034870583474396689394281954848595650194059594632293572565117008607
559696935756657496813108046534791145069199071641571875016488027897
462657451263003101911726531552296355361534299405331037313279219516
561176087059352519857019474053529285034849089459482522317210901133
759740840726944993326899745566276296316400312958599133998919270561
615791500539161724039464420205185438056101331277667600713344308560
666735155879651632884127424544682943503709170996519478065420477095
993757847170273809254371011457591972132832010775974567393680350780
838500284576417548992739353956084955532302154946195298947226923726
088648960896755425535856292335067505938883665331098246018889641789
109581335188091462016746316339936949707968072192584028324418657952
465531961230506760661100209182907902457623567119263731624473885934
507458216451927168034535090403889942650003298943018208439584639047
283657173846894271167925235405235898158258057366247333097671492951
553503562317279789307072408068560589883195178515647619461613060071
292085233290555433258593176788194403449286871505608761894728055419
105486820926628714645939895789324419186420477622019214076992140289
064205516777898464045496264530190033887595999793599270946961009082
395034949650031233189318199451125718157722535792334253324069211573
790531184430793514153410631301009246256900547643405098685811192157
219679895890326259637143777496244463974724761125069113456861554552
582662304020026511230640080580665338243184530170391656999670736822
268299246020547950927247909432115587421753788216943052147891509527
444795954046593124315589750391984127763890186023831914966827106905
013310146880921321626216224343094113377656230524072522979257744421
468259245080337211973688125276575690013095902061675715207813201194
531203530307403117217278361723038277533557874326516460477928684357
742963369701483296558524678174029686094309198948860711611668332915
495039290879314176252952228905650237469258324924389969971919238435
347082309487730728221249898513526903597080730771283599926813669794
574086955881832033637119122065392839266590251890547630519369969099
728176859026582236975499354269968744968790333310072858948762659040
893024954774870425903701174609625796654943106542837823018831054782
794095134194683975501293682878465220505970533872158982094261736178
067276569910956015200421229702782707002205155236057607661073182967
980068829362547986236562899659765624507633647863862669107279326970
524250078195582710153777730877650013287536791812922098093168166958
706783398265660120801266286204222319330665882596473045614950194188
371550827497847929509409246833222799424000123504916583053321790106
692480421397861520780961948349961314254902917790152789496202855605
496855000909595174694466424777261658888908091788300449370778764741
650377786705301226379104694978585687980250281451304853147147294868
739863963479664753624538362623341220786373471398526748581139368099
516805328646875778974241925605811757850327404863690005707915214903
644604773227687351554523206810152968128301565322616285288020516624
582579744948495266945845906682180359801065928663878593267424345676
524945833912231489631895933852295802496672798137017344464501307162
023149083451552712094931498426546323345022938752571490875270343683
004726910872421633270877419103017611613203116980298937619358415194
182681793338768565891423941380787748595481177848091141663695405984
776882245546994789194745734807220259615888068686259661188782287908
802718449973091247362986414485199646062242184033375460587678202141

498938792793459988990579421632474425997448633674041264662647337354
318163835309498321552372186190294970803367594579023175328210756105
139561285722463626072931756656951728758978850605756494271174616810
605422684331340541741473866592893184969678763109359814972999484598
395882403819087210251719345687302263407682258936888129228961959839
038495576452771369907258270982307537142941160694116140596284262356
308373192888415195301579702177957902618389952662697771527365777323
720546086564276996557000022876737393030472719246959878428510107269
512055501933984255296565343712812272731398953807869581902762298549
360215684489555914743330750422509221839024860425287757739896783353
193728819875536783156702120344481188347589744511498656234125788591
707212079204034013599190298134447747615512118514716305693125338798
996633767176576926223815703173170783062691132020807731420980952265
239360434646011749567494700473508515315689210365275201134395259630
170876945187466611841083290586385006942830689467322546179354395435
186476920132178858393601461483173300711118727190344248337789634312
630967062325259514400806620870061034989434602281792678476442387979
245397157858679839122084210018129893432797130714840737094550929732
067912660362273158657599426266755907631315525877934700842404002749
881795561127512048934480593350684092191498340544394585548962496185
811410418845336973797712170562645636977263676868175170908228915584
640219962603837487876204049197829551613768328126874064677894123391
958689735083184614190003704247185272045843120589369888510187480995
355627599033589562979396051811583956310500771367542917777847638804
010930746476958075660585740484001407183301149132039944226189272718
989511537117331145044142027693967408041845105744991703764838146312
209246411965555133027720243225136262918366513039796755327858115102
590100189258032249173591299593252069009882116544644637681022112662
226228843762816084685055293833636009588194911121059079936883502405
866119267932393707716968293458599065363012380669606866594775836801
730771425614693146332419274678135970090586436858353848431156482664
467590563866417139635622226243102722943291329312198765092216757308
584591516478788319193024120605647001618588411887500792077452827576
682289820991063216231341474339456099120176771940684115616017033747
088031126735144615116260014002728372611283265313151538062073444328
897587758267426140944481052808176983684546003170187668333470961598
089648005779747184548203665873822713648710088104454522609748791157
376724609080192845866193409956372680507725377864931926395672420796
090941927755977123136042203800363218824079887684425584322384255843
797853049630987093486857664571424587136295316588148687027424919621
420738368898131235110487783887573503866946723721659487358368405112
114320413093012372288818495670450312090533271408527537449353666781
581679784705194358343344407946714810849236234146680167196465793949
625048208790550136468931922973386401130040593328827735952009133703
182637364626682932024705101863921008270496326686282458799087367472
344429478176502915559912843041289571777816110311018052949362539140
238068202177023484515181230130149484413635768722148238257136396308
531719388039818665240654783646928962868288537714509938511801377610
405346334313593998631230155037682753069020683493023505811244215849
279159439713002122417376370623629196810414405385511157373169792775
514045035528710717659653249212662362925038301288745652297218713433
664343649197922128296967987175274772345262817502161547358302333281
583668589623390493394281752340033429119045565182572750595455705360
572719982720119589824081289948101332429773511584252674973581124988
746821685411632668397052672329484144804328763123969713489466701250
339262125218624338547457862884460876622634949013138095417261125547
501285187193861504509054506227864763815643134688958093426547591371

784512412740336618250691584869024780390901457161350474577762559819
395937201364974706436354429550576867499480179373203332896604125333
440386101467086552445635255227025971277481201747604117067762168301
681572768026683217099151397064019704284688157712556706047868483178
922063193145068273275362694618665572445990899687816238146451072418
009284956719218325012683837265441266949835704017258182410495667250
738023357010430994377384412406940595161187787817460399229353291796
092829312472837381906307305522768629546940445188006459446077573016
341904049680610170905279342655369690288767343844145569927224590856
321002493322882613569257228443256064653453400620302110838455240853
201660189076000914857378657327881138009271472133370754242539211068
195984265914062638095458159286539424418223228856901298908205228460
186830067855621058392400976323816091102538665438222246477189231237
370179804775886620071448429999283506483911307512350736171515460736
961217373409988690998922708534019467314614555822731798355113514203
338236803447816060240867334608321633775434633675416619651433361597
658679144877824481764762387170599005565430309088765492580778387104
107173578255458871743383310660829667191314535376484826284367216793
674601293680672011681076229188818101660483379230841739962585379374
679771540611864199410561731759652227205990657971779723280581450943
890838562624381801336240102106364382856745742449266550410452891292
490825824608940330402191784532681394008563838321904980866056682276
083495364545664363937572105127336973719516931603279694628755906634
616243211360400704582095376051137666254399855754186602387314127105
922152456968043927006639316525132189667737137506341213819587641979
019680222779254636910739918262938371497737540015075702019006963476
877365748211027645669814309132883785339898351511094800852518247913
900327204700426416021580908007994060118331032332930469317988994130
496968640207915233345213008431395264179092670951727863910910752720
906237747667011122747085711676459825950285823698889104948296126316
360414585554152383087306438297616395262974300976950045597784771840
672010953126139409624792325627707876658821144861916973802923365776
220116649139618346304128555961659445660735180883284924935559757416
935447086200535570568472597956387902264831148395536404441902317323
736440334223043594106616857296008355326688034034750106836395056125
810187437703028464129063228717281933918142918252752790370032750476
765083353893457140529065495489472591428877912368562882756304996501
988820556287143143214255960327758134552472559195534684139472886049
213942234423130565307058368514319666895851291001384601537417332325
207171864999061726117237394368845876048691566778822226358431833716
889497710402859102514870997712124275189543629130090407841159687167
35361707174287279345856422869735508288828945620360192579028559049
992960708959034378351800528454068486841903908574814654415753438940
884932127570026500652296685232857584219180370784274047743764958623
375999819395428327979449478843645488060451672110590341282986793269
208780133629775791034393327606901170919537333401424176152984706168
616182117544348708169778240011192647879273040967552374104165208711
136636739532003213019699948002179317777923301807791387425876421535
141608601016995250227728020389753044162972494907595101427417908474
611662611092808060376400201567138177254119020502118827832990617086
107547713572075493920842718434528417936989506576817603771941233823
860470274024985061707191181674525339813891594783767715902364875316
164402511236530997868481139162591445714668530470425374228785857951
783698080523802753536216985950176211680527064636606139574671187362
623885710544047698075761306405326714437084549245604558952064708668
264268920332555647163515646197575734998680717004533302945830959429
529653263764581475721069774705441397976971488469851000315534905569

619565939339565411268115186435281727710019596141978482877613995133
911938982989585138663564791232192557905640117355548423903501548451
852434024560448851123476630503172730388880092437784709744145030257
278381747444029167798946887143818438732449738985228308391563092081
245811848680049423525289476929114613247918893348673748903945582317
669492849276666238584023663299427315239874637753813117370973798193
805596075752122797011073200464947619147714089608944313063765846617
987307800609725260344681977775964978380576476668287817351115701282
358007330231229947141494121642854396462619219785655290646687981052
602572672886895482681693797906608143443078230282065469814710528908
284865265032548377155148396193357918161943525666760272917469982413
843149303856421415068543987889618204459458963975388728310993484696
634040531440470261731870742054590966888132316211460448458263236155
653249195798002180063547110043945505663192715876543846944489363764
648206559730091932447304500316962782243844998548906127805199506042
978595858983734691529567411741325743431495280299051198874707529861
727858246770785270126975902464302896025920854771176430174784027436
206323739593835436918470878289504251720051437348990606942820226352
839403716158157975557445472625759149352350509376256972592169680898
346582560945564361476339669666942292224635776502474745335239971145
350327150976259351081335939289229005225527959061181446614275957676
135373714794242878076924304011781745420268631595345139074035928520
935043348550775793651541369888790727562845782628334053596372925468
680327351197076033672567170043851970679118910489412537443932551257
490507460845395435740433246060405000094599001550292809983498182747
551105891872870754346680857922922264207326896980294281575861154398
132224080489340103320610541361335588106584158123464820768658801668
635913615714855753581811306738564526266104841343473469458180012359
093900360636493259192622622886713824712572053672555381477260848677
397930490002751668138015912620782072776118887380127503952792320337
232155052943495067482036858941869074174642729625287722769523821383
886949896951300514126008608886335478658769043821618578123016664262
438440837786448617870009763231962296345421861028476976282854265320
997074902552324884783253429276699403659566176577052191773058749801
484713136054947797033596221145999606634329680129757188144529881063
347450824653072471706386539941917058698634165892138229680966005693
443637953321468976204920660386393169029285400513403872724647445115
900048876634847013930774436061192222152584324654375859455747514980
512842975107253206913449550121773819296243916784266792154928982340
381440959784471424110784488494490764406151000161679539805739692058
672485255526748216884300137970664763165841697150788631867224315847
447632308834257834859250736202311489233200511436631564488256685506
247443089628689287350697463211856097276842562579295134607479697927
238627220313978621256471727367243209879469493930165941919223063008
437897361573285024387596505971880224899074365651367731848713546331
379608376431799350281343905075618830244444932843372968908069571101
464352651592605587556505194896603262878414814626943261772655648889
755078031799807720038205238694340892056934927504855268256347106489
272087156210697460948014331077438639753373702275532111016990716604
039355974431349229590479444599269148223539251954080782571221330608
347756016405179778479845326438769270947833042221653415398984875435
591188438612134616529617119491957546837413168109575491921538076929
453846888337163362732989108698969755832363496463658692349013064443
914661956763784450315435777191985782005914557892660099240112726289
175562525310016920370788916837291750912323354979549351848602491741
175907258226756620313665737984549746113748572872057723597063804538
981818775846903278619966846658808634635308310826445012927686163335

1733260770708256249576355999542025853909525365929624484478291756993067274675640475820240278584628932763478083706965672663426375333725247194201002186875296438819799104552560998236357259987644505288738807785092016079683569630313154067776910608904323861725856772791101701643339591619262954081051062080282234234610437894552214460102008384651196282418063597000346567463058403388080554980382181931787963183345342911941294786038632929437978931806136927919853034147158635506664285056223982059737638819392466625497682536301847541543589750480978258791813424980750780104634339876565135751281593952117457283225676997056472639935124352321252464199079256076979038544663133224919470535051791036950898422616058058717849257152872273082069491700394358349730662793217016523880658464580998607178328127294436385185314810012857402914322217268374518485443793349756939658072783253751044408140180962635587302131610110257803501872765043109178743227649602364875700769270728331985892507856296181346448673368421841087521908074575129542497671019407857484613887413713606745345300645047182154551802291826726131480254618883568208990859607701210361863972225494453589069552117712248288001445807044493249982495665345307825970505657406269587075677351788320006207595513399907435046391589534889467562506388216485522358435939927968134929036988966213377926962310251856139781845547796232182506625930775195214277017000945840791937173851539735979075629091972731414359013651126171375194874746823934002819565355202899126948495327271023938001773552627313861760060134185588963244275173385688735695093801187096652955201905094944596412549226303433279394836758456971023525215577904987262130057175316052292849707604818356680875243828440435251985139778694324723437569454968580499551174713299343545053895384186632280618773132753061534193496036816420159322287060155471431064304382252240122469424855621171945509272394835978464568170790824284219050109484187804316058384363372982688934160208265644202472109585544639905356629814432150739013257683294199224894105026095472235797380542222647591068163342540391285949888492599906589602192373001365001353347095694672042553903960205381789088416936046688128597863070850180502683964230420879663446245293463032714273918381824205788983331081851131106036970216781163345332083148004232849171831142165014927419856329890954699610581337744129186828288400373034930910885268127519331245304013235053001067286586464579164986375814455313082576796400327355105009798182818965340853950183168165726152849956058950557920528583421067611473746670578354001099766556235965150304229952273577709354548183321282679886507635622359636991632445406528524389460036773796484723134227536980437320653649143320253380277282445748554860031764554092437080034064123437405882427741248353567020353933844050754627747723966469047961571263255988350210341068415681777383662551485701861762892397481093159650428714149105299324581408884662494481950566390569529072794654121011918210938062851123944632705098504381226908649393440487733890208375008511906466609567270308796028251715858651731737042845906521116338088466630259059391394851649903686785770206514125334497983947379292534725931063693228983695186458220674231276890365493624459458574303648941438026419179938995792006520732300712297693172649136032864965984804409243035224141646230562562754329157445662593317210533572449913210058782855645021551360304213601862041166810109988934008930999785465711235378334029383247772213529763256180525043327837297158818909586673046887342955173637313248112523293471048031169258797843000592852642978367818056913046128379842379249380445103307976450968891974011572602506957530030079276457485510294784965694191265835567890920608130343427529550915050101603288727624517420285175099030748768935270314639197457524852724527432602023188591927763276765983

333857525190425730112463622242908735366026718984014299513622717223
180528678291712768881815371377766199252867312047697670182714371631
510687214775474732763661908490532214208283261042650634207818561327
888761460207325155989082095767011651682469462298496261622966022754
698588612653738442514950045357766002912682288237165817133179630829
585135532921232831548731776061395184413779828751167873794672267469
154954538805122391564069708265290295765016320385293263094935108441
195394208458206756183305719451783157693172390431161898748649953097
299708470424446864777535996705565054190618190414180233735710064723
881470888086489116765183051946317428359072639364166762095716143236
823390634174297287226883014075332248571183726864967800044587920407
569356028025960152499436195527151792128891499661454683216343935659
851026363025076047628264624166994571398912570451911202543250314859
354373159497879331888255040785038262568089740448625139748280205615
348833963911039788653242675673415289209227977601036383747615039805
186769126006217514290506708635002097300525557799487531452321384543
552844109407915697070893602785275982445403252885540122239033067928
602500349171112848922018593409017065597038137236709016038571297300
269020781579075588511156779772090664958014469905255656821914136055
166520824985030041336529821420860614982631161965937293595938874762
188027682426835972842509264577447673050561370531411575328705656291
782222541008776978995548349836973487039857899229258090986155908881
544902192410691569307674676327568181040405622007854858348920921830
711402052397334888641332011069789417648694252827310663559307895001
281391577747788306825360389963579321063766556147244646227801920865
557887037076381966743716820735679824471479234566064881070006982068
664099019564045976206635140328377598520184513445071511507170990224
543693569533432856364231659181273707068207115274525407192124176904
192137367073456171399441508554460253122889495223572784312504457634
705608853081307086236960216409516154684700839341147048860266921543
350226484247258029392935783158862704718311557354101840576877561219
893854285373262650421856458484258102136742666908239406652765092675
152134726677798481381260499260595591239431755926745742305958632452
582564254561535531326689520464708475560899954534219310095046090944
906477206381536891528031983429220506054340962339531314245079233858
164666289650748152674497530838232274629606438673363206902228993677
297397479607307241387297629860907969868626897816557507444266503058
160779324317590116959684732409182843185566747430461569746288769311
506356842340063812834142127901335087333068948337900945783322753411
142807899516273368857861625916596332186486792185445001888739608677
570945034809885091018074181890325660994270350460152888470874958354
041794964733922223483008748693168786852608182880318421152605726154
962526701696755407155488001140988809377490587391787896922567257560
697838190676075442242357570047497665046739618088197399862570567579
185815785857313628991483309152116407234601334604103674453438698619
815814663132017299480017813180339120136314215779259332168389295935
099088301228626639259242821325534547191980225278135058018253781233
517429711779987976217830641254217060456073756419077048143775170843
566841576694645928320543116939051622628769426251711482219903223113
403640388688878100244586313438639896191624889019452902063118252348
082825563800535668165875419005995767184972019162604507348277342894
700136328503096942005230847372604552045727017915012023597799231507
927835536625561650513064957952121936406319125385148639433623795776
672702206943154039795324649231289592828889570031827025257218691159
517563483564127574158046315423687425723533637410697998127191360736
578735499256456275448142683020751478089685967289676688771984529989
819221784814768030048968717082638454344659409830544322115043034728

388749127137298388527703309560889891160203791840791070982822913788
246416064945902082106123371882409382731074352518098457049882078783
912882965921574309896935320603063394233681630942100492246784606604
248470906714262119009668744201768673513147386289671800999443229722
179589515577459884606277337530531424957940115337029547186422838474
792004988015696847625146046499852646369644349151910374272254891445
738638740243617707363639982789929094995708056304289177702403678865
059255900166325103970780251348352627099743556847115870458796945984
935620760825311975384064592718594210317599864127002537033918493017
344336193973927616742644298644906323069088034031738460915922680961
848954529866002739466499213200401043576612663797546573088232786771
983823731566159762922434924725860188206818339828810936566351058041
245192974084822944889095198699410275677444780447649975559121881804
896604107729965728158844866983464719506993845257012997498205301975
898243092725127237016943298271522552594075809430726281532048264885
983490680329354770001780249973006874795166189658377669744319584630
679775357628801683631458589277536084736079281760989769527852606565
339048649731589498256112310231140636695711444871790803595722735093
070862337996129060031507195131586335370083114632517305428901931761
8296974598425051298193355357779788455929708600335609963511519291190
530313015500831206319394207429616088693195780489689836909038496838
530521291794857919015963816003290006406720874412578394680548355212
291777633811881283728914178114028551801714282545788981425040488852
007268716051712292275915075367203231906750650069073974467666485484
481976649111113957753490964015697330839920147581976307036819268587
756475305721526068655120774159492750080539794873825568369829034303
927506749625142579166573217844148882392658050046161608624429745484
149860428856173578566917361144648087238846417432598585610813856660
030735828003250929391501151137724490237632428240915363529111383342
853548326439294344130512901528179297466796844010666752146278385613
861370670976951290024738938428522250769314061343178005531525660481
786159977065691245958095930884799021585879342029500984529277887593
689308742149712658251453408389050635861205725229398350684669961020
401562232006349895987986333434103910884017290082651901319327781985
594993338979472090604844862156876510372684450569625309375425789633
236115680478028768421943799868168005929442565701402957089114435723
067404595852262059550662006121368523108750739500679246502633786444
717940786852540444643130879826761139257948130222359947984242783565
950155970144334981049476476229237356700225019859990000504831183629
252927615490338867874473114827036438881737057679794010339466038587
357143142327584331093918849301786230868220200628884256587059210564
29548179658899632639492916610981323810459418439510645117848847522
871618955074297153250491578578981341775762317479155252530179041995
926570418471426226112899146274695227521986854940637082021267598263
338285960122548608155500635934924210338629537471395806236793197915
903346797434760266982925309249200875582223087274219122337842511166
291283763015357729083186238029451299825918644386368610138106256279
052973355430510898672230080009354967962399284527373453494360928715
851691881608010891424446415209965190991355108948046950413969295866
797889327096258719797190235327352363432661934154947067113457329738
493267042498538210874843556087415175871864921371582204365801021024
359281484328180116409716397608731467658173407163583648212843856852
121869734649729184782562360291199936531647963569389334624081764933
600164657164866675634612431529777396661051349185084718952483116023
611518971614688740422599985419834189461442937043657529635350843405
776118254569043524620139890794798464865727234794721463710492312862
554610360048880553251984950948061898316622468656888226689630148521

632730256846827079137747964018108963519216499627534792858841863832
095326116093754636176894270650347257637227192086893723345369893182
366887408687543463416899926584347968923674263628543731757617977683
311753854234413022044701430456015458556839522615043781715353603203
791512495952740529323855575329435645521801461440119812008811595709
137552564151570262057939949649796214219465932519377948707933168609
281657144152481947274917619645799615265536188710030183660810168567
084248283153164127256186912352033745875156809912722423676709258598
789407673205964259277604834088615956541279889434088588274383556539
839407859588045923641664095543794883058197751038832056806580236359
170623153152864831834730581649125719713600177026468513817515999442
840568964663822881163767669075101213235704492525500324584486085130
540573367528181072569732409416910636291222801261026648190420030082
449028450913337318607417472505240883578388623459416247247894526088
238080965770348398719992920575832482220513936657445302469120924191
969812354520309637952846843482900081494701899681550536437791303813
991196948375026133469385904753611026687330412131494841342839060115
152872993169104497030584760639999546155801172016778099972195842604
154987245584522155995170258606393189054803678862857488173653511673
378382668488476539957100352092539361735160825418116996498063833834
457127538068695348453922916558383697761603426705861147977229359514
683279911883571564730263915629364414465230122610163714130461443537
930729828718471612160550924925781266337547896964979731242136504978
580785820426458193538125518280877158985133859590699557784979020803
467554067573633169348003658531508919526452068945003831046179654813
359121428416511206993616031090834106395809087671349791819057139731
806297759026090834771090347427731398821435040242298421287233456834
112411010814321951590293984849769582914376581134484893325919631270
867390457042942309857450811624318723722904806573724431216553961934
330524838548108454499945710947633364734477169073048623045781590732
822243615220617312497525030040704401492909723954607573670090717012
079929625970260414012459941721813063620262385553234920267444063255
931406493242907543001019472711843379939598169428646013713785647105
554971724901647335171919618756324623770389688180514103392624086287
854040672021088143014525449662087253724043865621569704479380765260
846172605388780621418493298484302207952011846303367081723822651031
271572578310971325104643857041583116759236274212128540991516919082
182599272168857951850366344476852454224617558925704762828274765737
854398655033496403878688065473705880378529608656207790712724137198
591742059601291516505129637745646398292343190491029495445037997957
821685305192340653415292222627557233820071029762624216249184448381
213892044096014287170676996063948677214274439845318563831286097535
836678500817719754513180244811789402559961541865161700261950094175
564573600072032607328386683451749149553258790225964602150198969236
733114818175067383838415525412860415618725021003246542307418499926
264548461204088393803094737818889103676743692864348702360866576199
961009016989813105143057209729553661234896552832689402086885743603
043346437299903265625584027050827885262614295929022314349500120543
012248326973496122761634413084021148848037716774477024089479150458
835934097024651919815690411360110763389368017669481837948263418945
690975053874839440872242036433491669514710230633762834636351573652
110908088366583641465488450362255092731639461281457689604758740779
591451844347610895479271725874461665764028986945858124383650656777
191741511123320468170142120447507402301076286931090786964364513337
442452965450376884798541585593527818721838863232529606350225055204
092356500854905141378570482150926853228438042680705308847944157116
820605151443994814869124088617648543293157705570956429293104805213

556813304684176723490708550730698450551328497909005001952478947468
393584732361157199690754463382136388159799827732443015421074626546
030031342595087601083589685368501806941199240783616873989634704820
930506361294819734292034188695934692841201279816770936076718495087
736295876517826287459297178081475964573270635938974328485258807910
443178956519814588250585673871562204358052042164459692154043185660
678369088853235224365196088311522152203620068920960454465452065068
165790639980389540469796447126429071886142419626711601047695750326
715559639967456515132092589903257721692144675554539009270885348972
202813889826773805210357366117403330415016248428757408148225353064
517471777527433029633637027003579936548042922267800777791618301717
727071712087555895217595319675693446526958526621845868678894856896
050877074909641883096335815477488906081961672409756715384842054484
500555433977559467150197947185717748310053425821779302276133475486
283785589958457314263879933366246583193162462738207152632889553786
322420578276735298553536988062591985421643566601722482216123327719
726565513662203791427348067946642832203682449372989010670525198221
930754543507235630685367104141453523108810164636606719177363874829
991772305277503101320521090317461043400694525766655974580814394455
561943783689785876867555819852480378877280454029590406695512620708
158519193403533504911332859013207349711245059439180548954313918564
083983275956272039480853421410510476061879060815113755807736281288
321700545666296798137944350173262725248642162411182055364609785341
440953145530789274804853098068606313118947766907023272872329763135
221538061449721048393978224919870138131153902905355874324233806295
149630269315088941824137666781679292012690155839319518385133478749
779734345431202193997063168694888954428234124293717231721013437928
557352470655472455510565077543082863755054306983375483082785058959
668332991762402822345627556415128429489566150497414834780352717469
938928092941259144779521874401075797779903362918122618162660152686
177485796415108274784845353370116474124826269669923127081207964708
358101374873997356545538367753659794592592024933119800633149711614
996712761548685361024073761328228367486343092170184409081039343969
174209404269088414816863213810750066206507177264682016592988292304
974004716847031425684391564974384157857090018326051930514290372835
459923790060328701524442001329486345822650874489776630231687659266
257336604140859483342275970543631649879705703866572360525712878391
230222966011484527767032293101431596879514830399662408963578460052
378830777496928414979423856906333811100488142067933968605946214683
094695941138273760852774654346583238117682751332465690323037018549
275094503895396640963016417076489706626999723162036548767157504708
785688281589846632100626737839437950336694423902008372031453742295
082449502659940145341972207730393324125168801478631277637363186326
223307147271407944035742617387969885778707955146466726389056625447
710056563130499259925015978669039163969019322417960651392235394587
956199038808338183086401554331655987406581476852434635828843604595
862947201378274455304299906030790493812101205969058850882000394983
543757885666161285298283386902888384008153470949389717946495184679
678070030626195657043935277452091119195384714514450971569908302446
487841289280686131107472883617599949319129758437205235798084483836
377572125455010327573042241661254402397505110576696857484755037367
511070245133385966426541159550912195520828420600027134764659344341
669749560580477760141770574391867999129554556634113864023192165960
643742820411940711835390947881910333635123146346465972015248213023
972206014930186479461327687096855706774073629666411525389481055677
282757148401034473123528435083840570260616225083581673175273302404
570282598248827569789005264323342197656665232931820135979896536948
9

809245310227351660766135741655744436919742594173747958302325812378
388002340468401911798583841577021036093240554055220767752800795084
240723180845388573553961834028184111347344841011606835387140504678
095575620371245088615290468203617690304069355046060244363316116702
401915828125840686237377208611321517572809369198936835394049627629
227188252857771355359678899613993400432872945253736633448337110625
163039516062484965297087216489639172615486662748510145971056095015
601038871180802916845925964490498232788974374108082914800645469188
967672780442085939583498095198138443621313904384288295241824225482
187327234546645789459570040169953044657276824035122563672654136554
488974575008192111636865762779471118972202225076093329141744564978
097511526244194330469141163102435161622757039100498630712449630910
320670234486297585522472309390293493185831588379302262915611956411
417385166459096072227121732967380517458010113967507751539707458005
244789408040862067234972167910112802172562140467199568721344579183
325549465526341754764319091781257229145432093496061927189175537711
211632986513068086948666810029707160813851372506165993799591522677
409489270195589166354493864036898179578465613057978395763950676054
458314874809203926406693497480770562057158972901281279263545951537
459653329738713945310567536173200235981386335741245892667788640711
786726599099951056801868477085079752637050402202722033300225847709
701616293728093751137680882599190916837446192979931482225578048379
636073494414565929356203025563376673354661371666722157735579068073
816529442295333091976309410924709576334385947504241718507836275236
794888176750509587787707444315391719707863981143048458645785192427
914031008378502895727155178994169258430995108599808491954182691697
402282442924263167235706799905682652026044638478850709190284564229
052262209175740761976895952646103586386664203592854501623981941771
520557374670137676755316612033401655589704413789319529087188963197
865809601631601252579829243042393081027068377597014759774490288698
839837437196125483686366128877082610980402852838795000084786366938
662868614458887610665755660677887802305096200961107884698047642210
791833339477058556041111469492384086169059084325024994296624963178
463191395487306723546372927568915018017426489222275756204218372641
100086254353823349602341665216284431669831487466738167415382130492
030068039339035851482958109878222249428130410348509973805008109182
920409365315168714464036802590888713868030413344311828781367519641
880819273032782677430050395322352271747135195264610176648879636735
253248531544899090054532541621785728530787565864621725932649653162
081340981466160562037769197264951801889914027160537247292977142547
880181288503052698018484291981183575185801896008239004470500220795
740794288688481484305674859197942114492534793581606801145076484897
327851429771405244928028333321037651108128478414777327147431492315
081108691492681993669591921703984903331605879123602253422073544982
602484168780845818486928157229513296266910139969011408049793430519
512500435900245595223587443615491143701303367631638190023691657681
597643794227946247632378967125689079219536354834700646467312550639
786819627044051594615521168470307372723571036997574533973496063596
893824566129000069494817460758746946833231509133896452872491593922
462016687168359868126790753273197918721964660111571873066198568318
669760371043634644283771046283718974191143013181382504623303317552
642267567464935570505356455438305327621667361692761631982490865384
912702831296896976210724106307714223417850682410447747718772185881
462815357940597887933133826992345777919449174623034993405871320374
257885920606093329202463027024285838508784351480503244035515126234
477140469391927254718786824778914551654324299158185435013894364391
880000877058225455346415378035365852739703157446115693857711645267

0711521147716404794903107642917416750979158530875945959257276147756130790223544831964145883820376745006853999105619506673795988539185808182517456672600086266399600432654134561897016241925172701009087122937192093243029991830035990959293389147571186302641957026808398643236169822331296320039395487815083679814291105492765766145065468113327067992211476981032144481671517215838888492195450321504586340197513263650370696389602368425783575934971780795491596000317630857466975745131013039457650239183254621001126929698478436271942511533053297512983356068770218995934990687226508986907320297739485730287950617177846131882282219223263853711287048824037877286954581367484186013728599859302097809227981543989072730571630885258380036715870049337197733851324442555810936261953241881425921330507364343541454825512286558642800885132207308429405929263726182047733262746027675616646251645960843669730994150842350011929339747964392268403838153535735034269401998980560557530672126782320470457159749337669011246850644476935523340039347311163790031187320317511633664494426395940353331640831951575998299671004575866542646429986292138716482924653146039442227836255755621767757575215651844279298234826566528831862041947788669601789368386559252789779308669877597288649167209214047662941014052686300475034249995667796675075636759650341171353719520310782707434334590050550153272271433613890624844145273329508287368588358507929761914378661974279181825892258807352556872300488294778586384029551232402479821647066612968824062793054228148018556527263785644594371919387637579600325185871918676644406277390692449462930257474029556042280850613932060404268651847402035156943967804401675182983068683067792233315916858326778166693505479416799089122634527576265322889435497094516063054231127391262522594752659292771017648277803114445807177050136337049516428167012599296502015035600016624834472335748149191204978950070670199479415356680483349893405856537143872188883818767517746449356077104454827336430918423766085180674278455527240260302855918759680182648511765691458958944774217515721714449751800385173872169944160375316052813791910018911568281624955187213056887626195057930781864649288553598257012993616667009643263445472401519100410939621865108535637217601778561112214470303344057721567361473438730419252309182070606902854959685003052938558581671059358314750273695059780708434634096581929393384637449339936252977213492464567669252516966839124987718202787496237444529159554778693383457746324448528256447648895753775168629410883551717925867644670654046775429830684040501709226140828858755016274532473283720671043016412446501209169572622434529739290554142724527685866079398227787290724061291066263415367928901787160741453207124445659255120976860517299588890438452233122062878335486427386084307375821615211274934438511251562276775827040722891413950391933788314621427346213387206749867271762122085636971893354691120828322246901147921572834056185860114791427700400402044279947587484124994938897618458993606402375090482881993256391581354974906352134387948732252035790076006424757782281497628809988511895603845112058495294311425157934435124925906309985844873264914303290146351803349372363370573373932295589282390900958694668594464516734436786718115618862093431397934618838974605388876415216284123016752438603499418014982655189166101881555248410966645384503822190308200677787251183309116810554192511814025605060425936587957054325751373639219795596706675632710830904131547884672643413509700658151979150837246011645523310863752026854242872121933484892330208888677854695772736061958751388328636228765074920880690263261644183364502449191815347406864400970032659528940630619768253736662614942181117530828709773153730783207645624977658827501768262129101039925339966062235508090387057120196989331281026734501404

279264038860595523433748941497989352748554424935849095193560607637
661378172829930545614946045848499094209404196645889637040550780440
482849048966848394383498985265714574522090619254708869169011301108
645467283509495130079563042539349542688503908242113066647416095703
634143215177439921503383942242564839072901992246738334151872444315
263313017048984102104327961200844046444650336208162275784768901715
825204330550718401694678922035015549549096276312179686366656695540
373624280375373059324637482676032021508947471687452583614010692069
069437930090004191822219450978289451118666363829275557538625983001
632846527059159288127207747950126688826045038169245652347594509638
622844548421661081109318742391678377023902352040958541060945075328
981184937237100390390723378917525203917810406336402025881466066849
748739868163321220234577552988545065884877431939108889654505574632
295037496213872734533159597845595638931268678105190235873518819550
754156698153346532671408434700734152566448902967424099702319273106
058923742318999204995158086259858641246924443543117498715304267430
365849658127722355924035046822236987472534698739550444207822657419
408225852699879695576077311725573046052774454805094351667159534447
680946970749299952887126587396578522333875385608731557405029835441
944549648130061256632523493229658590061889022797817566953265492005
963098634746621716476319161183808115974593996829368490467334082470
820154402907688286116066136723637847397055392482238968508537315750
022389269525607284627948807610669557907885329778703696178984593435
241349916075986524624758449811571627639575325319511141475964871472
269206740899219488434983017293073666243817231729477839568480161109
075905698304047789153565663479707587128287327218874378085217117031
962323545275972051852059910797386768347367341459830194513869165935
855003701437720765239708685227424463541584968801464962377447839749
427491189369962954034115554756905823562656924256798915876238732953
751960173213065356065531377294936511017784563306745791038496767251
991289471520244567776079632089156580873706339411665696524385191076
459629366944706915433823855328339036620371431840667820341782485742
284808588440947987669525961360524241920738982963531862333248176056
636352712937761964839906730948014879304739824654267462670422571979
472520296283807079428807791208817477785707463315362260419383819293
584504924502376098814903959855561696012103990918750807215823268874
668337844052516442519961300480330870531017264477782808270874236550
820058123322072322010491659302400728381602823579180167233163745245
416762554033670861388770784462417691488161507903385890675176487636
879074716920572517137669223551741497377894036039012858084932432757
732597729195079109487469331288005200961189065358190602799452795040
817194517961850136990203887525024985375335765829805545390449015909
262050231014791738690601600501792115483090990782047938576970796066
867833984751231219420514925475393412441726140933704335031780479569
973230256961110812344590857368306476866100277815271940547008261507
359496129942718746506818701095181081234794065887782969389299750810
559480110414325877749044627162187704804831936175963755323250097243
391167936675235653530011643654608028157243482770363846255736553366
161432949996840732895026820094153419297497780433831632360993152103
924768831283896248833246720103603933210495726037545827020998569942
889479341665360409598386364263127495711991415109537699318072085202
869991844611010735731312435663152944436980176776680352134457350451
279117680406691380583061739568431463345513686814460788535672628261
588451440572714651772109901630375289459627483869765244249673762101
794423336141543926350288217271775181523548493455889013126879989808
285560398970585933018781932420081201354590784501136887549282915698
732944148006039873517190492166188580285809849518078620020595636458

374080544566377915178565365488697246641348787152296143421283439571
893222400476853151234682260588145672333180535196959777222496865196
126423829998870970001004837533175820976944606562103685473756684863
810002711699894475688759979587315149606605941561680632633775413470
624444823731428835451120596544492301224185853820881078864550627573
087941790903648147830977351851543281118603995263169509623867255214
264392737124199416028255933233582804075203820920294097006268400207
283942178055891673174603775568255402074613272265984799119877861385
035130402044512059240265861675552921092170381904097989768302963999
350747170004598500037610776867926723512949522486604384283212741396
298552667213994424808559943703496539501008740130632408336596706428
937563021282404691633896840466352491488053996845155443536330480396
585710051317836795519936785512753954329732611393563056233401072348
777373031400557471806490191556635189081467171116499002051397535785
457752220543306790587225030866369606649538654712909630126317569939
285010344984176061956707442888853459830560199206219831644100465432
405197649049376420896024108842647412815594224015644765209409971712
382897198662553750248472306863605939774301688526761181238642313746
014884424196049368953760458347305869859396329208761605233742411125
068794356003067354423336206485909440572266609020905672300148000104
629883538063950268324294153283634332074673160385288934607474701367
564755977665007380559038871764945626933348904028619475634249077389
045715294070232542463033197348046289309171931946882492869550317102
350786168386863935313327149813757070697425502018483648327618555348
349461213951615157203057102620701456036093638756150418932476691127
200269257404033710228628546280873065132712792829024434014816282260
565644089638494976504868810683261408125463713699280974031850351796
424519203221428031268638539240335324163222329031595444011651615990
846841208861618443316850830500917028970054304989404678451590133924
307701140889089428843357441376278956729050134418883020649603916548
757773952763681175446666155776344348027567827823513848871547073420
677835249363396857178433304768429513993108213290002211049244078869
519129951225323634548539344872477532930441079921058829770835235389
274588947244030044119879442348010323127361324218629326257213122274
366464073100944253844771082633358344167409601035327603331182524223
978325215410650832975578402858476115138236009188092197198360056464
448069517446648979126991425811660094942245615646912038885505048036
574144578411267816668663885000476395466019961655539653997219020479
852657071907509250028265769021959364688615343157887963528394582548
429746372355392762368586594221269799882335274557759630849498018694
906082301073379837545156217232178958144547122612243019143795945754
381247529723263225962283949709654222273579083755325882610799960658
821080207634213740961445772629979832149012817551544130929021322202
919700141618224180262317574647659309431828727339782600547751556344
144319269837036227736005720604701837835747292459128864143415238681
432623663180393917366123867390601453451344726549561592224914603226
828643597556554173420515462450323948280622914379100728880504695495
950420638129187644634800806443551064812002980954116143184824485738
576122504152530848736414957050935411693896166021376230127504262267
753156329169296721585755409079773088618935980956195267005546040296
605245572322136421744165469547020826854180571373301004802424397421
010204226412135210542442844847875698025017221900801051770863727063
806216265597652323970302982006676430051965140122976888610860278912
581648920545514881861756335537397580204892171994311320522654910730
406100063194907614891063527693613173453894353446338656037483267171
537898969862188733339831465904907253742351765845476552001162402632
227441565090312039485634426287338274355409297883715698538365589152

7060876029186664329855291609057863328306203975386134800376747176 10
1181059817902003081123593189603528098940566503555359050148079345064
9628208273408433800532562478503097550211743711025862876965212950 25
8595365476828184695698115306698310529731925150180834433038229478 54
5013832772248070937744256323585294920103077871127802353700757671 72
5884036035337727270747630902240934280308231046105709673489348274 23
2962928048826971638093906487715496989467503081527623630733463489 38
6376327802434200034199024131083297343830709798445834186309038373 11
8152587152413530441389030216248847871687364803006119896939376828 65
3718375099662397341850792984277174154968546927708125894111323927 86
1446189032114110387842956979270148365540427169843115026056326282 96
3991409306374371406394578324877009286685881841256244023842432809 43
0982665739396499731717441183283909116637094444138975898530368403 65
4260296263767380196066085373158883745751633287273044291360360014 07
8087389122153192251846527048738639349206934785839197975308854490 29
1254931737927928485359604695753091980961994840710061005590379111 09
4735372824685554286120878740979672632990462886685224871229267749 65
0585155086219886562949992725610210485745416040088809507328105038 73
5676333286224257563822975061839037447197624193098676227125221997 32
9691667156783045416763394060622681090941337248483260819762122659 52
1668121574904355842128917213707607953472808073903915271149431814 78
8220514427439779055248402572309099342946784191430190543875914171 98
4933710868177341158218521367959327335116321631561634081614552606 84
4910235125040025620243901063083192183140454744532203824987520652 11
2596155616308975409219225655820875558844654649211897558806649699 00
0405192876608767780421443199757990958434193058913891880743190376 86
7026131278341798360555403883666829158822310590268176886110577614 87
4670244602811924210952935603347047524907675016265567288665257506 15
6261639607974202458287865653401566787232698790027912881227504632 35
9648370211560094210398788330586338137552195998369715618606604892 15
7550318331120542031461420034415076699936371749217520416262455048 05
1370779861238830596877126626200967862727644013807293632263598008 28
6796479998103193369373447076736241832434647980009339758358581844 47
9495509080198317107787431882549513568760708455763376074835477440 84
7671524504927653050470016891580343745176219554868104653297095474 13
1305625435503696161038822539042497748311297574203231225374575981 31
4565999089549770186080331834221695808879736029720541595449470611 30
2191504537759774152142596049616440177693874022649565278642319480 54
3026441611538411687677428234602189805503489627334143381373793614 47
4747584157185242862660627488098980083634532033329068367924045085 30
5225366366878827658839980058014830884326638205812236273334100776 45
3066932627477904342837352654558290871196872390869229712855827058 20
2633527223623913227818686355364999390033927294944543482526413276 62
6841432266715618727408166795865578017723842461252149248412256519 01
5560130876646634649292432332393835833419873745127407636328546053 88
2264240812835172893852975751701451373073503539531949426533667585 80
7456919681958802683777630098579459703230656963132943328038885584 54
4578702027398087471844332037460419800530061562290343495772570864 74
8457184770846421514641571682449920974208056062433145812341414240 49
0643675164506282020077797084796273760238017230058666610583886524 91
3197484435164494510686917123312540843653177779830871338835044447 62
0451373796591679540495573607317944416064608712206740307438653619 72
4488263139800806254223395696129709786478329664309634265167044269 02
7774804296625897126741946301589875865428050484539940832223933241 39
1824856224326031138972519967188779992498725330067079962857938545 95
3243828813573185425030122967179538721935214330010428935634351136 65
7439943832911073048596045625198576530660851593259525730993337939 99

0963203006207189004620010712624405972224967244232310994846655107100
0475154763016600022522703837951694739535658240010933759679078540046
2831199127790492005710718775567842232213504492664200003457058092480
3951807290958580083517364959716556212461506585043720384841217083910
1940707406328046641236589013345132247840876649197291665713695624520
0034418584791906962307458741835112100700717502688908955205441512870
6571658236470455459474595486440365362377090099740632975060888146490
2506689870990828866374873155497939972222091997874958219617781692900
4499932166523846131904240092035176676571760472380191675206864912680
2558390655028312400760828828397524949921495667049405300943104174120
3853654283339596131600359232032144331131872374249196700023273589460
6340994189125369853511570744151017290615845835987241698243366369770
6608173225593657016080825627213518903872329606033653970392733114730
1299056567057588977013755332062070256106104476695530689307799804630
7433918367689996075943538823013500662893296460161668462527621525830
1678235526710229245161805987874169803266762227544460428115020016190
4560726004790674991939003917809972750076650951915327245312270654420
8517158241248587508508894106029858078689168776497917424105523990760
8048499072171074812289181637656023454342480247296685563993072517530
2430397420137614675590479703598322967845880030110288494734895580810
9361872114208371824407644900032824431894829087265388576557896449500
0136761063341004653729318840294978110894738646669605307446587262550
2730430669469471664682469976155015154582488866724117585911393080260
2518356917216039562165585525392686152305196022068520001714148363930
4199388571035754276197116355427171238458101195970696003089366883010
3643797228126046843968793265069264177575546422344906017856469417120
3311281157845370357161617815817103688327835081931633181453745566610
5132354162224454434151705934954813108117013084268709038079632997100
1562405064625723944859315450087467186539058201772485016951209434770
6610085507709794099684090733604986623174389700501939744213499908890
7464951797972086150935098573144742959342863303120087503932625534440
5326700958609007953316904613340651658504514854754283266492540154520
1584871199340504243113800897741016249212055318935928592094108818260
4179262923284327643710049535417014908277632273468299076872277627400
3341305079239795151614249142664964900371895205885209232600581592110
7298369832595055775468303618151831649176780794698388723309695848140
3716969353998271715917483947594734604692902087179799338998159527760
3231795606670615718837126401690430721045603788397435055815708153870
4851252892558094324699582792801718581966908720064557842946623555270
1882468801674828550987813075877098943362543739034108088487611086050
8245622901005274548277307803221170358468686284122551835203076160740
8006437113656958996652432398831408238317493165318243167054982604900
8212036176246806473297827178770391184443012350506570406430643702390
8331854908088190158809491402862209191288975738602570751504708213910
5992298328867547420217065928777471647104459453570610852277116436050
0243081608887551727012401446835409721456637373745683150803768254560
9301621703245462212823851558102856213595659826850387112610832306970
3489222192793586756860685870741079500318724942204094143597474604630
0391524603389679998873129968088282949002941837931599480166473742070
6511149634070475401412460449383935221309157782196844819253401615100
1099434143347681386606453359731508940077972162323383429701018312390
7653059185290130804103984959048655368806475236985962787771635267230
1562332811908547645234504940731235164716512399328487478024338025380
7172476669090406796141888037142871237326566580283520706037172503340
8121772654078907923317445849675381570333832811734310888388163100580
7840104455550183513504971238621414424985671545661377617385886815670
9453595115537634338531415335883605580155148394050232221573815023206

5453017866859295644441455193585079154956827244201989288616998975880
5192689070581214182357140160761085967110655618334983634584956646920
4296987174770295226087026053380772281464162479516029000994079033850
8245967736001657191247535455720266731020971122144998517531401612890
9180366377164923054476660331376995627934401242850730892125608634520
5793790823119038929497839569096159036134542275424213098233530416550
9143562831088219833128852375657189919693513236566680442919239739100
7153282350452824278498935002537069342428206612963451439790527592230
5117977431317340203587262958047300722452136155465968742402490410900
1592701984708672464902424905780779745633368088088589838267260967040
8909126970076516848240616691449785520646287803689975581899780901140
6428364183856871894431923384323557025387929257868528036043495880710
2371504805654215242141893329019619665685526074934413569043855573260
2708552730107681127386282712087699747926720612798180217529031780060
8804673693129368051541613756353958004701721722492137265001608072740
3748634294380440795222009244661434468913581803913730980179746222390
0594202703410559734823031652858252378249709879241362921999587710530
5678312413055863744129928733909948944836394323789417836945322934350
9179279606951656859243617491439653402079361909293745943060365073480
7152222834252225657452607620264608127179122483825448013723740231150
6907478770956922289450410920974484884380693726851037980777018437830
8908843144949142872981608894622451011468712399489024803930203809680
1628280564133676892746798967240089335043248735845956926011650449300
8985869370608310862890077631429804505521511674699789833590827641460
8221817950940564697549685430722611617321997347867810285780821813880
3968511926046119072694778441734281936284342104035214771574500038520
3888209176025952868927351693701487421143471926107415086670836903510
2062876797988018223468799780586060371031824954859836346090963014170
0757117205728493297213878580607944367718255528839860626999941624860
0596035521722210915214390757939980860616064449070052200112269175490
4336265468933686998995405482914650174175890239874104491596960775310
1282307005269828413553764783327417193229533539262675382079044407320
4515616051391367247579786360040678855135806770879526538263502308370
5508688383168602573731444534425644075177821747471209973820210490020
0381968760638996901197708395387253564332565172881638717197426293600
4264429240167170850383179707734595295052745883653875703432714251690
2200328453848865231320548275264963003416401151299525495857565306420
0182579774821005599893071270000825509427175235179890023448893576770
7688415490646117583664649629293988267837648549981446858727219993060
3099087772026137921092963483708015578535414411758045289980822177950
0594371553418860212099650956475379364303802911811059170004075514440
4579358907349611490035803333024408096765280773800035140933320366730
7477231604379893915002580761411783974758586412905243544879183017840
2548210119121215983821547813440484104516588807784350860211485324990
9817728416511520669544325625046501666841655168280877992885588637370
4775628233672559051553958637315278435476362790500327781657759255750
3521817854837640986135447607212919052879543723065124550487080930860
9803413398710938482373868971150908724609964416341741837473442933010
2975231904397719621564503016922211467606758400051293832468234858100
5793456103817172507109813735672971988987741972118028461395862045740
4201275587614357670446654294200607913181529083721728137048168621670
6547439396393451863046464542227682332103316970856496579317478655710
0519959386479910002426340459443717367987463592486108629693080957590
3215581636998218262359373738056928933227165432746681011115968475610
2375708519411811673923605795123966497561242256231324040278415622370
2365366249292621026245735658331460005102735626547619054622760268930
5642610788956837930632019352801258225355358468358252030063183331610

810939220686415450704404683842106804417072743424267224343146732666
685462794203929396682035611227569040058035161639698097809581709325
787622627812658846102828078973834772723792081703540808372237097725
564421639879383916722750362160235993863772713080101599848803182809
876948865123438601919856368492304281010724604802719483671406496424
570653712457091770819979302277154024392281281421806796012130805200
157816473155810172146868729874001668088101852714693985479441097288
922068963955263417926638077953135680628945020511073726509162608438
745762525447849711639852509461018612592074356189473851885253761862
851032516682204408753207562922375478194902665919835988139883869335
635467295497875865421889177105107605339930419951297850745891817800
731767606554658897141406228575351095078359130421529267663873803134
472350228388483212692575248884292580500904107680917663411810987010
624635551633717529981302755189242942980264760539438696376470710002
033183639244871283588894902334992413426931696846917335897426825055
166475462702112906564226662719131112824366414497178091232272361412
770151540292495553373990722006153643941559646287634675300204930478
283388600211148737302089371169923965820158927103933512274766352398
931978696705909529293269292214020801637914394965608098650254672931
409019440741032137808726138122147977799938912137469618033852236419
262618072785612734914402279655520299845411688848250813578055602696
217598424646919001107182174750995977129845168097506220480036079805
816257114010188561492343569856987691092394372706422700142500731805
351594693260800994894485622267732443360937402913379146606843594609
897834583800122049784092503921066486707233396642424358393745616015
725099242196566229644889648519217189524074533423277232826792775160
229723210758165071709107859005178154050338427859279812567173125558
104977426242770178202952213863468305572190664216604238813319456295
293055246123471037102063629539448165793305352473576017582719883419
589677000618412116771180627282272561499366784756123317806842243804
924564841281299223548147846853384310221451288231892892882251832283
061416268014387470017941123396516146419063515809862113115948040145
772388187685999708610764529626996992047591471108888487457540940201
724126006991588060535365373063072846457635389363255873467685898887
425528771933594103913339836839601731116353505166188880930549250158
547918642287778646928048561028305453904916553671484916543353988335
821501991280128346243479796298887937671718152634469254964022157429
199455183401329779661685598421647144785208926934077397650243221359
258078432161381794130299709017708241346154071454087478417864458693
670734362193475260412575916149955831301242463010585156935503982851
805618065535395495546253951733282793156927475536955353970259197776
994206858117355264451504964207350400864516822109429134184851452685
852775715206161708552869130027935757683131957128776787478261309469
426315139739294254463157297106681361862438223666084803329663520119
444770350557258184944661781456813110027139082008205345175602555156
234883859937764975289008778789629395166415433492335746590457374136
534281432929899306640677759918186498251028467969987331732169309214
654167129553973593554533958221437648621486280180511423083258680509
751032766865513545990031311697648107888358660599683956113388512241
194711365769451371732225931236774637454321390776388460245936732348
390772359888049182381076306501817009229772678986035329812119278211
191210845002498375586572186885403138330613965970861696973545719451
579009520047841320390373710241407453037665320536653984823603091232
405747018266468399680767487899827884655842824631680771910050891193
848024981761915695779206349589244738886727098861366280343561192698
190640250511961816689398219054100394686424543749669659665122993886
962154186301126907926704000753132474606539080186021617086047987020

1253450352694747488009921072998899001225662430750100390222751637587909296367693236540113408472787574142417650185896472110880810795994168289705243193322878469808996324475500986237812158180476837368819697417890643168279072496528275043242967255039992320281828805099696469688490456072799603315617623808343831359161798421413274107402927867996516123962387577739282315309247134583442449051828209585125725890616885216271493816763179290353201570822202396184889862515132024254170645534024133509988590515301168660665127098212785446853798629978926968702262770910317450328009336172723702893729410324680115862771629468681787507950631240943538461286715159256497909639759883814207386653867528712559121719204901337294403377356233522486136307452372978562698517142606498627430629864008917227622883983124002614615080890447850699823870248355483902586618446348951493358417393830038375402123674126761077982605253464153472697968845238903481126455235353096601294659672675414370949403222531659748480746942192059900361300704908823841081275092468673231225913403549326985228576000375172417842064889648906415181381578972379957572125958221880006849668043171972617005263706684101133124486726332966450656451146459616646709228979158839289968345548639657251569587526799582242137515132408783681844691285726583447503751475293679838896854081945763265467555099073052447474902860036198791252130705265888223601806847258167163461185415432680065757464292493153844920103062282360967303322763956350258520600638605702284254437500497296915414925454190073827796561475922930874572894980427433072341142279901651139022974455455587986556381969513783157598874076644185656034635451605672576703993263090837817827609009229244943351188513868065827490639197242089551970149561093774501491173699727968189549344642180386832860169183852778897312065844903869316668049503018268475349683355709545357424730131957154711582265713585966743502616569310586213309082160977406074856305525539155260878329374838237925048575470085523563166294185251354401412418521931785297783300617717166734502893129224689075604282695806225063064987431478312568587195332390066055081548956161672699439457363629544413265110011011049941367126050986085245535591142679016883296869956616082717649996625249678348672421473175855475118381229554021132446969900764811979760502140155110255497096640984977952213500931193464869913463497987735579236101799091461802957912862557627211038670774633304929409203856801431730484417291299866204494765684533031990842082186814437612741158081018271590961034944225361992003722475904858248940705375843594011980872748400691058057404639012131786014070228577339596767040409940748003557710775395948175321755977239605428584276882374415533594711265272755189096331166104775452502596354241556291088763750869608156956386109007608856298934685508993732020689087304667762170402560883220730614679756022611174114842974611167820776323500045630891454382225437137964053378338812912583640718173555271547597907475544814100738348532876752461560848584551334975912637160050723861751443456468536816977710792773830735834111617107906910967484896276652777167686261562501066114212571717978348663299865698880568568820373633155129185063199404201241420895240579120780902242643768425492425359176019603769153456901580057589449931890748311760970457927996324526731511642717553767145401139705645022565559029500394014028948297335898495603969812861958400012202602855214705336398812908359221023777851340748810515802410587250206857355139091602984206311074066299111351817722655767607650520724095160885833886843827809115471515308457179079302292315872649053962770158655178240753600016431522875090659084687886250513814036248937041711011003206132473448517157610315112084306463816769174693395714862706841506851487257935448651298839938105679753559730506841728468372187749979422000

874817802110334747437648692357149525117217809387347456081780176971
476462130103315600836966278294832686994693714657059300003226538480
153211861411339602101415358918017377902140200845964096103365405560
579444913880830842187028714998679726982441756895444054856341599439
153411358929126839733838496109058055873669817918095699078613898482
633376310075405541414973614133500457924538072290224926637531856687
818385065849429832589626812749053606451248567325165913991064869726
397490013829294308444524151566741046707840821478180008690192862121
016467036226776849755813304890747781017501415348121143868541622751
715989271240637346374197953204773646511881092982358190052839945562
654846600459420306072475905198756314088800026544691326298533195520
078117675150585960931291625561210916880657847557923515244286303812
459242403982655416118977883417204890082024038894488753253933773756
800982435336242570439081962789866066894034955288357305009139679276
943540084419766578862567453236560449592851317640832808824372690414
186650313052201758229084640675706833457300261328045067992103156490
067982849539005356091716059699210259017433532311651286325924142923
693343178889035247802638664075077465373613478898689863511013810849
003601106719293269269340243931073798285063814737099795627867530993
701861332754588473399967702568403260859994733119035714978934575122
233282826066610030226614334080973266741662411161358651178077050779
476672412640889761137303344453119460378005054827937701524107671514
223843662580419979156334220832111167099722578530971927406884214142
229189121514435845450952535445001280897001914515911971175981194862
288732562553938017297077614601420529990828644183355662654159334141
888282492113135059134368011497057696291264223509661950323443284780
391017218505550102874077720688322509746717243902508146569466282071
437192440702141644379299885645504008215797098864546900952275276191
826727491553522105946252199183937094278294133027510116430716515255
585477140131699881611572291842458697688165705358801246938786952522
726601968196702879038261206441812398275882813993952834756186133942
260384143119004947809063971010436151693098066304609192634781390887
410537010634015915495564922161756883313456743384865904959684098285
101701138864198374966815565134201227147139573250715814266270939838
887093054375737480601899816996856925955332321805643061035190657884
315114301295816151598772952101223500598780363064643124660733761290
247053295397406933961937516308804535491757261877563581025479233975
414182458294226382570108193013993674707730213024737347831327678742
065876889083544649907368373522130126085373382076325327924475753311
059978222266537231752317042831172169333371980196389198179387627867
408267059650861791527055814267458066094233452172456645428210570559
060751120884904402094262779309997703641735978934699272005373667760
051876433807787518320567451130212978914813351090422462564329204848
884678625655161353065811554183953340175743436977285661015171070705
451182837769967432859476553674400393213550724611467828884086989793
772352676045970762304620931436532162617068190112945011319034644658
996077252939761835136314473399361325814299192742312840449774974274
387478866541639548448562591975071785394277687366678679902222438416
679960557503703836070959845568316690659921549029182280546944367870
939307243239662295732605357209907109105140973255361689620553459995
958873865286504510636108523164533535678828338720548840927737258400
656277985577129283035920528460792877718411025716357358106032066516
678598610754838999424047437383770566240351121211672684928419596277
205733889658082802621253686894838793754411759289239519099666304658
060184214784297239184231088734032418834581917091690235526913199843
047651824999587999771818236983686576420580679946491098582127989991
322442629938782963422082806986764831180262942954064152755057254769

092976881853673775634914876701927106036867009712937931201241718208
242196037962264089096126627930119438074762852954260061643694956621
022498284637466874200405531260922740736846381665870819703342047576
166866573797788164354551891376466235862272443197014290714411464170
037273544938629694764120065224320781635883704641258207004106031453
264823442239665546546163892475813161550601451170062083484115118343
231233994024245207069831285230745799474653477818670953526912858815
150963386017875407783450905444020613208718174033420991874226317900
865673479966893455316465969356892017948803911346837153219489310573
316662797569087184915733658709957663101998353642509917643616319073
062107647582461692343609138619037571283157666394125693441443988078
485078326220566640112048115200822098450806209865984100426641127829
853133090814277161899675227510559445045162275834112177815413351707
276573099840769574108236260791213079793059341965817275508588832918
509230630393565306529881407354738829012833358602091246066564292157
829176291419198690778397005410086266047818082825181458413773261375
209093083157933097503593364560898790300368732986379086373128868920
481557555223453645534662829645050689333743464786500168693512135733
648367622155495992857633145134184260561262888238783614658052030893
930496434972175853462335016841220789149012714985503015319025036398
198926824452558780556383404988565419405299061702131648104752914824
959364344312220526490550524686633159469706763814504816876623665499
190835205810544735283137388008544067736361235921139974731295160824
764432629619629689935194720437208988364099972405487474031845942246
198834811986788437475561462882491177106344247995550461168873973141
266394143570986899614574473793588066298200909356311773808957981778
413842494702847374595946773588496570508300262864621049302011930137
753311336538057964295459642918693781311066873701748793878024216769
157694590459673087364291184446235643359618641309041603321438476051
218250067093050761964821340717013927127479323944659330462132231592
108951357059354922309035820813924325875565446957058686960674035979
548066150331604288675206291608390552769077371513081734597323018858
877185442972402644041801083759640170077768407863583155547930665995
091426767494840308522017915122530215146569325284955346967790342240
950826769048337371287385621771850877962186317027065717714205845587
237330220714709004822945486092740210260948036010775625027089666649
488409110927005410982240935853133950303725158190979192340646077980
478198366592907967141605332127894636035036354346299062928954006829
763281029983460290923116858473526837037454264182627642610987546880
669569611494261794504810536815813253822653131798236382984817749001
778087355658627018711709138481939015504819783392740212512706746248
563116660471839941421959214668960467922132385611780495054939937534
286030626147596922729578529331257337627705686980974058669585136444
411465268986855870056637523337226360904686698838568362349586469452
856877368277140879598092606245813736131399563405922520804463413461
556422008109039150910891187601357567738011510071310084389486818260
966997800748197361091654403343984627083734563197070420296234780090
517796693815591720929906796682182601730315981484945798477762461671
281132227636417109217404216608770685847981174316435635081689379057
609219587258334083568023157394324049687060598062527993130682026109
640417420935794284046197787733206393066761227701881084083928786537
293855403363216280297174286429215716085661601776172786230216576780
770327660312903224356529520997086991302929785631963156774541472574
826212775276497551470975167709730103602436021627301060621860529991
755447175323570908814555115964926956942085920008538434046444031688
615625425968184373513176990380694376984986289546876192216982662639
291459549207782814665929689241754002699326452690861648027263730783

1989822784135731238882474577108301904525874511076498489038246983270940224082471255608657953224060251363150621927574631570551882944908336383796009335953149260742527295297992292337625834239126801479372493582104342425861920321746821607549956803425420460192831847101678064052132579877306406222000810545859560658510303552300463536980996183832067106860207945613983710552529361574476602293864622334075030769242867383132324678954772805630112860747992333826386628717471919214122704414859343520360864850692658396801364013414596779779497902678787115116803019055986970405356908001831933245468467829078284181355708349041230855745845789648160670564560476839249174513457426487432792975478884252731392672825393876944410159735113249066021271578029095880761975024049251994383258706665953392913427339020983363113285187503020004508476529294862788693738089953591072391325343291839186452791815011788660396584416372951501027918631171617973574874025752588183765392538893647158980610079686196867294209264643643258861581348574928985753113127792284518814381880648758047100424192845896394970130481453629932105633208848178611600935211301407339363974053848971774278162720842129851582852568954930019217878431043704657952637826516589073048366446932650943683132851096959683317241628486992763236141358276742411653136999435142012263948787033405765431364268179768837007472724285865286019639609070036986560687472048845576312344170494069780483874514244345307859893626761874420356596498412768529806089031295108154359379386796284994756834937845661038646970801771680187644331874981027212607031757741658205914274926240459007956497867512572136102616487784278804927797483964932217942646991884285407388141409909532628938988159695526996539811557744968205080987495245072684925813096757231594175140733617604246082167677332941150424260206419532915497603821513596495153484552137320685852960724737012762495698197320967050554486791120803561296742761433324331389386676865169709274835606384922860992926012931723717708298305522411068526665479652392018432461607030733315292964637785277429158610668946821955665749784148794074460882761962337816413107697891328929493299041272364712970643173487715150213607270393710705408542329890065852836981081441909957411829105318968136136122561167483939957575820939098682266110253237458856147131390653934349049758725272155809122620355260309939454299638599436548372980670750673642452282301328661827534724162862910828709775528196843346527649458065186007710154908087417144600944906090703735028697430962861756557152016959946159221550145785099884598782690722771351983533915579412686857044513368855763491223525977391124432668436578055918690420274057752443687176291145301687813033872587417641476231303712551543476490849177069311786025650756873794690860474905969032807601683398135896538873422764120635147335810719087075773655011854118731096334729846182635647107290800387013454921882185406271464521167560270057358884450583130627851356342742235178810035144539268952985900255726350356423870114644160953244623920487896223914241321669499049031219067259070436787608703960784477684899432868474503602948330080011727003362143560202846807608155743605653173917847759419772990298862368628156440972257221580473777323939274760354678326932538017793722596603959970103665320997631931717577076717611411875064669317762137710927725045212256266698953205798873392964049457484281244499930751721684667358045233330029044625633032481615077452998864285575598790616661580546780182474082500204685168647749074982140554828005914779019483024278934021502033864631677727251712867209410665369858536020141536523681276388903653551960344479050005847181414625492981766713049617284827499710956202393194647156913525960335545451617322604883867555698954523534859995796618030071761607949889789368277159802979231948825005820801009690834034

131213137552862392232776410605867923041157486339917233396195263901
614235663667432289038317671556416626877198125636149586022961480833
295391848336255089638705536172133848112714296243501957553229804165
783947857638388608469682995063842705333480895385873033818472306027
782127582939981071397950545656417357716914944066549169321312921080
567685244544739216643641128361762550159174724725088979727324932207
967814762921685554499006417193121471894133833795901719058930714134
142946084680397481222162592374313779915466725657670442088901104534
421553024262946452751162883006132101150318150802013450208507415151
347681367558487698735135494119863921042060931716194251353371794279
410087786616829291913211257050449077718345678304082347836734550482
944221066208579976146655392260325937819913030998339875527236524630
932028425220272185895278694859824617353890316025420187203260244998
079155129762839597996443610293278849194272229314431907444000289201
308771396440911408032375611605272214926009252951278985462977266937
604111979107490522003443543447546066121660842226826651194838472639
118590800077752054709650948052733614993754319375256777915128926876
259691603366706033770717748182869320326169264248982637151515220689
034589157700655757048091499664716166052901818655257301405374153421
008688098744662686979887779751881959760148136105370146708354944450
428085208971171649946680940626173318841444854831131106095077428283
809471668001580805092973162454753922461611939425601746252468903279
893905911986667076508832330930577325300253381068102502772203336288
436020054530986014406631457603510006991412596940733846618948758132
914344713440661360671518890046858446848740782516548987944387961064
980841247285100553442356000530894598211228877265483928611069047286
671007028982004745536938355618732358061947943408628816636834123067
819933040047739306520234242732103452050375279400169076347220088175
834883431701225899576583310105217908944798880910497969030076201926
373180935590439024174168831830823186171258237625942270144146249380
986985160014586427249243279057183921653734951491228351784890463608
291228083078276733464881299477926498140270834268423828427519451969
609425232087543991214868693717398024005808260111954883086373866942
008740132398997502296531448544343018150118606914031683607617714786
408534546424045298474002957555390959427500220103266949044985668668
337283916824633291526302313639695453279339002222269740087218778455
648038188367733941937742176516489921178960681106548653480162863442
515747464350211641579857570986296601218143104231873540259061028780
834005799699875033897508214533511023718759677273555760040907271180
618415112932967771096321021842975515479472394799543887753646049975
006205920293892467457861680859865244362318965054337533001309189286
868249910246701759587645343361251703094586627169997665627364748573
087875232354037916497334689274563503934118865689923339002962093845
087821505347986839015001220078246103206570556806159069197317010005
446006444976120909808136003153062075019518040998859438802495546265
460381724125092468311064117732268132432258581731482064642470591797
863381681794828932757439027907413272434114982626122666769593401502
984144678106670612638905752869885995149786150938429302357904449066
410844426961747300698599760292670548110873008958652592539820315882
325408660765959288182408345173642422329982721539913285305173872838
871851407968110438866540170428557016291917572870119920206739268124
442017912674319234456634062602175961386615925663398918491518511295
053155775094590027206085930922770926982626802272575945050749057027
375363464775585905949764182914958196250848090909896766401026856510
413541192546928148069190242380383244472988352340249676244541421166
388046095563254763821318867573728552510345594026661158906085209223
828513703183009011131407483299046095473093568320611663718611585907

471727024555098528831729826084176030258292706428991686689543636668
021539988827861811834025507630881752735136801857687030888911206154
791957854689769334728019432922080656491919835423995059794065138094
004273481352431068004148774951888188123210761397116470554367759403
424604908340762660518902272069209185467180746068753337106481433953
469620256062809570238925113168865700223559918198147602620517689299
062897365127103654172884546244006623498229462335358944720051232044
301858197524808518038228355599325637279993357660727559736644368933
935644596840806915045809052458889826098870902778626240851679257270
550437412475767961723235801853090361905250267245385897643735883081
972465226335898814800164331448954793256963703008780599575781501697
095681962682215918614896220532281229069784204278574983275251934881
008423390904316421403609107844470996411501967768183712926457791790
804419825705656734093762347819225881554021064482656418074609382971
469558099170639934124250648609668995321770963806965327345787233431
583679321499162858187541085666349343197746682221812139801866720690
012641730846960759869345103870590500083794187344897425467865363158
535652999487120660372427222921809118910710930053881288696436626999
160307460889727369189987500093753831844973551216026455632619309184
048580817191112220730452024679131931878876327412200374570428409710
219880261847429070901675808908482157324167708577774831119321591591
640082954067244625052334824169131260971945718954904582569832715542
703291269832115992457312124635195783176852137924239728410621505416
660393829296640158964537291132284517865578697071224805505384619176
722278367265222362761795578370902496162946677996326571633223232857
740925892890165813371754596195382098309789207676333440287058465589
904718334300567979138056327101351414281056405167249620426572625165
794408573457466094668380420121436380598435849203136653423547864349
916585284287135581080541531844330862059694558216227725522858607360
403862810592310342207885171245029084926284407950698328815548411412
004306856741053700175176017239930992561915918707321658923684032095
014261346798519259102362733744935594866321882231824420994321970412
713932014349435277849229104488885798278750542845112291009054088485
857180750142186793965466670202162759474487866755826278389057578430
664354777202489129704771131999488522445455109268035589255786537655
569677299454978296276580704443448140710406147072786209202422608880
804818524903389483194918853873047143526422650859722293768849318829
317180487106211777724388706002063096313794744301620264434763330881
008308114731112548453408825224823658914765197969920875906537521924
461008588601368178899513214138731586295614070653611205672296409879
795097568834809744952274666553390320220299667208614391378089186301
992754835486267725261513117852609311035832705945376185438971306816
075897424458086051532803387948102050369109171003237919773915486874
890967422701906640912075825907115822947082165839532426344391989232
477523769042310556369342781040325684159563781656695359933729111811
679054580064090030690954680733142134570412150593279046681494269501
445911272850863140071769428449536127043042427004029729892585356784
879552158639616405032136669431600372635577977180976579448163997882
729966438684803616388327546714490878006942574341829810239614048415
583679804173527110915726547640074977467787753769638882563697868628
042435155655712116476365773368390663431173639313621209449170059041
118789265626219653743097738245243609174163697668354394209386051053
530545492577191600111119498747049967377227678774268420626129020632
706590010949950670453628398534619434321656722240433829559587565212
615757969602967039125949385721858698361065942849585411713639350939
924252706849283813680824907227597420389756134845854991593731439030
722176727162218171031245845855221733635875217966368494829767979693

343602744279406253404548891601771536199561430881173469021466723038
525150393626282756162459555007213376490427710376833529457404768181
037697918299475839679842813399420660131825502502327870412258923518
887746117814431089588573292405926766211608346551610272821636472487
961703090324118925099008211707691617247242583679799030813663795503
907500807023650270135760493586309795770034467687484746208072532876
358403796665955080785787469682220393012659092335861266184689572391
810257279817779359582831009390003683448572111860800211622644217890
738165720785158045518250951529261102692709246448841512543291961211
577997931714690895812726174348370149155563632440381749724202292772
972769263847165389782372844336162736399452794666719976310593470056
897072582910441077083754378572099935733540097442506805733342141022
093445718023393183445256316707057988133455859680312556059174238139
184544891442496527408005241393981963854689540337211917254658776854
840599775658376388083663090422169300452485071760725594118775151567
588661450429397506803927047777723804083628421136465015362070423163
858620654256253454254928863860695362377617586872122885381651963311
739123292797045945969412586471234241378034536763842610702137302082
646762654516418744529021451632087037094636198797055027821951624064
679737983511585725548898202499706106234342491925412357388053194755
672763126666417254941920437943019779082609401124176415797920783596
133240045684746882440632964705290472032076517800548419975160979586
449698834590060965835847870379505023393739669003219968043165251017
683373181276905971242349971097054232383436346541560370790631002244
203980169513008481384575794102092125945692955117391333544602319491
237412858356273529663553392976797472836838920639745802603366144509
156805111920657538932573815285742825090676831664005996870296508133
020205964105168245139370285547103832417756387186094264462241814665
241631374365362769145347406708260587505269160895697759243116675042
731520772058441032478338992321396452220105749574798446803146263243
424804974515714949555875023801765825001786569178295929073713905252
768563922915257583646890213788816114251370876992165464301084424124
698550595865864578087482410561929534373242574475313206083984319511
415439884757525922322223331650436260274091622475086708581860220449
403510532164616125032566766847888340933864891526128990490423360512
276307185711526869758894910958805253785952022037615503633401317550
116376203636476749344538800513689191413945866004995091502007800622
402374078653223692847870629766480840512477569768405667234217135561
965872117334020968399584560139659765801245994739243155260930507875
675737369947862568650929241218435393276814315682477961279902041723
193260294628549803181967770300780079412205274782646916734758380792
201846391911747881501800049205398753799844170091897708223890084653
328861889718405963437989175572456813504234368977857784809571884687
627548026073327183482987656446949260693478940315446583548426687245
698139920190022813081160020721929386120049875890523249269790349654
867853219128643269771604540658572613029826653514256750285973346106
647953980773378952084777574791412399754562112595863632495052040839
684081904764817587946628837404149297627120670612605578657119039492
974970581311278991332555888670762849676941393285212254185880361799
396488577774216610474455481559017389827239702842706683196810064542
147185952130602122814700792878588637158500862925640199357922089043
517641815849425881658873251497481743233025739414226614119167916463
620172685338992631199625791497380925760948498621773434058579732202
177501021214454918566531350518569027494763016759287348946797922223
173374579057525168571813556990109767930081815980631864486729354260
232889169185909623711464757691024721025861600689951339610793500539
207996610212973139718893005169644496171531002005603340117045414526

695364559218955752507449592897190544212816652773188820133686125072
518684101468524255726795102702678586855727211850917180969701110723
254127773676006214365386417886919722403451433588994920500166798790
949568272544347942320594008129260449773050260540980524416396086798
630285523586465590754659584116150463673240638072536891146271344017
136705356773502753177971960352915921955114447386601898745975793901
915664538976115910978258819183628363140046205818823660035461607581
153399386499560510818717841706730751835906120978991201008185048813
008930062091914895442270648116519845132139905387724443382329235551
209315813139409482422037302469384298138762415155612501530765081906
351169793864205974380014932530009274294496419362403220348332644203
467060935229702758369149481849989817160948988249060095762562012526
945130132501948243374646464488781679971625418685123703464998533051
448407003356821534599031666698317687698001305690922618498290518315
734836871388220471601214241392143802020339488439633371754960428400
540661643563682675083927952562489747790090126598667499795280316008
602758355104935941893790375621332267676634144208075791494466098989
668366986060775991392700791683562496326378070020525283208281891423
423905694835591022447827177832801466318219752084757563067172164640
679259635329598576502844812744501676636260271511984244627548214198
206273152444341758341851365821330004119177936493937114067629629700
220074780988216050159343090011122083118833683526803231181078526129
588305344859721828414890631997572444351307913644763382566552648915
454035350432175460847307498185126646128806267631828844944379797550
990637302369872273960805514339406614166616998292729350810819418877
475808298280906284062947588200067482382460015446313546808253387775
339659334297768595864598228118012880656410834326661641205320765088
485498492055583538340076852600263593371768621424043049969503363706
717812016140262707301241396043637736387324066422427266043879795497
848755028601257004285046595861706757927652068741359827286014853619
841140878563571864436690819605778516555553726583652669135635727407
791167943499314004099811116504645303705120257121502096701980191097
314257259814972361183280841225870702629910012003681599100549656121
785276541198918119159957409187257602089941693784326872602785465569
542158639427830582371983644989784903656429984396849322670959028755
029055595266694686196494174067804359875057883840360856679096844744
104649885961062012340026285062020799039184859118085501160406434700
279132346654329390219321685106361824529606106105770161487341155581
446729817894159642763481392961291165114740071321224408146614963805
117014048561194238895140380152977580016141580342832685225436431049
491105726455594081364681834431456750079156549551097366188373863924
030054339936586335001183673692574836555057416598160263753899111910
009943180095347331993682622046849059845586093541180449552384573951
815178242893003147480545279581049872419672791280044809135713016887
338374202817205262485788811050169102371422906213909264692469277758
277657793992329663553851747171346606643270706587055471173689666496
045766106310259692964460114107289802463254496199404909303143041120
247303579688825128349253706347456194356598964047104227407935533704
918338305528470219732334873797275032009158654572750200687799909802
953703517588808530590548802097628969004843654359303021276908890171
875404861370502497599904051905855330046660181314312021527744525597
606696535653728199473913776739101405633654082030204370260009260155
366771704282906203824089405900092934858952134473312731906219875149
177167278890558293972468185945368820478797437199983374249685937652
111045006100828348081066423050667793359036523670978583879952424801
458684636007042405234384418258414847783007094912226231824131643336
372705923104409129016201554558721192043335829442941349473935436155

1660168135424532815706436904199486912919996074147301225565507906116857028412447497282403867038117405371614236683486919793444544913728525171028659104456577973924602966552728079825193692802615727025847357446556331348369888488633080535422463141612760305794806495885038230952665995904883481050559793890017368946941887405661880263331070988360878020603444199184524096342615276445810774035993668058390708207356439839171231776391622604535220118094053597075673309512168420833345508933421640311702914556441693113846743777484597379042954917751376274966165644463243100350349400469669733702816457171066411611708273097532328273298377472045156195563260199988809281648481200795945618535119175294136983919115795977031935316252864165424278215315474863316070277138455253564914253404267071413287484798904174047154619371527542954273850567338112972533168533638368710123229084384991026358024273957946549092728256624917386858737282739874346501391524444030283176901917256770388724228096226194574561885993924116231745251530330388577383226693220169237004624895634888332651412268689936990437120923056595174367900927283022994799800735126023152213477586716062355011669723151929620704142525822741393151970889898684126097617788269619793214767605351484635480798521808175383452822638752962700137503519884587087347984408791050778780800298481109780255444445897228106568522057244897429891265393002457485747229461394681695920106993968537641208036430323845628710673157589456899512031429710504368994452461542337084722751852672171679202380159827861467952212412897221998185614120698703279890308847376146850688758616658747980688273239914544368528475788253085592564248569741766067358566298216041402986159267834785098879093793524676418280736024984221768447559528411624501714937395399814039469285415079581065398032668284937517163375509545963264424267042288006466164531034340600197947510756721892253358745937556854987147763243806906783276572836522826430257037543844453153891713710277737696795601335441958778168151996623024293635330647185202898526508866756557603669389631526951305124015735854182661929570537775577781463326609634062075298755420538413174946288105254647006698231517291554496908249682339102039549592345107157535128497896836338154713937197775968651754441402057010021937138498636473599744013517494987606505925285374308015704049496334064858117411787070314973771872382139155618374978687621883384034632928450414700703552179054645048992833188233879778965130713174615641498497813076706734541601115178273786138950436250602896824716583344064122874059776320570187595261199943944786068812103408166616155877545613593146359064247890375421071571397164327946873877841389124821020389471139117157134635952874300239297368094572699902209581502541310706692065734786441900289548475719713133982967195827796476224117336585291299335364061221065379353206054356859453166815362540518237971766745139852060203757414700724755271515408926934517227151493846492278573314071302502285267409579825618038703732182226205930832539981459472643497545952605117039418828384673133156206969583009230892373001637475543261862623000114085906789794133788985066118037224925657935045222187729678365980540073675228592580773106889257510030114978653092227031850530005126713782673209348993232934434167237945795024636815613814503802688534646360855257687874322197919895284234057770620133849031746447930134440415679519821750799149856489027821073760481933224211168762133249176819652920632552202470731873400883514870269921628548619596844690155855386997947502900340481534474622170918662457549227940454074224537698158336633838563051592028906862629668051375109138989526197115845361272476447620457775952736192714841985853005441857199927665575119287336618206429762195818860902041603255900328589793251917803207867172114288633633965572588397331232957469260828636213

386811951900238368610802711543315290513275840326060653142596328531
211312826004710057498892703053584842825316476047835097143730029323
584293971940371910422774247196604603162970249852755661125830987538
321290520785891491866254464228138300848046562687877946540465446145
089931363529355150588514407287462136360114918418984951685979137573
903948989378745387244892649188233237246913650871455644697913618354
968216273355323627670312938766363770286902186217799478120629041510
193729894526497573982877774029784175105574639556152483473378327436
826907255339390813269178521292113181369684447976606022410715455436
286234783548329295932573307133594094860574277800239025232714712550
050582562998387447997916133007950003387258729534459866680518585087
579338215677118742273814562363785806240619495107272671128342995568
328377903000032589015019090059348322851977153121968716252715139789
369331740442171666619701564077760360961579252118992658954151506230
487802484179566919481504641466451186686311451298082498739439718724
437087034518249342292693075812324748714044341990009181821908212837
408005110145833843090583949294598202467293841652849438934443865317
491316142412686154037236715727733879900961239237817033396505180435
729229851752738151717590049875005870431406920319212499183385175935
181845594276083294666909275488410131824425928280295003197856064688
092563780638116664047518253858364281142105984307618070071241406380
778109259975783994992224938185674764770751958934815795443210791951
375030422241230228333484069688956941273506271245670527443704797845
870538463857206102963962864369626605905310362230834762224474185676
889021504624247409453611091935540760465243748232536814453541275745
126967466779470552680664507502057116175491640359105135307927053039
973558190368346564861089919095571199531983127556752307987934845491
335282038841855708910851286358894802861283950983070682425121009359
485455207816558799082261788148881008387560774421975399090154862369
806193698954820922640786481534492128895039017351745954071026136958
429167192332650047464899152994016514499879904816562064500892800348
392710850720047025249822475255412523626846543069649847134201782471
762919144680638617571472920716789734620605836841084523727928605325
201929003714464609215640853763258528422270637971453171283013611127
187884268825687946293175080840774518921275207955060514450377611817
506723455085202141234528005317311756014770305801961854935207924747
779448889311989408302971340575503961876263645621309854926691927032
835090088144285118077963858830898986752601017396267129601025468848
023915835258559810380307597063387875089980794527259573597972058959
320436105793049650599996682852010936751380577360481186165938324428
248876427885473650743903206164297088694412588184998606932824135973
636752344529805516781811717625263844759075283021518171119318738126
431682599386179881443917843877682370492268604183170309877263250353
455015120703743916647624138483995582580854481105623660127752411972
416682284271075375009459956479153333155669681653878957580296148297
97303704743817499541185538517159121442851412780137947888904092408
334475704511188522345628233344185645335939285231061403251287926160
033197707333688522053926142394645319287656365966391165715027869623
807828813491635694360813955851494767257750153423917336943713359868
358350131252581514316434862438241565647421757876694723177417731977
429641529214746369690738429263643606706375021347772066325493180370
592079898357784392919959290753298556758136586170783655972485173900
105772218341381394471217705954190007950946065331076862585151738437
436101078330362604675461905828791250862478566015437630974541928145
600231561628219622170517485001122756020699355472875330965186257664
837529163543807634061907727331638319263081120930644803924309788513
255532002929293627337929461840616960087899950578711574228576151939

465356672486414679519857153038599762403913842633512518306575449454
513487555850012519094956411148315349216226696346755307352374825833
003160120472494168790657340971002533406183941212440549251237813909
487602337728474578750979594110738209278119910958681548467519862290
832504620263993125628504155327903896385325182829172844813396439798
504880216447955712914997987064092653451839655048840434835470164331
899788941436331694486088530163375938318965630235893520486642112752
141753859041359680480559640627164675665629048676490008252440202666
046818029635216094094427864680618410477909392075193737439938808802
058709733219879095137205874077679052881234039544177383231301281378
567456152509068876701329089177352959288837872173391343149412630065
455847716953719308577583452220600741042175507841378755661484880742
514793373212475843793824718722582296220621812863385692052043281009
284618697822198570253992769523353426586434784097194714932537049555
104053510163948249147194177464388017301525747578763389429498480045
249879276659443168858160362176395669696271309401809261117311504926
557310037457096167100449412210283125643940885250164966681414591391
354630732899243792084759510708397329313251399006560727933682827189
145243854998695000988472142992839962864894837980213359807588440338
096741166092767541261001564636678773984165381786777347009092891749
896161436544056017624495404808108140445707449815440625651822444419
709415157000747259682270039254370375599274264985533284708874468068
085419091598248533803276087938535126643516381010586279012399380540
273999382821004762855110777333695204604804214969337560710121798369
103792435336377860190279521229192590607255258985561611242896096903
859751017120261074546124587246053252632960618795364379826210312321
223479186371459439073196645789589608422802791198136105280116670388
076646463439761040808676229318737006820787866714066773271439602198
966025577120229131556440662137542468827635895202716896390972763219
231720688177321850173130002253623181539430627728837145185043686151
272030681951593635333944577804814511318478262380192413249124033122
614431376470998840509131990402058907877492012564333941671431356792
780280732632358169101397905415528974015575289235731782944907219004
793641073989047309124615397289584040860693865984804546612322001279
842309760898398168616691014138430985225883235018122624313393407216
148753710616942718462716782300527800893549070812890656208403673644
488293437219937460470688256291877233280631476436190840226299918138
312571587499365668752085973679293263546574520736286380123110412132
773222505719275262655708629723013681114782841589752469232693517524
332567270943902228587660139553963377122629620133733796162911893262
820680121360351179509608619670885073745944385364226481927515005939
349716017588853188412109611334298348379073840258121864728836906194
006192175605098202401423835280242478540424375390942359547693023598
937683814349741331222931179137293962000651921089933192428831654237
715076271124999093579324151104338035422619341843730993282448278117
813598485268240809288241494931111748973819878600695994648801564508
125396118354606153004493621218134908054760480848073310667608785308
305845527122263432994072012059013866326325340914566590847138295100
739786373221924458450547212732415881067543711395743918756986631884
067330984267828890697537196795674414593379724514737503094903205842
981717588093632198033791229191557392539133417766491811786197852612
450311481595862018676644972994936565680600215362882859132308646960
721170130464028729480342106169905644390827520451797637430439218397
520005989542680095776186172169474643122501302902773467825119108475
764787815613859825335259148346434192929987273255278895223738330120
804665079752207537638162969482697115399632415183536848290808244072
741842541757177687356530109821203450305000313969558530063252735985 6

147221942993190664597027762057569575659388362740464119246504962323
309248993257162147782964535331167105560227482293713483410412583827
978792034051854065394079810360076374245636813823518411933576151559
873615406854293813896687321573699075751093136788052944576227132083
006193770176366275972853079700471073049654819997672247789234826057
703484954138311319987494973775213348992472943769218759680149400112
724963311140562423577813075442679163562139622376416607096939988965
309072249975398766828469010182468266396376096083514229734869617123
156100780471382801410119249462157379100153781873983429978493680391
809536845916547067360288711010255626479561017820783307032164939344
834799970259071795291514539921904274808758190780227878247712328527
558107962692865331588682728615468997438416952936591386655300726154
391367737283328323215151940728041401108037461264611853275588484149
033428292233073266300460660980672656936830710352540623615769452916
822498474114133286030850599707976932248618496928516759299318966795
885529700893335193052056925073827353877108255067782294989801841940
670486487930628617315291200617203495907314077487877698308947849811
018214744881110759953005106775226277488863087600522340215719549378
299426454341441698321582011506262906879255578098052476120282508569
278961499241985484029771236525709456636684106530535421283179325635
977468413603953462565284453477960857733972046161801821979924285834
426143489988719702478499724723258370580674548811801693641631944083
026256143548262374670611758760188435157220274760448528221492457049
572958206125880384942180504113935989898904907612403187476552994486
482620390388144704633304863938105147109244216274852016238498473386
498191052466729130595362896392779759293082839623028016981423787308
328727404400377525570296654856286068007507174571255294711644150281
682082326949902050291919600009215785269422517673758914014024095975
936064845910789618097856919744756161727357597960524871276758427136
592973882806638456119877454173317199436964402370245289990957907801
486692522209133685975328088527478797553954117081230144308236591485
273932334992044164875319388677136853727754220207035166386944792316
540318394245270248010933638290509784486567036456170856469158494942
255616655923405009338416197444705712841344988512214498752104868311
904646353291224023464402143327383204605572035664577545115047042804
856590584846102069337424944451984666476936104043535502510158227007
541325620413115973974115460771270134262989720145712183816543244206
975270098204746913502605107904278846307461044974880707613595036952
411516989076221686076919838963302357881170630020537575428283457790
837731368714262811439076523117829531053609892565851499859162416732
387137571485361780247574479062428268890973749435832252635664897753
622128737013724787528846021965505781770271861760381043060083811689
585395687470160984621431817895464935254407079636574313001750916857
361653773449812444591972932835606897217089771520750818181746398572
292087556424079279171704016530835698534061008286086438234681283199
072299586899236058754243912946278322223949697431286961263452497996
992473512736266024201558714688112949706197883925105824661069304386
891169693531628551107845174138583828739180574574251325105271185138
215978939231758359275279827429092959412395258045669521523586911277
366306230444328349371471442907764404869127658998759907233598410747
242097742258507186860664321813949925331066303783200245762153149878
260604022736745934571007573776221765877473527253272977285028993111
055228864453449493375024356453475585938910590673907387590791613307
064826878597891241770869579831147652896000628240522449229433167323
123864836603899001382223385634399744062760810652086289640618931731
765301038745249554418590089174283116835610439109301221267118172173
729733743310641623028965273475914159691749162445617958817839419656

9827381638453898444327004041218089846194873454992084950955785820 20
2487095920750698195698310539889452656303260944179101100553706257 38
3927059104036483618733656082555659475152704490070328419706515868 22
9010176498820653575738138065860549510241206087481884219021453351 50
6681716077229101666086988855805551893533310730993778041946666901 00
6789058200228246709860512320941809888687598035174071911987607571 59
4204928177676945477560780946319201688890710732040273128745200916 84
8615791091377962578273809753832637206714523759703523907795306124 09
3703778079324981127225040633404651582865693737221694992745336130 47
9623880039492772412724413520021654379710214493486966081448780697 02
8058952887302271480422967654083723046590365516388435663148273597 25
7562909731558369156004927402557079489683315974425223487746805123 57
8684568094605631646599905093324727473322291987906115981152925230 75
3082146762577202025574534492447611236016752398978950127907780482 44
0131017162723044082079445915563435624386019361715157909470033453 00
9441955322177780072543196339424112233489957931247762056614039614 26
9987628231780207231218342702984849100346994197786179691268201758 55
9302704150187061707878415735035028251630714092714776863136560393 35
1364056871137728675084127507825727688457446571917564937082130002 03
7977377902174057603071969861440496236535765279259967535659260038 45
6279307988825266678192463190133705296606684509452066193200352481 00
1023567850512424668521023884151893252649732944835760336055337960 46
8545936852073566172075590140681180858255523335061638691064934218 06
0240673546790442911073960997430748151886539961943835926135189988 98
6827901342345359072139031196880000927539517594570305212858203596 23
7503079403427840078622383280276289324081481065787778133974209732 50
7394141437951237902128544609606474321104535671565152736016533732 18
2428445863702830089298762000782764061717797774674249095029138705 09
5586431280532151741554415005538559700309089934927986990903418905 61
4681222210580203132866413860406180810278581595555974751437373548 29
2694545535134537257708354565548260501308266005474362508951047591 62
3247273866330698068428728457127092642360665550306237033419965276 74
5684825195704241609500463324338959950479538670187191519916262719 32
9806664056269565152365093584553470591755440959709661812615857077 39
0497716237285561576680465874733874293836121314068615939845842630 94
1373831469964496591385556426156324550248717514888718380573801965 25
8101528926203899113824625539191978636446401252480964338037362881 62
3162011093797100758715062263243795017031102446999802982661979939 65
5013662553217441119356187829294404881794358843274452025598300769 31
4836269585295942028262690972709814017425685356938338147749568134 42
9034014506467364859919645461283661856340162139234811810832357068 97
6502265461586972158844786982586575490186882700957987707730068363 72
2969346262336785898941408718916212934958331066329468746560746547 93
1915892744350154860537960585545121274424860883757636194160793586 96
4463627835684411195678879455606305133470537240031795214679646066 51
5071497309643139782091645319565691576396229827820123568591169085 18
2194146271500176660973825823941370730552366881621024901255007696 04
2943463969737461190103465086768796966650931681206647743123521385 74
5015329740349417774680733714901798188306861738009327820598708830 29
3569261453560641656078721387203040349103680177912691178131593193 59
1566011976308157789772928301328369778168468292629777136756188128 89
1711864902337053246555229157858160855753795314448905753896619797 15
0351474226568728363543587905744750308554733835823711762091213951 65
4605788607738581985977627361248205033835488719713087298679511937 69
9696960887536420892119546026489595844209152867561810897879838313 68
4071314152170989255448705449880999519605731227204403923031655903 34
7332216697063127686473112945091510486664277687049983762078384845 42

936394726949652673892204128624047787738124603468072052463305431759
712778790666503166534713725921541822568525657608859970698192074664
284770211119713438797120456884150248680972278050551159689497243913
690696285930558527395132486035161751339452751007090090197168239584
096110907873830215349519702892188318077605770871827515998343853718
196531461829161216840692242114395628155025376821147988683341298010
799623298329014384742154862583293141113917123442870111188550939607
335679001119416835463825372232401779496358352038276325212817204376
940871662239563265337336456690937681805934623808705019332011691446
017161595219799681856031770213616808075605797256284321354245865873
018169708161446724730616694481059273381065939353571457855124717891
915718410273431925066020716782052476858937195779050301798487732794
781391891591793174555824165171872634502284144683381982969226868146
484193043480759238288309070263597851278987309980317324295195582770
694987736590149892173339994759256940822897973876976915474767359607
298103324964699068900825150212051334402935152355191752712411308215
946139772672253658820254867686170692144914193321801635254500675669
876341512520473735434217804836479159453713923708006874075380846458
742375699204726389368968108199810750192430593109766214550154658619
982290282185485965770691638883086504375097235687750289688011931112
553682992680902572597695297600694846200962354199720306120154737765
338836243405754904830228180746577214066542115833865507670655844929
613652765652744929448712140030653436098479931285525736195165668855
588136388247065904710234532738416985716591076332651388007051602920
373502446173116030355332357390127170364200529407303594593240020956
297653473948407625574338996061547612188329741905421359153573743377
262979627253760453889519533093498159846023890973251459888896820148
728896855533025010757370955701382075457286689531826349658462893854
691737497649374891828735121224453460607834358787069043525637765366
198352471303645607405848643633485285957012820191843781221389248589
440755590321580478826741135433905707618232597417515910856525905706
223187072733912044591913888881536419255142738879584305325166119852
986930661395582016603797093797737373266616212143140168349207136886
181546686599678377412321305831118654600842156124605323210994597749
712102599596924540811824627923121681947779390263380454746656951261
372562307393201005696560303554536095529653212043118560217556134366
050433249005371849420813453623305952827079885411689292966466464227
115094576153589596697398795754353567977918603684752148643007836683
984284393434244564186883295648917259609201903314478044177746364313
008668639897078963436693818844856633474128149198844388182727525310
211388452907718129976833843050184675784248771489509972546591948560
667847932716038611547911493289430430757904716941991975408687639347
471759055578079089201336053387209092812529446804410110876018590985
590593905292077096017804712670424516961658085510579392161332786965
234357820902123618134900329704269338810011773695551928676493825089
165470239268843872115362884826401332580571871612834916360969780416
665395267815680991226702343653427162600718012859669992839607161629
432177462204711487132815869215209508102300442308209880160403255094
460824542963230077195896772368315015735165885035147474801444976657
489839073820383249589601624008752300429273057348485243451165652187
782257784033003387009714210282442073050104314852801743579408216658
152625167160012811761261737872515330042900276988290117367532880863
184642860099507587873377672185256024400492199339288591007098407310
643571883816469282143139940792449679126545354025229297277335211949
422439250411741365701432202075891541161406675849707113324947938332
326907580060035045527510435692759684910183910395370355509723335254
478115653873365831240642972728804650688284454321240760603960222836

189446460065012342648406171805842569622725852976618149554154823887
763189110091530015116148254498550237805406443140913000275553016010
050582997376981703994391595340017121907005840399501928477129646268
262933633831585267721403453532196072401589555761826616288112936160
537693284953034240594873531147112391374187645319557784413044345728
777288124625084845616838238423116994287304675942171787884299106488
467884046311704974036582581157112771949758713849557903604173724393
977750950877957374532015905335230659281372716955641461600677966169
332143810823327617216407808100168546281731474262562058321617863682
891776224573474713815508771562810008224600169283651359419566800627
383625913423604974205949958413802866960946887775376857164213529608
040750072266837944108603492193735276036358726572074929464609220096
940080822651924700487326670021053788718688678290238071314616049094
527975057838563020356833405376764597732811627996547600423484259675
492740952183103493291767552517640083977521315216918072478209855925
911723752309523112079952794846731501131992277746425054637470578522
838120516683936389397598495884988681886065336361678445428980519377
114413620092585586712344623183669237354711653651740028936329560995
434705422424409400759095052718505241531915071115328504145131247948
043898825935186813124057952694972537802867871152511414725559327116
439973361017658939320872933904941102357005917798818368242403768356
996172480301184182506986462167045023776064892978857172423755495996
050012066841032295381162844782558543084817435035541678350560276003
548760270435888241080497607154453538353514124825791556841411665345
669560618182827581533429802289012504065361959229322618723555612418
288413197275615896839549311583182821692833821157879892943580347656
169067215269118029552303092429214020206293722798652372205386900640
514900917943054104009549374853110927832536845126807252186128993405
320331010501379329449810219225463269127708956696230785132531115086
656126449314230794015162115306040894472597095679989329578099852003
096060603040161828620896367571101382862193393657712910225473319486
335380999207797155856349257569382409871773905062270105649343223056
875879275111725207101681627032139010740953958052806439672257371198
143701180552191361433892492800677318673326726907028456909376988201
809143361074667321719468795491623594972562812298723377815940689726
393211582750502679784698707499091253403764108631968633023264047254
875754356360269125019650449308903100996133097412521119411235151473
305151526683747144598134290433411683698097920073688783712348428366
339110567161482542751305955076810893637800735651695043779411394012
935981267919810077548732560529664590372217574836400239978914011601
333441826851270325376986653565821739402324176526287728277707507612
429892087910964303119365665944438806644579410045323159780909247206
082943371725952686702129391384593613583588623488562389557918415780
648431722405492258063182791998360407449963934745175065717758235493
104548608468052898930796191588015303469140183187083026696216730713
710696902409524536769399819082381977809525526641662962754414118575
999435629597566886800587593657690000813509814067402088303287159570
356877996946063009825942848915004201631534187742854685195530918443
583534252857041010231736470314165337319534597130321202300583222462
516645874048786944903326260755737547762894300311916777390852133375
167800164374367946039049562508325996358883789800526866248023397594
652059191383667610617332657442554299949684987756421480058854384322
974677386057983881657768493371422685589102372464921187724368085130
873473330103304336109573257413261723855013981225771381707435782927
881525334701406357808886861192569631032070064591970705641964552294
910791635842377124227159140423688672444449953237445571775515616633
598767568476252117110328713510825370384336442742138861808569676049

208995455168098575252038956058237641723385951136679722115632197586
957236247340903990684541965691943488998111377373895972940455275510
649848101768575697111099676050781059384829630860782896125721141613
460450837606923983184827450878849608239834611689538710286206915374
815128264530647038323938539240636497146864157309951910301049645923
023243202345553754214089548477237695643161194553038377651602447599
409484484760639835325336417617029083742334708048272230645471666256
554654327818427554890904504009396140805812337626555690511029493319
061915870187125588867694491620111136373951293174993793115601768388
465834259050242570448536953557783770953305608735807258735153667393
675943597128521489676928420964382514810689927819797278903405986864
457698798652850472898379748417838706372256086075301311868988587240
252881616892415362387877387032826550884900312631715364924561229040
994180493758152871854880912022486489233251922337022843342860813464
962249117258564691792422496768389530862167035894764055305869754170
141331069160138503834839016303554063251541757839604815974698513663
649958766432589337753641189158016595341385392664971469229830407821
189418005968870291200711242235406449163597265437793157077073143137
901403658308007160723465348104478979165146704705245995921055397538
748952276351657391956995786992407004353590513651877456223402680807
786399544597491731095591606869622139805005766625530920012980766503
254584599289981335745698506495671928481774011930059105377818641282
027133169217270871928535618519085358681661504771929738843033561115
893452551941273540246382278239064764783414376769271766293091309481
234481745438847911257986336299772056668507437817489577664756028319
518278539444591557052201200044294638334230810611348939945746227173
842570405162428539521560442468934140465006669782081310049233071479
990649804463218167746225027141615916732628061607325459052689308731
930801640891078141210107464752875871333938007132658670092042382760
818663370477386073169722157017847861167196933489868131254570552832
685639960317057212544664787057017179741723861737759941423832214850
788005299882677160371766044481400895908427208156173169131827882772
449562424189653536248881172693421216956535467504812888902438043080
468689485810362544270245338962444717640198622732180503320581781310
192101528365435904417616400419425686128713971886428363770926823342
774295028139216886779435320531098180543564778007068978707804141893
248948765222776586851481196790256456181260296464925530961699757118
310991926522471511576811643161456838769450898948293476035641128870
441176623220686057373018249072330688280303661669072697649189133109
472166162472066225082357448263898391755061782655605261144699285434
241964260799477845975210421333507094101313592860805548708458361767
827058924424208503554428218672354440464829497313979660246705625494
703123037410722103224167863909533321329181566190112708727603196976
040818122844240428381241419743206843489323439148143016211747713172
743072856311167822383345932939039590693973376476124649993180926623
053435651270220899283483157434876755268493099924799968468019122581
741613414862949159430795306187098981673912305096657677197975071474
625804737033362705385595322588252284007892354673291072794019493515
611424052929795601444055739375508427772030740717349675659350257787
767407921916897901958617756774767447932744008458854647639948351617
975585591226968444787829317212247064686732041349962895544835032439
093179959590974934939504197534601708034875924444138124373880840036
502665520573201724116476869749437894565706362084590682023294509434
295622933011985911592711106148677394348126139916894648271455362129
558927244758337712399189421635959109693918813733293548051937639565
635637912798010647421715988741132085756050889669479069337024373258
520423407260592384504382145561440504599537550291340424065452648529

0130610277072704885982180279889624330292528964815911508439494868845
019744428054104008502854479072825511141265072138525824883990351418
496781113667274557484775654032462867498612426219066739044225029372
641471707564471350706878103317989344321405502508048455234646942884
722311326682105719343171391498266111750871213668898589162619274690
660740147381738223146025055093718341751021454447533663146351213205
048744848006716255201602109815219028936545051370945862696213457167
371818723106872678785416914417842222204467309347076916188221893431
479725562039021570471756776009737356416069616669613394736239506617
846929509471180515887863385887311887216704162345413768934761704921
768123776297117588809218175954288782411939121644242793471257823271
907580505591815328322209520066186782856563287339842945004045686460
977359162869405575741257954285415941432619254532819836938491209009
280055178073728864176951521645238254247431055440669646726093089450
044521518415033992718229977914455843276244725246390361757161780047
847209659675518131031325090526747300991404898104209158672012559598
072216111695440150037680989541555996511098143263079862287270860152
136929150247857180605094120585690641285072969730517589047216107612
148941489522031577287134613430229170933689696514506088783418631067
204660021266027193976326912520594980175690551999493066883280871201
062526188905617044580950344153400752060275145558698586773510955158
562477171013035962935877402562474880630247086092015802909706196078
195994738877348567816553687190903451915749404881568252013240107513
270944554625143941577789855756148355323238453193629593742787615328
968868909159463566610901684009346743664076323958060578793353863829
595882791795574126569073366731555242211251921598516604948573406944
792412228767735195430821973079796292075391319688154241875124157967
677783775589011391475843273658596399724283739452669833376267675085
049174659206541029341329291694108998602051156170692965114092910934
338001999457639440344775146842144985534336928663100756329424383685
038665982023411177625009460426362962515458236311361719123638574269
273048678899139162822069550904753885668936857050759517553801676366
104438176702208454715610338908654571594912199399405136712375130215
413071717211130224133252602810694189226561223214582954971726756605
989105519354529381693746763691396751681689281649125052252355133720
059429651684453638726196401454606771660146016738958046651784958372
675346522905563196706305513825308330295223949578675867864535960311
713709431557063198962578384875798054088236406919112276823221856737
015783127487796677198533123405893708091307211125010198363459815986
847410841031712097377133257741104679616356933077829638966500839339
951931669751247366030981717195192194970814902752817931438680886509
332852175403939715556888329120466745636397391795708084621214374939
769743496345581083862593612263897159383920359278580044235029610691
090482942792605387511920793293971601525963372027690166789191670488
517414563016311704963831075461910230631357885082832302424123359931
250025901845677575782807594784655854718478298830080182082415008556
400101063362641393590030983663779966954906617885594704844021887947
483362758963415503718817332006403847962231765006192397800978543616
367845660153023942351734884849228407344547708548350396673121158120
843358479032526601734686373798005670978598228094535378133203188748
263630274828284150984701270082546817652403003739104907747041434292
222635095026906506607893531706369909699754336839340973831031699449
744952523950240285024392949777948502104795217809315562924148616269
364101235287835230120043178253533951356179795273666100755396264233
424666144953600761733042958832548092687531899472802540782992131848
204504787377049904443748794734749991793966579280756707596589026585
327923184115545395860209103463031410544250782565838423414972974838

391499038473767359423812296440140059481865636299066260987376885252
933490416874359512348223677903327707612843735783545196265029281923
932741187699838640064521174148851502423560586228093492195726138754
072713324166122894073313540305311685446980024722442642026141967436
266213676807757782636000989235545350251717415248120358806374326778
061691830525455356918074144574211977024001342967532123217274264530
233828630288745006698066271557204759962684109721395362391701514220
570045064311556647515847146014416133687966587703320867430284228910
191368245796281898430833188475908754945229908692588315482594377563
041414332290909694185673295855015060738684357933313665709029914128
056451808710756120157589760763122268677133634879161645023539099841
805375746483729210064644978352443954377767023492936646506861184393
657178519137461570439124992964225035800557934021618214310011859399
249047612827546087693342378439609617083223656222740741432737340544
981453063116890028758520283945911130420035192253236030766866536322
513707790427748093082445765035137449157987565345510698293344687018
944950891151061335151290816155665448225266211246763164662180906543
262995778761153941253261575505492737321536963249645770646458598652
075487643213373560128443829714958978200142649563186393653073936813
268098598141771848693490092513401149961202539198417372604886888218
853374649730351095845217201690752797444494221740844885219473704135
550168440460981267584212212488068235456229801040055410208386082499
941249302792821277759691799548553503826188646548317863454022558986
634506313398358677788433728752922024908938832342564272770698128779
169250690887419382298202351952915928307116764502733106092476716381
350398507279304299889879457844099085311624662850964057367761694514
954102554323938204899919615049312412692624321680620369708865218683
393100239446386397774090523022852072081763314031838476113545574652
307751503296806681328287378347038741421796784586927030266394495806
620377034554444830162806752906123255209276648222762318214889308303
574824207257764008935551395267711939367744440801098332557661331293
921898317594602773068517105788060618128077179125810042684840390800
678427804706032646591794123296876423995703672017542929197108215601
005376574948790105766698288472133714828769893176237934956853993012
150048218349324014618289032416122790769757459390366651126861907962
078791727357390138317293322822226704321173294812534244534494709773
774428940740869631712591481851892278089917296267484371934944365757
768254171694431330425128320281694473404030948025203995976227699561
752655706657177281335112999637111799173028989432655406123636095287
647320617197761673911962023886511891910082282945611791432874479686
232771807516168719776245838911198552226967503377717303063252634033
241682989429566478280021951847000391249928135348338192219609340954
986746356394170955151204519784366822348116790365504553788335090957
810999409477861775438256162541768234438127535370519113008890996497
090924713215253619463637647822107879693305367054061913626689127479
279996797521142715122438170077251348845120231133788980389285588063
191404549830214850919670344753554631471235311698394182208769043601
718809452735310701730292951449916610502488186823513661308827724155
783827556757187513979007970266843372147224626948474314532016937882
091646134870457022345409125352913316719751622641137913677709872354
434509754032474529913016033611288052625010738262024619334076612035
684015562903692661347720286409702109604978047001307004700876178275
461194981365801041587871599265923035281776454900023462121515989274
760478903161660480541595017092852646851938282763042384042481725132
335184200806264412622993750929889771055845785184122940222768406384
322083994572383450378512226826681588665926536548096829427316517412
318117008623022416976072251485015220903599116706306938686639261950

1327214326893070921639629063549146050818225731536874669965691068021049679424728191772569844695630393003868042407045674365251801672177508920118855761940296827938228590639450725800083290753709254067366051927172265545294011069306440772367341787838848054525365474755988840978596653655509340602815210060162475111734903532330179637567331709351919331132329834557659707117923012696815563051745163749626045453499992135940882452739321559543505922165486309293763591859871874284621019302562158844668112681843828931713972333199810864793531008772895552554701987779110377392367713063274916945017801953501720688980674631252897377035564564146573626252051094168632368843957695303812785681048216466117670369644970653438069348419252978175190261544397599980777058392644837771910064159847958618022834119416839670363811285817744168574775563106668311666376424641078994314971065571491611245385959772553595874933539052836326828555649050400176513606408509049594170172437491378941957521007413328779664732425509765466276862206480392614233040429778264653324382741107753114781706080961110574234002884855974389991764323130082269866894760675157119598187075199894021557264792871198446468779962432074067344301191284672207819938468515204170910549993197716398988071255377140644945595761480073299739811562752640538540086055295343522557141093588531332156586806503897733067857020603426575793257064958557017107483142517250803124186606693120091917668709637483568683472093313145642636560800704103706533813424129025176254928487753233605156762145545872044349520529990064545131256547209120338896910328250274727874306561312579768119604606478888582619394742872469407388814557768274464626363779462976055181529613484170459285516479455611837521633329249956073939766713889956318952650359181485930744683061477279040941125958029203196326283655730651098281685709587255784508440473587785865321157927284672357778825406881763096533357374936327367960756575238689768498177339086770411794773074131874895284731289014986064659777708646847297431697713492742260730279742606259989645719144117039174046748067469377448603349575222829551945512663424296492162183247959059971520139391615027723746664836729231800490522221391920184289269632192589729874847368114617622684000175013961869286957658317492656093122201739904185751341456322985446079992218623523825302848248958589994901908683866616421769205726619871199588626077643446287160100599750985995237251456073494398366709097774461397717689663940934782850390537066194109970072209515432878104635648706148941455619524917986277651807136099596874327300195305001003008367100762958987800298263316313514633295070648318104081423050722094524781742147367101317097383343296919312462282534020905589786558961444330634563659053980086426498530196824827744254045083138449811950666343805769476123212214830291149295757967209551254528558940042819336163400688557658401213172555615915492058479911295976235034390487373879269454525945891844482329786762073505271028195434692723024673104029807359657131075536030168551492091987059883093976826573489075316325674704635662492461456948364147473863095198609574208037050523967339870698887979785889815947192230985910433381311399837925428903161605470518343914429991695749700753359436920436631738059811316362949344128215936567114898451146428964555087704314857414949793659070626230637128273641886247297223263447808511556485189520488575879792641523302089610875055149896747418520079353824079309959342431274772446400861040308702402231533237813786587004619670327938297251740236630617016583074397679027179534466435156880409331547493029215462227354403886087500922239071299477415242339177246705584220713774724909561341431676001471247888866794032765761992983386140865632723218727318357604554329656473389147955966103086179748693724329102964143532658844049566356165757328542151176 95

064120371810699702389636925779487510049102064969330879373241202694
110729485734630443602780059483832587280394706653498394304920004106
217981583556312520054310267926050610601183981781351804263467680678
884547923326553086199937539721126626054816870565174774587713888251
136194650462407921346151627898729240881567127583709848013536882593
004740146715585976547939776195610625915737434805487592296256632488
078389540207015330329535960809918009670058802071806578223991922508
233419900365442942658128650853717854789603885849596433763572377802
603406248744459527471242290025924619086345140411847029495825320929
764622883501017320339715895783843964717029834836322850133837710058
530668872403213077313241184850030049835489618916196290756341650980
030392650983684572197547830350025902656209748697802014727493418495
546913895487920263645215011211074996239807391066850467370051714982
234326524510482301303159456673351087947129111495818257870290874721
503222768174293837247738636429781611629767384444518956013429834747
273380707779473775414456979543856220357970933883757559824595127057
589146183253229028319953023960839249200547155984955971291987784286
738793686178496838694068625453410465073459706858341570549499920449
122481367984134887545272776996900496538676063772368574492039127155
868429126866199404145133315070702487100028287635286349890749130101
146006183810141952320695561845598562291528779375012089268932451293
760097007817467316951592835120826337029279007927813534326356926173
687265545147426265867345568627587634352209096221256051775948086814
647245920299268354558760432921762577308912054176617235131240310362
174218559305416462184927480422948839331108204284525745399785028323
330013364620280350070656000258444724507280952314376869887798480837
866009215751631448997151930427693911509460673735342093451182184289
905465997086107233743695971421459938144919835866381515252435612261
977026890130685719513908770490667183162547590814224607370280066954
093680772737014016643976829626907414638039663306371073178567400898
796329853260487154064266563036634060503463300525660777657803715498
988113811224904628179949507484433856798821357855463267361753843169
603236052167580638956936332967152611561308605619227667652975403304
862589908547895455275315421252942312261222461301785497591672834073
929988819341787891361067738301100442717161052021510534036169300787
514070452063208404171090221008942616441638647648119834993328604177
308470895695674344737636669462769582855800816025784090527586322882
875723923398967162726526105683482318871182161548234975338892314175
788182782113581488292017634351852973091597752422968617060950104973
802349768928168130530148503524316656274680940909643138882342115289
951039490571244043911528862002329122120423654107872817892822749472
599494407678080250445719334764625952784757067931623864038848351721
231401745145823981370106588074550335768566629666851956164559390038
392967315031662120697808486194418722439464113611596939223447607473
803875355503575671545105591637538750036804974593065554228552880510
945713462471599036455974651624952304467489600324107699120926042208
947021674089645138619226518788185605660821818818513257245339766544
102801430299757689455969906581697203241436251708385887021957977036
881776056832749227548274183357867105522605392265725940822426883085
807403312056015387300623022641378090669297354155411691647273055930
440989398784586631556439576743998365484749830560850504766294343959
380302217208039543126427909963125921411063345899415704296275797437
184621741922296718508979636497358098773432513977601211158979706155
917582608032091866638353874275010416536329995668881734229364317946
728545188272945243831007985654119874251507114927329834281367089512
844089579823352736632863778108023828487262526221367871972770563481
091311372833956384881931984251810532279404011442964886915122974358

5867486390404399753803333799540717605569165874923783553591153187 7
9862534667711572050384388712795223646476709957861033089966149933 79
7481724293858820886757752631234888663872218921848568359808502777 94
1522263471903228432974509146499132586796300528614959955322979284 00
4941120193089010823178886090674132623104519665176236810284497116 35
4991509341889091041182605776394689834651761084240102875960925457 59
6746012167844262519248120006154967708896619663842484425562079269 66
2998417220282405654145782469588850239526721526432706248138032226 42
3147891026649008484393101232448574959025033392318360988676868289 37
7411824521671769643639497114544481660872765495856805670379505599 68
0206132490567038978541755954728924821104549521823075052419563791 04
5435030984698117644621527005837855804353373572251371548092125510 47
6660024262475375517832500190617836708680808334454051994462049621 54
9038212772253269906604394834932737729315496378121281214558766197 47
2372165267364980666165482252921221537960837744559699745098645257 42
4238994806172002839098019618998401348710191732197810510428605561 41
1855905893918414812468015365188991061000614373354428150424083959 07
4640047836407458111403139651313553217787119692800911478671313332 16
3473375553608406715272440061637159515328778687659321311136261638 01
0618332565325628305555449285903672154429447587926182736953749490 64
3052238407640319998082694999538379557661041354784769008049260372 15
9949765216389987553440852930934468390682393353597921288882711609 09
6583042725512522772311264934325287267429177525586099906209423705 25
6992756239690644028121654351579460376360435254555359075452731490 10
4974838345409901216055635655606311906502101537730842263098255956 41
1773651514676249553388237610127140062906588079087080767577172432 35
0873060415117672919897663409793803007069423756236534249302583772 89
8206787092013042681726414445576253780105810126077736491922623462 36
9626641227080506617606956734478912466816425963474335445082322323 04
6553415243087107706439856046516478951230482583993356233237132834 77
4096352709434637584690672595533718406809206089684928210530118412 84
3716891105467684191735080071551386260124131188137301820463757219 34
8446219118854326563079279592334921110485424246155656577257863711 27
8512869361190460207605436548841491765586880692457657148503695297 69
0044412849269819932917099649985586225635218458306195773879071202 42
1703753501590723824848297881621517665417403033913029667906845033 13
4344308051005109777428705543131962633490640985416719798209112133 21
7534825891701990578726855538553515979325232516040268522494612073 69
7133322042977333243166056514638517275138718924323862656285900717 01
0563367395261389646577555169643799865886891404073757168168523453 63
4577823304898700923891246795105070757966048951547779101666571884 79
4002452483733482415230202998846815663991313980826681559395547218 19
2316425446758808911020742614760049792255309940586742356981684309 84
9314128318835723632799104711154591349748140474715720750162420437 34
0123297504803912813700353806744979674022131560246799434660502830 40
6390079275846525746329144027014178070621328026614761607423964603 51
2625418643051518599724561945459387840063956958743392287844262768 51
8026648110087150592602683622168101908512610761964141313934895359 19
7854642514154497248511571883949098220421063411273891721637112777 03
5369186397928467707606359376054680874641625853441866809445443963 39
5358430115682321830193290956774193440930125396377117798073942913 07
3913396176405316888623913845531885680870873391531110130244782551 50
6042304996170367876208398568137503226082736028810152918394541009 29
2254101463358952751068466121088173449632453391921414604244799690 97
9829500060815765987786298847451548243763391688907736695275936760 00
1481046576460283058733780595686519390504452645475398616246501429 73
7532881266274753963468404795627101222107212977433240732892927914 14

616482769713990246514481602111881104593975025545143352386593404243
763675176116965901383661234875057678571877159026922101790287982316
864906548498920384217972627777346936140826883767377912238333189244
942749203045319452404241475755052618729048457704518015805246217860
759392290167581270434396955481458111048171304921865820294148868796
538609692337840472918207078804676236829299563572061372300821504896
741716141365806099415539392734560833433945993964563543677492558930
909498311119508456562960780440360324965472841131251093709093857510
228180387651701521923902885020728939514597319712560409090978534676
333721173125247678354980617068767489854288869689259689396657968539
868230225208309850178028648916926514602629127725947641145819408996
795364563605552016424623168707880644212642778124710504010709222435
174871291121968806020354400811496251433764289312053676388168680833
606295691796066365291121216004557354635074923092977137855951474282
516235520379391870091025761494989932442915942539194353416949024980
596267297075942516470318900908332261436907920227712764605796677194
869957580325495702077918052092598763210083005458726363235335250852
512349005372144792459941116970370253000997163647156223311408386040
318791312376689483730818198647318704397956256721330194951436061430
789035625741688461686130480609744647556121002735671140499423297648
983219438729323755612092407212642594130453325889026196442451479563
191564651441228090132339625260584974757516113869316419649330573974
630227961229183761865079446834316281117270336601505521202468094654
110484787847547137315024302474030648987192554985188925167578264876
712358572808122769956553435280618691687626642190182036320098673786
888771039325526358088030323490074878919268922635020458501293770191
219859905710449812146253523670504182467459013082251897560116488443
251310901076872992919574766092821822076068770332762858991368639684
534881375941251042070180795286563706501227515692663111153516271947
979939928270036144072668432106605325993424912525978260423377592618
452147697373505895381093567321565005081547333510451907714467582202
877667487494893466395836111216680448394461784900597508201045220865
311087807681746281518300626805724741264671093253698089664665476887
863480475251060884846200083847758169317052981800476344410257443093
874996713659256046903686993420155235293830381237079262083104636765
489476425065813862546721896376609272285113281552614792078677621764
361354699015677183258520143254296173945075151405828711870558088990
151564563560224544087155449755365901454771033076782937272691820120
444468657492195895845102374607693088657379223791162886966270573745
114883545136761015005059805670230350295350969421718829353735426133
705694503931535878453113062082942704229150194133249890968733497309
788929730487817663860514557450814260841133108598088646126541395431
544879515452316249065873528089187393519388037874166762217902808461
014039484846472366720666148661899417773007698082387734662870947435
031704126126041597889441257362143443222100559622323528864218873306
748542330472104005789390680348227121824897883591467733030738494256
838725792568272353171317893699899878818476128677867688986908683115
149435990928790374675384157319213339016066693408332910357893197758
267869913874861740168698780602422910634884501238519693817094284336
893359667194572776064164078762718933608019181727620293320152547639
578330413207658248373115502821363504586395687840168522587197740575
346667350317907375740593039487471932757817394615003381265292979807
140097643333438643859468754103469399382729130789758750656369876018 9
231019891219131477280548469434398827560524534612035706633396395360
862774686247029054766108920179681698172293903403224115878476275454
935788150743755151702373697797505990183838014504427082588252596482
960819110845641014328296104579556265062401227124216510653652476242

301488829521749330857825249679680264532252968590793791048039518270
850554204815116015525385408588778826636793036418552973791921403685
626827799782450297083298030189706515784803542623102494866284587249
552948857124562599009359953861815817671582508621936643482598053070
053574852745123975524320400111359537966956370918106344929851307799
803990528530990056532801554159953501300322833777826068698169248237
653547138975711670281491803243801704793965295443684916631148845313
455196337771093737966617276175435318768161727485442914808343008802
005967110712085836959833867180540724242653745209224898585436054660
787907324748172707922378656035144035087998862200349360326131359047
185522000014293359867047053204324341235238700521284048301071713185
883336048300284294145765203259504567230061116443533600405689901327
292186085379681277204969653485551387510963147665213645398669256710
070519659059997242832903184353775530456001063422169899134173056223
638455594710202429020986811629965041050730778460484132173487160449
852448357305929744996364890863458613849607247430728608905388304562
984692096875932286585767332381331375011887802924296701517760676565
894026128380943398400204619932869240827442366008789095030272547778
043492127148743148435515100385287669604245276532846698902854187240
718035598836143397669270076060613458187349324548718640687606954040
890100614489054859411877846743394316749934033267025796499869369752
213049754261613312872453353859098331900990495907989994391226298309
875117614366137566536914646328176148129345614722814037376193650210
664118139998574543001206083300701510397184424828644644007986971603
333061014803015319069599249652120082148370476909749472262969269652
550641728479250903427994726981160800276932947695422083935973006869
165932325486529606828526306471856988290691712929582830922730807041
503771673635952270973153660117144186569376980499162142338979269331
238040322040995999120701940181301529342163131105884848574119340622
091916648146011614693650531440469363811320322549860051563105466923
271263458828054245239305086915939044920055357269576195225514429201
153122531470303657449037138992558789938341616351227982513654969527
069511602746610911437931254922255277327917492096978898869114451203
167093133602779399224754591161211704032198626420012306475452704580
384101003650179071239083805221355117595014635445590842595692587905
675064964687376407061382446350616588799891377948333776101650875496
657591990007187271032985439714778637259155795976232404951138755314
491814503890838696456034428475127124619631522710399945557594332145
104783106720111942059039370761583817078965846380535822328230179473
294101797143327751907034622638338015136548940563677566144888019484
470411734192511387172005947592871734630588605232836916730940042540
735047749412280708534468464920563661216585373056854238815483790292
326057859266390353823557619070574481964187500598463965277065795862
722788116992006993999768092793709854296147026555191888460222702231
399432224543724495032765692645586421728230826922017075770847670133
638811529487698442712190730857860288325891188810907415240170760034
812245664244937298419958851709793497685852775779993570034405722469
018346980534739782466709640077472673558646622391357399392952326420
134347658773925711030210003612135526718751808397342310097689623684
995731450140540364863234089304494571274132615912292839488969192601
789827538662852807937228944762435898820472445108425544961295665181
692954061532297219425765694345774350477745078960558733161453865374
675327968834251736880899584273886698415738651004801569926003756413
761191340175472112462217623503080817472620396984822980257914173079
227099623923491598567017159576973973794938145601866285509263277822
051438228895734415346335759678771691248253301508428893787482683890
777731324250402431584082166429644532948737680407089193821110578972

欧拉数的前百万位数字

267403214733696194173182133039799031132524374203296938934732444523
650641602197599175995677469801233462991540494725388296749798027799
810597962417830041895183219056109344840482339400457835822803942029
587960819416794009111841444619646541151766010214679420560403099887
421976111540755085723210790862096553350670306981150273702465314224
266466718225720506437957244880220091367729702618798544969006148843
866506490351165018513110410950822183360962541924816148876153874277
820936220613000422696766880488666889303600425555662603836675777787
840040481479967711384908561705354343991918670249882031786853864170
548703300887739000250867661304070148665277196107595179393470879859
206052133667154773526871886198577024173165380290806833095120539826
345846032071805539590193915680596060209184605889411576000028506881
443680924317484105810050435161401046839335533833286146648835297381
098886957677411732119776796592761535042107389012069713977262207326
397178868885416022192269927715863895082586354728242000128070315129
537431117481165642047995922034272310542514920497944281609070872747
628330707721385067995301186303402080490305558750380689428755651869
635710817666536274802549623820514352634726335009304070525362133719
064156980733308686720838116616154447045789044232426345523397427127
952737128747606066458466668947281424970138346160010583908555337946
778333787524557682749454850951129474271201682725642612810715450387
915729133303318009848833875889273843604727920870759592031016186827
348166901466815989319980604282837243427812292002605733059767086862
176094257244791602506995573959981840506373027851813402243468091662
124213880006509975157017170732557357282095126560174068112685801826
542250577892144277685648729460758081743328093347698618692882954930
439141006970512974432858225297646258635535750089514828888324535899
159852169408814535167417632027452324652379605521957332870622774175
981706705700786121894963875474820865426162430650647422585198631730
718508787223360831379665094808336392634157864740237846050605809458
321328958078247184618003130439178993106266453316436017024431954172
320757130550729010973473303644168325857171130752135603880503982041
440998223846169392622293049625755398768215251689338819088794672052
691803163728758279379878450679133575453693486575638765226152497149
641979931371624378000081102190933740430546175126122855660123144199
389014509106056897909737598584235212336239839003284194228786070519
347628671453813515055446426835474968547975906230313549294410865313
078904797369252611641550438996819682923929727829543980411402749677
078604531429959336514618838163551171731123387875313781090486389161
345067074306783695843133410310881864902415447652927953118717268811
850501955163907001393481660386353290790570586045405441666461728914
975270914862898183766661792881651874926988226698324571115947601649
256312669173271137362114284002630097924163255257771008018123822256
522707640383576845759420445133043320113026935156719578081113764202
087708338433120979624541642177230591947608606568656802610277754248
682462739517138973588014864734369187036712785383459414086331568988
313034364947845030012206108335392460794201729755450467170159558877
429651046716252960992655791804529251988636574904282134264893762278
496266622962743085816622651540877313704848115138474498226611296300
811266686567976934737435425648956798908686164736879433591872105803
119619203592684085699245168567781965201126559656283077350410909454
242901129582426235444745224670781863830185649379474988946177345514
346224187417791671983869095797133473728911279472965110891239058727
650090535589944816211656040304598393675576046924626304197326969999
740229199914347261652206718961919078203476731467477238373896902715
575986166929648163484741706809670081382613258353997587827743463240
909211231276238927664179973331874947301858856070294745281565130244

786727134528670916506966826628259470230183589771283125117083698481
409598541672433958043474616788815416355200021207799556786000807462
633527580404709412783054013392361956524111524840602032599569469037
475741993379063430544559141304197295676441813688197806352322739495
978291236276024987534826746922012879681016405700732115500579939187
459638292924914243903439793992159590384126487081466378059838649164
566592935453760298780035909571291001971746845863607381503626531943
421040803965904657633744116649869560019466766596506462013213332212
573758229168321303006313396678768284040964352457779445573792390458
940100005793066517195496555833233391817408151346773026267571502409
618446252451402467301634810946863552063945639566508963893331315475
836052503313960514165170127030936087556996367038288386746342340427
247036521260662417265242412765031192535684592118969254455539431606
322003890467514608362217718433398018975490930492190986078077643816
898206504889248698327307560717920883172098936603146248274026506906
993507064453471349489512179686994311920046603799681886364361334501
520319062821976469964097525216129352598931766988612228262884584532
307642434091366998044777925126379068177468138109644973198845359767
487132678807585674455612506352215540626554423276891675352923076831
326397778177748695173115996756835769077776057837586286142489201001
900537296170564018325165071005116322809325094972735730633310251230
427305861864533980028358804042387766649219935260950840145408908350
314678838465324159321657458583070011321711211352555895326372408004
961183502440060654735314500498710605330618766749431589034413893029
759257352958101557840044582971803244457112981995365209888838613113
652136464582688356632784618951891218481043036480630591515780585441
086775805571368431654169297465362393372069486327337166050089327532
677413148049891400721849964806095681283492957938098781029248210190
380194457611798253866176821638194218844707350392953267803954415319
625507237019829432591962552300028256225459609754868714183706099690
446127497283488129832308931882938617787180652244145035060271651590
768475524478412674978918181168973104942988772178483480354059579650
950509058939711694465889878401058355567464172333326669328438833501
928090045888598340512672402167062291959893871956720632780003079290
239696371106830167660536661713811603394279519145608497213649402188
239794283835651120013382181271751595549824485450755827169278602696
216006224830634585387555346455949414932348858518677809928975640974
894997007709417979748093762818563143975453580665981425552615997685
215047314792334826475008476609476207237653897238697183799791972722
920434749949012202855048951706344325657986624815633494204716936592
804049249381474031646805393583064407915452696979748773560178060023
678478501069519446591606347095014145086471001502805457337873029195
616924102309758060646385832441722199769129896903048506899268388998
800657095172136204352093063690252465441347038133958904870518045065
329426544591344725895655779933741847804260360098250980728801023020
811807759227416909921156570208550461490278428866509111158117530333
109013036319570526810381342898721422698302287068135902437986886789
229059288448191948251929734012140183849659863131187906583048817827
029121552939848162848084529476828255761572209635612339440076429950
981079006046136486215456308662707638304785850566804906490969073945
125873068862530644321241192565277679972188657173259073435188526037
682470006996845933010690162503877296799308931850611743605569636297
125157211156765495469798123242054776673886935031338039591120710356
582293266242781858222339340512924459916970793664280445445381540464
403622652057708420933617622596274647281118517958253616314630537489
678201562782783243415503786162425710348453600042380998164222908979
055569423798597944444782032363145425413261438230506275994562186352

1604168622824070714450072033609239776714555906339898357619238675986942619253631918211030835533632835625760573954313825080801864756736816160439304485127721038508566395151263094298513094203440604882139958740103994657405328323693612838799817934572367491666098555413701771270366693599663303085358230039391265704659337485595765319176841454375436197237542188102403747040257809322177353385544170426428716428335308012946849558321196306808316905076727716390241823491563234910025631876114540026076290538902431440261250873006914278129597077254927872040272692461381722637237365683299686557095626205511982023610489664602715318966613210057777365469391928222301791476173001687343446135166118460236660958987373335384123720223178218120575726749786384845409698986701433587569643720868380967472235173181722569195644460565760623740130905143173057962042590839341800866368332409827866087023457232199880783836341942974946007555185420633250576440240686307541334080118878066052077189596870837989712964468677000285451447089925334872059584641052020044256783677998812429519085450771280630305685845926704990490436371018043737536649805320216740011674287548548793686923756410635319827770540024287480987140416612518827183993680844017705909582462452289213678503664258548960093475851619649566482460781663871482952509699085786127104059698195687944814177850364036563172413754663973031768839901234944209021834321073459074978671006390801134686617978506685665430560291948084897920750465311861653696832452270622701716453267395582610161513233672471451041784866276366319951769523605756980561006256011575893269592016912319374614291827607072208276056645080398518734425318451727821455989151493228042618972916766998621493553408555251303439823275612384483230358528293315868780754273424367441668213513040408602256275539330391724086795186916599211820998279692031876153057287678099809568695565812933836718284495153419890865466272115020126192734683615029357370098004136990431726347571468887446944257684620120453582155445362571337418475472387466142378867006775256664575460697205283916215493479586390627934763745405191134448018554936998964043967256229310988631515021457500947236185454991328249396065511211112237119515466698771116288006107991743679284145101624245669721125129918343107368266287544128563455744646457719166411026472867462084311636759181264463304197380350277260862342608449153087750803914364039538714018773620392161386375582058285414572421585418809691510373504668116360417775665810853250407653084724372449788888431484448531946443074470347243612421868969045273819637180542084838002647021286216466062739776826097521958955221147357403149301328967913636268212042262966984579789837486804058673138936935936934178228692764402320164299919738704267601464013750852041413539763692963359871974261711451294892741385120647775293149657181643569641942120537552343328832234037403941849390990782208226407688736978062201217007535687082975832534971903964844420739990155746306135003515448786147089176552614404500175343467292066068155089579824297881477970220460317366307494569413362346854344246964508856951221833808861250630397642701223041612612995652977218856743093389550755745795174325316447106315922122933355484370210905920202698387664771797173500076252001071870829075418779211342195268173316649847193530654560174596413907172745577552434008869790944591246185789463120146412690713287361449341515225985533479826084304747504180360567253727119215586662493673582188426589508697616692222359771723377684978037865129757156608068921709984369004265551652491818912339144758475141089356457769035556046682570766248231255666265847507635476392703567396282496042105026633949162728821979597451778327609873603814023427488295289430236176088193442563011078382679468813886776982030665358187037632455911130427666362011004899997856321845468111102

726762162585793986619856244183528959585723708470156714768880129694
018636561730554254887024017698453588419410959510928310946211647582
212422720257620730919908238092098206491652611071696852988440371419
622533061449350066148088565030004969357307567709694662549158123845
862442811130834148829398355403332886607911715493772091855793938201
193801993205079148715455816437221079114310807865939173582379551018
632529176970793955806584344367558102549791150770134284867676322856
264308243899613718615679275246518003636733535371907818618615407717
472189437953981362160223280929868500917195805815766410938620980407
664974452760213354666520832336815497135431152842284406892235058237
591834387784033945895668580021510917420075849876886042914112654798
761657009158686369233483444706057788832215609665780744060619820003
938530743483087404244782509038878670635552991275931385038759767820
454882580687054683806297279113812375908632813699615708680254899581
074184053258180059024967634533578389856131878943511818579237482987
332256879168381468646304028901015649316245020262360548289352753267
703522773264875511466245191466657860020520131122331523279269726229
476757908832857334930649153661134956689950029929976727151489119089
866828402124888901541734883507073007549382790727222140924800959829
715387966390313176459040356281437979091757677342446147962460406157
722840397789402025615181182544551632510008207103781140961335987310
660042952821211015666083843032225017281000481416138702017733928269
450924329598235748211220045794474027531175519275081239903663144036
514480265686629677474258274352495823708877901258773761672137194997
657463627485983124774034167762840795202693194268278028549855561864
189826033265075078828519836968371400339196548776507976150362637440
996118801563601846081966883707458071151133289379104566384871140344
27991931985700267605898152614630461217208969777735799418247449415
135369350201070403528195022568616111676257970189557857160811800680
499970221161407369585612742586787212613082734066819641580108375707
662589521896006325735659654723854289378878899179012819547727525116
429053580398765886362110363163152293113158858225538792773274669970
951938286704851685615463310799771082605671486667070261262595404876
786170905546432531810763015139868996140560795955075215417201535368
870505173573526766987325951419401424687996412430504521647147138400
669629170547073570788448149535397805941433140984394330670271069701
432005047643860742145740876584528519331093987896013769584174704775
534569611622289392172872235624497673057180136619082959056862087907
305673329200164632336342503542451895529921730683226520722758549640
945792910930471362972453866479078223577680900555116156292106885938
068671064155654154753394345073553384256675972636424969980179267268
665905403875082853669050669566271508264540225814933550446993258948
609426072408420940288864495707409713047575486190067658189500526304
751604738183810371866724655659268228128984400703418420800505415969
199488320768058783407806146716460782593172210999174768493780790856
209857432037709304046907181188322692484086425927811891860108081198
608264062393201641506395707137794382653103288263937505826949457643
275231647936475507243060524012306525370198482539996454688482064298
356733642020122943065548512407350187865528737711504056178330395938
497923494559474082415870127327691549307671226262494087094992492329
526392457850104061821338542469089157502252938891245716442844653441
628853123117641853669765621577579501573799261888450077273360869972
607296509257698071645030997927874362638340226340923723543942525661
906417135514143180682295170004406085398159220704257273792708086537
131955003890260199509575048286205119321720569807642114432867780817
349794920407531388995498768289602405203369590222178133797534428084
925394058244575537653380101508128821328225171660027054524695121936

735792083958181271833133287173022428876643338878635836694129820827
491483270600722212378275789889052134981445427797596029949179372400
448187339186937319307615689427347511341001309794583613142192799432
112916512844755478170617212580975986084285135509585173203107673880
676049054074147177266304910477961061755625739318881965164302253762
650900029708717857516445012419369421632443602867020580454930057767
323796781634323991322573405864667642177409899048256612945850535804
991285039132897501549038087509628948263199363087824803007887001102
316447203942685133497660002846919191941119106655050637984523081678
471746358544633774662342465038684667860630373141819803425876254435
238045967191165307930642936016461053707687847715926097476465516423
485991761958607284753352311156255339447242640283736221625693762871
177034378164475638950577581049824707036481227626893584925371592545
774109750519863000350719263519564341561816109029491418313238572730
558064317390730865704839544024870691268309559328306628881714545336
989202445475552026527741962689886278532949266915790912158811815917
557773121759861335671335935446749531624926091575509657691107556163
893650887648091107292883155915557678428395596206731279375762670675
416170593076715111527425524801915168827915288036783634962231835872
083928694255071318744942691042369111837883152318227121414636410381
288263543166424887903919891943068953936763784360616931515784400274
563724076892859711918579293915184383830777558172109943768903565038
152135033437439699420892495214977114281403468865659790067497808548
338284162732898777436321047437676058344485736651703549424311165854
254136880898649721775156536353281819451386459925118226088635591327
749192175826385219790796297698274470566752351339034462326633907892
605136244611283570143078004364914479712045257403704231557147941179
542920270838958810117033479492602240750953837241571107248523505036
244867743756555411852383964759936480947762888801101342852209580862
159724812138905603644517420196616324299790298829839123717264873632
527510582666781920073879976828854946465587677667394872743214016709
643288989598072968070195470570105720876905376903569355625674489600
735633713621527449692819985056700078754970729489891182006607791607
201650868838181797734254119047101133347674034097346359861875608488
929098251420779011178485923414290153529480213993136976361147052870
741765699826679243721094772996195537486612194737147594915128278248
412304065461670617051940396241371226061321865120729475510006846876
116724720055524741210629395060674947729603927014834731596919898092
170978837612417128345333114739096113321759431117243022880899482183
656249700221382252658075532887186421413988331860825112257470031384
362264214776591598878971364681233561400569044299076150127785730694
734136208110350762544219178560561668231969646001277381239163668999
290784781992211042040995587852349749822733672623284345016573430751
585131825500235584440971036399054793392091497909351530713140684669
593332842801018267752803555757394653927154305026825581323906070347
324498294482220024778424651049683839102226672827244721825031539116
100391299377907488248697079137700380031549534943195288980050601006
952970057563231802098133938415122783430050357391075228859696369000
442521400583875801298274053736615161910384385994744248715171012755
995946840897700129038516327531609065845175673588859638060963731453
201024600858814783049066203008563389126858885572810655143575868612
493965406976949260467505170709228483795433584607080564620849842884
288058838544573670974549304771233456584085834898204831799416973119
036639325832682790204006726538817632631269507801275541546678991980
788182821951728913219019773946917462312488853826793138533753636135
939402317332636340095731754023390500048869077691421737218820372373
810217852217066638409717796261339202142656317222268127993017834783

1621208415761372070093534800897405936688712898507549626215373240366
6435114350307075926039361625716089201104091094836323402012747941188
4886231351971804478385665131619784590819106534687626403704966245577
3288032044556850776176302001041735175792723860804406534190336821399
3976707959738296347830663032969602607706491145823349980971825773366
8949910604209927055877275353028372998103709363420218200849162773233
2347215942861925412556058396252323874234342345788961933331766425344
9998732922667057590089305747860128199325582156872192446150607155444
3664012797533754844527147052399032964951991196794083849031138070522
3367104375902064073122051495679898448730175005944078619549007837788
2461733577218450335382718581699875694602270537296373870930026818611
8686857579277861777910630421029168074194551215270548540496761272755
1218995433790314518546182813092564411482798944314221902900578369711
1248455492158329660551972790241318757132533145947638512654499621622
4691264714917860928377959979697776122429442344547777730791978760233
9327054212389667267915960736845984558091130597870100859856838906777
8749112125818094261302383974933528946181210908969053752417563999099
5346583920120225699908306402083070332451154298376006967495170512099
2438080751428253611188437318914025632044645898752997737289001172422
9753568299305686243033983411384685479630639836592157448436195141633
7953239275551556572208260014174866496915584760746571424771737797655
6059798180433400652132697240312973295341679687803197779876992384333
0793915436092367610644338557213220987366771769853243297992976359799
4211400330612956445391787372752365337569776554694226927687542569155
3710149611567764975396327069857257129056456085450739263254107654899
3984106709357126288043473068358707393623377907448560665771856783000
6590723724558013530815265595998775842527023483407928714862195402555
8323180712292605712603915770055452256962082736994011163222094419000
3358208726924912209596160635544730301188218828014232187510382465611
3964758765525309547549503223540255851489674237250487497605564422777
4756678483561079371637933516020904451505116196776891926101375419888
0133138214434959754865960508251541714612659654209590833243614496200
0498092101235634118795617385783796222792746112921669992343244303411
7889089547804327702803289793893812833968279915287728364726575784077
2091232705262074311958167751427779072354319173259472060202952599566
5101164893923884816839246631736187361124347449830897371747029475666
1649328170636727993998356574744760838067319868459200810010973818800
0948443944271790741201755532107278101693490964877564418275442848133
3387526813204512026009858642946955499418418689453498620902275246633
1742229556988739621755020587096551722648631726436076197066126558733
4901780029103808805324842716884151883291582026317232389735934317655
9084583132913932727379991947874636529521042412261193685143258896655
1817585898378018050785190187514835118305557955208827953593244590755
2108958082045551074115326108600551725884231918706899516107788903500
0222304780815890966656216062528913033292551029469005324906677822622
5251043359642491080878978442032454681552339917125025096554066514600
8660851837294881947473579183112662813579667238764195929807452352666
1556173045041819313007496659370430765193601973480774053385299599333
4382982531155980861485381869442406640721984109756192274708559705399
9707143884911769479924834722812270593879707577648850079354019778377
7561247478834357480983263443952872886241319443310706914559371024055
9247857289067314513795661801466410664477185953227387478189904079322
7633284656629355731242657653991660487931950727916991808150976871100
7964848315357666975040077677338254498567029843520477774197525474666
0751529297390946614383953247942989345359442669380965863682327062877
1278915058005888731401497241536788930425619174784605424103595505377
1968266822880503492634721919124000464625502574447930938145528759866

欧拉数的前百万位数字

364338246863675648399421493068091531783942956211938793629541628447
143507710651469320646329537783385963880105240551666452785698447179
187374263066353033314897477260063404888749619894718668787163269850
545015310740779540780746345498423159639115234613508512266359908264
043521470778943599500525669464863786678726785243042265599166512568
127036420413523602124419543736114764143445334524969830673409516943
908398075037886594760082400832844266112516749735911922159552861081
517985620039451219706653400144899588455668646006274641675996938792
055961804451645569589054207408313946540893556883043910099648628676
998696798743727346850426595323978417955922949435033359478280775136
285699657309656266773435390718677558379916242617012505313230631310
984953852611720444237443782045414421974985554898636578621185102010
806041091422749699576728757681554921718981316327804281343120193493
941609244324390845921915316315193576855302263772406536988390976142
210277037332988543072690738971927244427943343539120292735756926135
867938649011148007825673349722642222992168813933793192460694736147
838174911666243155827196241615749568477480956347631776794096392164
465419314760285046935783198181738939573410371521935994204131104588
262673817178268857582538017863314365207053207839419168010052447703
089431393229086937901228114081190311460303532853977826322917892193
616974261034238902071769042833596478717854201805998787074300923958
443849391718322881867711788597080700681061840100075767944316871135
326144935042761168348384819309627026630378390112907953878685022216
079135179743297193341125981118485442825197432733803832800997656097
896070679787499502052778564909211584039519088486923031930731936911
342651058176056800152409493035867685945243929745695345948815613124
719166352599842221907742672016385392017284312326629936586336314266
598732332048143065800075887448867911393623687120359490888758729828
739783512226579084594415465255141654686662030711906988802356279549
472496330367703354598384862822352824823311633764467149342287217858
705048305987023365996493866944188834883457181644189833491474456070
256945276420753636351679927033609278313226535854722392684349792292
208532094504610051848032505721091778193144572623323723801843347013
657048135732658475510975663767846462589971754985881873706336417967
236750558886460608131966209152352145040455463731214550056499833403
601877927760594965323996104386134080289889941921926046701093068065
262097587738682200785127283546032980545763535387667999968219680138
317232636017541006948299269100504347614454940432413225126793137467
766439941665482563239010981942717005875102226454786132809391001274
957636174837234853279404310318863803925268648562953129422101236887
761019675210402718527480656302943155762788462337002458431042749394
306007758941308640187859429433717576631984785574092573070167488850
689681333637557533359503102784872424484969480247786353547833242330
966332898002058046490347329629497104732682997140813958572625184813
092975678967422607974733445215852696841946204767261953791498215732
328176593844886722477268755737552624988182273568556694407858584783
217846566078940449029755277191161232404862325946594238284675687383
145958229750460456492902593069099356315453559452552748416262998180
654510322134753977421000042687059313406793705202801283859509260715
217097021173253422233051003598107118518480548847533942986417006512
569092186316847324754360437420003812407874261870332823520035776721
042978136616989219858612477431636332090814396473648775318836054152
204035579313046329977089615373507609668666615519644836452757328851
197796611269256486821773411332618874420942592953008938344672736278
585553744663143234175210339799251486737063764872009018086301503633
852237126144105246895476719743694434478895874333140003822672831800
309444995682656068877530008165678195169715611374266904373486380911

3422126105473631251721517194224754156695904824635643261311553120770
0880443845283491046489548085090523812923653589317998280181640330520
106872782539953574984798457177076846768934828983285367531444276075
941512864437105804648533339317744983539484693913186730652288224227
533509950271905083724056480258251818556056069615255517801619321227
445054888513996696221466429822819585426581860417273327682973434164
540729144961646043458901918243114644085381348131086109252691040939
342130189853369288809527401249683193981635343743364871150506571494
643058405106641352014447474340706162047525491530459450756888021941
377890620116384471178933099009074776061695259093999602706912437856
121817891276843423236963245582969327088330491243838985416814482867
287657973322505446086383778477788966201097187924721940631735406178
269333851625628772452683945937176956539317075456649777852154339697
590421053782640858831330117018578243482317718285957312263119544517
441658805793186989929309081848149888369133978751472665687877483501
286726978182883719005251009681585724236294581482531054970135117273
709353316529905070005110341643990912893099655572259283143755639939
224265629071840283681505483169009269326806227118265640291414893862
967535132376969093687077361762019496380898555851273673927436217703
193578111484829154252063717307004313053423081633191586250061827811
610632578961368729369475027565430936630977979894815091078848095687
502855358312696077953590922147117868907312314550361017802983452109
857379886973597151592559808662355225249087908900511527931641984845
460484179551224288206350026295218298939136017629702024162736499818
451306657752356364424976641961461925094296495572389216817836634170
131050621715535380113140993731222504637412046801687631689019512614
905977480356358155862898995931646526240067649388900081847828811926
454957628384685731256659469361607839672486865940315741375919954840
850188851097616924703464323168064233065064186330427926155726437545
559310279334284521529192112056259685037632211945438575700690574907
678171309452061605887391628434477474252428900439111646710384026150
695347938974507963465982939644360453037022159383986105054617893801
732110480355849205007596199598189815909555131398051907624327723016
769094496103827340816074409446131883313784079373165372757712839242
266002485268958126247600124619449811203082584542612372423571288271
947698282529504704726323682996099529564461585735479531442694662096
923034713054565469566108504564718519055752301130166146359040003745
466679978543491694211718289735904888344462001739338268445888347506
952977847439321947806288971989758130801900299567768923833744443345
414681252953679098397353245104795020928279310283463264124807999382
830528852705984497388636604577038838062153384176942112101486704770
917896980076921749259486251474375289089901661097589889763803752630
881133310446844458423244684648151361344955415724432394979688251383
341082592141556417159326453993856003796570111468218901531626303101
225506339574923090356533974586667110380551200499638793235464845441
295938010117967059776131091574336812854835224671495016379980310230
097664067904207543335304692826609508345427595249935132616450159830
789345883162175484213604347879372522730924911646171581515750485369
330031363952745418006367001241635843570564169165047492446540551478
147479463486283447125512406906671662065999913920626575032024906816
724466999849159159732420659785405750641941391168763075586716903195
323846420268529568222189113636609177636673308079583798646639522140
416293646649609002905262209491747117231325439860907108827304066083
634131346229582686374926789135474760197507027569256284867791201773
670408939873060226026881172689371247422579093995514396028538681387
688050202256178566295889799141851870675032435794969794419165542874
323597609116971949379354124184101642613144775418481261944715744453

416478884642840619318860572201295966962432678988834549672234124794
879877900185352044603302721457735158715418410530148350784211083056
188216311113128920356166317373635982261065774124151603418043265464
961955615727976406745612516323179817950595675728776156255658196217
573287740518113939873586982774431580087425832214372172146876112347
161927180266167497029869695228913874657626270137198907875341428344
817953751823923884044024658365192723828239804402135020721800590005
255516781337059754869835002693485643422897663628419191721815830600
126378955463969318675370873377043053336458462591729758681740885008
402791888187661468174833755132915476044908054705688283966545043411
430842820883054999437927809931876909012089595865518695502787560224
305114208205842665620585899558753436818481171888695787169046608921 2
566576708519252434796472107763723601889786042845651238052829029459
116885068910467427786084563632308862163450910722479578067867797898
406208811999263339914593224424118696577703374711101229929490142938
608664417651267197861772740951862187342690942243561620102387874291
735007781480867675414512757449195429566748950081784269920418420934
407905542119008033929701918321311096897190593392677134560692555971
552659572773760255867113846604063966453698589857327425216622467204
375947995331393073922488435162757881434838735114691991099377622059
671337695502464865835107297259507575034261671267417808433262254677
843715965351311367489045705193320135572178036832068491244648442518
603874870035433995491938632927012721329239215872461265150158513918
645811805885295833849577517870850053323142568253693504212168045860
350831525281288404500504994895576186883053422304802548857947138850
174406687094685982189113621282795315046424362952381119496131990156
799407317865048490118582428296622386343166341081450011843352125362
249984026378416881332627795395963526660722381405460293017945068413
570842261491780090583942432934981967849364952911948348456336209102
321134690001691760174802753678582051575159081699525217455567868148
886443130732387440883678699115268498261376707693591610227005801206
290095032272716082559979353146138936212884910161100701916423406658
410042104446542198161078291117473957470628117191988699347960554196
004827977687153018495524084476122479778366469877764805250807256734
984788842835988938464281909442628648443486274414820285813275087326
141345779464226948958228342016069292330440298902471252080194411867
249685157272882485680948564807296717971480475683059840692218510024
481704536975235408220093310151590029650036810530489025721805206883
428363135456028644363017493471194718674710846813114596412892904173
561653344236698885214885895941674927665664021934902369910056105913
778378685326484919956595887660829768965809455128364989807794177752
985051081188824596046079124691698942948401061473039645979293520981
697330639093441741266395051352647231153747009636179456820765309505
778173632303623441137083040537010536062127835817343552014189786736
447558182501314594287359998077602094370249355734857320983887216191
603989191892496986240989936596039223807745487355584044355066476445
374513700454212811827335826648894572537542588021819844338665237549
645537381136876103507956756611469914000277598319909733716002998975
358937314745110042244649691129647074872517681460489812399904459258
761316491806103418361805971931344057175072582108353059582641873095
474604652203719025912176655743462457614434950983296886775439197738
334619144015791357705168337039983860923025028547943609348809163343
099024066032991375912290792330843754461169475789063383412038431346
595192873070332662205610694883607728552164772229304084659174696593
258062384115148809473534909536971345482878995923003314333630806732
690140187038937399110912192975754024511097340262045790375216264489
108532177786249245341141751785608078384533066705191347275164219127

9492423143606300899342383244372010440332440872716527437691319256 74
1033434186079008386014434848871357024995598000262820571303201265 97
7827212043974571306293435611181900774211143937418167637528999457 49
6905276127497355111098031081314776602748331597426232776769584939 96
3221996856149258696680622767839528785211520661570118637036543570 79
0643534941066108021043683637750964064909970776593021226912187363 74
6877795899640246914567927398787818725038024573562353186344163107 17
9046345941527500034137393593179671082189920316932611586670831101 42
8147797731881736602355119149268619968333587634406311911198410058 33
0476618633628673093911650506589814458665976138210879025447642782 31
1024942461830796378625173546628604488028367208150604280025141573 29
6643640964652114057827993011369696507171369111307928022111812125 69
7385278665875598075478609039431592271728625822426650007999896402 57
7678445776879218280187144374675049318567544390393050796727846090 74
3717935687036721674890153679849258498848062954147548705137250587 36
7318357002500772071956911428836672193996240273704793578058028026 17
3462355205668443074769180229856894446415908706814994071312271792 37
4175453026251614858078557819911616089451655947660793562563737731 63
6929121136920479477131604769846425920811060400625099468070033722 19
5433259487785523135422932314547209410740126792288069385849950796 00
9771328199281923590393297341955201486361793529792866254762718448 28
2808798424666631126874508839202070074012038267594375003043419711 27
7095270281140318317783798286922920465983103322731857578202743745 39
2231225466823877730615042279478637350830309685276927990833015817 3
1371016737017249132769002519505484456632306952123688648225415443 99
1761337397304696719687683762590574439137845751572349122029677250 57
9978533834950231441164148924617273592076779468141907631795214339 15
6418615792651629737608184824372053849123725483230347205971031150 82
0275832705063977440305077754681662518353690152205229873660493100 04
6922872062796856967404214978907052369423576266375759624455407054 12
1420737122073588654622229172754651376696399078249444824144528600 65
2809447620949276526249010473482877160063145864948674993916725550 81
6956851566370716349912645187310859104573828892187217089917504383 76
6180726370988773355182675209506528653684320560879870324668283488 29
4184166984338709281446655823682829881269803513355477965397517225 66
5492428258314015030599804059381824463877490788985752142059610895 80
8205875907002456482232982346706773697841464290551589489492954386 62
3993036000786258384968863209863868142953543999133265714475266614 79
2333638382975059257674210439994293105709676177349651062222697757 02
7899407723684149136895900827746945360056927842656950345600024071 51
0796253021921067641262880992687959453300005108326168670616243490 89
0384598339574765043169076134698883409105436648769059751191054230 36
5635941550552784091273605015351552341939375550132737936768235140 12
3998752814365083438403628935713002782410985573565375178755667679 78
2275161118621440622683712803258552406826105252298096848631299437 39
0351271798379242485042117673541632130359389294377550181351970110 35
6709766293572271304537718856332914853134484943397213581814875922 74
8362224715070930641358105521114852535896266709577607917166634560 10
7460206830842293495041220321735491721048025932859796391884242751 10
2939091858565280447930658839838217040842173974295929058309750545 87
5920981586238305578609740865071134477647740096287202914732845338 12
0442234309049390086577241839521047786330781926575548233171143530 92
6472860431102891719597292487045074509489451063308133845758711335 96
3051895790224974282632993000469944539850171879887275563515655990 78
6653395697940565563908719408469156127597840985669902806436349322 20
2626952179557598576048867545118486926277402827667981785269325407 19
7182804281082320145189609504389421899203889158997272608338292320 93

344404768251655317999823482318059078362616722988306213786421009239
647862748222606335438728500558626894172054034380854382685800874597
636339596202091168486612951219436707232397603643551216750062827730
717289541092983753606423475336992600685667575833648998761697031170
458066583523835899290706875151865309256770768966201988565771244026
183183952029547906916723180233461983815168118225112258994835596989
334833933690234423722336414746285659744287402405501272081589184656
599920666951937532949781911933177459004210752553445164044199794766
779594337858527230756397455665364060550869009172832077174464731297
633271110959371804227644668757229118422762993027581588804508738807
379382382322739787511581688173413694711127824377421168106532620962
192478955610747419162072468760322316704464450871786557233015221117
790988448165748320617201298968641029776072663058624981433901863544
199646430805266983317137994251947789341375967280505255333389503185
159117418913782104891509233567662952149579679954012308295501745859
134895238191600089735039250601303520179774587004108569218047977949
142716589374237593480849591984206031908998378039563193400262227594
301015475434239397144097775678201732533830025270051859307087160817
643527206722395439086228727701381224742122665387967843898201253803
929680053811776466058985826523206496282072609848776580187065370679
521107537005272803932465884881859703342177392191025062962869995967
518340752562924119158207297508496025290653443574204625215918047083
916490790127388426396669867552126468739855271898387653236717361801
712476278957915194467662719701467483088608506037670673972924537520
027427092029795361357262240846914270222661676543242320589288609963
209247518080870247888650759383940567686388308753788420120505423868
241348597350539935265286661234153664699344309914383133346194985450
989805750006899848210897110383333781256770910464436079777291649788
521148346117702895268461079848429276584498516029802821957480869096
335545157557644146440551265831768508816375240149323918710860512809
174767979383910421786502817715956386842120472178956969767784090394
025971665547732979825777512596684054984719658593257764080598352559
402304179173739890069072898578152378902445112265365470524668919052
488583129874324129609963859303032247737140179165534109340408159483
392971695357509855865799473666803264459237495437518405216849573655
162162868501069560122215759924193520996199813022447675510360993080
430804021959088914170902266818400723999061765065296900905959708912
182015230427513264288389359073463333955224111783926771766878942619
487617440920187333111932717621559130129939413050678853370851258566
934552937767628730061517499121968089829262341422512542123000643283
746271697237198228080038377665522049779284269747485043850547539791
332008562502452294266424917713031804189813290168435076277001517074
795008890611987480215637312834780224337292340536757226480225975677
622152109229815752605697993642408862046547563050243223286807003064
288562420129857781626060706939690269168440817377477481664127589711
977209440828496865796815505762440803870178601229146602420399497150
263359699299594418212382547673189475309224510734611110536792712177
641408446915382978992876250254173778835976533080741755151495331745
283421163063414872394374469739853588121965958521867372986243213189
467937677889120967771357763324586070535419811685169403316570838726
219399445074781518899344118314299135853806502704669660220360045663
267842227935523961099822373974503812740244631627579011671172006239
842528962367429378617421129645779472160411001251069333398204007749
009794379054024382018281678163346311254919515323335608388484280026
871028144229093103197334152959817280313131600263505853932737524604
020770510349436379868826009930940753327086737618879389830570919254
890551101447031041307064059101197935410807082168893207256384692234

486549629423763172228046765762840371361958098005468778099276072101
709742564827621375959013699438057472667287547833666085646514894944
834696546481522047533869300780188033442165667457758986096540702063
352017672552352430229752243901980272797121021076508188505955143715
990831954433330456381165309917649786555348429819766517462217292687
066271038604528250291198036138179321837152691547270697081246306889
978015053990462859667589489404143458023562996953333365359753786 74
882301916461568191740846243943035082135089350589164014198543053983
276703562339348484308690742520318590749465528225959938229178734982
325996194296053519667390773054327703317316885809461218515142861750
164953982923851906115219789174706202139227097327833531828398943157
644256509562263360314921855599070918620211139530178811589856371049
216414906505469418961359631412565794806334818270903033232506005192
172197859994743668475256277297508122744690175480168205599483959139
169617691783898239227291936046527492390684922213606109474426689080
730282074854501217903810129019101390375118218554201494265395991854
172013869933164427291939530693648808539536412392936324053168065469
193967580131884628755956428224849031332570041100533577614549044375
080854001637112745963073522552963165097727486630930208345563658998
326454498714648606171233183371795326745309876915471278176963942804
869894192400727574119514430454122496971838813480727028488112026387
032610267966738665828021031957282705144680879172059680343581372667
724586039929250350984899325236311998383595652410977876499413333470
218240396809499122669500715567777494406268749271491779042195381884
362138696494819888952163700783277652137946600893037963417290111588
859841532705105463336386123968974785705904355905030673754614780715
057830539830945023791860306143142292693704682707737075968712091083
231293668746952765561691848281989987768781241376863319527345758563
030922039455147957390322275075314542962303677691714093525933161036
136192967224936186314506617522515175083888137548199331607057767853
243504792612920194351876991022623934558789826997100526540801478404
013640022119914099235391481355323984246788857840053577181707880545
681591156715181547285834654071988070713659366773651118253931706747
130837457905588950291181231518407812225927613868578777280573489519
370969927642103808755888281299201690358083876931845760982888183250
071382179782661496375487146796939494053720408672849102099173584922
303693192814358976326523214067516561681847446652749970609741665814
287517092561123628024178726657176313461665690192503759872309447488
754539849521623992594401895210429973074903590395070555666578744007
950211487134112454913689141569375526018918883910676458211061128403
656668221066803051095958983431559823374697595677648082493281060366
544824757762188394373415873101514268146463516937404960743501435946
265492741385743184587006256917595321617597881554962653477552174596
669737880059066904764093096920712073385417538234466832620668592891
519144521645622211392909047747940650720050579587110921620762172041
084448729081801643699736262928755109535374849390675946553770261941
196411943963880755723900750882911929960639721319592904400915737630
197913750424764490457329764341981557866864418697442252481062026301
225923391492751390736941725350235976648226744666436197170697960787
876807739534918405911586911690417848456746673109832237950512885492
344496938375936683297315896955932663393467236555862815937984254777
322094208723354087309117577373844223340261266875624498337308730933
487354889358949055692090025137101381119189133800513552190480372806
919861811487101329461651660963359617490153778395093400929748298596
772977265123534243061866624300378639001657126832239018852844449974
337001050043746758182459381207919835433058846333534954938279411671
579031394254573041266900407678569051461754307232883418409151073712

711105519332148632584054377829692159695104890705736820730767868243
791557900000291826357150828316500042759025649662080036887350634756
117435783967370108924531174261507592860470941063068240377040752224
305981530946596323950766479380329288508516674427107601538139213752
954505020422431827461037990507554499982112245821236418017995601873
143565945876939553904427260828363137997708186727240072245461046360
558785372795374614991570213502886269930902965962577821258159084578
300269206577823064817371891215394815170016458790728816513652364516
005004925916152274494331827444413680714295220190806667212440967214
872454274172431194271412535900667896487238524380456178660838818943
100305228648751758211591509449621713991273744020541252531564915585
912405063572076474494622530384490806579328713951574509670604553024
191342750855423220889473584308833080784143904968922287464875292690
251464866978657421975879916345408364444849462653116362558741414653
808682015091133126370338040082818967634587900349258625822728389946
059266215589898505756687115573401286543165471032624917486205053681
014604746629598245116591607670414987777045903183588599717259941378
833464154196695408553841382183596069657972250160552987742789495047
142674597377669106455509374774146971677389819512695288458933486300
277222699669170413374978690475467572475146453655475337605652125216
458013563456424877226531168392577247102248467459490706270248168422
660147694424206934765017540373491234091421588498707860449687641031
251921784247503887182440759000009284866807545347842278579487963096
322214576722692954567209263642272195165228168257434160359703955679
583670932654829079622760225366168183485236443810180531223171456010
380629969576534608422842748657029762764715283504394984276088895415
427047064964239993123465019385497486690889505328718182957627173866
398897275399158654373201133224079274520647539140582902196287465917
511236669477145902646976591280609491533202096142652868374211454099
796572144970940939121887223277012252071894573858180573170066430831
037951360727282913499135152055759801390903077673467082962673542845
533137068776412889019519534926038550667242991628749378442117135076
262723046573475909299745331940056234028647126428679395464363418641
946675261869088453446960671335559198723549886636329007955360052443
548106649320605819909177479678585881247605889609607650768337172480
509628581677119044141613495881530715656059304330902660229411993170
106211330488777806633375449004005796904868112216744024037998123143
975606504879587908936012170009363460559421473786412131149164921103
260404036442056351920355214761987901083315992917881491397926936844
616528454773116370819541479579537772604711386387904083867341135513
619388201603916616684747624111213771324683776532872096296718298883
913514254565972034368525513519780942798361994586517326648700289671
942290409687687924974912181199755128026472282697545885285583372764
849667211430558829404332036739939761843395595738827419842829375804
578382570219782578041415459341294093110164951226423135126786810492
514937793047486854769064231722212164256872136660945588670685473809
954234661788740416515059813054323408002546583183109187847816429198
724158303307166008462463515347894583596677430956107543408852468059
380640953970854374224091832852681949039112057656919479458904455036
337547886128041826139134951864872261791937206939516950247988439456
764416079812605908839882175301352373172439403831302017428394621156
385844691842387231251458143223320151606252885970341488145662350622
444106788917426758842194794583952756948412792765199989273821541771
900590323316425151732691656263025309389769249567248048018694605646
259743536046429271148412863368803366584686207909785882358299103206
347758771844447751985283137270231414078336581841668334541461153443
170023007589788587372790062637491520254978869306696421325146379762

208901091798562694834434868057584093206641877410395699709169292249
662652241605928774619200463261555879243229546375668031363989688450
636064462615398204887108638359301951198532903519081046723058632472
703624771004805033645736898184655601756686698833398197043100195009
361866287223010476299619864856698113856025279659687799834053258903
434686671346769759391405910418012767773543079062733851013490527583
810703033348738526600761951147961051893984337718391864882050481267
863875550830266532315545250701135341370717804382242044893927668620
439880695105612506646292418805316000390905799014361718481888310664
400000605671598212813952835941616012393525451138322118866253069412
145581654178988858007340657810892698869025801005324466847986580731
721599272965251897638837394924880176912315775826560967444896782309
334143045877021381889908844130960369192057588386453502984756288384
038531357127493373094747240784332279916269256596159756664371497479
077081441124026177307973962057130177139900526788933332113558545408
099601152708239232385534635884399253643649661566525577513610430086
597887223464709523450686652663275534957025240397963223701553336347
352172829577702257046726518504024714106843187861000859249396553978
196154819033469045353354431905161421312761930170237947668649562500
666856275063915974980683178734656025469644794007844827512040382361
768362099113224940206652237782988257047937107522466383440598646050
385352010417384434244525557370476650302349109803376685705404388518
240167034006128641713664077812710278721470686357012648723389437710
806083111948851941301176035961954250983656528665502027438579656592
107282076846496077708366354443617891605061927426435469071122900062
181273629162441104536282300781186805904540504097901868113289740445
002249595049420674105938732693689028193453494170405700754923842902
892879150540441853269329287367359579638330375894395950955003971398
387456591153472771343297146292072356767599654103709680006490620614
600263506871061911314124115945240897835839649240126562561470400601
109374662078478665513178239807412810683841339675417618664187598579
836641867686163555269387980615251721497418279803293475969027216313
459321696193179082277721163644094692568086757113361719082678366242
909953176081094638488897527377900001268497365446648919691468381515
571326112233792260236299597769525221619352833580319535680942246014
067953066007053637734117427843759925210915120515105497069080985820
613437651912227840391922877701855295246393187629282077720679443725
990420967991580601138949169406736384659376351618554104982307922643
694246872288754981803008993850377078894792734155875297794483190207
009764667852312792265391820988533548929353844201001351343718173161
128332964581091348071034222983274736715549078971262914011582365411
966506788225766478408273007880371414902116772030979238190193766971
793689765245695479363838571392844366486840277152340691079578331538
030253115370006664807373953870322832982676027011306204050107978919
607348034927892695596862394991676691941550001634174213589825165241
305541971796177231133535717465475602128961416841252760359057591993
295517367308833716741144199483029460666088727205884901166967139424
085802934677098009371903879242174610556386338276323924927827315762
274565479727662188820028658504873485408565567506431514528721531120
372106477702698613261895328770592364854845558886577988414987221111
484654645655109890998317608676358841943453888837938019822503189070
157021828890862843339110726407453784595882515985646325846903104634
965682874747556669518563096438332786078765297914395990683856855414
088343939686060771851618250770497740371610950115743622279686454761
539456623296670812688037762202021481765798331021849823860843826739
771121119005310907068898843632579215176717026345064266869101856031
636640095762038120539581255801617403611213189535645584314393057625

516849673035410525398122359973368085972898527072391685712799616408
683124177940937776067582953763976658643022996804612717351591305187
409520611842121750431520395205467630954854331225419737008543631932
602091222490354799117749476637149414149528153136240042619158379040
616721413780042856670898803259020415468696059056572966107586322353
066884326616717977768992980572584164626240135023140924398174606430
778024003900544619857344624020150296479086502530934440413529925752
658967036651281287850654618208824547931975475831478890167064282596
543697632400250459936087412921966095507882246751081959976997118270
723068813413159473371858959369583087830959904299222047937924634052
417794630492223032588850943104186717969077819312691473534751259658
733304054112363213183706450468148445329532670944204119109606257566
992947818731205313050200452289803239932883773074163929395230837744
062075876176650670730895115864531649893465680071778815579697402219
810629213359177721322354381537570788907392230166898363142598538084
373135156850623989594426758569630149631110968814624911166941179265
446531291394421035381887473821574464756745525567758305313966613239
692946139775331618654471343843334720157644953530900871987454799585
284879961311775996729327734645169588706438526112509197104739940693
006069054960119332945195250955932678334920892873730108617329317229
070474266831624384380257548306630314739110403173025549276639526423
170015365238862735808845852232832870483386865104955251355292092225
211173553471179924433575494666482273070853654377782071543835994607
567117763780117347939929647128588794326139117760450379046965864201
056483004800411643104705107463197890479233163210183924052383823112
690135629798070623344431806719787184653030530655900675418872825778
368499704017668167352968032971452011507674681444141025098200145307
482649445002537390653650840766862911662929127701661647192448781654
750466136283457219640868902810073374908509941795577167130681071408
146034330314213726706800775742054403221612502908121479510804890703
948480524657755720363120780935946577967829146127624295117127284544
152879851197023030873497391374677308685856837079325815449856907460
275241167871947292619382965797421965263358503708088327192778413571
820861898524728869595990116594298728083643467896984797903549819331
852076341299674226115424527815271422576918702556616088358690113567
586785453427679665294505614373880757857539242663645769256746884745
975444058791375116861138044964777681333057074882175269260613262100
215379009223382708771408499862950394145196913559103441072483496648
669400521196103204952813318688325514055826186243903795181284211238
361896201532353292764979601223481069507830627766928371299502093046
268974740067410002123185223769847480780538810978907870635026627903
101139738986205175767092390014108061392476247326006699959970631871
597183156836765906749885873960134871940989518677074378225764145259
208552828373019219173231592172627560109385786337953536376386560869
673059270607208166548715689293231900673369435725101990951701543994
900980664123336932695576514302507962596059253355713617546151297006
742936094226313443794598913424354107366704665775018362483988922058
703706275733308826807839350807021141879611362637344855199465264448
549616139226065182096893606163444251777676871940367477381196196021
847914222260250952902170345370599904285128937806524717264158872266
220187569811860902807591403537791532221158304621554930252496603780
978159747989959990460138074531431973280397767475360283770287812127
734011619554924094581438453483047687337269582293752530211365591171
860529537638939193436216229162011195663982985075398684334502779405
452523414633403970257164399526342933297471002866653900126942927908
780006261321590926783828892142899554796022763026536556489661124727
123182504258337463091623254014635566583885224289509852003499098542

938821097966438949781704809323669119335584952348601402065172057458
910480592182164626211635990423184268956579751586648350032498913171
528265744632464756247878063597690784276950291257115060987744814440
906785979213235549380459650343958627472343665590233213692459839393
561786185005131385040201085525707076137454016482608185880737071524
489468689746528155087901941996731296802174286903104316212468069644
381784458253835804728229759811627557306277179053355741504385845291
222956041546703365450097422819757949075226706614118147160324227390
143669287890431472465717376805676899636988871906455360997440833080
242814004237133303655089903770569318413623293580579017015253811904
331656314682626971995480067496016466028204206908722872221005560488
783395587371561847680645687441980632135593664189900397282429328519
491389436189426675159268724192973080196636883161336719422519690655
727027919225168647194241861674600908090003761022179092405093414350
131931532507809312710135512242272001319582737330803939261754438671
696239453141997259184063639833407941019194793693176655413633063921
293745688612553292595793932713831068416238641402899947842208105514
196709174535448232493329036012713998788335378014288906298453064509
475464269078497954115459198581607901515966248586764830434035240598
661762386405954110978359610988633783714271966634312938205862938844
185129261040340612759450069042240785931475069432756396409934625844
144625797366650750061700170683595572760777544734308780775659756891
444046856007432207253601041138361631423491714729834054726907570323
300062072244648330430569372920621800469521056033152702722279340732
515052898034737414586209753128943184997835646522676156932372295342
936186036032830777488958216506925872678408495355797355944173788094
336761650392775950435008192799271416936930855087381151992399566609
619437736536960453605937861284218319403407040391477172109490641541
818738577372191682121070471977056290290367376182864986006556721245
319815302340259148420689274264893076754124319490820378636671502428
295569181312511516225549340061294110199108335965086264215030978873
183547700030364675588307619529770528274137699319550374387020894614
403773349412032673217274383528388427681131303716972400084582483965
923856331441268112596805093738202743868387952442089529495565713051
496171514921944782079455960737212573209869037208525021338442201125
068604085640110067646711186533128043783534936143577534742057642987
980703934043445202550502049171311994239187987514891996835533687008
866641858847823112831744770583573875265352491875392750984878988925
230047737441044178540333977326701541269038455060757482518826849136
562714007587598370332543197386931395412657590443060651799096283288
137324784411326572020750898269692500564604473482418035951740577559
454183744999787951397411585888021673413747471329168106776926407057
467793549000925649856843337120448415769939346587693260434339172468
508649592273558041159344031663805341262125457584603275793819316560
952821707975783117561080345529191304522399810616320539789772325964
934750222249063433363203153694033325869877217124958623161811995442
950006067071154634493143950687207567023406443475092219750642682347
613879064043910029831354044233080377322859502630927234091065585567
157472080581631606060767412032885113047619369797352057947120687279
456406863125298509149418857059885564449709982821961621860583560012
373626722294614082176039742850474798725154193138058256245875230385
588803208100799608634954818793976381368236765970677747818457315110
806691536250557169607269285554173408898453966398967130269486240406
399238384459355260095352902749065287767581866457385371558728194888
691801083745183120557911944625559677788917954073094175540286490693
678416010815628755982962726203270447179055464692599192936102421709
641396750590377485880006573896484547743985102972441146187401902767

538443046481743308191563048933801090102969143588603674090900671975
264633945158708997978546477338359312638046573259920988260298697211
572286555732173266141144109810384112511167489190049555423195714790
080184973057561317862001311111259952954230317893293202396623778207
053274013047180401684456610744482162055043108296336265335271223887
424965053031977224552562132507278272470488532038405142046459451175
568949367699522069194450235547338397315496802194078898761331936636
002815465767057182847072428918289461758938610226588111986145965018
572872288805795535953662404339942406595835502020231845765492046141
190477404471673300580592977160837766080092186548383835254242794948
107198506175404898306851883162936827716554237484986510267501308951
571771952215326315581071612937772162360555882939100584223119339984
914292338834745981151910223267061314386532899215395808992773599287
757019869040839427061123739667311981051846516866164940959141796349
127309688696865871049858291402938751206186908017160028578485505629
899659899203236281691295267704483359204189644770599535765382789051
717688569392296090371432522048766633800931467404943395598800169436
546706048022329227683645651538265781828374466405223598262351573304
891737899897466118798021635425891261977079579930540920085872662537
475335489363192227580562641864452084505641493630114264350777970084
290711648357018552805420134797651997292045977075220427155985874581
499874105789793284569827622057676459832575759780133209587817330090
256657343950627864932221025132995734045659252411891681863640717703
902528928911197935855029065536927142944066524411775338689874940717
597355122836156649635256983685360063443685899298877559842825399924
372363049227174945605311470739121165730678765453932848433637627406
279777046267469744595436392040415385948432538472472760091039647399
564371243783404671506925132935552165966072164989556395858804542352
760301517597593089283388069988544004087917209972268099212509333194
832630892488440993861155069626855226255736939534798498882249151088
557688411294377874182709727944179039646441507446115480950721729898
705566510503632083554583045163239148603909708104022286809301736525
357036854914095171749048929380632659834127517884989557017933149270
037204857067193803967743873418357445178407467969452833059896482383
045385385926554025844770754098759532064483090882143270234360978533
101683252485035105017496403569612809499442304093168990809356433962
712739311736745719488284057133556470000855818956953221830433491720
138024891106134640007599322554992547897767920274522576062972839169
658087755971311872555563583411584252026690441977136574079998840210
685979332028424744525819191405740388661766427187914576272527509991
229458418162931447860179475270828715745008600230270010840600568961
506896529312246072840272795273193179252657975299416132983518676763
624009957039509742826919170547608185527804670564438507960727121655
452340535861318167207265087775502373717182156229589652775513232238
419738825607477898306269847471874443981830145317291195185627157328
375004731419000772785594619093957012677930034215783646472869690886
443604974158166179876780743903788727610535152528654645740320231539
785670631420376952401618376144926878163595425633119480618339202533
376222685029595156346255464565623302358774745657722226662837526245
811118934029098546631333820677734303803302883447332846019733729572
858635656736529719463823408325206542236157006696967554251159861604
639349956324805618917361429210338657790995491115310798262957181510
528363237528258950821523932373502690950500050983671180797454975220
059274854698812528867543181238209870037785054780399469400520426310
155335069133135650725297593822335229162457173319366262069346415461
583261712977116994975488733254827627186357156116797542265136116427
746545999368578153570507398619651652222798230575590850345792640173

3575219998602059869689479292236742128789839768541688471423482529244
4779454590978027320101957562903458067825025131907207795386438451933
4130677474790508967349377079782107426450319761389116816026749063093
6097924659632966805395579051665963569512420856529731691933035600914
2920524873905688723530797117346820858274418559917082597012110679271
3894466602354427153914714196061507678438565951544461420900505320072
4892379763476816037920679318249419768348502310677529167846549817752
2370326012220410099899714979650195194765310329217212140773468083877
9255623375358554966814757610571273207098491586859646761229517072562
9128049943671175518961520957127581770841895032973431795026540807111
4153893425516877721004542016252836482084198107257533029120010762182
2783896104171075319955748034939310316297882836362399261103863771744
6466545392032644287747731829313727346575509414414133475858114926801
4549006731662831349735880557140970128537691315941732138960114764504
7454236649597286387779622161762025532952707681282956438874229967801
7578224629674135735194628201667957311244255699136643683999220724771
5823537269233329817679671678476372172831032005274600400587248567771
9876539083359683368456845863681964802415392709389000376561759654521
0029476571974176282571048838208217345892793353712765001662770626941
9213062884425016647185470688093603308031529273883327260420255397121
9500235625113416598700472721052616000304396159570001886308770470951
5947398863511757526304641024655336864728081751014294233780118466171
6396305501361377219702478792478590411831880264020056932213972959481
8363484156531500733781908842694576811877499432691805401470760786951
1016409471029950409608996655522556663334635620807033670335690271541
0508037534481917546039499305833350604600883085964580738202576991481
6959775248360430324537508013213113283455788559447741551415120797931
0993643828937891339005871465845129267783633542785364446265419235141
0723441298773704068820015826066845389849507530576202131569245268641
0056851269921103093963218997809654909781288916016037527131508785101
8128474851143208258524024921625124443978923970360345967906816669391
0765120233679285084552108917628615512387171109647301145925151864181
6635198888145375160912745928195081977917696338316534590028732124351
8535678352080501646770595543793990894761487313180014912877739346911
6970358544735417554704818069816199253273751212057171599470666070901
5849364128494761900111627428813835031903556503140150133503656834391
7427324572284387880480931623804763500808410446412988091915599443691
4855956817596652375627232782821155260980202602827541976396129716671
2045278568824438048019888692122138722337091713214121765780795391351
5536572540187967896879278146981352167148736970929872168067179403741
1178053909875726020530481739153457512237444149880308044745492996131
4673568789314317921582748160352319127645025849310999676530989698411
1243591777723347852158793126887225813271591077549437751234824842901
3458409141476845259859413124105758152450639362155220687843060089661
5103549690314187806568762232453052018840933980328229618287043328501
9008381334190272589515410120623913819293092878262011343362350351501
6791123936260571274209125528237287838354876530024740810451228697551
7205179527271354462455557061411696884900371846091062215675219116901
7211671414906912653694435374344261122153773953990833749965673721471
2759662377771099329032303390961657395989108697546672599778121663661
6040108051129803691507215273732228235255193559387759066465374304381
4303483816476716402182155659235482933933080183818089716628132389461
7230218180933302266445557446656711610770681468236245774766472589571
2144059857881690730496894329787653952133604444653009851278979904791
8495437564991994646624507942672043541398461144855384045167678549491
5511193070160223028468512371199086665921920394962797708132975030031
5882061794961125015156774659437838787509977170375030009167581748081

欧拉数的前百万位数字

823189335999164276581054066015468379949750803755728555454841003925
892100615095944584268362864783071541261878856925244825058884444146
216062825799763456958848216550283140217214705663293368445302011973
731196251375554773125666016597804263227663639539614574526373814829
449842851358118584061365763876676473238389388481999433412654057961
257326191802086976471642836010948257414567755998568615429246505701
073715163636908330048078639455145871801441306732873674267573967855
885533684532911832581245992896413712645910816283825655355020306838
557623683348023886573840115237691068070489730088928704884262773708
952277758039511180795675804257974026182735922065990919094296127315
870199914870205026827479668581044802121042425769296652394008999406
678077244608119092708066954758400758375773001186370815690035981577
402090362018577599676668252123920600839562699135750599268021238306
940998411293881392360530262359782993861410495691623529207564229581
746095592837103940398316234153596861203640773737729102033267761759
008975690528402374869797034666706180063597773587836164078846381039
992659153331909304976930739542757488413436258200709178562962644268
417775683711091604551392566692594127964654090771832259555453465962
631710466499706759370677159926755947450076085824157270054445548240
416833264510325058007940613312074916623228367508322552471520701228
901127027613944045348533124512469699776928450030594621442903947985
610063804712006474005976784294796437744148671429308133229992816166
517657110534346926657887819604200747858133271333643591820354088885
446543404653894238360889987170315498184346949570219441195191852273
494542670200956405135425928535509368402594015156495301322707951999
717504688913474160069810728661001552372038501006412170473627899439
219132010528019409813596538333674879228196273599080663572128165840
735660692261358104886879235304789277905632100413000141101990440478
616111963445229903871652496743969598330063304124546170755602147237
217386088477298339715546303588556354836016811132123637933741961577
768476716737572960393757672958821605139964213634385447504423612852
591584711438756201495229496879764976636325768259042925649724003677
795737855716839839394811871746260027031396213689898159531338633835
405504810205690121658571690558433402637656119887972178348946308073
283140533510424735718175765704716474097424774578294613475566345175
708218867072058954573232365683001864724592370123452816466993164368
523252082504102516071243169331889134712492598146792526855131344400
698375210788706545820263260564455121290819345479000524990970871329
060726588587508715695969991222415697876001584896987505798855869482
078719606137890363409056657217569973607087913257636616258028434494
119783789164998008654276509824059862693913998381574332874820872990
722391593145817961794052397833278429539141894566290180834573831541
131106531108194459099918067858518631524385385302707744131189603306
588102899381513179356969800081360668143558113042926108085541822334
100067725762303429388187401800818570226975615988636850501205631011
794788256028003701875325617286954763546973460033863028723276930797
731949225452659199771360264536767648187202105846705172295410722466
854049764072617925890055540282982886279676064252223749813151188840
105935233291220287734619018491264067385574979763994772274669530010
692337474010375087132505856325665734968573287817438611610185094518
012657879873395867918844783762379787532599365521040002267614492742
319739256301561347650119546019513210836560629815533049785216899983
208326882077707966252122894584545837864498159802130713820638826986
119707460136058271197928242509598296437634190920434156887448691555
528236908575975807764608966503299943312924845302937373163650515950
875952531013528791733231461405382829606377069748066046924967379110
342106131978561244644679195703815022714207187462662245703677895152

220334755042645073736629615590963504289875753541039282904435608352
989632381792685108430431484750115642950291224396331643063969288393
454420831343389499319356005888445851715866560616568223837767746747
012867600479609802026517608334166206754174621726611184367592052204
766988996944402101525899283723617476032724018245664985849087029707
244762369461747112285511546025150452138103586564087188495037009773
958472428098290117640255143296155780995562374621161540672624706466
197809400688523879639956833488116669052458308160175158461681654704
451975018724685301328118907804022431247534602977233921994191914758
238844696596038835227616039885773388054077717377570205662880457091
377493989215029913693075540184046157588747032516473994578825840367
512855031936573137803671148937338892617231528714364621083515201750
836843972880288816050791865342601013380322268495102740577429437616
046348450169266043555732334895304216873333358419010756251190780481
422546373924601133147732547667158686166368610482233481278414835212
529840198776387789505035960426401473392238152386632853761898250670
966568189164399218864798684692292895025793432763125753394720574404
853106802305776661680652572255823288723190877171507484254044555090
495998989467804939982893426875775537743761951497483807873113249775
129951688473698679357793878424891680638963577258087454147344067266
368364606558457434801768694233925398897208680323857866162156604053
005267666562674061480914612119174536624548998904402489918747967304
676393475335149578185592126747432327825739089324129545344683377433
394229262798058253669943748364612906871640006265354333764101185716
426519395147813921314903442067662973303489463087144599252455484169
616573325170971126979002451430754808034877251582093679289097934729
385206921086267485892867793868835230572809807038405462074724446745
254241148487890394854339374304318321328910356594259250911410257534
600240800118052766488331963042725884050772780895141259734871394575
587023814002694460297127038741368406522166037173445570165708231642
245928534070243115077377025905293361049218378051007842943115731939
478421386620280473110497952913273741111581116985663997316181099558
854653505570789106271231300218566406901501659665828589940184105020
622498041706412708124186580096361389018106658492912256810421558439
869510404529617028195509497641458612246607140156425446066590844444
278532297251608832652549695185471677161245059725073340833799238337
613298926009571906011862392876117375430022310434632384887421778289
486305586576217976409984443541888608367534600899589282191615776426
817576757094085070010578439858124453603986931986935672345119057110
588198853371070061975135277799663521848078197333425056267389059596
143931260448854956339899792858320319878026547192196120355765031914
195878135124448957108950634103354913672392358338326410948243337145
169359604680766150815912563007412098912524321282560069980289634216
300642867002538855386329440395002211598501685099870883904707280649
259859165515819221557364875680568470629725451655476321984251438227
529648441930450466729357770971035835342824187145143181981331963013
799098736563064013770431456850616911919081958078945846851450906938
722391510270500871978488336590158934913552870767819044943843442616
460282405061081580435744701621142343483739703212980374558818925005
497018212922671913501840233267280057461449021732100849307463346166
004209604866543313618668709025969237031231084317888942077970294897
171844174601972802869186801378886920255690336594709614607929822019
996736565711605292414755998399000849582767463406399478070444614875
138647071774754692970145302650816942132177001248446079849612218083
591319281764718770808330007208259969419884013751984548250576286616
786036933664779844057164933304061101002519232787059569281817005718
657764353325790535937152012233911728651905927768071572046327107581

882384865541218937284266483839838968548532258726901963751144738328
653018208533560849751205546572527519887829089592718584103368761884
182637766041786583341562623549945966881507332686168703267836856645
978805100755157872595474646191597538759119784456201485670002305565
627214578893604754356616419850514124041446709277551467224763720833
500100128792177769455452652904162992567263127871365796796378547667
285753382260911567294124371761932059417578045163260640641225933566
835323241815788984366241371652499028487527381736502242573252875814
699065984878770021491191346957571303700645546723916623333792495901
552342873049388556047577997801484965542113009845278194826420483238
934621231855992441555187042272637661985129263521687289673006813256
491359154854944744574882853629659464873554276943323737089451852110
632405633738062612306827605413165098523071247023064564664639761744
698244605764424655852640473154693011286365171874647826560475560602
860995224348524310074002715330465298336563328772094746316699290098
643052598526571816336125161604826987911408771448967487420926339825
467344064941511330137220566350675016008901063305335310795241768512
498713507388141988075460915044663271163474862165988064198361466835
208015543224281845425563054482081441850185051511828114058864545019
303356018597584097484530130136199740939940473620397783654481558958
453905431776517569603656317833906761929776954642932914400074801662
860724427004051158345109936119945904115771876739838863562596799549
221769836674170352977486106841634288960765019038447928717723394525
668440292133259744761269260380688291267868276918411009127772578773
686948404340991444980788063272767424323587520707739222761277709133
873659078860686807007302916513872806900889706398060642159494678137
315051778986132219480440535283184505678188666755815610860872076969
203389449821518265070432656011230457522520193691447082307872889509
877467172299894841504662111612882694955058288908077999564681827249
898685291705643114985892544564352195711922528370844000394177461267
130998894048582189983361480631416082618989236093942150611628900703
720798519183024028252787293480007723774311451141315536614469879186
591215463547696231931704971788980794755731314573114556156042345293
403938830523352164181772436015397390383767211154373891861066816541
105306321554499612838629498864788155444918438790269239870469882445
607752249737663971613068982054142683059575424858158566292567459923
060179118126851972785180135086984042615881145202917834416248312734
398429559414048597208710271913948857867798279303950256829349654194
487415431262506475725675539544462239924093019641369536080408912347
949207088261217238611093488575095419977627517883263255805286129176
248706921940031703769324575342601521222468657342400323501858751365
647043107068692809027004811724738750886654775473449249206083151459
996100692126294968221408242510848560741205505164216895126126712200
292870486559716145651409737048964294266390009190488172920963350187
410971927552806132509109994175526805825891247455480167413750201973
123510294120443228413243137370859030393224837707476294981645834456
906548154371931889627838240428547966762264874271648047589824191126
464568202963439863011909854787170546570603936738178011093458018295
732453217306478802996423924587554313720877346182094571629015389140
374531508799051188155928863001260206759242510281421459358150150321
813565133538173036685063973387988347555661019672394398922147434073
832496005025844181984137364852109601816377268151614872565468711675
221255958193369576877483196612105082994789629399784147113833955243
543194386204052206001940520290558658546803894006875018746210822033
993894721085322271720870460668241032166641204798315253718814683628
148241384328194000004261717440483621439614827292798049848063823826
849854247682567342630391654636488854572259241943905142588228505355

037895640655714180598569508599229779117079317634668225285135160972
973159306501624714174691679555059440094517506135920914615827817695
869727781705699180915823246813738529664533471117715031847413270282
879013737410663531854302114300752961502009645635042746508820032666
740353516209608967581797027062439858723515429570597125222593530218
848479478049962581596009462386183063257332618879795548461504429022
293901222707276957834728664715914308170745756936407165676083894316
440532511997579072519818877358521697565940923706517148644897882255
840091529923004693831894174242370494892787436245725777359081797892
314110672145667421291505013158257293592014855988062998690832116703
381631534420576958699587659613526909508036760115845947997516858058
640484264503513141849015272853201234731305077655676013830007191383
003135099047414889948635157349433183055086625522397801161394285185
559997353946771610244380661663927423594843796091731909238767265317
281178173998759085084303544624679139649370338483308571489601705098
768904057790339914009974809266609021848187219555954670906844977695
397737366985930272636772491619908466109316168689216599897960801823
928181903350081923483791915368634418516567361327670951574933833246
470033964914833195482972036509890000756834678908643025132461636013
958621670355734672817371215522229123115713385023157567280946640178
563664131574098846386471770170716075202301333067306976582623619341
414096912577365155426530076433502527170935434233484333831545044805
818256978293053211633544996099387834764486581785314620431086321927
378545907885217131518921862859935260818557992285084917330746529461
995212109461848274957219286870418033754271607849254538280443300966
419058481193956374725503405386082144199254365947957992548261460812
221947375682849798219830921030262670665959245606026732211185284073
243867520498322954874131588159156965850265485227010385690100634707
018070640497732996210174664962764660874184183462857914776560876090
735387844210346047674733553364565235058250707171788157400805676747
874382469156022266130040186607934811806436632749803755852159079941
642353950687055126687617782207730004293499532154750025506032766944
896708016884775933258711396837407587474463394564357363967228450140
679494288134604120343149664963236479512505272306744795637253637725
173119371756689681570076712136170744256290128832080964835262775131
752120733451619962823567843914331649530921954168705831820306481686
470891990116006092781145494005367644745326734598023635844409005299
517740379870981618198797903532129462248127306751346122108318786205
624505076956890748323016406021920767207595033468473773818939370988
157684355889228368611599191434299633765079807410243676626001205525
453946644920075777621233564760821214021639195665865230597839640888
960162033306914815750560140039401377948932115537398213278077094820
409404634528342075085645776460682233689883161573389128156229648466
009036759924962080525053864950856729562164422975189021462471071758
252958280917769557423411788150328076728729597365181537530383552864
001726186150493976983464338623372623461697500713780486751588292003
368511917045717206623914915658093346855859033562288358068029498865
005573924976387975220689804810419879470107722916300366655468716770
577606362032391465314060296269905997647547903249981461763063349875
119548548523773501274033495911196849161001666979822772303773826677
457157993511656670287396149897791931190725901841125309376809610116
376471042344450992165427682456170548012103380560525958569794108687
926022421273751059737355421424442384293806823824878099603525488074
099106179118736473206820551072273408516281608493799316262817834196
443833849321723976993401965782322705593192548835837461358265240664
433472140089297635251127046950143152015018421127379944950732497746
396043006172868784809622923496308342448447424138703403702464238049

4376048963882189145696084851866156215542834010170730866944262863 49
8193757596219527458916115741523461974019283126254163954886504746 47
2231770106464023908143215730940291126195201980864985341100034473 91
4988108169497116634933273354575671137454330131802306582537176806 68
7685941442419283887004136008656740070022588358240448524414537725 48
8325173605870243098882389434296385628173337158606557012440302125 47
8650309290488947086960202811748786912832612979591052617938342687 77
0271711659663343425777692364904458643866559651787536364189309046 30
2176256089509429980537387096408561165129643416930638105676535041 91
5022867923943012748617302339266267205858718907282872257514879449 03
4436209371882796191448798629639246649931603674794840420470970556 32
3626540450990658134372077681088192850029077489017097713118011358 28
5279676051528293413054810760064813188991857534791222770830883971 98
9620765983942449235672557126967659364865918377180493203264385130 34
9626991115629904335792259779393847656734100197086897690284903316 37
3977644108486326880857978633829139379802192985326617881566910284 87
5986153870956633191316430035706635787335255101168202150877941826 32
8424595817464339249172526351404552938584958959905296673068388762 74
0641260784029344888550584984250333338180428876148988634756013564 19
4926932114818207037832350678439611770618137782615747347949013834 24
4271958772620787022689745909515075886134355506226402178562201418 89
1718571291779102326360225699433882200278056255699691441689141347 57
4496445095315010532135483728268130809843979729229696712842924135 74
1978391975383214998360968371672187679718191610503911999194106958 47
7365484596255737902878058984926543035885975225264088174725798603 75
0875632386201700206825618983936979369554968146730022191169185917 94
5745535749811695801476809892811002927138850329423587114604113895 02
4367237947892905029782358879352691001767194108085409754549956949 23
9471231001512675907813051303502648885553036055239513443887586320 943
8336536689359934379462622564746923189337527794773702220697988362 43
6953491278021080912908324069974019029079445954048402626135880543 82
2946656377548450534114231744385945800450357306091219372802319955 82
3556318229576294498379499103749459103059843070859094164599178141 20
6377409715583132194492202864143169117953796375245915706835417503 99
4140708444810682785297336063706406060817810766841108404292937297 12
1971155739343466724494391808372364392843846011362742815293599902 85
8756351685350137167697318222084401295906248966918056393264358493 41
1015230996929838286832257885192733455798230964206396426876789132 77
7070535981116339134269883600825531590584003524440103980115571001 83
0703603813665028322531628042977913373771668051123272735606322737 68
8160934074625110236666380906481977173244710100332263690715219500 57
5660241726049125568116964129334785946343460602989798538524619225 22
3224088845646399637310149689568485748519155757122214996586963587 74
8076146648214370224226867481560967388829911779981827446659035392 95
9161976819829794167641681865957697465575797666091773730196324828 34
7626545020681268997418794871344571301590723995946219736545403966 08
8127521488700103881636526667057651219077665246703867417321639870 21
4942599224616039983673914436501598534371087087253074761413828397 48
6298909808591528648360875697958594519909027700341680510340971410 64
8378144772721140610597467519405321667588857962467636951273759339 64
0283890250865467507228328729652977460894536671159568197946237766 69
2527819240889065432891699525665235422489860982960209564595231219 24
2128551877090338365128921394835093014417770137310253823050846671 78
7691411179669463583236194240307489046846638042203007974498497812 92
0051039445371826451445638241629257329113746029323186975438184809 43
9343871336803771794032200600910529832206982619011187562551317419 34
1260455512898346623803030251009827399878377449645964800120624286 72

888265827548968452123551931458109918620213048792601471222672088633
928929955217948626176309425386014246683758865579083428417378552465
020015497132534510971859004543853574776386344401797007344608575934
559360294540197029303342716815625520049351417401911920906720799618
276747931611451565738113279441418285601004132704744044108922928498
040481151087917686572511232827758223843346181424279771565917083910
784399935685484778682317510422554667573280903723530903109806493334
989912254669781771208004239099952442235412289908839566940116025794
071149474160300460424061802760621554075906441032330624074380402051
143508306315604858179063650262283198547222364957537518370922165471
796116123784720717168631004186849741110392980134715291167482347556
243202704299246495646064578471932415850554839728018739592422184768
109383795806915733985631256846610745902898579861780435081748217312
857966147532688577012364516216835931227393617903634048395803924272
014290993566327395059214623786147980155741365800770210703738491449
608491250321222562381335801245186053402612483085760061933387494773
588894791312147068121616925478417919278192169193094128615491448209
140532977433852317631963063260113276312517055890054752914513012703
836205811453489509799410455758790225660475475994473296503122302413
515822863282082347630091544167608658778361399816750941121093054484
857134566998492706311454371908795226464154868753291960885360864361
677881070008593775838644872872283993852146196287468486559377330226
312697297847567093860744889848069517618263953863985746611922321423
088705378093162367576849219747057584318838389645166372656019018685
950316229830773811601995727825410279688210051956974641088266543704
055642211468324917389448982978100171163625706335573208127740691937
800568120065501992778791693798292373948844353157571721147651242805
570239334875825453253691303014801079015923048442855158511431050473
945486442373650249426681588822534335034516425307656069985117857121
591993260596764305040496108938024989389863558227152380752957682650
088996266219208245602153848305189440386095369956907034492982539203
175396918301803239455658636920628304376175899525674776807934466829
564549035910476330469622320344007858486751867501178731744333239628
803368048060658874173221417535892654853196176431851650324097130721
929180901843845770487751975224974543058203894200278695658873188470
369226464510480402738068807623623957399795218361229558978634307452
322924823970530598152762229593978152172226196155713795508835101227
429567711276655694853362971684356863857712885006119962436756548514
247266383465829202972114204458938894991567174674727857498599776135
648569472400163153360660185157119394592521842649130593625290436074
878498895762845800840513976396667490579872711856065954636383867501
374794946749621442427389625119235335515832094794623866389003196010
978237406297726200980759332875676192456555465256588652648953393117
375104533179278883316167499993862927010412169594289027154586695731
146224220243830407202936018907298838193790807423689559459499534163
110037305733957285533842833567789328305944570277939852592427292869
112117807024011479408424280638662071257315182278633456381603231427
690951223480295873429713779497923125302079730238887066267201228383
784777613877550309676291754252463924913797174644404131764916387395
185657081334041285573032439209367344869861281848673349771471137617
612489009411515298867022414460544724763154861031371320804216338144
684999893618113946941940708065466178826369811341893396538277031266
131532876356356155952451683856606708523885764685157976906790413888
168686384887971412341436554037329914083431624240813398062287727069
921993006982279662834430527654985862447678953795170707426457069104
906185129969350070566570299300028796568156787203139920027438737776
251562142808733681369046190063052622069125349977926883824280184521

5736549091449986263009189281896064428046048253949795847966535778 85
0915382331917144651694530380436137552400307020520204915406970550 42
2775333958716312233087592944967119340425369092438789552297349121 76
9549958206421055092917873239383125283315363576017533059960745603 36
1747441108199905365052867334904765878651879746173219161923877934 17
7494105058441222576908406526722881368483568313158877598171434951 23
3269728475940799334243724818382123329875313306896209292238865362 38
9487978481949812166401128982134889873161492476566982785117921291 41
8591862416793095162516610911606320130184709735850715651829901163 27
1270079047588457452758867083007315370512693663993976983092620899 45
4951610574079703158234592138700445726633926090930127340271833922 23
3677595471282057624920660005594401538950555848606872085036141362 20
6092408584291784670920680124630427698962510845835797503016909802 46
2929911651194043725755633429278451150534477515077612210325884806 35
5963361724865759420540511537959620824543719400137376231287392289 07
7781445858478585125133844719972684348533489800077772951541162821 13
2021192982712815368373824826675820066018959163656199867589558596 13
8057556199065134976653567628776531242437806532387414283460970436 65
8201493989325354264191271525770907661508688612198175460025538172 59
6076764133728382198686089655460594889851469433311661203483043478 86
6437175535850547452433391787917138857575511200699504140695473929 52
2084247213226171709717748494968160706972904987476205515626622203 01
6937458405084968932393994149978900666068147859380566429340490971 13
8506265386861255922981150058500456571793262108549187123212991808 00
9586094835358118228211159301223508468134377011502218635400295193 23
8686002780862574280958163595731183375197119515129382586389518634 39
1782182319516605640251057448704704118802522015375767658814169422 58
4439685461943555882029308149429375642420289251037031645487120431 80
4047745124394894266624345442148683536996444814996809851858696283 22
6278846363893223362684516841875524851697516411124867902907629015 64
3913698618189930946692519114821632681641690403439221316602681970 09
1503007328468368518106638506021763520944683953880232405555668868 91
0348189501039793479758879720408049636793277373813235934336566023 87
2371445402901614867745889104425954609538315733418207546289160739 10
2042496951241421008998440748883454806007257457329517790783664850 61
8494245344554157424285193068753845994771812680975270628547619762 53
3911461555107488524379079270921641897488873306853816031038594011 72
8196151543816453267622748922153123723775991037685437641388092726 17
3131143804951836969438361243908272518920533232706914549629146741 50
4631371408532906962920732700140891976859804004952737036280258392 20
1108550450679706736188684065642675190621359721663810942441948019 89
4213818696594411502048813530394224313990265037450305180770313784 94
8326430429872949020572713751082594707377632691879057294454104220 47
2557264436264499549626404315084045242481119683241847375772737853 19
6943611962341670208315996747334729627149442360244161425260633246 53
7649744522776602798866553294543827146341093742706917309022203470 28
7347152006746167628631299553037650351968061839778308567603651355 43
7476156353515672815195543064716870275736352640927141207680958300 43
8216927237250379739311582739262383723140925790381073455652181363 66
3139929338074753627109181585742228122633027710669333698146976943 50
7917792860108954683185184045169088620708974082254341174741637568 70
6798116601719876203721377391586783977937805165886704774568698649 59
3557983082686702756109490461625352354716746200347492414682925744 61
7020150726646674423263700285306450318754552028666857430540636888 58
5621856457509825792394321595442584153877137394995748699572798724 96
8060669059003157500836440770105765681620860149822967713250392481 91
7877883692048685920281100846926045154844501436881831738748300878 50

0228696057949664963104531297258220548203539402379730519468328436713429839051535572172182290633143607657400221335365389466659515239054658617131517100600341540422987293826210781196476387729227660755958574788188015346075920527779619584694616561849363003815449856752942871096015784783887575147216149869928753262761532671411941200496832262835313314884738677455513304248323769217600935283733243447525495916746892941171066726612242378745970628171439820909741111963327205548171675507739098313004226476602219941567986363173924511607774586449401943924170386771597412504772304882387006102059118432955903709229231948216324419456658804973563440549877677522698011210110477856868832295153419807736348729534100760110700782258122140211575267218651346999606788026950807961970811879330898694611530135403824032203754345645027257520882960484959163928905836688744455817015011718698357192351699789369738793012703053141704347064124140316267882058789026746144393464075215182690495155223288020277699363239020485217656097920244753836675843725883030518116317763670749843152916799475081635116765609836158792441836973808925225034843195558717191898179107811199567410567688628969559998208401574783005011502656214871407526077183603086383920950232278611956320751172858411428933099837011397431411709405340742590520405775381447017024744008406081674855422961146113659451792798393202566855508004117180895678475062013534590588064172641193055926139275248232255299948798240855463928413407455768288714469270399706035314935203329303061147367951036632847588470032364950450136981333240647662356122384800824152599141619132676446572741785910156867308800991145513627125475389966806489591108155320127578346540559612129216496592773080255330896665861432148520562573327362044781746546759991496478095731040279011459411128658433493998841432447184389827199219658831810139874613123574186318982401554223164029628842104181250498239229998086029807362490267551297481669425188045129629320378493104070124933675207634960639877646205494341012135245111839014650769071840313690190344876178084943552722767458039815615505410120740631462032938379723493708263935919567360628049064532865495177184443738852761042662617411331337492849011414694003798248609241738300275691160733274075397353923469230291652360389314426831760892681662512083513332990307303853134449758413567369056169956472244271734838991888148161992028160577873949868486376821991870307290522093952009057842093504831125793930115618837123870061422920666693731120790452802366563822382053099045538752576729787377227963165853801760728686128829354227876269330621537691194431142618815808457676454366483304416065580576720812036998517304435138866910132444123303030906336808150073793288592943728828470718182052515626877749992563093832632684543194926622764653128101456773637953866515401545745126117456778130040681217238166472587877156247319182394581040332903354542843233151663039171852992704089581057629649130976251628292759319895577299414004866697471611457068359226515884887385225295435349824046022964473191395557579655199806825014730395295410563681455155325418647573880887085867617483865322267110814038117480668618999079125692794945371260944159699638319141571744295983550183611193329817200774209345756569846257623885678838455520421259636304946576839525055987138071236092159623414134594834165275126354624569059480814251999492988089423039222399126410355234448651386666387190913932533503035576269133425316554457588564039785360733804335320213071904402383113174874830883871274292487760303131111781802653466374569625135364426055623625245431455743319027344114224226222247147373038585616687681270077829395011734302968117292791597669316273388519839161197859644157361450288874581864018678991351624098967691620155897751551046603505400504331355554697643401886468172209711136488610088265689935058

1011378837251495340169806308225930025078838787774233488025591127172933958840491050947236399910489042019432264970551591578976945689269998335422040818880961572788415112934157117161821235516157339018120211075865051303825244545138208055668621305856412630708918363572420393114421740634604965476924752663808787546090067355469442537159635298181436659640513947331869578227769988201739609239317257542244893863848257548307538982839851420646489799013704819448312839077552676090926567591516408639256526457174754524993351800119868233938734704255155674802241301144432589700016359987646248933500615988011761499828204349029926237090049855047963059654013480651584119216853613436899506965320500776199613585763977389961473576668689324041642444605238504159197968643989390447417728761124838399524135076345959914652615176948612079040970601417358210047707153632611207149040307518842245590417480087798063150541912653178493011765074644547464601323238535147982545910411781861799092689504739624236861891248032206378648847287476474308740582922528598586095842030558038955293849202176792165840337620541013077131208888391141118476686526515362585682374539584369881484702523887863382237620345421977602963248543260511719657175930854460140692281163953971522451523091450351703854573268070077674624800735604535851672877577713695206217066793901310636355672969381620156943916975780388169806291779133349085339846901178266844041171572580864585268302154146709257634854721730745078439337242272107546112479127675526004231460810845466901246731897426668288338410746394987940826787905322421932076369860803168469657203234664769681618389458900625018703903210863617271650291682491849394837971327708216269368432659158172194849624717208059920524730369343778405937217659683044284047112717069116796200157266733323055518271614145586933255642039085139623586466745500283772812939269313517507715122105624195645843817829960076123768115544568443099673190475206053851852508406734966668101467798286192094481247781592935196167587941888167613466955474692197383495077683196134117478436972048354575802072339148842950683193610912133310962345295016525741775196851495753425222147748880138317913407521921915354673327437732159958580068077437694669387637401749038813958849507157816835659366577340928287365929268940595657735939695595643248408301414147643562156351713272969021941705501953854019863003124558029390683574448308366552186805129842679918012479534881614751305055379571462245016112771922717850337508269318420218368269713593586637524892766092170208878340509505234036696341759335143166641974758365418554377054036060501494693155797601333023612558280023468628681090944761271082434774031897250855735218735328637135900326903154932237473410541690605103317733780804752254617561687754033257971331860489928194866923485600871718294507629821395177124604952332895191465473153369272370127786051115127915689772254140332569437495974232807085418195444365540982784648698634036128116618515254878967883358795867411853762952690928079670815995157457800648663147580962952882793912384231482622288629550572362476392542577389077131410155773274797166923095798574650226465960684029063404482530805746533734462263183409530284063414595347578713042292650053747623405955265366786084136220341946767945055518080173539138072478814261975347105162874957306484999342911189385767769458714219884570833402593287838442686244626148415498583789353305439850258961838301718939682204756718810284200276489507729125433893413858710151509522997889992147916825115199173032602561429417235990664745983705184633694934020251332508647137435108359045066067304962081178654027778845424078944542197662705871754562710789490037745414387702163818240914136080385674065471224773125790767017211926220071935530927104662817665191941966701571071416110063888379247049113137579471100983885044190284502.

8661037389534314623658200008000909516978149808713725169871725305599
9110219402187890659825801789570129323100584515133328476099480194299
3968398371384145012135411914958173337795907031184197022858678672877
2501119461096971715831863692884897337594233876800111845353850333255
6688752681107199220821004370682436392966510949162487633248622090000
1882272897926438217333653442603075433540835737168612020173014187499
0136431358709370944882387501910958988671627700221652108039663055833
9053159284007071614954899402862521446699838089654188266686994261266
8029605506698236709543647825539761054346925522873462519737917407177
6257765732258951781824784035311524119495418173305024995968092356566
2044078627742864860775832249506737829317570217466595870816475300388
8349490932761397176522336183675446249007232072002472480821452496933
2436316026087931707348382878225746143089733119625673877718123470166
0223875341799508844951211868613148953970857161488195017075081429966
8861021965601742034423179051590697962375790825167849775471954236333
7345462292089244165590900982080678798697999604829396256436047135933
5726822481728728175647282103640977244008547033540185832464684775611
8191013990880562349458872906187254030205281669820960123981446563077
3112868089305153738684795168173998801330089102055481365197748819888
9304697800725261537972789379278951754700554916915103375629875252577
0898474514317999256562898623333909655754732237226386661231600890688
1754185014063174916964761446361624836440036433522160010204834604266
1938384344889773403537950822735056938501114892909482555190682455633
8677904844396144168319920727917983088461280316378553628724387304644
6922813943466108872901730674645222861038316371005450051627337391155
3525903253847548496762811803130649477434589916633380861265410593599
8063767916246417700406073356479953602377225678982755160878398574855
0360723949639522519147268687533985487583507694694359032202042552111
8445965471175273739628223169551194403911306154685012136366343778522
8827445897484394868953335680186910614920126835928901414652753456588
2792079354123746269980523894735641433944783109013831879868910169111
8445569846409919402360306093334607156104512683046883967291238701933
6775384596728624559446718348798004027548446695150732681149014632388
1743555514769812723867293192925211572562550817369830738069296849900
5737220454672947440193316696932422278393130332129740522349818229044
7766832590533261779798470053093833396407167660555925266661219450699
0554055894731175011876463591684165691276101802605824370505377112299
0698754980630165001959202094124462491227508784766311741728276326577
1046624866154191527258683659939560207193270194023833950229535471499
8865336767552750585296830405939004582352185989641688925999470163700
3441690190590975781754341451482331052587289842281712982966914598166
2066498232808176494704047160564709110008967420079286426203391148433
5691411896057395387629221813727000042712689073783849207463350489277
9997862553814692131576703600003503558675521008355842526168307872022
9098644396083710457185302272430340040613676052610998044802572190522
0435290140043135604712755662744556081666765907679029709686026844533
9767008191007278832231401479194541287951303058934921910901605141222
0613185679967036539294814803942757856892740839514432718007420880422
8923760088915587832120541497548281711760622989562003100750366662033
3265464720503240967921680992336732545698487504547314142671309941222
0670511551477688925754090591788263529919054779593416045459481093266
2206037239821674390324934520428707636893437361387059856930762580622
9021087314883578668362514295106790894635867535864615637779002912199
9429377212564666420181079762981327731880425258317683992463701074833
8948816136987054201351224379578510267033019348374800102213226680055
8640865799662863908172797076170056551540108020659765037060765562122
4244576928117351664504675388810886981663430943732808905442521987188

4790567585482025307631080405272401292824777910270052161352953476121651568365922123469036454050616208673501575660487887611963900833222842159239003231984406234628879453932516216578724579117325057862079544044907029078698727117975964432124064900057267939758584139454028718600845161123962574120270185077952320621069357708138143836788346526003197742078566344158017192401639113869170203769512519236621883217920004779911349398959198388995732521370739370842599999890091537151086901638259642257585058890148570911986568377451880548120623731994999487305766990010749495110607423104145787801066301812952217776428428215956606499778805922929206355143353657724980773651406681618782040372792326470629597238057429359613383324798500333217680214807531409410720904709707648242870589157368915460548952772472741436797455831264470034812024294379639011919393296038172507786461053124199901768953156942961472015142542977794229299842523067500577669422348213785720602400198910705040633616868970785400096191819933210783873177845796708275971001418910149281967792608322503180738357111918445306308165184051431347688076743578590814797013459279527286560508638550477630222102744595872686257903204896955635305973161998308042876180622364525402124079727416190080804285856300773268273375434409784454044479412467876194376363102281617251015656041210111936789839269544224921516254233697970203333307115113359586597853082589882571619242360361578455869991835637476586831601182601686256372472271120773710002445971910704260563581941389630522810436787276215794820414460764396969170639355955119449687421158766572764105807937471951199859332847125290793081258799020053235548695251542871771802686813210976518703741080980918691606549520327855234398205502548275661290746509929087707635326491496363073096734632618111495688357029866073979269807964927474044118684110636424514433264299525370557338297806779639877555766630722625618715460102664243588375861374833049742382846585794989749995557005029895070697632374489605961177456677593294653181277874289986624847706113166259182984834922230364534337557768884937191027524512643470208250333454103048442995871389896118108936180759462278695793635381129909220184150156890551068209918466509507510834474167237688962529559993847669438573631445944689857273052719430711549298144380927151334931814369245616035876393814793852533048325076803784992830560737776470271119694036185032710367898021335960496974244092403153138238936172327528639209072493784319094817561644334125948365928730600921448438236652140367295907135006913915090965142298049514244550416256284617328707524692597054826638595267273908673514729737155312583793402818951623940739712130643589090892371191488862697849569851665257814936095866748486358115803516453930884833227454904242897157175528407338184400320412350273689115096815877871304675833419252692432609731364082081208035929936936590681393230865491621669415353074061594098323808956789058952251406545316675695396392296213412283835324384196666998005534631652739210989145668809010297958310292531382529016768135368727790739453420504686913626008276744426281090677917754965337599126380710330473446824867766793309349916461078555699646881723243125617289954890871804574115000930955804064932895599728336476134630178649059493736584576441677828534648766761280349752781125887435419906321773633160481950677678149724130542347723319730141149437631047902578093092370486432180864930081223499423053309549877208853261080677038170056479367580428223925918838669759886137231574546092953308243999821862853047502994925187880245257609509595630706209220635318875297964052101728431635124968531423103965745394752838488490291064856799853660079655511000008595070467672903884213896023258352978398050825290657222477821232198366082140209697521253502742872449639079628893487221893994621382297494630394948247376

2261150744344151010665788401431848628478522625546557999249784872405
4551132215156295580019267259981491347549102610265007594731346288234
7074161066372906760850677161379354728925821897589794818034983853734
7910594505814853654136213397605383953036563677795988254863078062248
3734594472753001284426362474145654861047095792881760809909148252168
0171650059433069548903118224893571736109364763706055386576318246490
4260958565484899777711972627762891810985860444898331282878982348966
6141400637318213332676074597810172980312230954376319356969501589745
8073832734682320861693206167283200045411068503814649387563456811273
6150136456777739624324462800536741440472836501724618655038852207661
5880711317187896413137982304912371000144208449366046842776544072627
4240421577291878878078547660216971039767742329658473198081469819422
7192677270663766160465117298644480069060698840890460631706013923919
9058204312986380916820068895327987817120815523731829858311477252224
1645821588325173052204370990288471469391472002245713975724931706405
4550255647831504531690455344190001409121454613748863554971259634309
9106751894127959799535491493709642609448571957050826301127478937357
8196877548795681455547826223663810345470951731713253894935576511292
4997142632030743442841878720435706225222864184140548878553350346856
9340442036773883441186608545512126494270167113688307871245239964884
0575528032253509179425788355246390908447805093885128906172361078140
4135077182634857984523652129598182102781097061111926084874590313114
4777441902012023580291673017399328323978265152376601255545433729616
3009518335267464860245818579536866315506535301791557059345936042504
5980290200525514978558948929038283853703544223428048472628036339271
9753872414672387755736189379643308827320596134630250319727038560804
5785151164166616264315230303149899155742238784886094890649431047675
7389110772204940257477817038296663592135211592035645393300289447059
8091640361951284845287021913669580282296286547833572411212356206421
7037045196717837062233581835114303360662939251456754366119897568550
7974121026233832096764459767391331365194314510155500393559702415637
8187185727596997079326725095913745313665522119371121867956457176425
3475425649099585954155287986521087431157331050036873148706569127505
1394864754447247759845225274483970477101730358988211734869126277209
2539250613658062592137144466627787345026287037992687824447684576218
3068749354281305782627863421802018984430126570538499479275968368026
3024666372059546532434285954730368882718465256082906799303958924051
7824598346060568730637862750506423999280546890699095768420644763432
8006534809818283587148005682843906981325890961815553231679565438578
0097560622415773069777527062274775269083483101627743759780488380962
4447026159766882185950658088534989965810481372093825133447265225609
2831028217103218521131102644998627098353735010565872705108316635393
5866142930973886677697843350704688572326025770993317408145497605279
5287655344379667476379983628573369561171098936208480397049423675266
6469531814777544752958543642828477809319756194015951702027910483917
1882869860760774273891054800321646864120071371295702299701490393224
6392835018590643059541470875853109555756576100719203213958945803313
3965878327403556153252863878509723383628748569824997057767643605595
4336667444405869191784001514037746913159541772954834536633647702476
1151729222427482504218398561581163394706444244534966395171929369911
5618421304585813984514052850283684461413886867494335126289688738732
3827092727858101179452172394756722477398254609147846253198009916415
4453288692773156550526641832096933265062024408044013383015249237093
2853107875597566371638106409307290311716503687113189508245034706437
8772423382905201348310658556095322283957264472098376148973598396837
9968364488789811015362951461323064066728886874896443911216868844729
21741794224

382179823320268702610051560355374460288519164236062519645818193526
037608201346428331625593286992883940396259965432634159253443080613
063408179496872329633862730206077798777401751953761499095423688137
793142678081956455884008486461194562691698181485264115244084658157
488283413885197061339720374381327779794746943452025210879622462150
547818240365371115869710978595888616196881491593842679227873280332
125684946598096638873796429998630017811252798834883402463731759478
270513471817768363622917501314239925472332598556003645394182222262
340791446479721759550913156603774516841542175590369679735419879701
509594726991570302612029171704991160943354832796422254315463190671
349853950382626915824074730304219228685513529222438812343377451469
348916962166192716337936587803456472776725482764383516455813163880
198555895161284777082327653132363835184698364105596444532748855527
361183612426994684732196526617828830215055001967116056371728085873
548699521987898941137059316233445892560493568576656960790528276270
612216528962878674134108549605898105569152689738311253433359377369
070927082921470724704834067851307419035014555491055537440936957306
528564436806018299429948152917238458286947085198578852050522770003
605875770451179993751916927128748423110700583534081936899865461582
728639837235761608775083532079962307901394012808048312122384844118
686461380711026186335607258439897111024715067875807841888645079185
061149180615974831766680971508294463389415496629403278923124775838
616814309101252962195155508420206010319745666096306439229659412355
994507579225858321829447307491145586617205000969619380325700308032
248075002728192465422913090345194523903652997790112486524508131754
704019298978697148442941165538563517723959741019596879449680261869
457431797484905325039630901403215636254427410350893008234663576159
875197248277597901607256581076108384138636011900485289427040514681
452149420113706917417574034779318557733331924665335145108079595526
934133140312319343057588876349277509694184046209792667920419610389
800021269404896140979193228905254655347340826837440825239946956337
983894067061201437683782668027980212704948582773164028388478655819
118043250794034463812757029114745963833459193509862314533999438677
652496689658720491928013379584384683529681108904747334608457548679
900893627519677541543942038403516046617701208351311397303975203412
102335077181847018355002861949613105524984370601491108544119368675
820722344371095639879871461614224017761941159421856076860789713534
716457821023695155569725557765463450394170842910458919667327092567
800996948160366996425895916929116036630502405313922224931721335426
310831090615749748346080776482857648329357857272639662611623549044
805844854028939480469404483575737013466757783093407567772742386533
410002679399645820246500907253306050626649547596134811267398595070
385189300674574780666553276073247476275791634625707820522035284706
955590389153278641087324276465260736881063949281418678963832987567
459554113602197545180506741492264915511991634668663285152425703900
198475231988349660189955679784615874408169336781892820792892806323
593948202214438990967748475326438141636711503278578601913507918735
802154802326201485574714573895443695237932841553611031437275785713
151017017604532947318231180913296234570789277033780173505270008925
627108383088786620575488452373578567191356217938396386419701668095
667394249613389246894729462764549189316114469597503876177693314517
533322367740693137508737391380395156987607401120043959124025692766
390119409096890855598418833831047965577859387129048690181854812954
495249910395866516333542836775838455733908719524452862054013867640
857934279356674718185441795001634224341314576874562594958895066388
018200190342459727304673310348101396341504923352409315676068984689
857464501696069626639365961258992867266428576557799909474992700931

821645790459636479736779393172838162818988585561395801779508542791
240485080349569809791143463972350355325107114563682932075525327628
869589499302731102329030426651706444103709533708053752507452249300
854970056101282168873692014327149791031547288687111814473379194949
795809978715503678737384604196127708313193459569003049475631759235
627920503716314064402410619810664710964751689792934314566334817463
190662780987698501548420102463769520715486840339043151932089342509
234122656306849311383326678576439320087055713429172974643881359952
071645945991183437524786644747444983474665647326437199103261430243
047343026717066108416502119685178366007809055757691091568907074146
875890158380399306788507161574689007520540476263640263868855678595
099561528056138506989784882396039041635816505453404062521143444440
735436556594814110544416145065775441836245690199060176666603715438
264262990075339035438498849833367805682679420074094973972415473692
172759974167916240827504369917473662486569652715847422958662142421
166945631759066591069698912575663333712922785351940913401708809842
119521177738054203510626814717869511363971411039913704266951763440
059876103923144358020950444053697139083030965730560297499221664520
016990057713103620951231890984881338453681156786576969375111943998
620145718155294025140962499985337327756726468507579411059329935575
120916084055512927961061043639531828025440175697691024942860175775
735952206378774624464570170059905459963099731233037294597841354499
383347693500285642467651224161091161413637322475180966023776844109
593859524762649126054965796029296798994345554244264911792742678245
567648178538196230469446335370938029246835918381184461069790572804
268137569684331237204781777589391484078851616570512633364137720668
859232013548450050085097364342185996058094507817879647132590933016
616931778672772146877021402949480924603165526089512651254854565165
087571708141942658024966778438462271263896302035182406008560783081
855068075288900321340775872410943363915866382913950785092258906939
411062347781432708963346908636457454116047074485177080308794931448
514277693456166129633697556163183167282631070735060470423676452414
629410088748776530888621674118355395313315262344125723032510435398
228004165655153570250486896869071781160050187176124040533062598639
786399991948382775499325693752504299023807229858927580745830640861
065525625365927232748817260932592216621966295575602439256437051868
873222070704926803765503937461791408319659352697575998281033195305
239573076261403780832781707360201523457577483803989354587456111738
519404499696001691597365133381258567787398201199454193322063774297
320704757527796052362005328799914823662758141876687011280480025648
775551184564267948813941256787338206595244241142518612032506976549
331790450549009270044390090208776247011542076830871031785146819104
009370559997581624992492639337444608344556134635971731825862878303
559107936751131681531942538236535680852441705182837326928509664665
214159881046510103966518628199857913765761949709073202220107364066
293030581940067647747526820553009846084016306123175741268756438048
935414019825742786741408499562168811023074836368269051020580962577
164926841060925446044745556039027255531148561284175952498292517998
635291394433779634637560160726449763077148860386458921286621551007
555824599878293238415600589526719763864192110958698780284429038967
524245893330406721451101835472204725341087535501252672446307625617
650830313940126952188533361886845571007928569954065782333370702529
898789704587272321383236299516074402907586158802613723822635967365
301349257286366009643664385964487702963564313384832096344163439160
774743688511320846271036611515673526260343668809735295349344720931
993480301076934504969083567727036401322574064920008137633293723165
577430680259064558313367738511497387579363265288566191954331073558

1695045758406286781580742477244627835282860466653244234831150322798210964953013827205074291039172371313904805036193261334859884997632541953937311114958584712573289465310656580265087903032148703679141033968457116762045274757640286950900898377703015581843099917134096391681989637594381810802601448318273485114961070837168686633093796056230928949890948312179829191882460782180542047002745384999630884625447314552174375996654568145579144388110303738886072526371044239553160301038525664154592732797187925758030058979456734754838868756868251677000825791293214293768721805318250764664779837941915155007178455794777974080606672663960942494960473628124243234953794832525297993318321841123587764081861512142085854584537347570147291167240329541839891724472385829665583168753723495853803649354081140857284695968947487191232633051334318102563966851674852557017426369264871323532812156176864621605952777387247592009711573935284818209967457883894579115240645751815333618621901046742215780020778685572628836128160535416305203601346489923778015028929680274826449103265824123181569972682768560245569861380326398936437853441552819803530729526291259577580084706756130253293874970010627997219922997208324606532044631819812965788020414346088364947668140615208653920949425400449317737068918982983894749313648816329818851888628439584615496536875214305839422416097302056229967313002132208567778186942058351675256366025012013569300311456441239302042258334691037603511879807442017753726442117727412037099533002808340893381796205823271456034766941488746151190093571499715325033133722579939381985077173748648055955756137436908447422470012996215237030318467525906969447928893826362941931523302316835913347288346735519156412494419422752076814667635352560570956606315854618561754015570383267042088863612064652434015858101977696397364801457128728885717249557158191703620741009379154010466352969163976711044911265239655077032303995796621552057509928495566600517449311510609562666757004469775301163859987935042904502926270366903078063601523954261402290555813078156900096757638206741778477690223307542865584787376513140649415691739803454699606331473344892198101487355908912961491844279737467415132227624324435737585264118929103248575723297713267698092610264203815321847764574590991613595523201100738039894222605299629443320859968170894532975908064819698677151871868050757075040927750944471110303989459557574891944581516332780448704250716076013295030625111614515811491160647378231907190100022983749000338891878919725993933246667821104473008772219618753805098109787994947173142628372064846095286361918008620641848322188515534073511457879550472294052549609565295909771415538492976117339982359723258783241054437862857876642264987221874602355630032912595992672302547471229197997524268226793872493877710970841572504141473121819437205311085593738724495716225169420775637954359831663306110809157080105050332033986229567546514395038689944123545841834412645414173824666486511358214111334514739189011560223788420944850736034539633249357953595639710933448651228727429262648762881607957236284720216736081668232555977086835038238197647706205087649578352620031735466034041124405404078673202728588218238151101704443177421949554597242719854212796604283041979936925384412684739599081001202696650430726299276785156263815161807912492248307665174714640568245530058754967306425957958593837263886709363674560979099802066386349034669207511572470355105368524155369137669419706328262078397694832352950293305145780234989124644289491852360039721061422471922066695053184457204147418251327088540864577479368535021746167881170124217548985466376436224959973461436119718076371429387947171099751164407943166640186876608437041996319849593167143186367784761651676701093178749746742749809444065598231275066399115585710147611609058711030

748436656437118097217113742693765081104142459186834223465619613228
075731727323286615982617878387330715560324893962990634146137469700
103213288575233193164306349121494291286916277808530836092890784158
574291974722688990623243445504214774806603584968063731309040518207
617476005021831161886138826242801853900558904656215577457120503922
744556382452961149476544646090689714781677601708015213130026893249
157552902488337190198828768248199904076853448236186542815536386569
966819297380445096125593496304627259568881973375297866248390468802
880899252768183298482056981112294765355715287567571036327848978857
742885196733081253349458125289554203036884309733617742237869804230
480785067844329309301496210063467484836706343226849758008510108797
425093718960849703205416195232429257150402038664709312346827685012
895749118387771760504792924867317198514096414399966169331620454941
855338236559495289863105124472513580635989404407519035206028873214
878438224259520854787247302437512707338790835549827404607366396971
719888875971952904042306150824954435949145195874770373513520710479
754204214710021903452623095099707896020052419592455886333694089353
216106001323081598879049711932183095859080812082291216041462164596
622636131151848656091871479842138617440408926837288310079849059162
574664784714389450764037953598866715476287642796673137085667042893
402791793002419964559312521049108768747220063819551355772522323176
156507710684210787460416336218710083399411789046810653219857681390
333668186213145725325792439084522785369829484985239000870799222407
834404750769846928630120176131388357777012189573081233272295610397
275121199763941934008195382970369231634104603368572051104059129343
693373939105615874271659477693169386754587887236404826969997959818
385589928935463053928076747508853175851990787924159026515950616558
877804190791735973723839115122812725977711223544145965943690350479
126089809837174474893743548267800837062225345712627677832017194145
695916491577447844171677201373935533059138894995744014211647828440
939041762252654541883934830852737855738837507107208348842089307228
719735267181177563370098815501599449093077020772839639205816674458
153857968103476619047036752581661464243948933620079170684366095070
549076237681859788825254028220068653407894299196527222984630426769
359483474410709030026890054643788645219637083167861874809470870498
033683645502146177283242550480773063956464525117851446511672469401
452601204736116722942355204915640556757781258419101884333520386358
376910671867114147156288913769726007645768577324596143743030552605
861103609432808650624706523585585423914265779204161086555710456198
453122977782872507392036300485239019620784977492535864010292445480
668117849533897169390434423031879664983241071110300079201276798971
445476305035955669841828746516929215700860716757720795473664867798
729270814516009658618690551451518017777185002481958322458791033456
366542436797982608293419331191563350251413629363529675128317345270
025689340308719732651562309418293717509596352636354468399118052543
270480146465454603867290127893608001968724818765902339740514802312
175108879071118445465901056992772368119208890013426690077357257063
574895103478822181938847407160483308787350658187843172513298211227
122051025707445647118920934762630849306603930285437555799607878254
056799413285124158864051213080943986046104024518723562122652117690
806732470804348882645477909867735671751554605310522402003608534551
360930704858380992837699825439896893769062574793126730083453533950
125122374030758638347600488745548289249168211359482218775678164065
969507936963447384349608736778377490804975035873201063140501297764
674214520169821731570030521736384084532250844117392604151424737071
564753627655595538393936191650896181219169306113945770564066492480
646477477304377612397094759299710827686020941610958890126411928772

733945611265821141767281394542030106905763708774382688000568670995
408390156724219124723712477647451333244417218139249926596922275351
366953959855891176969608022136791398495994436048722715259402105206
405198235733293554227765972766958024021767346530400367031922413110
449150189818298429083645153129486885661742765265906720422536194785
940208331461062012015001153359366702286092197781149236823778647506
443513785835272415152274467601414813442964311994055172408028959124
108954357746045846461777108535788908538967837940611830699663718298
245525922651447158144637589728332213863444713892461222966261543516
762862277760284031505209854637354820625860743552328288327243968821
581178046672216154933864799694409438023292164894960795823511918656
999743413589132020941456320688796595027508381453741559660254967640
325655913107705391977819350148114718427101461525602349975039629453
626703978870772061220852832668887324114144496780698346340789906699
977581853561167943123342572239113474577123993089866207811845820090
256930558332251126422665915967726667479324696514032132736644201177
230195241791529228628138956405264086770399859555491372735857741294
158564711851989331999680083703409804200466811883666339746387566307
660751212209082034082920464688398649291779682744094412061744460097
236797151559624793908165657281242420426163539042171579961969966583
616877008192930410866386522490035915461705636058395649735196507776
497688226286369215348413504792060440208039065138564044141062295370
905367797900024316971416695687511409838342690577789604280687768218
896615443126211370636068299031046627374512701984064824416465648668
851143957437933430971903249894830241484050741452665949137886558535
459784872829792567453156310038733248035523400388593279129718123453
247391877019981012856351471836635609314701457848518312472119705838
166964000183805935693866915709533697936614639414913159381526056308
263508889568017215436912136085672029345570764757720295575499844678
974244790719386758045069031853620182033182400622232320353330118214
370392537055467547339493268325012129500824376821820232941326853047
096946864961586354012392268339023757413251980241561232047986457356
908311643772936165298610520112573632294773766999418394789064201800
137296052587327452925619428611781707434977448347210016226442011247
021087949072114584256017959515826171680716201717907944216113012884
246399936651364533187361200915853735384739654529416015467404724082
352761218432615956856751795134288595643760256493130346071439054309
274288500543587508605888588566245170423958581373911756395429934650
948338558293862140731552849843568448881153685076944252259606508276
881965104682604255926148640221213081888765404064523043861160892116
438321783952171041655025462305339317244259464622657144454386277226
056721496266185663438740536224917971456001675540539488422987209691
553339195949188644057460397555385313389908586466167144396469804991
999490589671677434013277373949386328026722598749858978591836834617
348274408758516239995475088715490040344519237754701246639128638237
482089507079985564787567499915805477394543814875887992771413072074
581909308859673649833702746117389469823316089271987910189604165370
562908063198611908831172190308976350177203512070199448426757849913
847040599629843304316533548386594525213925794563461738164974031093
954872655990234392259101544537177063807676643614334992346981059871
489341196948144015086578679409448346255885278839816749566044236831
205152222684457674594495874335100571753830942198980478908986225673
194737767435830906089759322234392466080053693883881595222822405649
694375171184058708481408378547523215888524943122454626037837379307
365998581551763900209506368558675229538245474521130417421297183279
756743508214069558940886700009661078659053716188519204048311651340
241467820435418333478642477394457944014025317845087509565200123883

961272403892669768522000601081136018323760964918895332025962337209
732343066750857681510704384014423894727938285984728371437140679346
522740011820052190557579325627403240852437360019262149577255056321
871089950448001298364617936302772737371723154788604486261489600892
962521306227463859401528666867331146172472515175261911223594716655
134464566730450108926316886002926840310878628775132958839273113168
457594660838201170141951641172427706173267694775891939333941843273
934651722684904699539241955413067926235804186009110142176573275607
689978181568633037158243494493846939774385442025054640334480392894
586767639191111624247885034240556841043903811265198333050269531264
803798361944780920571010318776063431536749305766874382088784647467
722135641571153429784476106651030779033905016405270656377529034382
458425685709784483706543894351006493988416761533677985980944958273
309685928357237725326556458371354939391199408172820442950712766232
077017228846163912396136024537983759960440644654384985444588824574
124444658480056617606576670104219553577365293894920487728602252613
211088484030477939977934112603799502024236049725993297531245006491
210261604638780848631806580428184298297048696560122350993729400115
394676457300700184755329632565486339045996565015852398502306777879
949233078332852522717255715121580607290403697845692962016702809491
976053496768956521756979847046579269538186371285867869422844755034
299441486094976784791710879440557819622698659203369197871551074536
400754136403909827990954465716937271291656127803870420734859016812
711012148404036204092874484707943403327827943259354542790264531542
198031641512267823511637573913587527107354230227681910758198957827
252306723094987816862401251705296972798331994029533644294704629810
266555546864288536951120297607256943390282662689478785035610342586
518248212312512784592924518828526784373419487511234931764779967306
717708685131849829087994445835668368399856575421302052304920535335
062032481821587906151946685286123723115082215575868844398376828130
052681466217896572680946683245160320346122811679492326131014902494
204365427852796777129830482814782737047151900444340930012910766032
064562999676246086256784545177226519685758877062814442710889331049
562257430522390072139785096717230237617377317129972521727989316869
310195232611776749311486477151037330349896513084790483234729065494
501707349250401216193245620011748410191122510074988853296514028836
630241639874425025038795534367253737658777962846333095704959480265
964098725843969795438085505621109223541582861466610342978971990506
506332867558715095059289690769985884025487622319298856178534826463
386710450193090973937494064858962098703941088808165087864933247629
398769953446491650764491471537109828682342232439965915967243572716
456209657671152435913671543098498586303719633711021224846555295094
859932140675812145065375435637133910597531823667272442946502437199
682396941623069654276897497471997037238552470368362832676091487773
507997996795419553134244714299787570722817092268029048154105996561
854263044187300581076877094858264036258042219171346765260454943437
286874760075612733528168244208766732505859266668900303200780558794
557458341158908167033528395423503855091923755475273589026204668188
754455848344393340460139472671031532021185168121639502286286326452
511886101121441312303382025157652787068943058982406762373406449857
531714631332550639355128465018723271407708981423619647769107125540
384297850797448647303415025605029032515539207930744343516514592053
076367675614313165871578776617657984096616954070557236927731594116
964533138691405918615323688717067104913553052273021012593664978118
808408515877438869960219153455846310515961367820736618362177119787
804866707185441879253742754869440266055028820049244790865958609045
812535922226058768571857455589626995131220392954785412504440415989

3680107722821176203625718909118865974076464847877877839499735100262647431678933400199942751836564226233208865061775629127578622972279224629625311404044657492989457418986665792320320928531163809397376028626875154522206569411371812325628503901757578279885078812885702429636311860841477040499032527417018666600118490018737947470283900656354569733804652564168358526610768377002832789667594395074589095893980793598598516299236649296640492840223418031324951248113676930672486997981172353278659644409196746916652653260758421366023361983946789281638248074666428166162632256452600975532359808582024023700103362620212819507909750372987313396902360753512979139294525309911908182093729148609792736807110198477761305423657750002311215695661437385753191223459481047060515041124978309374164246485082052192889936590109577910257985308496750442106162524467816297733116940042820239840985898174506489145618031686740094192434725768866864091221802604336534945769195261654864314026862080497837743868847871257790145269249327981327400917017976169920395127657436521241052086345054221475039628874784058606116978020447357488124047361367767531185113871444648935285016099283085674258135644722262927803060735041909350403009080624950298749666750384826154870680255242438995683698053236598459901049274460871653994002200618094224394091362348203171943389108153155802210731912575530593272675162817179678507608851375024042766739251893395902721441783628307689433772933694805109436738441699156478808157430938321282380880193737776895740143901509330137661679647567188021269471950577967573455895280328089911648280741064942912314715938066355128649626149550277922900992001483355177013022751849901131098958672628156414732007979789676815907235918478836453768603572734257713037353524739051432331525654789138598419542882044636831953807411551209352251813203015864050057375805464404564267261726362297578733737917122647729038613508445384361717674324780492500873425280442800772762870107192231625332640719382587941821794958276434592785571298421828117567624311956247761337163931167560825846482505800276558537458423314618961157846747793342164974897621204981128471066141389483487562474705354101009707760574089861646344805177284037798543409714542699818569060813723346078414319905804688565319129675699307929030576897043415776608699467097778044270514389792079124538791706873972952547337964696958519108560688885464405859040543416456999925368334859084368457327643790345686920111044970221337683866567963527807703113404262989065892216203727979909914596162990799255766344283079763673851142451341854896984178349726138339538358500883287002536612530202392593603192009652547505418678418169106203357428362896359253851517758906237699482248505117342067549384411183003518748425445389126599761516897532549878557862492504633659747172690439799691608074813502398359154825916384226846323458589227713526205096871777782528422569281526886718127201226274987022217271657710379234349184613301048232000897864648295340884948859553607774628952712013183428695121982608528821208918696198387843964696179232512118226055952143275758442436234722909524796336449906765271183389022359185005877235421555047304918258998235344572274922835061530546660032436984181399928867022269616849475704153251846941207482341520105029331069181794815983200207738087324162611037872827037171009277013915493400731495951228490111376437265961544112327261105213685706883643208240222829443170343760965179978207627046917029287425197932387115774131888291216872822258211959944113475774978184997244162332702580681653578109808063968709558640357059763281473432690144113635380247832827141347653995710002275645774857189476346416302701878920311317122382387483958652819001511415420932674256233848114401224042882392018011624403885262391288166147998277465656968321085830762178575214455647108155524

1076431528618088662806122236365124612801402228550805608884524586232787925140253503052875317549452540146023575866206987411931902336154654469683129500687048918244602938576967484720344782968592676717253646915720954020967393346038020730788384305463404206070722871000389702136617923225882930155055209958109237343382435771149770390864537030742696226646786203820747986515080959339779100632239972186879272935239921027718791552275438198299446841599038917026737348121292290034415294035260676066295568712718658163327138900600476490931486539885392684416028187783196400719498291553349726620583228485297636477488636385889463685738245190469579275276553479548133826976434421777373767132391474877521118351407346768378839454253802722698509094542873914739883469464852533541962797753194210959079528718616548408437854971065962279076095515711082410832649732246420518308259923227810797361595102647783936139022889357122518113736171592337342259080014763545396195121593246137275853567981822606585377461174350127159235058343522998166869085377769656815138349113834148267235787799140735301200689187650907455442718630824210668960715083441316117265202670305924502212224197546104718655693939205595079052432905563230292300638395373500248862170323178462025071685843874271742722706373176515090010259182904216675897689335801788108896977380492527637465465550378152932461419689697692059341135489856365118890893911541337597816071618526416484506014260450339121052964429700342831350079316004732642244909196888668094641979754908270136097747155421615552609577081743996949422529250919414912046643331091332295221969374948801251616764638878561883340165541806155391257546202137519888001072939980126509794826726810754439425633148783842000096420104072616015168772449623619900546298982543262258626363755526403000644513939199740955329923434251903774104504435412650819669596736865260879998881870092971859757683746949803643422949624803801291150601730835762242601724271874968100166968067378991903716299116682239567441196533641363816801705818632907691665632918820927209125392168092639670211386700482765452624253961424122662133834425149060159874670886736892964304782232176615847551235027818808526313255711071940296366912906631891939747164694008385759645827199159270224221541814221088870895066290033109166921848733617332556044833949573744436990468712539939003814112613928446120483869210920537490358667720582315764513805676344144329811170183894773180425847757466192563725601702174218727797284480264101096467038204257430531434768045355489225458067421490652318512104049237987880822294871017430841385457941421592902596555954085794357184382863426335731139858881502888500240320690319415578434808577337260028950171774644691000543147822838810178995662110543977028355075936912944622415084497959588115759858204270772080361422283295376543397594886676417560353944851310917655970428809345018916540978801334713120710194256525100459959271958989523869845022876006848016634180765179118832751774728826521426349137398811544223867857645797355827964217197685605248889576849274270986520071867339238392391573744338123715226700842734421825684820431127469143923092543471878488129766505366959895167127735271424615952558635342152917884088176375846236281828946020417856379827774234681243029470296951568197609331600838390204004534954053619512567362751697472859514592268538614632383912003714070673652575757051731451933305571210411434568382762412592972136587423730339386510944233808012046127062812288516465723430531230975853943623654299245611684045052612047013287406305270708842650460916822902380712044572393060453525846049516262969388834742386088864333953905600111750290438045761969351058223701058905356313653209712268858600845683093522571474176712366366539886286523594886972888191519593986479297936312615408822857558884446379860370869178478493407177

426578608818269224629648805704731478722765574539973720707760774694
1076703701550990139285382992715104037591497723424991713811670876 27
714249598948798393489268826099374130034861987083417011018716381538
267875557109900266093601797164926639581031251231445063394161727117
202181745497536298816753579587774142608658872887546828541968234693
629081604136219943402461161427860255131661674081975287910709207231
461283052623094004089106898175053145165537969209021050989098436407
482674384691885180294054109077359043607595706530409229430539315321
458435339196936723045500634040869146566338147559120409689251449036
125313095269270115260059146693736445783896602057330121297950171624
590448405641082852836624858017862633103182662686518526679511778853
925330370371994076338024893090953948834476749237568197584572889131
457284317281672299291489538644948831594600097824264618041040206556
958554480939060595323213294623069676312665765212937404533864184686
913437915751025425994990930462327719727746040266761448242812490061
546098338488558268902120558951580503385735611307349612736331093530
485772494706753165832179852039012613086862688095130119960952053689
176507001561619166008301806223932362955590049557939295452700144136
868256583315636967192330373860750504133171845670609924501029579564
949109986912812465274118572290089281986266176341927398600248059195
753498812137838782892132931015852485315668215681359196109678193088
878920088386204424705835469081037592415507836985838020264010657319
939703426185047423434249269173670266412233128763412675412144991625
811597968059162169478328674332349020921649522586045860712427422358
192919234545211137267208432564451874321570751438614406791031847762
049179834554280808252015623489488739652773372755816077818929687823
061978102656966524045859496059612633064578742601523398327057269017
526492338448610692790189222234504941730497481255240593859857364462
376996853159385712321273814603024469636370864092845190638381718484
666085566881324761572594222244312691199051889526779599598200969518
099769601908566329950535037214880476534544066036580201714321512048
548148895542145381122619740736370629069118740998423444248379849877
864201660398137411967706919126367824680195917885220103336628505800
265082431468052257086954142065925167298406627735759455865351097120
540073218562273107392164463962346301360471098011666187512349984453
484460358514866864565680892860963786912472463804106719777942003146
408004838575019930594006671959949231534727081773698205833189525048
940741977898931220739688191739370283234057933361160151489913546837
766453952563778392755423026377344010754029500827542854908103160957
480681882050095307157039500891837918683008010615772437195726104286
590012653612754699631778447151950770979879303351003959681932977931
978404114026646564607825138984098664572206743784019412946427993344
602755911793620215657874412286903482734325027856585160972537393986
300543310880085128603280649415134316766235250951318472718367277841
858246570946926454303586044342443916244596424782369424941123291351
945359700435899858258186686456838949979894041023950139498472081371
766868196607002768221543612780156831426436916868315193808653764444
995783801028047659657934243588933911027948549432170322274540109021
081785870396321358410889707339179176185035146189049995150391291853
798838257149799393898672593668766812143439887204437345283519245182
171828084667305883041221410813643782980156312643474455089133732102
109353169780818616631288524864061655171436335716445431606808204043
946485214765608508425382119956195464105581291388692361016128634432
507362631777222893475341394351822795400541313130466537721535836710
341309198901224661433542195308383838999215843777736994994849363036
979997329572057023321642432375179457953073523790368393918055258704
526345232980857188011357664675317264945458998922934097082478191280

989956856579633280761465844420341765259394033481163058477288969279
989003369558790220431279545394217778188132454016122307998441934304
594134666710248397048122363203264403171779674333079405634904899412
546254072060484107206537927434018736723839296539194824106804361246
462445100950893761805196017215847826456774121341947865394925534046
062629334911770553433058107951091072296466544679236534030556350713
606201500380084530823909437563770713431397711200809563104988624853
239574474673765389946622801430505106818775974297432601018976289548
271499004539529205104099383167428986540340146457709078732055777914
256413194805029580642647942647528122293009100851631954844484387498
112848975613604551236888311306054805543177553596986618641067733321
783446176398638871261306973408477584777205028799677746210001209906
054795735146987610243627867800914723563948633958549974294424343018
432617624466641045659781962366962977712990091756535125618452567869
528087172545366554727618329725306742710439806321977115384817452907
005899651640591451474219165692747373202800068027864153043777151188
895645193623335054131848835201885270934534234424250375342502341379
804386826088505856491180085351242586358544514693173632126641295489
988947901643573237512824224034067410785229873995184759645071062882
382950869531227554436313464929225671476098918997574030834257830134
939780281217307129558183019792777385059754214708710440342703114618
586250671524181580436369368802438647728284274312909057148738866314
831868216990811020503408714432413876062439928432829272024002994011
398044619372880434112916394522236855309614935849497956408398367568
250691500205800691819754249340600591655619017035557754623043025342
079550086114861628538281022208759766026027125059129399349471165401
399155605065851360059067978683216958575566140120937814695919522280
910042922481480937952677185691178971288519272145488327278138859042
900685982686922366791366350787079023027252837501620416268703997292
910639169505239394294316196342649606845041765741297200075167020659
016256431019795837279320584976855891867122937159573742254348969723
525660914387325468230242794287222284442212056649817516485620724969
050642290150694756328134577859065900977880753271946554527212267491
746832331675568814908829243172653033084268452904009324675420861422
953122823237119185314171720952403546821790251327495952559619863156
739076549830570185500494513011992782917696445966909030768232448360
149324128181487979677890558993306836168823252594338302635871570045
773265628186971461545108503740411262243973113671306690346374103619
546017964803874911662176560888781726261220532662016773231815212019
271033426827939681612150248924899986330294819907990085993816497557
671381282803422232913651761396060882569170608662169922518486414072
796691636038852702425110974397465076000009138025676860518862552857
510751822071149064747324176977984561908592953912634844099859644906
812850024400692032200353409045334419625335335722868069734186147907
491208914421782106043539453021174114047210130412174574598255268273
466049257672388547616505028366497790233968118685859753090470850459
985379787590129615900650672627313569635455175430830363749446904678
143494437917078358575138795486909344098503435983953258113905143138
348268603493909994443617048773487087850396769551669451138231729334
547963506211332107299590993635661406263428357617093550033676193560
394924829197494915645155708276988416408386053490835951091020766599
244868091608590862141720556964710435476406656253763171615477627405
531459768926011840292712586867368029285171584055349777900656907286
251721587318161797762858908790909136391794129635733886329846577435
036589781850178527168103096491542719566065292164103167512772401911
388302626698401555351623802765631221706180467292904379124847690390
914104594822764326660001475850755127149959439502802211492375863504

5532102127782822789227754790683907473308511623889190143748221639 27
4291962996966843797038891247432143979637953362390660975875616292 07
3194621538667424406306733321546951158222406992271349410340611750 93
2236736856457366087796894500579074767006121635754290037581912394 34
7601926240759174582100732679110383250729346268229494289154454483 66
2990632586433175688027780206860393051383871849214859430215076805 60
7069326981254559620360732303262943701686736188142455356241926824 16
1312446007260141741483098095593506085498978486355196685490837884 90
5917166081078972253265746236853396229001485327604498387127211637 51
0910002049719265230809257307905277215796788228314956591963728252 85
0480249451242454557592400318538420671357470562175268554311745791 20
5214412582585994685519718276736235357644572962312658417582793069 09
4449497852137911933100431430416397640100673984031113793394191067 15
8767385092713865397988836088122000885794825095870537836573311125 41
1893870443179086406973179075302674641141463917337773954514081136 43
1710440484836636198982546853835087861864112286658909005127366760 65
4311718471340766125075759479934729012196433501373868771520631645 97
2500693942691326274487518414076129765562782719156141774509227438 11
3352782777143925274924608263634802251197576694416692491756591165 20
7939459678142992429979666717931834519686378069163492381294995397 32
1829296064204501550109691301854580859672741187443698481683884670 09
2243904301224940193033603713742910051159704110002832848881478858 17
8009507828891352943057940289456060217012783705052835682969316817 22
1318148567798991390571064600312080423051600801282159813305512034 62
5631556581131856966644851186324449367420649321958789107533407180 56
8890282663236058936710706004190963228034850485738617533476401692 23
3067710611089866207882561128971076315506773172634529786577742528 55
7120590547547109174546885729930013290711203684813974015969550752 11
8437403659468705939867008729487505367406665574763671232773118080 90
8691339712115496329656487803383978070056497497106087894840956192 87
6971341058573675117456750877758719662977044363737997605045669861 65
4094604284734857568957534480884771180188065745734984112711047519 08
0682489363138001320440989305391167536018339181046100153579932751 53
5510905450236584013458394546703825633316240871193927884580075859 95
3383996757341232610651856818916206992921733880281807259833419301 01
2086246310461990461329148431511263714018479651736272361939248422 56
8103498106712860633439053288517997891114053361622240272969004417 79
8219502613180968952337077345519257332175903865828331539952652961 56
3932018074398514756817232413258063636538049983679584232451617422 05
0007267712431870848792274672244395681544430480462178718528716510 73
8195106213385873810245005839751440275214217162148388514510810272 36
0426473178383069094927207502040487456098756949016879784150057898 45
9516700284458215797987530046688111384033650479977833840343161269 25
2639862881999461281887290873181376611962246696596442286811629227 27
3450679449895149656450202314770426818525204764010014842437233613 40
1819265683875260653153529388029000933028021661361618324270696579 72
2239758294265736728738214317527098148877704376629302596135825787 55
5060824963614316414982974096699916688845699812635967812122116788 50
9381708453577114992558484777020932680954138977825650830098838132 27
8857211430324483762605514611339636507533664315404411035035069925 79
7716061061889895191973546619966225196608116644567942434874928148 53
4819401156856183600396942326500335842967262307425253440336429737 90
9982882095659097146402536687647248234439396626739142440208773310 64
1080940120610352945814726643569181125818729703253133603560493797 27
0275351125258998887647678591101503623470756044327109540217862370 09
4815734953651973137436774339356629555241810989400515852307228700 42
0765340000407770710587913236514976805296124838086218722830355971 71

636810087355390319721235522461921350050745272481425116468593215050
984823242329291014811896333751486310810812710939734662630811389807
868531642167025876634220078994356865712348662744291019548886336513
901283084484950399692926384613411011541110752915709126400557023938
114034229611182223342627773186593113775233761834738760920155761257
503610485776969807010726156468818453039889692890443154086556309656
523443581618348174625409986274867480523091296189022234247223920021
624593009368981674380959563212184732918871336952338070680988264360
999120050260319541780985616235162768752344937469940789902445549689
316703145005651855324990291101226290613500606453082836395107809176
079908585309541660064992938147624520704985018224116152900401037079
463124210126173801777215964565547503655178348255808181049402118435
059988436999274181476434953498254555023313658533856511407765074159
827504959876486535571813799434117551756771585701485528848770490608
002727325953636152181511638415748359661438567650828327806961489306
473537474153685246357233735789147005237993132861085996001939557280
334314519538755968208932280194155876101126246712975400330628787524
221377281827100261485462513414308436080924052264572782862073588440
292297878895223421162599240044506594583565311660930665505797430040
863246320804635074362841047651669935957570060558639152783977703673
988120188987557343333915612865754155263686759406415242028708933910
846600625165851717581466011968690751861428261287930101117882530387
795877299543520590057160933302021976823068510773625847263886252776
068118175309827105831260358635804594565530282397774044313522566695
773639223162302265303241267911615400770765971809292104630099433544
755400355783735063764188060529940801614060116421117358022621293412
600737854504692382262042645899545903941056136948904414710061853275
954183626750982417971412711089988815686111643644427186319918924651
961840250308461189549028572583986684403122077050387008239223018363
272742973271296278981438843294281700068468865459118715477616250115
495870671381159737539503154178184998475845463414136378432333763949
209325695472711355251682927072034198705345349329903898436640807618
235402954465677681281685333375709403628912919887661792860923203059
929346362134386718042070290544634349320544198406265213660967291891
9998179236298311938636215111862899623161455464083766761473589078318
228476769108088459432753344213556496946029627710663958267976564344
496517350581041591705315405307496604511761662833760286678316036384
552611316270247804090531253494815812775857878241347484639666917252
240441356697135251749202366059679134364312680845972292559746344148
965038545910579747472591979086590715556334229885683784821976508105
095491627549401156618376848412935008934269744582606514630754568652
447013521453361472639283090717366794258881911500387238620311895176
692166960600552390872187072507921758143892179208123418827269492053
293787332591506691035761858427342807117592751604842763671550193151
111928362171768241224582155571012872317829480810928750482409392890
764846371773869940013302883312394672591384977960634301318571154100
197658649461468645547703593195895632696595407849476814239880396111
346181614748264378346870723919235785267256036205844517820312614115
974167837421690084770041298205124881765490654367937463287182885201
368207721949353555934484937132596405068136982977309699870596812278
338823724186903320694728599265431991636137516292491431855734957573
085914299612133678087525099899961289760429412586768570672878564080
258081787035674471714102027446812764891894494175546807108144951365
439707220225455166864474256611063629335487551460489067450052028548
336362651680036060989371582983178276513179590908091068979381861312
418465538617278089371839812409323572396590666576548047933096746589
134418550548195349926299630280502052696823356179479429237318021682

847822493978345572695360742324439926459681504072443986714476183219
391721022030750198237457166648737740490863211438901519085812470800
900337172862515828738874044136550853430130255681931960695729302464
062106961345864919620920145326762336311607721998206095965998178976
612213697071467501083857823303179638419263687352651807467971261145
799561820392475598341441726188279770197279460185614434450633591362
623934113178793944162595620707158922729065606206945054955894440918
024714607802910286437547552151401137644785715372273506885993583332
926974630406432294763447263244625764830109980887020197820123324588
259366540303581657950841585876728044794826566665386532622605016945
615248198232971955969982563056382876874106313023645675184135371575
765302326141631024983345783147636762304959824017191663733887572866
892975355719923473795761957436775834133698713824741656483002878975
105919348939158685633412384915758236568469812834946485313512947498
249858712930291225916534283487876394484739014700575029628541529799
474179442410187710234642691634953786834676149899971712367447215260
180187122971126772781977706658441908181659656339924090147851680515
208367685671141324138788869279975082817327948999769405025225460118
740800400404198200651900066788507412147607992506211916848256012360
469231004008059680463108437796838042239520548869221598421494798930
826664416143095248722248429100114667503051650623533685978112087525
046913218455661829337526794186074502420014003867732370873150011080
500554484273049664897134028875932427490782570913845274834974021648
825587703438522598523939315758463956137207142565019213310154895048
887815508666701504985628427398934923021745345377690510806082607986
947097095869349140819378111400395187508844039748483492909557435855
837328008724734562863730238817759401980732424428203058035993432604
033431039375578012458816684531379383523219670739110307061231472825
594615607012085894959863604923600488299680664291768758770786751043
008414747824167279279250803241119907108627637054686833900713316349
442649503347926072615152555927994033968432950007002268870933247817
116026717831152349185306688470777708521857042327653148123119643932
404556631982982779552103847698633872762113094445708614650064389836
966917042430488317352345969311612855983303532567499201129215970696
799853799328721906746567816346753407500137141287456800621506090166
386362477921782728590316748853923317508895180712840656924835748790
072508836004505899494119022416339625492774452234572378224981122156
921183693343742361812578321950651522515081661161606693290109991123
485681134773022547823701534812419039346534514033030993722811677237
168257757537174989647798893906977912599851117795793890013811242182
281428670229192833077341117625469321781498754590521928193896560772
456712348452147881260133219829968227094713946738337476954565872058
025985956207491085279186051527482319178577075965091207635525564100
768270826245957999024338506944652796842858069079629146202449288458
708619185431261963634163773854847651073152990024236073244338971652
102676480543380460991398308218070247576932430249102396213981846915
324091016364047558636174640552035063200329352639928253545635678349
772092162967979261367265325576347297545054727747254532496923887368
534199706033319413781329348841093748161955675721716880036117667287
557155941240026104196742973577397599442242193797051993750356096336
829762921113555445534240387145582832434347213746620061147247688732
298607565513574146963144042719889237019438835114228228310602680111
398164214811134915119584351296304985267059626462590789841934397310
688611260061704776116610440045240127746811300112038799916524255487
692922796144232845770939550922467245289858311792757737125042427675
179463925875371793506564408723272323546485160868496396947789490301
044657456326528587869981103644454424926974098859626188639245684114

519411810206973927056875924296560338436083514136760593756529809476
323477476981861138268682724994745109491681011725469377401495225967
733372981135840708833375833500735607380533397277012253408955612018
399903393279392169701462409274715669198043283428207651163964608509
422194788139411524990734138472742716911501597527919083526195122479
829542438520411123082131130995708689090205854903952074713077032345
530494980278604409319359773938356769588711000749394429850910418405
090617178674990384718841807280747106396565058394807895275066497120
280146501169662955519597396055655039793312741279309444932655438629
278270856192124294237847043277224350512460373792341620451983761477
090932372541314971146920145569607442405816483205575535295322828121
962392907502122870268490068525299931060177912553297874136454414981
530395732105522515453305145414045499810298460083044171967626655013
720009312345490833144760595240463693450024985804705444573207860866
313385843948498540205508184789500523547041291615622942040759919709
309366255094877334360590982145167341249831609652817583114922366190
761833081233073948300254020822684895657296879672456234164990976707
707763431879888575306419024331323621969124824830520103405855399999
657941850851939221879942299539424607119728315953998180124036793548
244801751962238160394281986893494496001832452481122534177542103820
161225976085056878052740654413415382256284273556937567965656369765
203850729206673015820245742854170378581129675825418227900762933337
350768192294279388975672137215921263983516185368358993846677354583
134675239048550210972098574170010626062114866682908325829274584086
242071496552860524815879101236195295349389781245527300207641687532
144935162149712512702893586843551271098985117493346262419165371018
212459968113184306284998072555978371179755739960249136838213894905
381511952920055275764482690009079706919290146191137553878205970786
181302810255439673648748356127663043815449957788297917284862763925
448006843105277022387491580929080569091427186334266762654988556243
943934494482923793753252653085682032476154950315865820180376268293
905686038396327332925211263865146519373765634256634690771749809555
219071120371142870502697671106810485068625628782901652217147403481
522602964649338910504568067558617668515302569270801874488751165373
836689558056252682445288727589165370424345097283241955967764719533
229671041735688404596014451333945628762740577298739105957129075936
771535032088986300681984475147349679211863210197611386474450910915
061683330055936445165486535677087001956189834436940885098491309568
610539879595133535409317633208102535244760104294006847731408758965
530656078240970480075525771489702834320678937792739089902786381587
735252845276596319994596635000136098736383575990561302870433601783
311281995811399536874890452344171099622648105166629892773473709604
965900846206169864094025902708593331037198890188743505858870759835
712802684777865054817448302356832819903720973490639999143365597451
569029737068440734800590590208212150509676469143864068552134455808
185001874750960935874934285193937495962368035460955400295061130990
556141840342929985306523631838176974956647264385030787558395188572
803465747630268157837373552827020331689950193925419958726765329100
798679982717087910879209974734165646448358736647884520517070465801
449807839760382055431072912780229587564763183089353918177406204083
063086801009608821230606159825796796568956145390806225080540255416
276976753965521105891148386436036568392854250049333214327033234985
006533161583662820592392335567139427383700612602534710870514822174
049287224457514685105163611541754152139922546099654002601852602725
458298827113410482764719064112661493556326789065648294692078565986
103075866403633154864591851632046285065188862376419390830205225386
018404445912185913105312301780687843578043872197353369541265260615

161231989588766382976988213090989124711855574743111067411936198233
909135705136904152274441621385320031378720971056079832696683457361
489194770515581659734137542912675483970637904580976741814369749483
051830681176323742018133110423515601542808053075435570933709537711
964104736246223869930053722410511366417531212746695722247337447930
198057194767937552184067416776539680544878130756161791756520321409
124952648953800664037350915610514793100121817842392666169876481450
125195476341047636112839564228567638449694292232257188756548429671
817311541442260325694190121319575515326345358190718373639201260246
873843437626138877867518020644975213408083779990092694539821991927
785616692205953289440905501768682220986114315441672861483337564378
492812885575526475947275291622997882791334589422985127861937593948
988391098718422002745506191906671231212034183294960859391932897319
058792613624039153766243143172315152166466165098841553323407492298
460272905229984739070832362953202740871442894223909353590926404087
582537196391682510803179356500508776852223751534432860390173356454
175252920192479794343741177126013018303470760484295085472230357868
175356885249009521696393515619170462421919305100704043978327301688
313203639187198951987699307611930210851205633513227693413915492343
961820720529925084358747674571881701006953179590482826381022821716
870715630163487738577345766883138830660823105762229107832579137922
766967436408301414102493550346261796905611367929346255865215464988
885599005396683094883959335667887862005751464942416892487895804579
763907781909291786257821319777424423966311694447816212878235421787
922916680504910447967847009126315323058121488506816600990954166667
611385046438826712459275162705765117151033753874765851488242933934
492605206999760318743461426972739585588941633531586743687389950444
438016437284039045820237069431609613079974919044607823478839287587
069943627274281450161536914252068573179276087598307415450848103695
537558402638293372670095415924131102735735021249735808984588636741
426995999219428385664904742343785769216639586271570335157667065848
085366713363923533288528380313849870760667782804359848033534825768
975516980547207593569060430097409530002994510270591135845375213653
482721070988386669662426727905874465432837655332460610618037789158
044436015676393711089824910656717596204444117332112781624647426839
357109815316363909443775655524693677368850930685529410046838446541
564577747380070263525615025447499653287532079361006273611042606185
828408164014002514054748041506374236610095211143915045805866713466
215718304060471659825870887602866553412471120483223528167494936401
379003102190359406277196156324879781438249246470768859050267264017
437692110419765025629897393490390339617316021708619485551653722856
499883444753102756817665175222132009370925705570015063972133741293
987235777286070155631975175677064732362065789294707816869387993309
024482401147669764502014942098873703324167402541564624032141800958
666031258694869146268491200946768811122409391225907712439055859764
319702835628370503390747769810501687997747990641014689184314365369
522800026242129954593033722896908263909580898522590652223442071105
03293491943610503362651599793355484958601914998498485908456493986
868742952797341092003557478492928205350667615662004026215124154825
954061652463756094240969803199550837863136240738128391034868349147
493621257401901693308140303907758732427881306495595947625643049601
888838206067109649330139523723866846994829130099279589446115797947
738516629551692688129461222052269399891748194556278304408561650040
811937981009269942064047901225361833958209624297586223842765663233
963452712443823272574964404296140754242147565330293173989487569169
160925062561443118643624072955844997146664929866859143119186132357
657190621357671875971949224575807777380975126738998167531700772240

9424682930266790010020871501492200273573561550340800018534921729292
5240764835477415391062925301561388721615371945293085079924146909133
7903095010288034809621568014341969120194816705113732859086023966166
2977270978504693396280576656077331931306654383159276842143206229866
3690981545296147635166641786078143674478256592201883898732487746744
9289762690445901845960592400122547856451581745832560250692636725877
3747022210149958254550320830461208921629469435791995552411043821055
4662824323806353060055227046583100027316531218356825658856641051322
7875561625071395021993421717855291897159871230265076101390290019533
7154027481812661614308011692364347528239644198444805446282899530422
6826597108691278401273583974567305482406881882394714299694257082066
7957091602114378343536472038070851538302061396525430652731141263733
2685018841888542777031788759312775105267553920563075351692534764000
4206238304365068308892425562216149302258514892829692359778135078411
2373755317195403594222270953097124145519321477065032269041004027200
4807413246418247628780756401802221941603375315040637884628865564022
3441391817301659637066826215706542887000345591270494600304696260300
2253507200983968358782783684698613220638572777446827762413223946844
8711627949284744796534852008763343695893844647760736766328542993800
0372642527332398163963801500580132608237054136904116836894189468011
2360646721564938392379005947806445241426707626723697981789827542866
0923521410106114724367842549953695600185342748467800225131875954466
8189183480484133237965779811484839995961517509245481797811133936766
9448137004961544008177146567085863503186212289852428860631167296377
2266252811607657911852540779250844719245559169601169660319897239222
5112537443564584970166438643384963486426770017395136603626697958122
1574278956549374920817983261058220354147686322831835967446088361588
7059923066996294350421508974147064054464167467782134782651229646522
5089088059691215247508242669041286549404086191884194730838084649666
6896764215049740622721897396973873762329009337869116519482345663555
1781788627799717077478384261393532150789589415533762790551893527211
6588425916319888754919257529269921885795873057453037890911273915722
4356191933508027184122425538310557531907998365009500746946700621555
9746604971609338958751348430531522331002960520938944820848045111822
3091782478968744237491899922100759116875922640737200540258203251999
0791446785025151595762387835141358959931536847444919071623880069666
0713470258913129924105105009569584471860979473474316832472983056733
2245011708339591331594891876946129949104509411910259847540913967988
1064956660393145680662996086259390290334217426044022236573745984111
7164438151091461168182329778852592405671096351446151556840779923199
6253079925142137913147625726628175747002928397796558568686572899877
3927541442930806576034897164241108844101055347328402242304246375544
5492405288632398671835460726127304747529102332712496393506979325711
6749211550364147938563818787581835459304130828859954103688446122677
9829201133150387951960042670692601136723794457282703755477731437833
6033734385523336650623677547101193013464667194826713193221897453644
6151125119273621872512016328736215134667657588767576760361908733499
8063597076097985038711929363751649422153426458790157595620434652577
0580058654774662767331355148451776869078772210830677319578133127211
5652237002980617906179101070795094866867193264424159867574529303344
2975070667280117155919277426465154564811681788220289947068974455900
4125356082971931048274983720110102363278374226034544001805245538577
0505827149529052749530025482801739967026621873674088642293750866833
6332355116946733786957147774913665195772512401544605137525759118600
6934194997338815822429947454576371038882157830588669513143571416799
9558766530021662597834540103705087069079235982047478237114024690544
9216771402678217125484692278963999499341545621567511547856002034922

276807977822201596581504638169478306615807274144523821583486637250
553468074666143822021349972848962321739955343701034449616172069567
621644943686125209079927168950019461822820363114722340477598138548
985933895271887759517724139001247453799615789722750679959083445308
850515856194633509671735131690786368994931419588964866452559016508
236046187131729108810885576268769460578271238837188343030094831777
018078356316982954222089434544850296712757795663976772554186033163
075916666994863082607478257760359366991207813799371390641603081833
745742234526444642623965006546524381816974553982637814974780131605
824293288721059226759306369148154427300928743980039779299388106830
410507036350831046010239685534168261562265761787543810801766615471
571458685438599291061933878982730290416329993114213195781014343278
087842119463490396528632893272367542888019027719901880894876077291
817686958068328572588561768706737838169677032783972380360498152070
785332543844443586854799253905665476073895847729009527678313559803
162838703690264046889761909219673208507427662687744992633642184625
129598059742613972782713781899267301290765476983664643493444792593
975190787887223436586023839471925467248850459010030633635152837043
691572679716905716947423471706296816714683282076822410021749111667
539085590891177034632621741796404411103108089802536429354823031647
185270124449381976021309943093196620134883027272083782568553242754
403173788371507129801886335300822130505193293720263477651893641755
007770846749505439814686615358963164329322732909386511502463287797
141509405171363357282707854753753136830443803808510385819810480304
859877443566410312158158598665531813708788015531657321083188019078
072854892096763414461144440288882754183852890557224206490748529567
425188031738377851538749887685507588631882595244167441215814217516
198262275222835581417657787550965739805141902862476244540008391795
421095037109736548897678708016394875431087414014602682861969939937
928986200276929658679708383439510774741840670459326924806228811763
752405033541775611725952983260319543523469075794649319697724113597
351607215566378191608091205032968508468215161449022331869920135255
006844319710953940791218308620324392206468449786644831040265832452
641747261524438128670860684161978821104240477741211669004598163781
144392959016487713027745459221101711198927404506287940251844044141
867493106853167913845729917627487502299356426943576110751119325039
564173176956078917495593682804431246343283984196670675445753136220
470234921620730680190090202695746761519298290085378740047493920695
697214220620812471275389351495429632398859972567109421972283907422
478021652707037771318385634909144434691099663861134154330708775304
189437270134514925209942600109920047456559501433163197382393877269
645150022495535345039357100766642360709363974811889462022235333585
614914912320232974357822105285928664101878168182357984076792385017
715323710280332801732210501794552319314090742214078252116895181320
379018044269957910125789895373984772432285591319752969558476179038
577008910143298936467240385679928521295834456845724478150793880934
223089223878832262338200862937402087022321430088652059469790790244
076346543324495437287927838887237104677931271476974618873425488787
294939401799125580992327019001638801358530634264902787494741580312
261366681722678727160850832578642359726882309111686809378653798789
913114105248179826908858876869684746675683560066504518954645981473
453725013428116577654530860886818553506902748227858276362079820493
102175181467012336841872088766958508799071478044618197680563649856
200857851881756751501445042976031398009675967902825618067000889750
137868832387855332038694180082227614957989189015669162711716580810
788720430146669530886914927950158378241105907410381873632989858230
174560028463497053735704332611564042247165692920141520722331086325

2427435603973913529527363917974041449450240003012864112031169824178
8345726418967191582700964270605295672925241278527959654159667151608
3660407418666834901745786550181959720080881031007607848227700783939
0966990968916922501275153817739728716199525664843497797595350222508
7756948875847634478889258272064163862014735861784019787273385514257
7980451432810161319758264730229963476957572511140015996997958720266
8209624240688602250817696431416366762688430154498418943749992673008
6623762311044325293540208339226749675434347668702580304302935070108
7072873378888432418273448619533479385919482532729843923486679106248
4541626324461999276064579090759474129190876646440490610521520296598
5543415509582960180734333220585796308095696131177439388343337419438
8275119723442106702359660491550760649918221308920081172314755376798
0399275751162742893353559509744154947885196247564582940212318995788
1612952740831956721101002250127351669154425544853550176336809782828
8447939142604823933030852098742889507310943784170707919231375935618
6423129492998694515446721094546155220956746742678955584216331491438
3235933436440470168890971865480491276705352296827731241412317422958
5005980183864608946584790129252631990329861680201807130266403810718
7666775206759680008397029499161603294424011197146564700994516942728
2852912966263816599296597222352324027410396543803141577487540659558
9992943730973562184477499738930502461450020718407776085438808518978
6855457149488370424037307114585317396465900806239966008022113756128
2892844166549419647855058685706330799539345981443105289478095682388
3677460573550882331180824480238875201726140191365800534280431197198
0893408962039545543041212700569868636218353433626822270759293933168
5893113028127890308595626671886328549122301394169073801365966951498
6395065190822845266636881600187497137507877906867397645553165212888
4757333783384362242160888926744729435611187651767015152562882758888
9301264558894105229191517861202551757317546089616833949113768498918
3420595300625831768944964652167258429838656692623095862645973988518
4248913552507093259100119277397274445453703103413424053949841961808
2937042552491318834468417845719415493449646076411227876495413808278
6528072539069971682639275912038584131768904773434663255751409752248
2470637448621843390965846778099135572530672399703650989800108211978
6451082237483989657132774159655576025435546420369535376202700626688
9303918424567343566100306157363868361427748151362162440684998040908
7925361382350535920022556606103564843121929340438987412657778577378
5306420522505633447606623518199410821164382171662783920760096203188
0254286095186966685228788752671031832625644747311590900838035179258
5823697798951829522433471803310215910990502561299959109993832269988
3497972896610207312899042816354608756028981491092809284475984977888
2252977861676296148418631425059593174849421437921659632209607888068
6954045677723551816893010228169279855302652684413549251417729682968
7559411871009238730125385455720845817934478981590739230091238688778
1056782102709282631092738910038835953497035789946246600313939486478
2652579247317963453250946329030236632600545402359075784611002814238
1173054211249152876993656413356398853307445098704365767287758815028
8861000824639917853392494655157209265046351001774555337939735702368
8332724956199985828878942447568454707298640146852125048321165379178
0301079074010724489627339605441849125860222351843066459230769666688
8838973249427124390488956248285662080348389755975732456215419451498
1917103139183046155023841690321151770695013135901335616793915131538
9348131248849303080247881636972818746694828915212871163835100628088
3474293776811264820386031483755357269911675246714816581148677104838
1785767050516152425654992687524056760240093377750836855842714701418
9045333285930780899195798003656123435063255467206253258211148987038
9298694891968304943138665493441201793593881855894809394347994708918

658339335329582971813220373750082201438231927199631807556117392179

667239043073162126043782535958455513168156622833244856740375500175

437938662805576099735212285255813050306864857280480025361707876315

722326164947576070325722276657170573523821041843037781958265689735

359380685976326199310102678044469748779925344761563591577271040706

994094523192963303699133027481190683102395365364009841903213283611

405011552889903396912475573643155043121248140425779535666893929635

529594188891162010220473936785358420193653459304530736117215178859

325836265294799458872645296956504212728674742121827365231771740880

369908822924681122251748804441807079931842731743933855982995994260

370801360181107844548197898681816874327039478939491343345354333555

311916985249367178493409358328498748074454367461533202630144899260

416056080476494628257839551833741336212782436957392723553530196415

779285763854407737475448791649694400098109525309405807216492173504

236586883009056660475023152538516575967300418018231429562402162025

172169461738356244743921360904965755223528701404490205383272675902

399658166622696531914688547040371722140285540194421378410542113378

728268061266141525458101188005960412444870703797916297232203174598

145031418250815378164455679673679113532993693186762974129620680655

619803325075980612449406376287158197553995285750069955661691341555

401302974738526184495052326538238771229924923881335864722949765338

693364100797413361286872482205034292285360841602139756921727968180

798361759729963320327973278621637154857730640046123476127950875457

145508320181636259556821398646837984996384992300644373672470560592

979142833880149550966338001608507126205725004620578403630370145749

699538815465717795911857151305030580190919175069647552733219104747

099495566619640601459868323810263251563994549829263213280105371602

468842145177456994387763803826031252034011563287267750374428630824

190634682370864859229164121171310734835355843295707932986751060591

836788999913943326267679836151456311641271764009397277711689277449

602644731398647079021061987878676535007732225417066208684337572257

412708060724861840681921174350562428309724049822829321052929326781

230139221225325505539251144183238417998432991218455487593159860175

027947755344342060192944548133873544627520575038555524821645817189

332750842094296607381423605615648485120166372114890945146716680930

888681871593776724165097965837583513982389358112221239005108966254

023283250069001803954092392170948514070801258707537067775394379883

775893562965608567903743029698326610943774395832141455499416427864

093110532746867261346860658293059060367003185263449623525619975787

153141987320406738811291064958126477639763360275103031148532614045

555059945846854147564716038682218732678422550604896405780209074262

760952894146654415750370790062841102437154408037987477228216986258

322549226585875063783092603976645684652688280164930993192509273466

735148095778722797083917628490978763420028137386932410961533211782

824537751085104287452868172475410593286283869387402834237931904204

259856332864040409001048140824635165345442080249934041575741041112

658861796863699019387011419136352382217686468812172590609289444567

091714612113816705878861431606263782079106506743970312142913799040

811576967466773776666329023340768890384279621140394935819728658726

121480262956800709694133111066864849479419433430290502725551279206

810234549675573789262660209927000369990582875874015632826608137074

753816904938639331826559914185672527424166207075901776345727891430

576990137748017565739869076245471712002508139360178833396246377595

583146341278754486113149067380332363721684245071418824589675989697

408466176841581683173178278739739221098791398664319969950767508032

182891327569108474561900650115313067773292583561492614213237716376

823209213930100246167943974637886295871452186538740418235585915510

8181993058431758421930066621240550121543415335728640783269271995536968733172135884967122201378534667949246788500503672201675623746118087781494162972233365127365379040549825575298138084505617654495995010478087229655586898605318400918555731540060129721021384798368103657106308507443779257093887652787639362407448643075725355391546352222053564688853661759803377143028005484468451470889465915059007669095689037315581991026473662218406888020049383081137752540020664346829795743775521428357051630519368900228390974959040781776305925814791072267040943215377470020289183968470288848118629772023972108987914635057828165054581612519450659317723599413922376881760522668645065450264181320606913799801310218416859343271498002082248806406289363626527280921168161480660859277760567391511230662954831868656429508329419648435464219626545849850923645907744897350992248718631764126437837333278907301138952139793006200807003536923354249146783807256624783092958038289997339212314856890038903012985840913956714187489426533564447108026838549986133235112166001440274744333189061892329865338907674599742963626950379808084261005498853385315742572117994817559674559065450745852496534689711519592241248470473082028988285915407908625796407392235759582368795231599403908149319334828861892862858067447605014501327550680998007613080119187729124100559138970240187767083268157572207944424003242311574695213066398716338545700167777682685318021860165631222052543071320228469074705016380948993146143092719820356655185575700187367967429935916173593709543756003844321772981619863442732001560274500189493847703853004813788170003759047873641147650312302897379972517454186441121267536138173469654756356205204871292225223697660464764044808724962666881977891106916672058642599238055987060229508003922348318661244258709104936026453485813513731367532047240857158320839984978339629625398500487796501385564671279284951399343474167750874979129357724508673475242675112233409139035679308048151185840644068826954723684746248342778859824534114649422599177620699596821149460257833743354862563901814179756959119671025042414697480073209868979663083891528162909700558228148845600937883163872849039355353274186197967980384570552613748755989867954100617038732849496019179938603435495880528346817036857627169014443727938565498979872533042704132103691555825601849464683730268549763959202161499878489385935511282345418984788482384224550182280707182422153938153655330299439546761001390184157763315399637686784688652303641631719088778569756555103393056548172497204095784313218269251392418779946007798972870051951889281156740499911388975628537202033321144819022849199254512062907872358215359075513596686768273521029887569649366415810315135680426574253711141703635243361260779549831683486218578072101057612905144510307047996550554485463407827496956178843439159870965876459396042088007578992985843693142394283204648207188296762113236794011074813370219569367740302747253629502249752054455009671240100358832512256908650419275998025864143306925178173543303935996504704431693885306849511803543021965264068002093072936405430877850317327803538069632661766577590119561101886225956447897002604698024341880467463078264162293205745446364927478152624194662931361968248080867122628878593068519454679634886507667052712383929793448442617641336693907775860261769176846975809188187733645999146193052613045866708653979213551704766262649796103331894948632923889333185182524738148363094986947779321784776510200174923033297090035164448049338398578395941895634226037954830370089077270739501891592829357548408102255630912302586180737225825874652467523921536075560094573320169043414748163245427223347557365640648907231142446073457786681961331932610439999325732331611862023683997139366705582051314049068844824975786069944500282914570994143805302083404111

020959231719083622725382348215432529271607003247717298289498180085
427216986621264931385706324317157787283403484816301593180629043258
675649396572525410285527992803951374676288648217511042731736813295
043925610511510523980501562984797619808287625439007749940077536601
096891816497497696993640266059173945150637254854821110565118335561
604258025619688349032163436148495241191373988791769496026262659477
424769090246855145097037615526158559414760805051214388501112399139
581007676552193708311779718482188425663601527121682612890991712772
504896828706465233879618790186145644623548995428348898081124740483
936169586292530989183662940686385740457633365829492568908176673662
394037543888844703893798218612517044097687000760671291394441842905
912255935043974791043395309993524929768285213397819259481279742576
719426424789589156107026234582477061407956707656493862971199439264
794599693718228974989644736538885657739453651843239613419356348024
427924423505479299332313029174644268352068571951622136579629567271
813862900575662536283560706270821953267516108684013470967238469700
985230546913751110110253067851990554857399427949897644966924387790
467106236929043906845436013289494630900585234259571520743214541107
147036674268526490898353754861434784761085787577694107613964936848
924420108710685282663757156054379032764509425777568289043587572872
290798039061073880567932176913880144650989530090808228629902949580
841953096938807252033125608954287573158150291154088506260747261553
288316604686489544902709753506162930123816157508029136318170884390
141426682462869159222152559118768206241955024255621051866292558336
795997389398733721585128074626913035640312684283015559461976393119
630042866790075634350855627390786904291489860008276578347117506851
802209559951527622186149481192870503334445947703557317411377526214
868642183955003533643533250692471795622619404469937991181341825000
769113799845113776998388637928920509166130556151936982529753875832
670638835647428315471195369957603930600223238661021204485105148589
407183431729510786454308526543521395735416060746563797137239969499
966204615225499027153779804330519194504919976552880629557089248198
113906212886811995261127840486097479833744530743609462732202456948
724611220261317887610483867427884554283379210592427683050277450858
125241934639056538351489805664144648499972266963828363263202526200
639560289616287284362170816614989022808631386570109844121600152218
004171013081992134546075152450317862600611155699180762366077001301
418534585994398151114789928746512450441946610394995417785452363641
163545308532010489685292523036303414683515786650725236596667950296
432625292510125336568073096052220496505834237248263407074727729212
187751028541322940741519939027760840197253580809324157556342752244
893729425335308832934541161359482734060881315067672945970413901158
550798924615247976113546422269432658889653862471797874387877108909
402745941900192148478049066617274161123938260111860546911178196616
401065685227830112471207924248298698773233519715903334213434217391
692458630504688552482168379379843597624087634110904519730475898402
659587282746725626627555132425076564734757860631541786140231901174
774301074337482402847737753140637829689691865652757955142997201528
228205128385984531749908376524475565593841534184647234882176902003
361410465017813644634825668042662194916147323634575709523748704205
370526633990698346088191817780198547470335565959609893054301199235
806314933786528622001379817644769422818883747115156239682713

www.ingramcontent.com/pod-product-compliance
Lightning Source LLC
Chambersburg PA
CBHW070051080526
44586CB00013B/1015

* 9 7 8 1 6 3 2 7 0 5 2 1 1 *